中华中医昆仑

第十四集

当代中医药发展研究中心　编

主编　张镜源

中国中医药出版社

·北京·

图书在版编目(CIP)数据

中华中医昆仑. 第14集/张镜源主编. —北京:中国中医药出版社,
2012.11
ISBN 978 – 7 – 5132 – 0883 – 3

Ⅰ.①中… Ⅱ.①张… Ⅲ.①中医师–生平事迹–中国–近现代
Ⅳ.①K826.2

中国版本图书馆 CIP 数据核字(2012)第 093080 号

中 国 中 医 药 出 版 社 出 版
北京市朝阳区北三环东路 28 号易亨大厦 16 层
邮政编码　100013
传真　010 64405750
山东鸿杰印务集团有限公司印刷
各地新华书店经销

*

开本 710×1000　1/16　印张 29　字数 359 千字
2012 年 11 月第 1 版　2012 年 11 月第 1 次印刷
书　号　ISBN 978 – 7 – 5132 – 0883 – 3

*

定价　128.00 元
网址　www.cptcm.com

弘揚中醫

九十三岁老人

中华人民共和国第七届全国人民代表大会常务委员会
委员长万里于2009年7月29日为《中华中医昆仑》丛书题词

《中华中医昆仑》丛书编委会

内容提要

　　《中华中医昆仑》是为我国近百年来150位著名中医药专家编辑出版的传记丛书，全书共15集，500余万字。这是一部具有历史、学术、文化、实用、典藏价值的传世著作，有重要的现实意义和深远的历史意义。特别是对于广大中医师坚定中医信念，培养医风医德，提高医术水平具有十分重要的启迪和教育意义。

　　第十四集记载了徐景藩、吉良晨、吴定寰、沈自尹、王孝涛、张灿玾、周仲瑛、强巴赤列、张代钊、李经纬等10人的生平事迹、学术思想、医术专长、医风医德、养生之道和突出贡献。

简　介

　　当代中医药发展研究中心，是国家中医药管理局作为业务主管单位，民政部批准成立的民办非企业社会组织。业务范围是：组织研究攻克疑难病症，探讨研发中药及保健新产品，学术交流，专业培训，国际合作，书刊编辑，展览展示，咨询服务。

　　张镜源，山东海阳市人，现任当代中医药发展研究中心理事长、主任。曾担任国务院副秘书长等职，曾在陈毅、万里、谭震林、叶飞、张彦五位领导身边做秘书工作。离休后，立志在有生之年为中医药事业做些有益之事。在多方支持下，带领全体编审、工作人员用了三年时间，为中华近现代百年来150位著名中医药学家编撰出版了这部弘扬中医文化的大型传记丛书《中华中医昆仑》。以此献给数千年来为中华民族的繁衍昌盛和体魄康健作出不可磨灭贡献的中医伟业。

前　言

　　中医药是中华民族的伟大创造，是世界医学宝库中的夺目瑰宝。数千年来，为中华民族的繁衍昌盛作出了巨大的不可磨灭的贡献。至今，它仍是中国医药卫生事业不可分割的重要组成部分，在维护民族体魄康健、促进经济社会发展中发挥着不可替代的作用。

　　中医药学，是中华传统文化和科技文明的结晶，是勤劳聪慧的中华儿女在几千年生产生活实践中，在与疾病作斗争的过程中，创造的独具特色的医学科学奇迹。它有着浓郁的民族特色、深厚的文化底蕴和严谨的哲学内涵。经过一代又一代中医药人、一辈又一辈名医大家的实践探索、薪火传承、总结完善、创新发展，逐步形成了系统的理论体系、独特的诊疗方法、丰富的医学内容、实用的制药技术。具有疗效确切、用药安全、应诊灵活、普适简廉和预防保健作用显著的巨大优势，在世界医学之林独树一帜，为人类的文明进步与医疗保健事业，已经并正在作出积极的贡献。

　　为了弘扬中华民族传统文化，彰显中医药学家的丰功伟绩，当代中医药发展研究中心与中国文学艺术界联合会、国家中医药管理局新闻办公室、中华中医药学会、中国中医科学院、北京中医药大学、世界中医药学会联合会、中国中医药出版社精诚合作，在国家中医药管理局的关怀和指导下，为中华近现代百年来贡献卓著、深受敬仰的150位中医药学家，编撰出版了这部大型传记丛书《中华中医昆仑》。丛书以传主姓名为卷名，生年为卷次，每卷3万字，10卷为1集，共15集；采用评传体裁，记载他们的生平事迹、医术专长、学术思想、传承教育、医风医德、养生之道和突出贡献，使这些宝贵的医学成就和精神财富发扬光大，千古流芳。

丛书取名《中华中医昆仑》。昆仑山，被尊为"万山之祖"，柱西北而瞰东南，立中国而凭世界，凌驾乾坤、巍然屹立。以其高峻豪迈、绵延起伏的磅礴气势，寓意中华中医药学历史悠久、博大精深和永不衰竭；以其挺拔雄伟、高耸入云的恢弘气魄，彪炳一代中医药学家的丰功伟绩、杰出贡献和不朽勋业。

丛书入选传主，从全国范围推荐遴选，遍及中医药界各个领域。有临床家、理论家、药学家、教育家、医史文献学家；有名师亲授、世医家教、学派传人、院校毕业和自学成才者；有师徒并驾、父子齐名和伉俪联袂者。他们学术造诣深厚、诊疗技术精湛、临床经验丰富、学科地位崇高、科研成果丰硕、医风医德高尚、国内外影响较大，从医学理论到临床实践，为中医药事业的传承和发展作出了突出贡献，是近现代百年来中华中医药界的杰出代表。

丛书的出版，对于弘扬中华文化，振兴中医药事业，造就中医药人才，普及中医药知识，具有重要的现实意义和深远的历史意义。这是一项开创性工作，填补了我国为著名中医药学家大规模撰写传记的空白；也是一项抢救性工作，因入选传主已仙逝过半，许多亲历、亲见、亲闻的史料日见散逸，将之收集整理、编撰成书，功垂后世、利国利民；更是一项承前启后的工作，总结传主经验，传承中医药伟业，继往开来，光耀世界医学之林。这部医文结合，富蕴历史性、学术性、文学性和实用性的鸿篇巨制，对医疗、卫生、科研、教育及全球关注中华中医药文化的各界人士，都有重要的参考和阅读价值。

丛书的编撰出版，是一项巨大的中医药文化建设工程，在策划、撰写、编辑、出版过程中，自始至终得到了国家有关领导、政府部门及社会各界人士的关怀和支持。国家中医药管理局高度重视，并组织专家对全书进行终审；数百名专家、学者亲临指导，参与规划；有关省、市、自治区卫生厅、局、中医局（处）给予大力帮助；传主及其亲属、弟子热情支持、密切配合；撰稿人深情满怀、辛勤笔耕；编审专家尽心竭力、精工细琢；关爱中医药事业的企业家热心公益、慷慨资助；全体工作人员不辞辛劳、无私奉献，这一切使丛书得以顺利出版。对此，我们深表谢意。

由于时间紧迫和资料搜集困难，加之水平有限，难免有疏误之处，敬请广大读者批评指正。

中华中医药学，历史悠久，浩浩汤汤，发端于远古，奔向于未来。百年对于历史，不过是短暂的瞬间；百人对于万众，不过是沧海一粟。然本丛书所记载的百年百人，则无疑是波澜壮阔的中医药发展史上辉煌的篇章和光芒闪烁的璀璨星辰。

张镜源

2011年6月

目　录

徐景藩 卷

徐景藩（1927—　　）

中華醫藥治病保健源遠流長民族藝術

博采眾長勤筆深研繼承創新啟後承前

認真診療熱情恭謹辨證用藥合理檢驗

仁心為本服務志堅廉潔淳良誠信可鑒

杏林之聲

丙戌春月金北書

徐景藩手迹

　　认真诊疗，潜心研思；议病议药，提高治效。学而不厌，诲人不倦；廉洁行医，奉献一生。

——徐景藩

　　徐景藩，1927年12月出生，著名中医内科临床家，江苏省中医院（南京中医药大学附属医院）主任中医师、终身教授。出身江苏吴江盛泽镇的中医世家，1941年起随父学中医，1944年再拜师江浙名医朱春庐门下，续学三载，1947年行医乡里。1952年报考卫生部"中医研究人员"班被录取后，学习五年毕业。1957年调至江苏省中医院工作。翌年该院承担南京中医学院（现南京中医药大学）临床教学任务，徐景藩即为内科教研组成员，担任部分中医内科学课堂教学和临床带教。

　　徐景藩擅长脾胃病的诊疗。对食管病主张调升降、宣通、润养，创"藕粉糊剂卧位服药法"。治胃病主张从三型论治，参用护膜法。治疗以便泄为主症的慢性结肠炎，创"连脂清肠汤"内服和"菖榆煎"保留灌肠法。创"残胃饮"治疗残胃炎症。脾胃病重视参用疏肝理气。用药注意刚柔相配、升降相须等法，不断提高疗效。他对中医理论、江苏历代名医诊疗脾胃病的经验、脾胃病古今文献以及慢性胃炎、上消化道出血、肝病、慢性结肠炎、食管病等疾病的研究从未中断，并取得较好的疗效。发表的130余篇学术论文中，绝大部分为脾胃病学术论文，有的论文已被日本书刊全文转载。著有《徐景藩脾胃病治验辑要》等两部，其中有的经验、方论被收入《当代名医临证精华》、《现代名医内科绝技》等 10 余本医集中。参加编写《中医内科学》、《现代中医内科学》等 4 部教材。有 4 项科研成果分别获国家中医药管理局、江苏省卫生厅、江苏省中医药局科技进步一、二等奖和甲级奖。

徐景藩曾任江苏省中医院院长兼江苏省中医研究所所长，中华中医药学会理事，中华中医药学会内科学术委员，脾胃病学组副组长、顾问，江苏省中医药学会理事、副会长，江苏省中医科技委员会委员，《中医杂志》特约编审，《江苏中医药》杂志常务编委，江苏省药品审评委中医药组组长，江苏省"三三三跨世纪人才工程"培选专家委员会成员，江苏省高级卫技人员评审委员会主任委员。现任江苏省中医药学会名誉会长，中华中医药学会终身理事。

徐景藩 1990 年被确定为全国老中医药专家学术经验继承工作指导老师，1992 年起享受国务院政府特殊津贴，1993 年被评为江苏省中医系统先进工作者，1994 年被评为全国卫生系统先进个人，1996 年获白求恩奖章，2009 年由人力资源和社会保障部、卫生部、国家中医药管理局评选为国医大师。

如今，他虽两鬓如霜，但力倡中医特色、坚持临床查房的工作不变；他虽体力下降，但济世救人、一心为患者的初衷不变；他虽不再担任院、所领导，但献身岐黄、振兴中医药事业的目标不变。实事求是、淡泊名利、做人低调，体现了一代名医的大家风范；平实、平和、平稳、平凡，构成了徐景藩为人、为医、为官、为师的人生本色。

耳濡目染秉家传　　兼收并蓄再拜师

1927 年徐景藩出生时，祖父徐子卿已是一方名医。其堂匾名"培德堂"，两旁高挂着病家赠送的"起死回生"、"扁鹊再世"等匾额。每日前来诊病者川流不息，门庭若市，都是内科时病或杂病，有初诊，有复诊。祖父上午门诊，下午出诊。他面容慈祥，态度和蔼，细心诊疗，详细叮嘱，贫病者不计诊金，确有困难者，不仅免收诊费，还给钱配药，或在处方上注明"药资由子卿付"，届时统一向药店支付。有的病人第一次用床板抬来，经祖父诊病处方，第二次由家人搀扶来，第三次则自己步行而来；由呻吟痛楚而逐步好转，面带笑颜，连声道谢，称祖父医术高明。祖父从早到晚，甚为辛苦，茶余饭后，还给徐景藩父亲讲述诊治经验和用药心得。深夜读书，吸取间接经验，对疑难重病，考虑来日处方对策。一年四季，几乎天天忙碌，应接不暇。但夏夜乘凉，遇有兴趣，祖父便哼唱昆曲，腋下夹一把扫帚，踱着台步，边走边唱，自娱自乐，调剂心身。

徐景藩是长孙，祖父自然非常疼爱，从小教他认字写字，尤其是药的名字，如天麻、金银花、大黄、甘草等。闲时抱他坐在膝上，手把手教握毛笔、描红、写字。在他四五岁时，祖父出诊，曾几次带着他同去。祖父给病家诊病，他则帮着磨墨，看祖父开处方，向病家交代病情，嘱咐如何煎药服药、饮食宜忌、生活护理等。那时，徐景藩虽尚年幼，却能安坐静听，病家均夸："这孩子文静、懂事、有礼貌。"祖父床前的便壶，一年365天都是他去倒、洗。祖父无声的教诲、辛劳和蔼的形象，在他幼小的心灵烙下了深深的印记，他立志来日也要学习中医，做一名治病救人的良医。

父亲徐省三，自幼读私塾多年，后随父学医，子承父业。学成后逢农历每月二、五、八到相距7公里的坍坵镇童仁泰药店坐堂，早去晚归，往返的交通工具就是浙江绍兴特有的乌篷船。除坐堂以外，他还在家帮父亲写处方，看"小号"。"小号"就是那些经父亲出诊看过已有好转的病人。如看了重病、疑难病症，晚上就向父亲汇报、求教。这种家庭式的小型"病案讨论"，纯中医的辨证施治、理法方药的研讨，让经常在旁聆听的徐景藩耳濡目染，逐渐有所感受、感悟，无形中产生了浓厚的兴趣。此外，徐景藩经常练习毛笔字，翻阅一些中医药书籍。这种生活方式和家庭教育，为他后来立志学习中医打下了良好的基础。

6 岁时，徐景藩在离家咫尺的"绸业小学"上学读书。这是一所当地丝绸行业开办的子弟学校，师资水平较高。校长唐诵清，年近古稀，国学功底深厚，工于诗文。他亲自拟订每一年级的主要课程，所聘教师除规定的学历、资历等条件外，都须经他亲自面试。而唐校长本人也在五六年级担任部分国文课，并不定期地去各班听课，检查教学质量。由于教学质量高，学校在全镇享有极佳的声誉。祖父和唐校长素有交往，顺利地把徐景藩这个非丝绸业的子弟送进了这所学校。

徐景藩在绸业小学学习时，还有机会学习弹风琴，对音乐稍有入门，这也有利于智力的开发。他记得当时每个教室都有一架风琴，专供音乐课老师教学之用。他经过一个学期的练习，初步掌握了一些技巧，并可以弹奏一般的歌曲。这对徐景藩一生的业余生活产生了较大影响，直到现在，他仍在空闲时间弹弹琴，以陶冶心身。这都得归功于童年时代的基础。他常说："启蒙教育对一个人来说，是多么的重要！它往往会影响一个人的一生。"

1937 年 7 月 7 日，日本发动全面侵华战争，深秋，家乡吴江沦陷，全家人逃到坩垃。在坩垃大庙里，由浙江避难来此的老中医李继山先生办起了临时私塾，父亲便送徐景藩去学习。李老师对他稍加考核，认为他的语文程度可读《幼学琼林》，算是"高班生"。除每天教一段课文外，还教他《百家姓》、《千字文》、《大学》、《中庸》等。他在短期内读完这些书后，受老师之命，开始担任初、中班的辅导任务。虽只 3 个月的时间，但他每天读书、背诵、练文习字，语文水平续有提高。后来返回盛泽，小叔父又教他读《论语》、《孟子》。1938 年夏末，他再入淘沙弄小学五年级，两年后毕业。当时家乡没有中学，他只好自己补习《古文观止》、英文、数学、高中国文等。同时仍继续在家读医书、抄方、挂号。边学中医，边学文化。语文水平的不断提高，特别是扎实的古汉语基础，对他日后学习中医大有好处，使他终身受益。

1941 年，徐景藩随父学医。父亲让他先抄书，把要熟记的部分用毛笔一字一字工整地抄在一张张"元始纸"上，最后装订成册。读的时候，用鹅毛管蘸上银朱点作标点。这样做的好处有三：一是练习毛笔字，打好学医的基础。二是良好的修身训练。写字笔笔无误，要求思想高度集中，心神宁静，戒除浮躁，摒弃杂念。三是诵学经自己亲手抄写的医书，容易上口背诵，学习效率高，以后经常温习，不仅温故知新，还能加深记忆和理解。

父亲给他规定了 3 年的读书进度。第一年学习中医基础。他读的第一本中医启蒙书是《雷公炮制药性赋》，按寒、热、温、凉、平性药，1 个月时间读完。临证抄方时，父亲还会重点提示处方中的药物应用与配伍方法。这样做不仅加深了他对用药基本理论的理解，对用过的药物也能够牢牢地记住。接下来是读《汤头歌诀》。他采取"滚雪球"的方法，读后面，温习前面，并参阅相关注释，共用了半年时间。接着读李念莪的《内经知要》。该书条文精练，他用 3 个月基本读完。与此同时，还参考阅读《素问》、《灵枢》和《难经集注》等书。由于内容多，条文深奥，遇到难以完全理解之处，他就"囫囵吞枣"地先读下来，以后再慢慢"消化吸收"。这些经典著作，在以后的漫长岁月里，他年年学，年年有新体会。后来，他又读了淮阴陆慕韩著的《验舌辨证歌诀》和李时珍的《濒湖脉诀》等书。这样，算是完成了第一阶段的中医基础学习，共花了约一年的时间。

　　第二年学习内科基础。在父亲的安排下，他读了张仲景的《伤寒论》、《金匮要略》和叶天士的《温热论》。这一年，父亲只是指导、释疑，学习进度全由他自己掌握。读《伤寒论》参阅成无己的《注解伤寒论》，学《金匮要略》参阅尤在泾的《金匮要略心典》。他每日早晨习字、温课、背诵；上午仍是挂号，临证学习，侍诊抄方；下午读新的内容，并继续抄书，整理上午抄录的处方，结合病例，查阅有关本草和方剂，加深理解；晚上聆听父亲讲解白天诊治的一些疑难病例的体会和经验。天天如此，寒暑不辍。

　　第三年，徐景藩开始读李士材的《医宗必读》及叶天士的《临证指南医案》每个病证案例后的总括。《医宗必读》只要求阅读，每个病证的理法方药，须认真理解而不求背诵。《临证指南医案》的总括文中比较重要的文句，多读后自然也就记熟了。例如卷一《肝风》篇云："肝为风木之脏，因有相火内寄，体阴用阳，其性刚，主动，主升，全赖肾水以涵之，血液以濡之，肺金清肃下降之令以平之，中宫敦阜之土气以培之……"类似这样重要的内容，迄今他仍能朗朗背诵。这些内容既有文学内涵，又有医理真谛，对阐明某些病证的病因病机、治法概要，具有实践指导意义。至于需要背诵的段落语句，由自己阅读全文以后勾画出来，并且专门抄录在本子上，以便诵读、温习，并常思、常读。其他如《丁甘仁医案》、《张聿青医案》等书，他是结合《临证指南医案》的某一病证，相互参阅，以求学习多家经验，拓展思路。联系时令季节及侍诊时所遇病例，选读有关医案，点点滴滴，反复学习，使他打下了坚实的临床基础。

　　三年的时光是短暂的，风华正茂的徐景藩，求知若渴，在父亲的谆谆教诲和指导下，从启蒙到入门，并最终跨进了中医学的殿堂。因为自幼耳濡目染，徐景藩对中医学有着深厚的感情，从医的思想一开始就非常坚决，并且从来没有动摇、疑惑过。在学医的路途上，他始终按照父亲当年学医的模式。父亲为他安排的学习课程也符合循序渐进的学习原则，而且从一开始就采用理论联系实际的方法。3 年的师承教育，徐景藩至今还一直怀念，铭记于心，留恋这 3 年的流金岁月，是多么珍贵！感慨师承教育对培养中医后继人才是多么的至关重要！

1944 年春天，徐景藩开始了第二阶段的学习。父亲把他送到朱春庐老师家里，重又拜师。朱师是上海朱斐君和乌镇张艺城两位名师的高徒，擅长脾胃病、时病和多种疑难病症的诊疗，是百姓心目中的名医，誉满江浙。父亲深知朱师博览群书，别有见解，颇多创新，经验丰富，为使儿子多学习，多见识，增长才干，宁可自家的业务受些影响，也让儿子随朱师学习。有人嘲讽徐省三，把儿子送到朱家学习，说明自己技不如人。他则坦然笑道："这是博采众长。叶天士曾师从多人，医道出众，尽人皆知。说不定我今后还要儿子再从师他人呢！"

进入师门之后，徐景藩仍然是上午临证、抄方，下午读书自学。朱师字体活泼，笔力雄劲，一手行书十分洒脱，每一纸方笺都可称墨宝。徐景藩从复诊病人留下的老方笺中，挑选有代表性的时病、杂病，集在一起，当作字帖，认真临摹，抄方时再用心揣摩。3 个月的临证抄方，居然与老师的字体有三五分相似，深得朱师赞许。加上徐景藩本身具有良好的中医功底，颇能心领神会，于是朱师就让他午后跟随自己出诊，由徐景藩书写处方，自己再抄录存根，记录病情。这样，上午、下午各有抄方簿，一册一册，编集保存，一年下来，竟积累了几十册。徐景藩都把它珍藏好。到第二年结束时，他将各种病证分门别类，找出典型的、具有用药特色且已获效的案例加以整理，以老病例为主，新病例为辅，工楷抄录，装订成 3 册，约有 480 则医案。第三年年中，他将基本完成后的医案交给朱师审阅。朱师见了，颇为惊喜，并欣然命笔，在每册封面上题写"验案集粹"4 字。这是老师对他最大的肯定和嘉奖，更增添了他学习中医的动力。那是 1946 年的深秋，一个收获的季节。

　　3 年里，徐景藩每天以临证（门诊、出诊）学习为主。抄方 3 个月后，由朱师口授，徐景藩书写处方，朱师再复审一遍，交给病人，并嘱咐煎药、服药、饮食、生活起居及精神情绪等注意事项。徐景藩则利用这点时间，录下处方存根。每次下乡出诊回程途中，朱师都对病人的病情特点、自己的处方用药及临床经验，给他重点提示。有时还联系这一类病证的病因病机、证候异同、常用方药及特殊用药，给他作系统讲授。徐景藩随师出诊，形影不离，三载时光，风雨无阻。这种师承教学形式，理论联系实际，学生容易理解领悟，同时培养了亲密的师生关系，这是现在中医院校的教育方式所无法达到的。

　　此外，徐景藩还读了许多历代医家名著，如《备急千金要方》、《诸病源候论》、《脾胃论》、《丹溪心法》、《景岳全书》及明清各家医案、医论、医话，还读了当时沪上名医恽铁樵、陆渊雷、章次公等的著作。其时，陆渊雷所著的《伤寒论今释》出版。陆氏对仲景理论和方药运用有自己独到的见解，对脏腑生理解剖融合了现代医学知识，做了一些补正说明；在经方运用方面，参考了当时《皇汉医学》所载的经验和病例简介，颇有新意。徐景藩读后深受启发。受陆氏影响，他也相应地读了一些现代解剖、生理学等书籍，虽然没有实物可供试验，但是这些知识确实使他有茅塞顿开之感。了解人体结构、功能知识，有助于诊疗疾病。这是他当时对现代医学粗浅的认识，然而却为他后来的学习、工作奠定了坚实的基础。

　　时光荏苒，转眼已是三度寒暑，徐景藩学满出师了。朱师送给他一块用银杏木做的长方形牌匾，上书"朱春庐授徐省三子徐景藩内科大方脉"，算是发给这位得意门生满师的"证书"。从此，徐景藩开始了自己独立行医的生涯。

初出茅庐逢机遇　北上求学续深造

父亲和朱师两个成名医生同在一个镇上，而全镇总人口不足 3 万。徐景藩还很年轻，是一个初出茅庐的小医生，按一般规矩需要先到其他小乡镇去开业行医。于是，父亲将他安排到离家 7 公里的坍垎镇。父亲曾在这里开业行医 20 多年，在小镇具有很高声望。当时是每逢农历二、五、八的日子前去，称为"摆期"。现在，父亲让徐景藩沿着自己走过的路，先去"摆期"。多年以来，坍垎一带的农民都知道省三先生是逢每月二、五、八到坍垎的"摆期郎中"。如今，他的儿子前来子承父业，免得当地百姓再远道赶到盛泽看病，大家都感到方便了许多。这对徐景藩来说也是一个极好的机会。父亲如此煞费苦心、周密细致的考虑和安排，让他很是感动！

最初在坍垎行医的日子，徐景藩的业务情况可想而知。一个小先生，无名又无望，谁会来求医诊病？起初，上下午共 6 小时，看一两个病人，还是一些普通的咳嗽、胃痛等，这种坐"冷板凳"的日子十分难熬。但父亲一开始就再三告诫徐景藩："小郎中是'守'出来的。'守'就是要坐得住。只要有病人来，就必须细心诊治，反复思考。开一张药方，使病人服后取得效果，才会有复诊。"徐景藩牢记父训，没有病人时就看书、写字、抄书，从不越雷池一步。有病人求治之时他就认真诊疗，处方用药力求准确，先开 2 帖、3 帖。病情确有改善，患者便会再来复诊。进入夏季，气温渐高，胃肠道疾病增多，疟疾、伤寒等传染病也开始流行。这样在徐景藩开业 1 个月后，每日病人增加到了七八位，此外还有近乡二三里路的出诊一两个。这样，每天 6 个小时的时间就显得相当紧张，没有空闲。

秋去冬来，天寒地冻，病人又开始减少。所谓"风大一半，下雨全无"，这似乎是乡镇百姓看病的规律。风雨的日子，病人少，医生闲，又需多坐"冷板凳"。徐景藩就利用这些时间看书。他对自己严格要求，空闲时间只看业务书。有计划地读书，不仅使他增长了知识，打好了中医理论基础，而且养成了良好的习惯，坚持奉行"业精于勤荒于嬉"的古训。乡亲们都夸这小郎中勤奋好学。至于诊金，他从不计较多少，贫病者干脆送诊，不收分文，有时还出钱给贫苦的病人配药。

　　5年的行医生涯，使徐景藩在中医理论及临床实践上都有所提高。通过阅读一些中西医结合的书刊，他初步体会到中医辨证施治、自然药物资源丰富等优点，同时也深感需要学习近代解剖、生理学等知识，以充实对人体结构、机能的认识。对农村一些常见病、多发病，他虽有初步的医疗经验，然而，对于诊断的精确性和准确性，却信心不足；对危重病症，治疗手段比较简单，常常束手无策，只能让人家"另请高明"。他认识到自己医疗水平十分有限，于是萌发了继续学习的愿望，希望能有机会接受现代高等医学教育。但是，他没有读过初中、高中，接受高等医学教育对当时的他来说只能是奢望。不过，他相信"有志者事竟成"。他严格要求自己，既做好眼前的工作，也为将来的深造做着各方面的准备。

　　1949年春天，徐景藩的家乡解放了。人们的思想观念发生了根本性的变化，那些原先上不了中学的青年，也燃起了继续上学受教育的希望之火。徐景藩多年来读书、临证、学习、工作，已初步具备医生的素质。他想做个好医生，他想上大学，于是他自学外文、数、理、化等中学课程，做好准备，等待时机。1950年秋天，华东人民广播电台开办了"俄语广播学校"，他毅然报名参加。学习期间他按时将作业、考试答卷寄到电台教学组，学完了3册俄文教材。学习其他课程，则是向曾经或正在吴江中学读书的老同学或邻居、亲友借来旧教材，因为这些书籍在家乡是买不到的。他由浅入深，自学了数学、物理、化学、历史、地理，不懂之处，千方百计找人请教。而读医书、行医看病的本职工作还要正常进行。他每天安排得十分紧凑，见缝插针，寸阴必惜，从不浪费一分一秒。

1952年3月上旬，邻居石鹤令老先生兴冲冲地拿了一份《解放日报》来到他家，告诉他报上刊登了一则中央卫生部关于"中医研究人员"的招生通告，其宗旨大致是招收已经从事中医工作的青年医生去京深造，学习现代医学知识和技能，培养研究中医药的人才，继承发扬中医药学。报考条件，一是从事中医临床工作5年以上，二是具有高中毕业或同等学力文化程度。考试科目为政治、语文、外语（俄、英文），以及数学、物理、化学、历史、地理。符合报名条件者，约在1个月后进行考试，如能录取，按"调干"待遇。徐景藩反复仔细地看了报纸，真好像是久旱盼来了甘霖。

这是一次难得的机遇。徐景藩对照自己的情况，按高中毕业同等学力报考的条件报了名，但内心却毫无把握，依然是一边行医，一边加紧自学。他深知自学之艰难，尤其是化学，没有实验条件，就没有感性认识，不时遇上一大堆难题，令他焦急不安。因此，对报考之事，他一直保守秘密，只有妻子知道。之所以如此，一是怕父母担心，因为他若能考上，就得离家5年，且毕业后肯定要服从国家安排，不能再回家乡；二是怕报名不成，或考试不合格，惹得他人讥笑自己异想天开。所以，连报信儿的邻居石先生也不知他报了名。

报名信函发出半个月后，徐景藩收到了华东军政委员会干部处署名的通知书，通知他去上海应试。

紧张的考前复习准备，徐景藩真是废寝忘食！一星期后启程赴沪参加考试。他做好了两种准备，如果没被录取，今后就加强学习，加倍努力，他相信以后应该还有机会；通过这次考试，也算是增加一些临考的体会和经验。也就是说，即使没被录取，他也能坦然处之。他的心逐渐平静下来，继续行医看书，收听俄语广播教学节目。

6月28日下午，邮递员送来一封信。那是华东军政委员会卫生部干部处发的函，上面用毛笔写道："兹奉中央卫生部1952年6月14日〔52〕卫医字526号通知，公布中医专门研究人员名单，先生已列为正取，务希即行准备，于7月10日上午来部报到，转介去京为要。"徐景藩看到这封信，不敢相信这是真的，激动和欣喜的泪水顿时夺眶而出。这封信改变了他的一生，也说明中华人民共和国成立后，中国共产党重视人才培养；同时也证明了即使没有条件正规学习，只要你孜孜以求，永不言弃，同样有进入高等学府学习从而获得进一步发展的机会。50多年来，徐景藩一直珍藏着这封信，作为个人一生最值得纪念的物品。

徐景藩收拾了已经开业五年多的诊所，告别父母妻儿、弟妹亲友，赴京求学。到北京后，依次到人事部、卫生部报到。从全国各大行政区共录取45名学员，卫生部派人负责全班学员的管理和政治思想工作。由于学员的数学基础普遍薄弱，特地请北师大数学系的颜教授给学员补习数学。补课虽然仅有一个月的时间，却为以后学习医学数学打下了基础，还培养了大家分析问题、解决问题的能力。

1个月的时间很快过去，卫生部主管中医工作的同志曾两次来看望学员，召开座谈会，勉励学员坚持不懈，刻苦努力，完成5年的学习任务。1952年8月下旬，全班同学搬到北京大学理学院学生宿舍，开始了新的学习生活。在理学院读了1年预科后，又到北京医学院学习4年。

5年间，徐景藩感受到了来自各方的莫大关心、爱护和培养教育，感到无比的温暖。一门门现代科学知识，使他产生浓厚的兴趣。他过去所学的多是宏观的、基础的中医学理论，现在却能学到人体生理、解剖、病理、生化等微观知识。他也逐步体会到中医的特色和优势，体会到中医、西医各有所长，可相互补充。他求知若渴，勤奋刻苦，加上善于独立思考，不断有所感悟，学习进步很快，虽然他只有"高中同等学力"，但学习成绩一直保持优良。

5年间与同学朝夕相处，徐景藩在德、智、体方面得到了全面的发展和提高，在与同学互相切磋、揣摩和广泛的集中讨论中，不但交流了学习体会和心得，还建立了深厚的友谊。这对他和同学们今后从事中医医疗、教学、科研，特别是坚定对中医学的信念，都起到了很大的促进作用。

5年的学习生活，他聆听了众多知名教授的教诲，增长和丰富了基础与临床知识，也学到了他们宝贵的治学经验、教学方法。教授们的授课重点突出，难点清晰，理论联系实际，启发式的课堂讲解，都对他在专业上的提高帮助很大。有这么多知名的老师授课教导，真是一种幸运！徐景藩受到了极大的鼓舞和鞭策。这几年的学习让他终身受益，永远难忘！

1957年8月中旬毕业后，徐景藩被分配到创办不久的江苏省中医院。那时，他刚过而立之年，正是创业立业、大展身手的好年华。

博采众家学不厌　言传身教育后生

江苏省中医院地处南京市中心新街口的西侧，当年是闹中取静、空气洁净、适宜设立医疗机构的"宝地"。省中医院1954年10月建院于石婆婆庵，从一个门诊部开始，1956年迁址，扩建成全省唯一的、全国最早筹建的省级中医医院之一。1957年8月，徐景藩刚到该院工作时，这里仅设有100张病床。翌年增加到150张。以后不断继续发展，至今已是科室齐全，设备先进，中医专科特色明显，医、教、研全面发展的三级甲等中医院，省级示范中医院。

当时内科的主管医师，都是从沪、宁各地特别是苏州、无锡、常州一带聘来的知名中医，如孟河马培之之孙马泽人，无锡的肾病专家邹云翔，吴门曹氏传人曹鸣皋，丹阳名医张泽生、颜亦鲁等。他们有着扎实的中医理论基础和丰富的临床经验，都是徐景藩继续学习的好老师。在日常工作中他跟这些先生一起查房、讨论病例、听讲座。此外，他还一一登门向各位先生商借"门诊方笺存根"，回来认真阅读、摘录，找出各家的学术经验和特长。当时，医院的门诊处方是采用中医传统的"方笺"格式，16开本，每本300张纸，直式书写，有脉案、有药方。第一联用作配方，第二联交给病人，第三联是"存根笺"，由主诊医生自己留底保存。写完100例次，就留下一本内有100张存根的方笺，自己可以回顾、查阅、整理分类，也可供教学、科研、著述之用。徐景藩借阅的这些"存根笺"，都是先生们临床辨证施治的经验体现，是学习中医极其珍贵的活教材。揣摩这些病案是他提高自己辨证用药水平的重要途径。

此外，徐景藩还不断向同事学习。内科大部分住院医师都是"江苏省中医进修学校"结业分配来的优秀学员，大家来自大江南北，各有师承，再经进修深造，虽年龄相近，但每人都各有很好的学术见解和经验，都是他在工作中学习的好榜样。徐景藩虚心向他们学习中医理论和临床实践方面的体会和经验，这都让他受益匪浅。

两个月门诊工作后，他进入内科病房，同时还兼每周两个下午的固定门诊，或偶有临时"支援门诊"。他在病房管的病床，从开始的20张增加至24张，最多的时候曾管过32张。作为主管医师，查房时要对患者的病情进行分析，并需在治法、用药等方面提出指导性意见，有些重症、疑难病例，还需口授处方。除中医汤剂以外的其他辅助治疗，尤其是理化检验、复查等都须徐景藩根据各种不同的病证自己去安排。需要请院内外专家会诊时，徐景藩必须陪同诊察，并记录、执行会诊的各种意见。在病房，值24小时班是份内工作。那时，住院医生少，又没有实习医生，更没有进修医生，基本上是一个人独立工作，每个月总要值班10~15天。由于所管病床较多，进出医院的病人数和要写的病历自然也多，值班时徐景藩就利用深夜空隙时间来做白天未做完的工作。即使不值班，他也常常在晚上加班完成各项病历书写。值班的第二天，也常常要工作到中午才能下班。遇有抢救病人，就得连续几天在病房，根本谈不上值班补休。

1958~1960年，内科一病区床位一度增至64张，住院医生只有徐景藩和汪履秋（江苏省名中医）两人，24小时轮流值班，每人一天。然而，实际上两个人每天都从早到晚24小时在病房里，值班室里每人一张床，每天深夜一份夜宵，两人分着吃，真是"以病房为家"。工作虽忙，值班虽多，人很辛苦，两人却均无怨言。徐景藩觉得为自己热爱的中医事业工作，再苦再累也是值得的。况且，这更是锻炼自己的好机会，何乐而不为呢？至今，他还常常对弟子们说："实践出真知，多劳才会多能。"就是在这样紧张的临床工作中，他不断增长着自己的才干，积累了丰富的经验。

1959年秋，江苏省中医院作为南京中医学院（现在的南京中医药大学）的附属医院，临床科室均需建立相应的教研组。内科在曹鸣皋主任主持下，选定周仲瑛、姚九江、龚丽娟和徐景藩4人参加并筹建内科教研组。大家把一本很薄的32开《中医内科学》教材分为4段，每人1段，在临床之余进行备课、试讲、评议讨论。他们首要的任务是从临床实际出发，广泛搜集参考资料，充实教材的内容。虽然教研组购买了一些书籍，但他们还必须经常到中医学院图书馆看书、借书，并且自己也购买必要的工具书。徐景藩仍然

"以病房为家"，但他妥善地安排好诊疗与备课的双重任务，不分昼夜，拼命工作，常常连节假日也不能休息。

课堂教学开始后，本科生班、干部班、西学中班，一共6个班，都是小班上课。4段课程交叉上课，徐景藩每星期要跑三四趟，有时一天内上、下午都有课。从教数十年，徐景藩总是精心备课，一丝不苟，不断补充新内容，反复改进教学方法。他讲授时条理清晰，引经据典，深入浅出，联系实际，具体生动，并结合个人的临床体会，将自己的宝贵经验，毫无保留地传授给学生。一次，由于工作压力大，劳累过度，他血压升高、心动过速。他觉得实在支撑不住了，便不得已请别人代课。但到上课前一小时，他觉得症状已有改善，又毅然走上了讲台。那一双双渴求知识的眼睛给了他无穷的力量，使他忘却病痛，坚持把课上完。他所讲授的课程，学生们最爱听，他也是学生们最喜爱的老师之一。

作为教师，白天授课，晚上还要轮流到教室答疑、辅导。为了保证教学质量，避免理论与实践脱节，老师还要带学生临床实习，这是"一贯制"的教学方式，也就是既讲课，又答疑，谁讲什么课，谁就负责这些病种的见习、实习带教。这种"一贯制"的教学方法，老师虽然辛苦一些，但教学效果却很好。徐景藩原是乡镇医生，现在能登上中医高等学府的讲台，看到学生们认真学习，认真实习，一天天在进步，他的那种自豪感、责任感和喜悦的心情油然而生。临床带教时，他对学生书写的病历、撰写的论文，一字一句地修改，即使是标点符号的错误也一一予以纠正。到了晚年，他的视力下降，但为了及时修改学生的论文，他也常常戴着眼镜连夜批阅，从不拖沓。

学院里的教师，有寒假、暑假，而临床教师一到严寒、酷暑的时候，却格外忙碌。在寒暑假期间，重病人多，需抢救的多，医生非但休息不了，反而还要多加班、多值班。徐景藩认为这都是医生的天职，属份内之事。

通过医疗、教学的实践，工作与学习的结合，对工作中遇到的难点，如疑难病、重病，或常见病、一般的病证，如何提高疗效、缩短病程和防止复发等问题，对临证时每个病例、同类病证，徐景藩都认真思考，联系理论，加以分析，而后详加辨证，确立治法；常法变法，结合处理，内服外治，相互配用。对治疗有效或无效的病例，只要有点滴经验、体会或教训，他都及时用专门的笔记本记录下来。如此经久积累，他的理论和实践均得到不断提高，拓宽了思路，引证的依据越来越充实。

1988 年，徐景藩亲自主持了以培养主治中医师为目的的"江苏省中医内科提高班"。一年半的时间，他倾注了大量的心血。教学采用课堂讲学、门诊及病房实习、备课试讲、集体评议后再讲课等多种形式，使学生们收获很大。该班的毕业生后来都成了江苏省的中医骨干。

徐景藩是研究生导师。在指导研究生时，他治学严谨，言传身教，为人师表。他立座右铭四条，即："读书从博到精，撷采众长，分析思考，须有自己的见解；诊病务必细心，审因辨证，选方宜慎，择药熟知性能；改进给药方法，针对病情，达于病所，庶能提高治效；积累临床资料，撰文求实，常年不懈，集腋始能成裘。"学生久随其侧，不仅学到了高超的医疗技术，而且学到了可贵的做人做学问的方法、态度，一生受用。

例如，在指导一位研究生撰写论文时，他亲自查看 100 多封随访信函，核实疗效。他常常说，医生应千方百计提高临床疗效。而疗效的判断，首先应听取病人的真实反映，即使当时取效，也还要经过一段时间的随访，才能最终认定治疗的结果，并从中取得经验和教训，才能不断提高业务水平，保证科研质量。在培养学生的过程中，他因材施教，严格要求，使学生在德、智、体和实际工作能力方面均得到长足的进步，在各自岗位上都取得了显著的成绩。他们中有的获得霍英东青年教师奖，有的走上领导岗位，有的被选作江苏省跨世纪人才培养工程的对象。此外，数十年来，他先后指导、培养国内外各类进修医生不计其数，真可谓"桃李满天下"。

作为全国老中医药专家学术经验继承工作指导老师，1990年10月，徐景藩代表江苏省老中医，赴京参加了国家两部一局主办的拜师大会。他亲自选定学术继承人。在以后的十余年时间里，他临证施教，精心传授，所指导的三批6名学术继承人中，刘沈林获高徒奖，陆为民获优秀学术继承人奖。他为培养中医高水平学术人才倾注了大量心血，倾其平素所学、所知，使弟子们在基础理论、临床实践、教学科研各方面均得到了质的提高，并为中医事业的不断发展献计献策。他的徒弟单兆伟和刘沈林现已成为著名的脾胃病专家和博士研究生导师，刘沈林还担任江苏省中医院院长、南京中医药大学副校长。

徐景藩教给学生的不仅是医学知识，更有做人的准则。数十年来，他廉洁行医，拒收财物，拒不吃请的事例，不胜枚举，为广大医务人员树立了榜样。正如他常说的："要做好一名医生，首先要做好一个人，我们不能为了一点蝇头小利而丧失医生的人格。"

衷中参西补短长　融会新知贯古今

徐景藩认为，中西医各有所长，相互补充，并无矛盾，把中西医割裂甚至对立起来的观点是非常错误的。他常想，国家花大力培养中学西人才，不是要"弃中从西"或"以西代中"，而是要运用和借鉴现代医学的知识、技能，更好地为病人服务。所以，自己应继续学习，努力工作，把自己的精力奉献给人民的保健工作，奉献给中医事业。因此，在临床上，他勤于思考，做到衷中参西，融会新知。

徐景藩结合古今文献，联系现代医学对胃生理功能的认识，提出"胃能磨谷论"，是对中医胃之生理功能之补证，临床也有非常重要的实践意义。自《灵枢·平人绝谷》载"胃……受水谷三斗五升"，《诸病源候论》提出"胃受谷而脾磨之"的论述后，中医对胃的生理功能主要着眼于"纳"，故后人有"胃者围也"、"汇也"之说。亦宗"肠胃为海"、"胃为水谷之海"之意，认为胃似百川所归，为源源不绝之"海"。《素问·太阴阳明论》谓"脾主为胃行其津液"。可以看出，胃既纳谷，亦能磨谷，才能使食物腐熟、消化而下入小肠，成为精微、津液而由脾"行"之。不仅如此，脾还能"助胃气，主化水谷"（《难经·四十二难》），故可知胃能磨谷。程应旄在《医经句测》中明确提出"胃无消磨健运则不化"之说，强调了胃的主要功能是消化，并且认为胃的消磨功能借其"胃中所禀之性"，即"胃气"。食物消化后成为"谷气"，"胃气"亦需"谷气以充（养）之"，指出胃的受纳、消化功能及其与物质能量供应的相互关系。"磨谷"一词，生动形象地概括了胃的蠕动和消化过程。胃既有此重要功能，经过腐熟、磨化，才能完成"饮入于胃，游溢精气"（《素问·经脉别论》）的作用。此外，《难经·三十五难》提出："小肠谓赤肠……胃者谓黄肠。"意即胃与小肠相连，有色泽之异，且胃与小肠上段尚有部分功能相似，两者协同完成"化物"的功能。十二指肠球部紧接胃腑，可以看成是胃的下部，故临床上该球部疾患（炎症或溃疡）表现的主症，也属于胃脘痛范畴。

徐景藩在临证之际，着重从医疗实践中总结经验。如对喻嘉言之"上脘多气，下脘多血，中脘多气多血"，"上脘清阳居多，下脘浊阴居多"之论述，参合现代医学进行分析，认为上脘部包括胃底部位，气体自多，从上腹部切诊叩之成鼓音，X射线钡餐透视检查为胃泡气体之影可证实；下脘似指胃角以下，胃窦与幽门等处，存留胃液食糜，液质常存，犹如"浊阴"。将此论点运用于临床，提高了胃病的治疗效果。在诊断方面，他重视腹部切诊，认为切腹诊病，古已有之，非西医所特有，但现在许多临床医生往往忽视这一简单而实用的诊病方法。他总结了许多切腹诊病的经验。如上脘（或至鸠尾）压痛，以气滞为主，多数属实证；中脘附近压痛，有虚有实；下脘压痛固定局限，血瘀为多；胃中有食滞，上、中、下脘均可有压痛；中脘与右梁门压痛，中虚气滞占多；自诉胃痛，按上腹无明显痛点者，以肝胃不和为多，病情一般较轻浅；按诊时均诉不适，有胀满之感而无压痛者，以湿阻气滞为多；胃脘各部轻度压痛，在右胁下亦有压痛，乃气滞所致，与肝（胆）有关，属肝（胆）胃同病；胃脘无压痛，唯有右胁下、不容等部有压痛，病位主要在肝（胆）。这些宝贵的经验，对临床胃脘痛的辨证治疗，有着重要的指导作用，并弥补了教科书的不足。特别是用两手中指（或食指）在两侧梁门、天枢外侧，交互用力按击腹部，随按即起，侧耳于脘腹部，闻得内有辘辘声响者，常为胃中有水饮。而这一体征，从西医角度来说，常可提示有幽门不同程度的梗阻，临床尤当慎重对待，切勿盲目而贻误了病情。

又如，受 X 射线钡餐透视检查的启示，他认为人在直立或端坐时，由于重力作用，钡剂迅即流经食管而进入胃中。因此，在治疗食管疾病（包括炎症、溃疡、憩室炎）时，欲冀药物在食道停留时间延长，力求能起直接作用，他创"糊剂卧位服药法"。具体使用方法是：汤药要求浓煎，头煎和二煎各得药液 100ml 左右，分别加入藕粉一至两匙，如无藕粉，亦可代以山药粉、首乌粉或米粉，充分调匀后，于文火上边煮边搅，煮沸后成薄糊状，盛小碗中，放置床边，服时患者解衣卧床，左侧卧、平卧、右侧卧、俯卧各咽一二汤匙，余药取仰卧时吞服。服药毕，温水漱口吐去，平卧床上半小时，可稍稍翻身，但不可饮水，亦不可进食。若是晚间服药，服完后即睡，作用尤佳。如患食道憩室炎症，按 X 射线或胃镜所示，卧位服药时向憩室凸向的一侧睡，腰臀部稍垫高，10~20 分钟后，向对侧卧 20 分钟；此时抽去枕头，使头部位置低，20 分钟后，复加枕头，这样可使药物充分作用于憩室炎症部位，并使之得以流出。若患者胸骨后隐痛、刺痛，部位固定，症见瘀滞者，可在药糊中调入三七粉，每次 1~1.5g；或云南白药，每次 0.5~1g。卧位服药，加上药糊的黏性，有利于直接作用于患病之所，且停留时间较长。此外，藕粉清热凉血，熟后黏滞，尚有"护膜"之功。至于患者嫌药味较苦，可加少量白糖调匀后服；但舌苔白或苔腻，胸闷较甚，有痰咳出者，以不加白糖为好。将这些经验运用于临床，明显提高了食管病的治疗效果。特别是对许多采用西医治疗经久未效的患者，运用此法，坚持服药，均可收功。该法发表于《中医杂志》1989 年第二期后，曾有许多同道反馈信息，言及运用此法不仅治疗有效，还可用于胃镜检查后食管受损、出血的防治。

西医有胃心综合征、胆心综合征，临床经常可见因胃疾、胆疾而诱发冠心病、心绞痛的病例。对于老年胃痛、胆结石兼有心脏疾病的患者，徐景藩强调胃心同治、胆心同治。对于胃心同病，中医早有论述。《灵枢·厥病》篇谓："厥心痛，腹胀胸满，心尤痛者，胃心痛也。"这是对胃心同病的最早描述。心居胸中，胃居膈下，两者以横膈相邻，经脉络属，关系密切。如《素问·平人气象论》曰："胃之大络，名曰虚里……出于左乳下，其动应衣，脉宗气也。"指出虚里之搏动，即心脏之跳动，其源于胃之大络。《灵枢·经别》又云："足阳明之正……上通于心。"指出了胃之大络与足阳明经别都与心脏相通，说明了心与胃相通的经脉络属关系。《素问·经脉别论》曰："食气入胃，浊气归心，淫精于脉，脉气流经……"说明饮食入胃，经过消化吸收、转输精气，注入于心，流入经脉，胃气和调，气血充足，则心脉通畅。而心主血脉，为五脏六腑之大主，胃之受纳、腐熟、通降等功能同样有赖于心血的濡养和心神的主宰。如宿有胃疾者，脾胃升降失常，气机阻滞，痰瘀内停，心络闭阻，每于胃病发作之时则可出现胸痹心痛；若脾胃受戕，生化乏源，气（阳）血（阴）不足，心失所养，则可见心悸、怔忡、不寐等症；而心气不足、心血瘀阻的患者，气血运行不畅，食少不易消运，临床在心悸、怔忡，甚则心痛、胸痹发作之时，往往可出现胃部的症状，特别是某些冠心病、心绞痛或心肌梗死患者是以胃脘疼痛为主症前来就诊的。因此，徐景藩强调，对胃脘部或左上腹疼痛的患者，应认真诊察，从疼痛的部位、性质、程度和全身情况，结合年龄、病史等加以鉴别。对心病、心痛预后的严重性要加以警惕，如有危重征象出现（如面色苍白、汗出、脉细或数疾或结代、肢冷等），要采取积极的抢救措施，切勿麻痹大意。

徐景藩曾治一男性患者，47 岁，胸脘疼痛间作 3 个月来诊。患者 2004 年 8 月因晕厥、恶心，住江苏省某医院，测血压 180/100mmHg 左右，查 24 小时动态心电图示窦性心律，偶发房早，ST 段下移 0.05mV，诊为高血压病、心肌缺血，一直服用络汀新等药，血压维持在 140/70mmHg 左右，但平时仍有头昏、头重如裹、恶心等症状。

2005 年 10 月 31 日因情志郁怒、饮酒出现上腹疼痛，及于左胸，痛势较著，每次数十分钟，又至该院急诊。查心电图示窦性心律，Ⅱ、Ⅲ、aVF、V5、V6ST 段下移 0.05–0.075mV，予络汀新、倍他乐克、消心痛等处理后稍有缓解；又加用复方丹参滴丸、通心络胶囊等，疼痛未除，反增泛酸、烧心。2005 年 12 月查胃镜，示慢性食道炎、糜烂性胃炎、十二指肠球部霜斑样溃疡。予达克普隆，胸脘隐痛未减。来诊时胸脘隐痛而闷，伴有灼热感及刺痛感，嗳气泛酸，无背痛，无夜间疼痛，无吞咽困难、恶心，口有异味，烦躁，出汗，失眠，易头昏，矢气多而臭，大便量少，日行 1 次，不黑，无腹胀，舌微红，苔薄白，中有裂，脉细涩。徐景藩分析病情后认为，患者中年男性，离异 10 年，郁郁寡欢，饮酒常醉，吸烟每日两包，素体阴虚阳亢，复加情志不畅，肝气郁滞，津凝成痰，血行不畅，痰瘀交阻，痹阻胸阳，胃失和降。先拟通阳宣痹、理气和胃行瘀，佐以养心。方拟瓜蒌薤白半夏汤加减。

药用瓜蒌皮 15g，炒薤白 6g，法半夏 10g，橘皮、橘络各 6g，象贝 10g，炒枳壳 10g，佛手花 10g，白芍 15g，甘草 5g，郁金 10g，炒川芎 10g，陈香橼 10g，白蒺藜 15g，茯苓 15g，麦冬 10g，建曲 15g。水煎服，每日 1 剂，上午 9 时 30 分及下午 3 时 30 分服药。另予三七粉 2.5g，藕粉调成糊状，卧位服药，每日两次。

7 剂后患者胸脘疼痛十去其八，泛酸消失，稍嗳气，嘈杂易饥，时有头昏心慌。据证加用益气健脾养心、平肝滋肾息风等法，前后治疗 3 个月有余，胸脘疼痛消失，心电图检查及血压正常。

溃疡性结肠炎是目前世界范围的难治病。徐景藩结合该病的特点，大多以左半结肠为主，经过反复思考及多次临床试验，认为除辨证治疗外，当结合中药煎剂浓缩保留灌肠，可使药液直达病所。所用方药以地榆 30g，石菖蒲 20g，仙鹤草 30g 为主，浓煎成 150ml。于晚上 8 时令患者排便后，先取左侧卧位，臀部垫高约 20cm，肛管插入约 15cm，将药液保持 40℃，以每分钟 60 滴的速度灌入肠中。灌肠毕，拔去肛管，左侧卧 5 分钟，再平卧 5 分钟，再右侧卧 5 分钟（如回盲部也有病变则右侧卧 10~15 分钟），以后平卧。按此法药液一般均可保留较长时间，几可全被肠腔吸收。每日 1 次，连续 5 日，停 1~2 天，再灌 5 天，一般灌肠 20~30 次即可。如溃疡面积较大，加入云南白药或其他药粉适量，务使溶散在药液中，不使阻塞管腔。凡经服药加保留灌肠者，有效率较单纯服药者明显提高。因此，徐景藩也常常教导学生，临床要多思考、多分析，目的就是为了提高中医的临床疗效。

此外，他常将现代中药药理学的研究成果应用于临床，并收到了很好的效果。如对于溃疡性结肠炎的治疗，西医常需激素控制病情。他认为在活动期可用生甘草，缓解期则用炙甘草，在腹胀、湿热证不是很明显时，用量可稍大，因为现代药理研究发现，甘草有肾上腺皮质激素样作用、抗炎及抗变态反应的作用，却无激素的副作用，对于本病是非常适合的。其次甘草还有抗溃疡、抑制胃酸、解痉、保肝降酶、镇咳化痰等多种作用，因而对消化性溃疡、肝炎、咳嗽等病人，如能在辨证的基础上结合现代药理作用选择，每可提高疗效。

又如对免疫性肝病出现的黄疸，他善用秦艽治疗。秦艽乃祛风除湿、和血舒筋、清虚热之品，但他通过阅读大量的古代文献，认为秦艽用于治疗黄疸早有记载，疗效确切，《本草纲目》就将秦艽列为治疗黄疸的主要药物之一。现代药理研究证实，秦艽有明显的抗炎作用，能促进肾上腺皮质激素的分泌，这一机制对免疫性肝病的治疗甚是相合。对于一些常用于治疗脾胃病的中药，徐景藩也进行深入的研究验证。如薏苡仁常用于胃病夹有湿浊者。胃炎兼有息肉或疣状胃炎而舌苔浊腻者，每用薏苡仁 20～30g 煎服，或以薏苡仁与大米等量煮粥食之，常获良效，治愈者甚多。对于萎缩性胃炎，胃窦部病变部位广而脘痛久发不愈，见舌苔白腻，湿浊甚明显者，常配用薏苡仁与陈皮泡水代茶，亦可取效。现代研究还表明，薏苡仁有明显的抗肿瘤作用。

再如，《金匮要略》治惊悸之方，立"火邪者，桂枝去芍药加蜀漆牡蛎龙骨救逆汤主之"。心悸为何用蜀漆（乃常山之嫩枝叶）？蜀漆何以有救逆之效？盖因用量较多时，常致恶心呕吐，出现此反应，也常常是产生效果的标志。临床上常常遇到卒发重症心悸患者，心悸不宁，气短，四肢不温，脉来疾数，往往不易计数（如心率大于 160/ 分钟），心电图报告为室性或室上性阵发性心动过速，因无蜀漆，遂用常山，急煎服之。药液入胃，初时恶心呕吐，吐出痰涎及部分药汁，心动旋即恢复正常，心悸顿失，诸症均减。

由此可见，徐景藩在临床上从不将中西医截然分开，这也从一个侧面反映了他博览群书、衷中参西、西为中用的治学特点。

殚精竭虑研脾胃　师古不泥有创新

　　徐景藩作为一个优秀、全面的中医内科医生，潜心于脾胃病的诊治研究已 50 余年。他一生从医，学用一致，勤于实践，不断探索，日积月累，医疗经验日臻丰富，对食管、胃肠、肝、胆、胰腺等脏腑病证形成了自己的辨治方法。他发表有关脾胃方面的学术论文 80 余篇，代表性的如：《对食道功能性疾病的证治体会》、《食管疾病用药体会》、《胃能磨谷论》、《关于胃府形态病理——胃下的证治》、《慢性胃脘痛的辨证鉴别诊断》、《略论老年人胃病的证治特点》、《妇女更年期慢性胃脘痛的诊疗特点》、《治胃病八法》、《略论胃病与湿》、《略论胃痛与血瘀》、《胃病用药体会》、《脾胃疾病治法梗要》、《脾病病因病机探讨》、《简述脾阴虚的证治体会》、《诊治胆石症的几点体会》、《关于胆胃同病的证治梗要》、《肝性昏迷的病机证治探讨》、《重症肝炎的病机证治体会》、《肝气郁滞及疏肝法的临床运用》等。这些深有见地的学术论文，在业内引起较大反响，深受同行关注。他在古稀之年，集毕生经验，写成《徐景藩脾胃病治验辑要》专著一书。书出版后虽多次重印，但仍一书难求。

　　食管位于咽与胃之间，质柔而薄，古称"胃之系"。凡气郁、痰滞、里热、血瘀等病理因素累及食管，升降失常，可致炎症、溃疡，甚则转成顽症，致津液亏乏，干涩阻塞。该病重在早期发现，及早诊治。根据食管"柔空"的生理特点，对于食管病的治疗，宜实者疏瀹（理气、解郁、化痰、清热、行瘀），虚者润养，虚实兼夹者，宜疏润合法。临床上，气郁证的治疗宜理气解郁，和胃降逆；肝胃郁热证宜清泄肝胃，佐以降逆；痰气交阻证治宜理气化痰散结；气滞血瘀证治宜行气化瘀。凡用汤剂，采用一日多次服法。散剂可用噙化之法，亦可佐用代茶频饮之法。徐景藩常据证而配用一些宣通之品，如母丁香、鹅管石、娑罗子、通草、橘络、威灵仙、王不留行、急性子等，择其 1~3 味，可增其效。

徐景藩认为，脾不仅指解剖意义上的脾脏，还包括胰，在功能上广及消化、吸收、体内新陈代谢、免疫功能，并与血液、中枢神经包括自主神经系统相关。他认为脾的病机多以虚为本，以实为标。虚证以气虚为基础，实证以湿浊、气滞多见。根据《素问·宣明五气篇》"五脏所藏……脾藏意"及《难经·三十四难》"脾藏意与智"所论，联系临床，他认为脾与"意"、"智"关系密切。脑为髓之海，但需气血的濡养。脾为气血生化之源，故脾胃功能不足达到一定程度时，自然会影响到"意"与"智"等精神活动。脾虚者常可伴有"意"和"智"的不足，例如小儿弱智或"五迟"，病因与脾虚有一定的关系。若参用补脾健脾方药和饮食调治，使脾气健旺，"意"与"智"亦相应可以得到改善。

徐景藩认为，胃的生理功能和特点是：胃主纳而能磨谷，体阳用阴，多气多血。一胃三脘，上清下浊，主降宜和。针对古人脾喜刚燥、胃喜柔润之说，他根据多年临床体会，认为胃之喜性或润或燥、各有所好，应当根据辨证投润用燥，不可拘泥古训。诊治胃病，主张应辨别脏腑病位，分清虚实，在气在血，属寒属热，是否兼夹食滞、湿浊、痰饮、瘀血。诊查时重视运用腹部切诊方法，并积累了丰富的经验。

他尤其强调腹部分部的重要意义，认为其既利于辨证，又利于辨病，还可避免误诊误治。对胃脘痛创立了"三型论治"，分中虚气滞、肝胃不和、胃阴不足证，执简驭繁；将兼证分为湿阻证、血瘀证、胃寒证、食滞证，灵活变通。根据多年临床经验，他还总结出了一套相应的治疗方药，如疏肝和胃汤、调中理气汤、养胃理气汤、清肠抑肝汤、通噎和中汤、疏利肝胆汤等，十分利于临床使用。对妇女更年期慢性胃痛、胃痞，他认为以肝胃不和居多，且多气郁或兼营卫、冲任失调，临诊时当全面诊查，随证治之，注重解郁、调营、调冲等治法。老年人气血不足，阴液易亏，一旦患胃病，胃气易虚，胃阴亦每不足，脾胃功能容易受损，还易兼痰、湿、热、食滞、血瘀，并常常肺胃、胆胃、心胃等同病。治疗时需气阴兼顾。但需要注意的是：益气勿过温补，养阴勿过滋腻，化湿勿过辛燥，清热勿过苦寒，并应重视护膜宁络，防其损络出血。

如有脾胃气虚而兼肝阳上亢化风者，须用培土宁风之法。徐景藩认为，"胃下"自古即有此病，并非纯属中气下陷。对幽门不全性梗阻导致的呕吐，应运用祛饮、利小便及宣通行瘀的方药。诊治残胃炎症，应用通补结合、降胆和胃之法，他自拟残胃饮（炒白术、炒枳壳、制香附、五灵脂、石见穿、刀豆壳、柿蒂等）治疗，疗效明显。

对久泻顽疾，徐景藩认为，久泻脾必虚，脾虚肝易侮。脾虚可累及肾，故治疗当从脾、肝、肾三经考虑。脾虚生湿，湿郁可以生热，并易兼从口而入之湿热病邪，故治宜重视清化之法。此外，顽疾久泻，可及于血，对此可加行瘀之品。若腹痛痛位较固定，大便中夹有暗红血者，可加赤芍、紫草、三棱、地榆等品。他常用苦以燥湿、寒能制热的黄连，配加补骨脂温肾止泻，对久泻腹痛不著者颇有良效。他自拟"连脂清肠汤"，治疗溃疡性结肠炎，辅以"菖榆煎"保留灌肠，临床有较好疗效。至于治疗久泻的剂型和给药的途径，一般习用汤剂口服。《圣济总录》谓："散者，渐渍而散解，其治在中。""中"主要是指脾胃。据此，徐景藩在临床上常配用散剂治疗久泻。一般脾虚患者，以怀山药、党参、白术、茯苓、甘草、煨木香等药，研成极细末，加入等量米粉，酌加白砂糖少许。根据病情确定剂量，用温水调匀，边煮边搅，煮熟成糊状服用，比单纯汤剂内服的效果为优。用之临床，屡试不爽。

在肝病的诊治方面，徐景藩早在20世纪50年代后期，得益于已故名医邹良材先生的指导，运用中医药，按热郁、湿蒙、痰闭、阴虚进行辨证治疗，鼻饲给药，汤、散、针刺并进，抢救了不少肝昏迷患者。对阴虚证肝硬化腹水的患者，根据"真水虚，邪水盛"的病机，他采用养阴利水法进行治疗，取得了良好的疗效。他还针对肝硬化腹水的病因病机进行了较为深入、系统的探讨，根据临床实践，在诊治肝脏疾病方面探索出一套辨证论治的方法。他总结出的诊治肝病的方药，在临床上取得了良好疗效。以这些经验和理论为基础，他申报了多项科研课题，并一直指导着江苏省中医院中医肝胆疾病的临床治疗。

胆囊炎、胆结石是消化系统的常见病，多发病。徐景藩认为，发作而症著者以肝胆湿热占多数，慢性期一般有肝郁气滞或脾虚肝郁而兼湿热的表现。肝宜疏，胆腑宜通，湿热应及早、持久予以清化，脾虚宜运宜补。部分患者由于素体脾阳不振，易生内寒，与湿相合，或因过用苦寒药物，致脾胃受损，阳气内虚，升降斡旋失常，肝胆经络阻滞，徐景藩认为这是湿从寒化，宜运用温通之法。药如制附子配柴胡、白术、姜黄；见黄疸者，制附子配茵陈、鸡内金、海金沙；上腹右胁痛位广者，制附子配薏苡仁、败酱草；大便不畅，腑实内寒，寒热兼夹者，制附子配大黄；结石未排出者，制附子配皂角刺、路路通、三棱、赤白芍等。治胆病按"腑宜通"、"胆随胃降"的原则，常配用大黄后下，或开水泡焖后，取汁与另外所煎之药液相合而服。如大便次数不多，疼痛未消者，另加大黄粉，装入大号胶囊吞服；但若属于脾虚肝郁证者，当健脾运脾，运中有通，不用大黄，防损脾气；若胆总管结石或肝内胆管结石者，在辨证施治的基础上，酌配皂角刺、王不留行、路路通、通草、当归须、泽兰等。

急性胰腺炎在住院或急诊过程中，重症一般采取中西药兼用之法。徐景藩认为，一是以清化通腑消滞为基本治法，禁食期间，也可服汤药小量（30~50ml），每 6 小时 1 次，及时服药可以提高疗效，缩短疗程。二是配用外治法，芒硝打碎，加肉桂粉，布包外敷上腹，每日 1 次，敷 20 小时。然后稍稍清洗皮肤，停 3~4 小时再敷，连用 7 天，颇有良效。这一疗法对胰腺水肿、渗出有明显的改善作用。对于慢性胰腺炎或伴假性囊肿，上腹时有隐痛，脾虚肝胆湿热之证者，治以健脾疏肝、利胆清化之剂，但不可苦寒过度。脾虚内寒者，应加入制附子，与白术、淮山药、薏苡仁、良姜、败酱草等同用。治疗胰胆之疾，当认真辨证，若确有内寒，必须"温通"、"温化"，及时用附子。

徐景藩还非常重视类药在脾胃病治疗时的选用，强调在辨证的基础上因人、因时制宜。认为对于功用相似的药物，要认真反复比较，择其所长，避其所短，方可不断提高疗效。如党参和太子参同为补益脾胃之药，但党参甘平，为补益脾胃要药；太子参微甘，补益脾胃之力弱，但补气而不滞气，并有健胃养胃作用。

对脾胃病的治法，根据脾胃的生理病理特点和多年临床实践，他将其归纳为"升降、润燥、消补、清化"八字。其各有特点，又互有联系，具体选用得宜与否，直接影响防治效果。此外，他还重视疏肝法、化湿法及配合外治疗法等，认为这些方法是中医特色、优势的最好体现。

徐景藩师古不泥古，不断创新，他的有关脾胃的认识和诊治经验，使中医脾胃病学的理论和临床得到了进一步的丰富和完善。

临床疗效是根基　深入科研求发展

徐景藩长于总结经验，亦重视科研，强调中医科研应以临床为基础，并为临床服务，坚持实事求是的态度。早在 20 世纪 80 年代，他就带领研究生对胃脘痛的病因病机和辨证客观化，对脾虚证、食道炎、残胃炎症、慢性结肠炎等展开了一系列科研工作，勤求学术发展，提高临床疗效。

慢性胃病病因多端。徐景藩带领研究生进行了近千例病因学调查，找出了其中几种主要的病因，并研制了动物模型，通过动物实验进一步确认了这些致病因素。为了对中医"证"的实质进行研究，徐景藩和病理科、胃镜室的医务人员密切合作，进行了"胃脘痛证型与病理"的课题研究。该成果获 1988 年江苏省卫生厅科技进步甲级奖。由于在中医发病学中微生物作用的研究尚属空白，他与病理科的专家合作，开展了慢性胃炎中虚气滞证与幽门螺杆菌感染关系的研究。他们应用组织病理学及幽门螺杆菌特异的生化反应——尿素酶试验，观察到中虚气滞证组中幽门螺杆菌感染率、感染程度、侵犯深度及幽门螺杆菌所在部位黏液细胞的坏死崩解、中性白细胞浸润等均与其他证型组间存在显著性差异，提示"证"与"菌"及"菌"与组织学变化间存在一定联系。此外在电子显微镜下直接观察到了幽门螺杆菌对寄居上皮细胞微绒毛、紧密连接及进入细胞内引起的损伤性变化，进一步证实了它对该证型的致病作用。普通人群中约有 50% 左右的幽门螺杆菌感染率，但仅有少数人表现出不同程度的症状，大多数人无症状，甚至组织学检查也正常，它提示幽门螺杆菌可能是一种条件致病菌，在研究其致病性时，不仅要重视细菌的作用，还要发挥中医特色，注意宿主整体免疫反应及局部微环境的动态变化。在病因治疗时，除选择杀灭幽门螺杆菌的药物外，还应通过中医"扶正"，达到清除或抑杀幽门螺杆菌的目的。这一研究结果，对中医药治疗幽门螺杆菌感染具有重要意义。

徐景藩与放射科的同事开展了 X 射线征象与胃脘痛中医辨证分型关系的研究，共收集 1000 余例病人，研究显示有 92% 的病例均有不同程度的异常 X 射线表现。中虚气滞证的患者胃动力功能呈亢进征象，同时伴有胃张力偏高。中虚气滞证的主要病机是脾虚，与以往多数学者发现的脾虚患者的胃肠功能亢进一致，均认为是由于副交感神经兴奋性增强所致。而肝胃不和证者却完全相反，胃动力功能现为减弱的征象，同时胃的张力也偏低。肝胃不和型的主要病机涉及肝、胃二经，由于肝失疏泄，横逆犯胃，属于"木克土"，与多数学者对肝郁、肝阳的临床研究结论相符，均认为由于交感神经兴奋性增强所致。由此证明，胃肠的动力功能状况可作为胃脘痛两大主型辨证分型的一项重要客观指标。湿阻证患者空腹胃内潴留液明显多于其他型，以此可作为有无湿阻证的一项参考指标。西医对胃癌所描述的临床表现与中医辨证分型中血瘀证的主症颇为相符，受此启发，徐景藩常常告诫学生，若患者舌质暗紫，胃痛日久，当注意复查胃镜，看有无恶性病变的可能。

20 世纪 80 年代初，徐景藩在国内率先开展了脾虚证与唾液淀粉酶活力的相关性研究。研究表明，脾虚患者唾液淀粉酶活力差多为负值，而随着脾虚症状的改善，酶活力差可转为正值。因此，酶活力差的检查对于脾虚的诊断和治疗，有一定的参考价值。特别是一些脾虚证不典型，或有它证夹杂不易辨认时，可提供辨证的参考。此外还有助于观察疗效。若患者病情好转，酶活力差由负值转为正值，脾虚症状明显改善，提示方药对证。否则，可根据证情，考虑进一步调整方药或药量。这一研究成果，对临床诊断治疗具有一定的指导意义。

徐景藩根据《灵枢·五癃津液别》"脾为之卫"及《灵枢·师传》"脾者主为卫"的记载，认为"卫"指人体抗御外邪的功能。脾主运化，为后天之本，气血生化之源，与抗病能力密切相关。证诸临床，凡脾虚之人，若不慎寒温，常易感受外邪。他曾开展了血液体液免疫功能指标如 IgG、IgA、IgM、C3 等的研究，获得了客观的数据，证实经补脾治疗后，症状可以得到改善。这些功能指标的提高，说明脾气健旺，抗御外邪的功能亦相应提高，进而提示在外感疾病的预防中，应重视维护和提高脾胃功能。在诊治复杂或重症外感疾患时，亦应注意勿使脾胃气阴受损，并及时予以调治，使正气充盛，邪气自祛。在热病恢复期，如能重视脾胃功能，则有助于早趋康复，避免复发或再感外邪。

根据自己多年的临床经验，徐景藩认为，慢性结肠炎主要病位在脾，可涉及肝、肾，而形成脾、肝、肾三脏同病。治疗慢性结肠炎当采用三脏同调，温清并用，对部分临床病人尚须配合中药保留灌肠。他创立的"连脂清肠汤"和灌肠液，申报了省级课题。他从临床、实验两方面对其进行了系统研究。动物实验显示，该方对肠平滑肌有明显的抑制作用，且呈量效关系。由于该方能缓解肠痉挛所致的腹痛，抑制肠肌活动，使肠蠕动减弱，食糜停留时间延长，水分吸收增加，从而可使大便变干，起到止泻作用。这与临床疗效完全相符合。"连脂清肠汤"具有拮抗乙酰胆碱和氯化钡对肠管的兴奋作用，也呈量效关系，提示可能通过阻断神经受体而解除肠痉挛，而且对肠平滑肌具有抑制作用。实验还证实，酚妥拉明能解除肾上腺素对肠管的抑制作用，但不能解除"连脂清肠汤"和中药灌肠液对肠平滑肌的作用，说明其作用并非通过兴奋受体而起作用。该研究成果获国家中医药管理局科技进步三等奖。徐景藩以临床为基础，结合动物实验及现代药理研究成果，进行开拓性的中医诊疗研究工作，这是提高中医科研水平和中医临床疗效的有效方法。

大医精诚多奉献　淡泊明志忠职守

徐景藩非常注重医德，认为医德与医术都关系到治疗的质量和效果。一位优秀的医生，应当是以德统才，德才兼备，方为良医。每遇重危疾病，他常引孙思邈的话："不得瞻前顾后，自虑吉凶，护惜身命。见彼苦恼，若己有之，深心凄怆，勿避险巇，昼夜寒暑，饥渴疲劳，一心赴救，无作功夫形迹之心，如此可为苍生大医，反此则是含灵巨贼。"以此告诫学生和勉励自己。

1987~1995 年期间，在医院组织的对贫困地区希望工程的捐赠和对洪涝、旱灾地区的多次捐助活动中，尽管自己的经济条件并不很好，但他总是医院捐款最多者之一。平时病人的吃请他从不参加，也从不收受病人赠送的财物，一直廉洁行医，处处为患者考虑。他就是这样从点点滴滴的小事做起，把对病人的一片爱心倾注在自己的实际工作中。

20 世纪 60 年代末到 70 年代初，徐景藩曾先后四次参加农村医疗队，奔赴缺医少药的贫困地区，与农民同吃、同住、同劳动。特别是在江苏高淳县巡回医疗时，他所在的医疗点是固城乡最偏僻的贫困村，生活条件极为艰苦。他克服了生活上的种种困难，满腔热情地为广大农民患者服务。白天，他不辞辛劳地和乡村医生一起深入田间、农户，为患者看病疗疾；晚上，又常常走访农家探病问苦，或辅导乡村医生，传授医术。

江苏省中医院建院初期，他一个人主管二三十张病床，而他所负责的病区，大多收治的是肝病和内科杂病。为了突出中医治疗疑难病的特色和疗效，使中医为更多的患者解除痛苦，作为年轻医生，他把全部精力投入到了为病人的服务中去。同事们回忆说，那几年，医生少，病人多，医疗任务繁重，他几乎没有时间休息。但为了患者，他不分昼夜地工作，1 个月中他有半个月是在病房值班，有时连续数日不能返家，有时 24 小时在病房观察、处理、抢救病人。

当时，他家离医院很远，上下班很不方便。一次，院长来家访，发现他妻子因眩晕发作已整整卧床 4 天，孩子没人照料。院长急忙回医院通知他，而他此时为了抢救病人已在医院连续工作了 3 个日夜。回家望着躺在床上面容憔悴的妻子，望着泪水涟涟的幼女，他一面安慰家人，一面为妻子诊治。妻子稍有好转，他就又回到病房工作。他的敬业精神和精湛的医技，使许多重症患者转危为安。

　　随着岁月的流逝，他黑发变白，而他对患者的一份爱心，对中医事业的执著追求却并未衰退。市内和省内的疑难病例会诊他从不推辞，医院安排的专家门诊和病区查房，他也从不让盼诊的病人失望。即使自己身体不适，也暗自服点儿药坚持应诊。他常常对身边的医务人员说："病人是医生最好的老师，多贴近病人才能多增长知识。"正是本着这种精神，他把整个身心都献给了他所钟爱的中医事业。

　　徐景藩常对年轻的医务人员说："医者，仁术也。对病人当一视同仁，不分贫富贵贱。"早年在急诊室工作期间，值夜班时他总要带些大米，煮稀饭当作夜宵，但每次他都小心翼翼地把上面的米汤一勺勺舀出，喂给重症病人。中医历来持守"得谷者昌，失谷者亡，谷养胃气，治病当步步固护胃气"的治疗原则。这一勺勺米汤，不但包含着深刻的中医医理，更凝聚着一位医生的一片真情。1982 年 8 月的一天，一位溧水县家境贫困的溃疡性结肠炎患者因贫血、脓血便、消瘦，多方医治不愈，极度虚衰，卖掉了农家赖以生存的耕牛，满怀希望，慕名从乡下来到南京，请徐景藩医治。屋漏偏逢连夜雨，这位病人的钱物不慎在门诊大厅被窃。看到这位被重病和失窃折磨不堪的患者，徐景藩心情沉重，他从自己并不富裕的家中取来 200 元钱，送到病人手中，并亲自为他安排住院，施以精心的治疗。患者病情好转出院时，流下了感激的眼泪，连称徐景藩是"救命恩人"。

　　有一年冬天，安徽某青年农民胆囊手术后原有的慢性胃肠炎症复发加重，一吃就泻，形销骨立，卧床不起。在他住院期间，徐景藩多次为他精心诊治。病人病情逐渐有所好转。当得知这位患者经济极为困难，回家缺少路费时，徐景藩悄悄地送给病人一封信，里面是路费和一纸鼓励他顽强战胜疾病、树立信心的"座右铭"。事后，病房里的不少同事知道了此事，极为感动，也深受教育。有的门诊病人拿了他开的一些必需检验的单子，可是在复诊时，他却发现病人仍未检查，原因是经济有困难。他在感叹之余慨然帮助病人支付检验费，使病人明确诊断，及时得到治疗。

在诊室里，他备有茶杯。有些病人远道来诊，为了赶时间，只在路上吃了些干点心，诊病时舌苔上还留有食物残渣。徐景藩总是亲自倒开水给病人喝。他说：一则是濡润胃腑，二则是便于看清舌苔本色。发现候诊室有重病或年迈虚弱的患者，他总是提前为他们诊治，还常常为他们倒好茶水。病人感激地说，他们喝的不仅是一杯水，也是徐大夫对病人的一片爱心。

徐景藩数十年如一日，总是不知疲倦地工作。只要他出门诊，诊室门外总是人头攒动。他看病的特点是认真细致，重视病史及现症的全面分析，除施以中药内服外，还推崇中医外治疗法以及心理疏导。对疑难病证，他总是细致耐心地搜集病史和诊察资料，必要时发函随访，将反馈信息作为判断临床疗效的重要参考。即使病人再多，他也从不敷衍草率。这样他就须早上班，迟下班，耐心地诊治完最后一个病人才离开诊室。行医 60 余年，他到底治愈了多少疑难病证，拯救了多少生命，已无法确切地统计。粗算起来，总不下数万人次。这数万人次，都是他一个个尽心尽责诊治过，无微不至关怀过的。他常说："选择了医生这个职业，就是选择了奉献。"这种对工作极端负责、对患者极端热忱的精神赢得了广大患者的崇敬和爱戴。

20 世纪 70 年代后期，徐景藩负责脾胃肝胆病区的医疗。他和同事们一起，从病历书写到查房讨论，从中药使用率到病区管理等均按中医规范化要求严格执行，使他所负责的病区成为全国中医院的示范病区。外省市中医院来的参观者、进修者络绎不绝，盛赞这样的病房才是名符其实的中医院病房。1983 年，作为事业上颇有建树的专家，他被任命为江苏省中医院院长兼江苏省中医研究所所长。

到任后，如何处理好管理与业务的关系，如何使医院在改革开放中加速发展，成为他生活的中心和孜孜追求的目标。同时，他还要完成一定的医、教、研任务。他以超出常人的工作负荷，不辞劳苦地工作，制订了医院的发展规划，重点抓中医人才培养和中医专科建设，并多方奔波筹措资金，改善医院的就医条件。如医院目前的 72 个重点专科（病）门诊中有 3/4 就是在他任职期间建立、巩固、调整和发展起来的。这些重点专科适应了社会需求，凸显了中医院的特色。

只要有空，徐景藩就往病房跑。为提高全院病历质量，他组织各科病区负责人和护士长参观示范病区，要求医护病历按规范书写，如必须要四诊详细，个人史中要记载病人生活起居、饮食嗜好等与中医病因有关的内容；女性患者要有经带胎产的内容；并专列"临床分析"一项，内容包括四诊综合要点、疾病的病因病机分析、诊断与鉴别诊断、治则治法、选用方药情况、对病情转归的相应判断以及防治对策等。从病历的书写能看出医生对中医理法方药的理解和认识水平，同时也是督促医生不断提高中医实践能力的手段。他在百忙中还带头积极探索中医综合治疗措施。即使现在，他在查房时也还经常检查住院医生书写的病历。对危重病人，他总是亲临病床前，了解病情，组织会诊。在他的主持下，医院工作始终坚持以中医为主、能中医不西医的方针。他组织妇、儿、外、伤等科互相观摩、讨论，结合各科病种特点，制订相应措施，认真贯彻实行。如外科病房对手术患者，在术前、术后也都能配合中医中药治疗。他强调从中医院的实际出发，实事求是，使全院的中医中药使用率始终保持在 70% 左右。

1985 年，在徐景藩的领导下，医院取得了全国省级中医院医疗质量综合检查评比第二名。同年，医院被列入"七五"期间国家重点投资扩建的 7 所省级中医院行列，为医院的发展及创建三级甲等中医院和全国省级示范中医院奠定了坚实的基础。徐景藩积极倡导学科细分。1986年，在原脾胃、肝胆病组的基础上成立了中医消化科。他坚持"多方位研究、多学科结合"的原则，使中医消化科先后成为"国家中医药管理局脾胃病重点专科和重点学科"、"江苏省中医消化临床医学中心"。如今，该科也成为"十一五"期间全国唯一的脾胃病临床研究基地建设单位。

徐景藩以他学术上的造诣、高尚的医德，在江苏省中医界享有较高的声誉，可谓德高望重。但他并没有因此而自得，总是谦虚地说："工作是大家做的，是集体力量的结晶。多多报道、奖励年轻人吧！他们才是医院的未来和希望。"他唯一的心愿就是：为了医院的发展，积极鼓励和培养年轻人才。他的头衔很多，而名片上只印有寥寥数字：江苏省中医院主任医师、教授。他的名片也正反映了他朴实无华的为人。

徐景藩十分重视一个党员、一个医生、一所医院的良好声誉，绝不为个人一点私利而破坏医院的规定。他多次谢绝外单位的聘请，从不"走穴"，不到别的医疗单位上"专家门诊"。他也拒绝参加任何带有药品广告性质的义诊，不接受任何带有商业行为的药品推销；在参加科研成果鉴定或医疗事故鉴定中坚持讲科学、讲真话，绝不违心地随波逐流，或为人情、为己利所驱使。相反，为了支持地方中医药事业的发展，对于一些偏远地区中医院发来的开诊、联合办院、义诊或周年庆典的邀请，他却不辞辛苦地欣然前往。虽然路途遥远，道路崎岖颠簸，但他到达目的地后，每每稍事休息便开始全身心地为病人诊病开方。各地群众知道他来诊治，常常翘首以待。

在生活上他从没有特殊要求，始终保持勤俭朴素的本色。1996年，在省政府的关怀下，医院建起了一幢"高知楼"。徐景藩完全有资格在"高知楼"分到房子，但为了缓解医院的分房压力，为了改善中年知识分子的住房条件，他主动放弃无论是生活设施还是采光条件都要好许多的"高知楼"住房，仍旧住在17

年前建造的老房子里。他常说的一句话就是"淡泊名利，多作贡献"。

在几十年平凡的工作中，在看似永恒不变的日日夜夜里，徐景藩以他自己的价值观及工作方式默默地奉献着，如春蚕吐丝，像血燕筑巢，似蜜蜂酿蜜，无怨无悔。年过八旬的他从来没有停止过工作，为了他深切关怀的病人，为了他所钟爱的中医事业，为了他寄予厚望的后学者，他呕心沥血，壮心不已！江苏省中医院目前已发展成为规模较大，拥有 1000 多张病床，中医专科特色明显，医、教、研全面发展的综合性中医院。近几年来，门急诊量均列江苏省各大医院首位，日门诊量在 9000 人次左右，床位使用率超过 100%，先后成为江苏省首家三级甲等中医院、全国省级示范中医院。1994 年获卫生部卫生单位先进集体荣誉称号，在全国中医界具有一定的地位和影响。江苏省中医院辉煌发展的今天，正是建院以来以徐景藩为代表的几代人努力的结果。徐景藩的事迹，集中反映了一代中医学专家对中医事业发展作出的探索和贡献。徐景藩在平凡的岗位上为大众的健康事业孜孜不倦、默默耕耘，赢得了人们的敬重、爱戴和信任，体现的就是白求恩精神的深刻内涵——无私的奉献精神！

饮食有节贵坚持　　养生有道保康健

徐景藩早年患有高血压、室性心动过速、胆结石等疾病，但他从未住过院、打过针、挂过水，而是自己开方服药获得改善。现虽已年逾八旬，仍能坚持日常医疗、教学、科研和学术性工作，不能不说是得益于他养生有道，并且持之以恒。

他认为，食谱宜广，食量适当，食不甚饱，适可而止，绝不贪一时之"口福"。谷、肉、果、菜四大类的品种都要吃，并随不同年龄、不同季节而有所改变。在饮食方面，要保持清淡，五味适度，不过甜，少吃糖，勿过咸、过辣、过酸。少量饮酒，既有利于调剂生活，品尝菜肴，又有利于流通血脉，消除疲劳，对老年人颇有裨益。但饮酒切勿过量，切莫贪杯，他说明代李时珍《本草纲目》中曾有"多饮烧酒，烂人肠胃"的记载，可不慎乎？还有，饮白酒前先喝些茶水或其他饮料，一者使咽喉、食道黏膜得到"濡润"，二者使胃中增加适量液体，起到稀释作用。否则白酒易灼伤咽喉、食道和胃的黏膜，其危害也可能因此"立竿见影"。

喜、怒、忧、思、悲、恐、惊，合为"七情"，是人体正常的精神情志活动，过则有害，可以致病。《黄帝内经》提出要"恬淡虚无"，但徐景藩认为恬淡可以学、可以做，"虚无"二字只是形容、加强之意，"虚无"并不是摒弃一切正常的欲望。人随着年龄的增长，要不断提高自己的涵养，勿使"五志过极"而影响健康。

例如，要做到勿过怒，首先要学会自我克制，一个"耐"字起的作用很大。徐景藩治家严而有慈，对孩子教育抓早、抓好，言传身教。他认为夫妇之间要和睦、协调，遇事多商量，有不同意见时多沟通，互敬、互让、互爱、互谅、互信，这样才能不断增进夫妻感情。若这些细致入微的工作做好了，加上严于律己，凡事谦虚、谨慎，令人发怒之事便可在无形之中避免。在单位，令人发怒的事也常会发生，但"怒"不能解决问题。同事之间，都是同志式的平等关系，要始终相信群众，依靠群众，解决问题。

"满招损，谦受益"，"三人行，必有吾师"，"生也有涯，知也无涯"。徐景藩时刻保持着"谦"，并常常因此而受"益"。"闻道有先后，术业有专攻，如此而已"，他鼓励学生"青出于蓝而胜于蓝"。"谦"是他数十年养成的品德，也是他一生中信奉的"座右铭"。"谦"可使人心志和平，"谦"可使人戒骄戒怒，"谦"可使人消除抑郁，"谦"可令人心情愉悦，"谦"能与人为善，"谦"

能使人以诚相待。

读书是徐景藩平生最快乐的事。对中医经典著作，他反复阅读，温故知新，每读一遍，都会有"如遇故人"之感，并有新的感悟，新的乐趣。其中深味，难以言表。

值得一提的是，徐景藩和老伴盛祖英当年结婚时都只有小学毕业的文化程度，而如今则都是德高望重、令人敬仰的长者。尽管时代变迁，徐景藩的荣誉、地位步步高升，他们的生活、思想、观念也都有所变化，然而，几十年风雨同舟，他俩的爱情，不仅没有丝毫改变，相反却更加浓烈，更加牢固。60多年和谐的钻石般的婚姻，令年轻人羡慕不已！

徐景藩注意劳逸结合，有每天午饭后午睡的习惯。人说饭后不宜即卧，他却在饭后20分钟即上床躺下，三五分钟入睡。但他强调午饭勿吃太饱，饭后少谈话，少思考，少看书报。养成了这种习惯，不愁劳后无逸。良好的睡眠，是最有效的"逸"。他从来没有失眠过。他说，这恐怕是他最大的福分。一日之劳，午睡、夜寐就是很好的"逸"。读书、写文章时做到看、读、写约一个小时，感到眼疲劳了，就抬头望望窗外天空，闭闭眼，养养神，而后再看、再写。这是眼和脑的劳逸结合。傍晚的散步则是一日间最好的"逸"，不仅有益于消除白天工作、学习的疲劳，对医生这种"伏案久坐"的职业来说，通过散步，还能舒筋活络，流通气血，是"动静结合"的最好活动方式。尤其是和老伴牵手散步，夫妻年龄相近，志趣相近，边走边说，既是一大乐趣，又是继续培养感情的好时机。

徐景藩自小喜爱音乐，80多年没有离开过乐器，从没停止过拉拉、弹弹、吹吹，学习、工作之余，自我吹弹，自我欣赏，自得其乐，有益身心。到了老年，他改学电子琴，以资晚年消遣娱乐。他认为，生活中有了音乐，能使人激起心灵深处的青春余波，保持年轻人的心态。

文娱、体育互有联系，文娱可使精神生活丰富多彩，体育则可使身体强壮，气血流通。体育的内容、方法和力度，必须因时、因年龄制宜。徐景藩人到老年，仍然重视体育运动，每天天亮起床，进食少量泡饭，然后快步行走。他认为，年老之人，运动以快走为宜，所以，65 岁以后，他就以快走为主，一分钟走 100 米左右。

根据经验，徐景藩认为，老年人体育锻炼还应注意以下要点：

一是活动必须"对称"。例如左右对称、上下肢对称、前后对称、蹲起和弹跳对称，等等。"对称"的活动可避免因动作不当而引起肢体和关节的不适甚至损伤。

二是宜练"呼呼吸"气功。站稳后双手合抱，两目远望，凝神静气地呼气。当呼气结束时，再收腹、提肛。略俯上身，再行呼气，把两肺的残气尽量吐出。然后慢慢挺胸，两鼻自然地吸气。吸气毕，稍停几秒钟，接着再呼、再吸。如此反复，可使肺活量增加，通气功能改善。由于横膈有序地"升降"，可起到"内脏按摩"的作用，并能防治老年人前列腺增生和痔疮等病。

三是晨练必须事先进食，可饮约 200ml 水和一两稀饭，随身还要带少量糖果或饼干，万一出现头晕黑蒙、心悸汗出，应立即坐下，吃一点糖果或饼干，这样可以缓解低血糖等紧急状况。

"流水不腐，户枢不蠹。"徐景藩通过养生锻炼，至今仍以健康的身体和心态继续为人民健康、为中医事业竭尽全力，不辜负祖国和人民对他的培养，不负此生。他要让自己的人生旅程平安、宁静，善始善终。

（撰稿人　陆为民）

吉良晨 卷

吉良晨 （1928—2010）

恬儋

提挈天地
把握陰陽

歲在癸酉年桃月
吉良晨

吉良晨手迹

道应有道非常道，名可无名是美名。

——吉良晨

　　举荐中华名医，能举出数十、几百，论起养生专家、武术名家，则数也数不清。然而，说到集中医学、养生、武术于一身的大家，众人推崇的是中华名医，养生大师，形意拳、太极拳武术名家，学者，至正、至刚、至爱、至仁、德高望重的吉良晨教授。

　　吉良晨，字晓春，晚号蛰龙，满族。著名中医临床家。1928年2月出生于晚清旧官吏家庭。父母在其幼小之时先后故去，他孤苦伶仃，由祖父抚养长大。祖父系乌里布额尔吉氏家族后裔，名程吉顺，字子玉，是满族镶白旗人，当年曾是清光绪的二品御史。吉良晨这么小就失去双亲，祖父怜悯他，看他天生帅气而聪颖，祖父非常喜爱他。按照家族的传统，吉良晨自小受到祖父严格的教育，读私塾9年。7岁时，就能读认汉字3000。为了让他有所专长，祖父为他定下了终身的事业方向：学医。因此，他不但学习了《三字经》，还在祖父的教诲下，学习《医学三字经》和经典医学书籍。那时虽然并不真能理解其中的含意，但祖父要求他将中医经典著作的重要章节熟读牢记。直到80余岁，吉良晨还能章章节节朗朗背诵，可见当时下的工夫有多深，也可想见当时受的苦有多重。正是幼小时的苦读，为他日后从事中医事业打下了坚实的基础。

　　但他终究是幼小的孩子，也有想偷闲的时候，更何况要学习的东西实在太多、太广。就说书法学习吧，由于纸张很贵，他就水墨并用，在地面的方砖上练习。写啊写啊，实在坚持不住了，刚打了个盹，即受到祖父的严厉责罚。他伤心地哭着。祖父望着委屈的孙子说："孩子，你知道吗？'梅花香自苦寒来'。梅花不怕风与雪，不畏严寒，在严冬依然盛开，所以才受世人的爱戴与敬仰。但梅花是经过苦与寒才生长起来的。你要像梅花一样，经历所有的痛苦与磨难。在这个世界上，谁也帮不了你，你唯有凭自己的本事去走遍天下！你要给我、给咱们家族争气，你要成才啊！"吉良晨含着泪水望着慈祥而严厉的祖父，他并不能真正理解祖父话中的含义，也不知道梅花的成长过程，更不懂得为何梅花还要与苦、与寒联系在一起。他只知道，他真的很累、很苦，也很怕。但他隐隐地感到：这是祖父在管教他，让他学本领，让他以后有出息，是为他好。他心想，美丽的梅花不但很好看，也一定受到大家的喜爱，要不，为何这么有学问、这么让人尊重的祖父，非要告诉他梅花的故事，还让他去学梅花、做梅花呢？从那时起，他就暗下决心：我就是要做从苦中来，在寒中挺立，受人们爱戴，受人们敬重的梅花！他擦干眼泪，趴在地上，用毛笔写下"梅花香自苦寒来"！这7个字虽然还显稚嫩，却从此铭刻在他的心中，这是他的"通天大道"，也是陪他成长、伴他攀登无数险峰的"良师益友"。

此后，吉良晨对着风，对着雨，不顾酷暑，不怕严寒，读着《医学三字经》，年复一年地背诵着厚厚的经典、歌诀，朗读《雷公炮炙药性赋》等一本又一本经典医学著作。他向往着神秘而美丽的梅花，一步一步向前走去，一阶一阶向上攀登……

为了学医，吉良晨费尽心思，吃尽苦头，却为今后的发展夯实了基础。他虽仅上过九年私塾和几年小学，但从认字开始就背诵《三字经》、《百家姓》、《弟子规》、《千字文》、《明贤集》、《六言杂字》等童蒙书，并苦练书法，打下了坚实的文化基础。中医药学业自7岁启蒙于祖父，后来又先后拜过4位名师。首先是晚清御医袁鹤侪，使他深得御医派的传承。继而是民间世医韩琴轩，使他拥有了丰富的临床实践经验，并掌握了民间的独特方药。而后是伤寒大师陈慎吾。当时还是袁鹤侪老先生推荐的："若深入伤寒，非陈慎老莫属。"一封推荐信，让吉良晨拜在陈慎吾门下。陈慎吾精湛的医术和高尚的医德，对他影响很大。最后跟随金匮名医宗维新深入钻研《金匮要略》，沿袭了学院派的学术风格，先后研读了《黄帝内经》、《难经》、《伤寒论》、《金匮要略》、《神农本草经》等名著。他刻苦攻读，勤奋实践，医术日渐长进。不论是在哪里学习，拜在何人名下，他都勤奋至极，从不甘心人后，从上小学开始，任何考试都在前三名之列。他对中医经典了然于胸，《内经》等许多医学典籍中的要言都能准确地背诵。他的成长，出于家传、师授、自学。1949 年，中华人民共和国成立，21 岁的吉良晨即在京都挂牌行医了。

为进一步学习百家之长，他先后到北京中医研究所、北京市中医进修学校学习。多年来他一直从事中医临床与教学工作，在北京中医医院内科担任医师，在北京中医研究所担任研究员，在北京市中医进修学校担任教师。60 余年他从未离开过中医临床的第一线，逐渐成长为一名既有深厚理论基础又有多方面实践经验的名医。他儿时梦寐以求的"要做梅花"，要凭自己的实力去做受人尊敬的人的愿望实现了。

吉良晨不但擅长治疗中医内科疑难杂病，且对延缓衰老及养生保健之术颇有研究。直至耄耋之年，他仍孜孜不倦忙于诊务、写作、整理书稿，多次被北京中医药大学聘为硕士、博士学位论文答辩委员，为中医药事业不遗余力。他多次被邀赴日本、美国、澳大利亚、泰国、菲律宾等国家和香港地区讲学、会诊，并于1994 年荣获首届世界传统医学大会国际最高个人荣誉金奖"生命杯"。

吉良晨曾任北京市政协委员、北京中医医院内科主任医师、

山西大学民族传统体育研究所研究员、国家药品审评专家、国际
药典名誉委员、国家中药品种保护审评顾问、国家中医药管理局
中药开发专家咨询委员会主任委员、中国医学基金会理事、中国
中医药脾胃病专业委员会名誉主任、中国中医药养生保健学会常
务理事、中国老教授协会会员、世界中医药学会高级顾问及专家
委员会主任委员、美国太极中心教授、中国嵩山少林寺武术协会
名誉副会长、北京市武协永年太极拳社终身名誉社长等，是“老
庄养生酒”和“天寿宝”的发明研制人。

　　在祖父的熏陶下，吉良晨自儿时起便喜好弄拳击剑，尤好
道家行气功法，并有幸拜在买氏形意拳传人悟真和尚和蓝武贵门
下，成为买氏形意拳第四代传人。后又向八卦掌第三代传人马贵
学习十大动功法。而最令吉良晨醉心的武学当属太极拳。当年杨
氏太极拳传人崔毅士的夫人卧病在床，几十天大便不下，高热不
退，吉良晨前去探望并诊脉开方，几服药下去，崔老夫人热退便
下，转危为安。崔老先生感其医术与诚心，正式传授太极剑，于
是吉良晨成了露蝉（杨氏太极拳创始人杨露蝉）门下第五代弟
子。

　　吉良晨于1979年获得全国武术比赛的银牌，并一直担任北
京武协永年太极拳社的终身名誉社长。谈起太极拳，吉良晨说：
“太极拳锻炼的至高境界，不是操练筋骨皮的下乘法，亦不是攻防
技能搏击的中乘法，而是身心合一、养生长寿的上乘法。”

　　吉良晨撰有《形意真义》、《太极拳图说》等百余万字手稿、
讲稿，发表有较高学术水平的论文数十篇，著有《临证治验录》
一版及其增订版和《中国气功萃义》，在此基础上经过修订并增加
内容，又出版了《中国气功探密》一书，还出版了《杨氏太极拳
真义》，并书写了大量相关的讲演手稿。这些都是具有独到见解的
珍贵的资料。

　　吉良晨是位多才多艺的名家，要想全面了解他，还要从医

学、养生、武术等几个方面介绍。

医案实录与名医之路

吉良晨中医基础坚实，又兼容诸多名家之医学真谛，在60余年的实践中，形成了他自己独特的学术风格和经验体系。他精于辨证施治，思路开阔，从经方到时方融会贯通，不但擅治疑难杂症，对于常见病和多发病又能施以简便廉效的精巧小方小药，疗效显著，深受欢迎。

一、原因不明水肿痛不欲生，吉良晨颇费周折"冬去春来"

有位妇女，由于不明原因造成水肿，苦不堪言，跑了很多医院都没治好，在她几乎失去了生的希望时，由家人搀扶着慕名找到了吉良晨。

这位妇女患浮肿已有5年，早晨面部浮肿，晚上则颈部肿，按之凹陷明显，背部浮肿也很厉害，看似有水，睡觉只能俯卧。时有汗出，四肢乏力，胸闷气短，小溲量少色淡，口渴思饮，饮后却脘中不适，头胀目昏。食后腹胀尤甚，四肢畏寒，手足不时发热，近半年白带明显增多，月经血量亦多，色黑有块，须8~10天始净，面肤淡黄，舌苔薄白质略淡，边有齿痕，脉沉细缓弱，尺中弱小。

吉良晨诊断：脾肾阳虚则畏寒肢怠，脾不运化水湿则溢皮肤，发为水肿，久病则气血亏虚，阴阳失和，此应属虚损水肿之候。他决定，先拟温肾健脾、化湿行水，继以补益气血、调和阴阳。处方：黑附子15g，生白术15g，杭白芍9g，云茯苓24g，干姜片4.5g，野党参9g，制厚朴3g，淡泽泻24g。

吉良晨讲解：上方系真武汤、附子理中汤加减而成。方中以黑附子温补命火，温经散寒；野党参补气，配生白术健脾燥湿，运化中焦；干姜片温脾散寒；云茯苓、淡泽泻健脾渗湿行水；杭白芍滋阴和血，制厚朴下气调中。中焦得运，才可能升清降浊，腹胀才可能减轻。

吉良晨认为：这是阴水较胜，阳少难以温化所致。于是，上方黑附子改为24g，干姜片改为6g，去厚朴加桂枝9g，炙甘草3g。又连服4剂，颈肿见消，畏寒症状亦轻，其他都已见效，唯有面部肿胀不见减轻。于是，吉良晨以越婢加术汤与真武汤合用，上下并举，以图发越，上蒸水气，下温肾元，果然疗效甚佳。吉良晨说，这是"开鬼门，洁净府"之法。

这位女士感谢吉良晨的高超医术与精心调理，但脸肿依然见不得人啊！吉良晨一边安慰病人，一边沉思，开了新的药方：黑附子24g，净麻黄12g，生苍术、白术各9g，云茯苓24g，杭白芍9g，生石膏（先下）15g，大枣（切）4枚，炙甘草3g。药服2剂，面部终于开始消肿了。但消得还不够理想，而且患者还是感到畏寒，浑身抖动，颤颤巍巍地叫着要喝热水暖身子。

此时的吉良晨似乎是在战场上，与敌人进行决战的时刻到了。他判断这是病重药轻的缘故，决定加大药量。

随即，麻黄改为24g。继续服用了两剂，病人面部、颈部的肿胀大减，小溲量多而频。只是浑身仍然寒冷，出汗极少。服药不汗，故而烦躁，夜里更是左右翻转难以成眠。难道这样大的药量还不行？真是"鬼门虽开，净府未洁"啊！再加药量？再加！将麻黄再加9g达至33g，又温服1剂。令人满意的效果出现了，病人膝盖以上汗水津津，全身的肿势大消，周身顿感舒适，小溲量多，体力渐增。

但水肿还未消尽，为改变阳虚的状况，温阳化水，再开新方：黑附子30g，野党参15g，杭白芍18g，生白术15g，云茯苓30g，干姜片9g，川桂枝9g，淡泽泻24g。服药两剂，病人腰以上又见浮肿。这是因为少阴阳虚、太阴水盛之故。于是，吉良晨采用温阳发汗法：黑附子30g，净麻黄45g，生甘草18g。病人服药后即卧床，4小时后全身冒汗，肿势又减退了。如此反复，吉良晨不禁深思，用麻黄虽能发水气消肿胀，但出现消而又肿的现象，显然阳气有些受损。过于使用麻黄会伤阳。阳衰则水愈剧，水剧则阳亦衰也。苦思片刻后他决定：舍麻黄不用，改用大剂温肾益气、扶正祛邪之法，以达到益火消阴的目的。面对这位多年水肿的病人，吉良晨思之再三，左右斟酌，有质的取舍，有量的调整，开出了第六剂方药：黑附子60g，生黄芪45g，干姜片15g，野党参24g，生白术15g，杭白芍9g，云茯苓30g。

为这位普通的病人，吉良晨煞费苦心。他后来介绍说，这个方子，是附子汤、真武汤加减而成，药服两剂，水肿明显消去了，畏寒的顽症也减轻很多，口也不觉得干了。于是又在方子中把黑附子加至61g，服了1剂，没有再发现面部肿胀增加的现象。至于头稍晕、口仍有点干等，这是多年积下的病，冰冻三尺非一日之寒，须慢慢调理。故嘱咐病人服用金匮肾气丸，早晚各1丸。连服了200丸，水肿终于全部消除，气力也恢复正常了。病人开心地笑了，感激之情难以言表，眼含着泪花，一个劲儿地道谢不停。

多年未能治愈的无名水肿终于治愈了。吉良晨后来回忆起这个病案，也不禁感慨说："为了这位病人，真是颇费周折！"可以说这既是一次完整而有体系的对原因不明水肿的攻坚战，也是吉良晨中医功底的展示。病人的痊愈，不但证实吉良晨的中医功底深厚，而且记述了他因病而异、因势利导的有哲理的治病过程，令人钦佩、敬重。在这"颇费周折"之中，尽显他为人善良、诚信、兢兢业业的做人准则，更是金世元教授评价吉良晨"良医仁术，济世众生"的佐证。

二、深山突遇蛔虫肠梗阻患儿，妙用民间草药救治病人

患蛔虫病的人很多，造成肠梗阻的也屡见不鲜。吉良晨有一段时间在山区农村行医，一位 11 岁的男孩，突然腹痛。两三天以来，疼痛越来越剧烈，在村里做赤脚医生的父亲已没了办法，急忙背孩子来找吉良晨求治。吉良晨见男孩脸色苍白，脸上布满了虫斑，形状如钱癣；经询问，男孩喜唾多涎；其腹部有一凸起的大包，竟有桃子般大小，轻轻一按男孩就疼得大叫不已，还嚷着要大便；其舌中舌根色白黄，指甲上有白点；诊其脉象沉弦稍涩。腹痛使男孩大汗淋漓。看着痛苦异常的孩子，吉良晨也不免担忧。从几方面看，这明显是蛔虫致使肠梗阻的急症，如果不及时救治，很可能会有危险。但山区农村离城里的医院很远，没办法迅速取药服用。

吉良晨沉思片刻，猛然想起，这里有豆油啊！急忙叫孩子父亲把豆油煎热，放入山花椒 15g，并嘱闻到香味即好，不要炸糊，待到可以服用的温度，马上服下。

这是不得已而为之的办法。豆油或其他植物油都有润肠的作用，蜀椒有散寒杀蛔虫之效，深山中无法找到，只得改为山花椒代替。此药服后约二时许，患儿要大便，未及入厕，粪便和蛔虫即交缠而下，大小长短不一。家人惊愕不已，略数竟然排出蛔虫100 余条。此方只用一剂腹痛即除。

2005 年，吉良晨写文章回顾此事，阐述了有关治疗蛔虫的方法：治疗一般蛔虫可用化虫丸；小儿可食炒熟的使君子肉，不可过于多食，多食呃逆；蛔虫尚少未能成团，但脘腹疼痛，发作时常吐口水者，可服甘草粉蜜汤；蛔虫窜入胆道，形成蛔厥，当用乌梅丸（汤），根据寒热虚实，调配用药，但总以乌梅为主；在汤药未备齐之前，亦可以醋煎蜀椒速饮，蛔虫遇酸则伏，既可缓痛，又可杀虫。蛔虫性喜团聚，又善钻窜，遇孔即入。阻于肠中，则

腹中剧痛；窜入胆道阑门，则右胁剧痛，多吐酸苦口水；上窜入胃，胃中寒热，则多有蛔虫吐出。

蜀椒又称川椒，为芸香科植物，果实及种子供药用，开口者良，闭口者不宜入药。性味辛温有毒，入肺、脾、肾，可散寒除湿，温中助火，善杀蛔虫。蜀椒还能治疗水肿胀满，张仲景治疗腹满痰饮之己椒苈黄丸，即用此品。所以，在患儿急腹痛时，吉良晨根据多种症状判断是虫积腹痛、蛔虫团聚造成的肠梗阻，采用热豆油煎山花椒，1剂即除蛔虫，解除病痛。这是依据自古至今的辨证施治疗法，又因地制宜，稍有变化。吉良晨为了救治一位山里的孩子，把书上学到的知识灵活运用，并不辞辛苦，正如王文友教授评价他时所说："医术精湛，医德高尚。"用当地百姓的话来说，吉良晨教授心善，他是个好人啊！

三、吃螃蟹竟至浑身溃烂，施小药方妙手回春

螃蟹是美食之一。然而，一位26岁的青年男子却因吃了海蟹，口舌生疮，身上多处糜烂，二阴溃烂，痛痒难忍。这是食物过敏的重症。多日后青年慕名来找吉良晨求治。吉良晨查看：患者舌少苔，质暗红，脉沉细，略弦数。辨证：蟹毒内蕴，上下相扰，形成毒热，引发生疮，多处溃疡。治疗法则：清热解毒，消肿止痛。处方：赤小豆（打）30g，大连翘15g，全当归6g，蒲公英30g，生甘草18g，水煎内服。再开苦参，每天以30g水煎，熏洗二阴患处。就是这剂不大的药方，内服兼熏洗，不几日，吃海蟹美食被折磨得痛苦不堪的小伙子痊愈了，他与家人被吉良晨的精湛医术所折服。这样的重病，求治于名医，他们原本已做好了经济上的准备，只要能治好病，保住一条命，倾家荡产都在所不惜。可吉良晨不但没有名医的架子，平易近人，而且开出的小药方没花多少钱，就治好了病人浑身上下的病痛，既经济又实惠，怎不让人感佩！后来人们请吉良晨解释他这简单而又有奇效的辨

证及治疗方法时，他做了如下诠释：

本方是以麻黄连翘赤小豆汤、赤小豆当归散加减而成。方中以赤小豆渗湿行水，清热消肿；大连翘清热解毒，消肿止痛；全当归养血活血，祛瘀生新；辅以治疡的蒲公英、生甘草清热解毒，散结消肿；赤小豆、大连翘、全当归入心经，有治疗疮、疡、肿、痒的功效。

问到这一药方的出处与根据，吉良晨脱口而出：《素问·至真要大论》中讲到"诸痛痒疮，皆属于心"，本其经意，三味同用更好地发挥解毒作用。病人口舌生疮，生疡，多处糜烂，而且二阴都有溃烂，痛痒难忍，舌质暗红，这些都明确显示毒热熏心，上下相扰，病情已经有趋于恶化的势头，所以用赤小豆等，防止邪毒进一步深入，关键要使毒热从心而解，目的是护心祛邪，再加清化毒热的蒲公英、生甘草，可引毒外达。外用苦参熏洗法，出自《金匮要略》。苦参有清热、利水、杀虫、止痒的功能，而且苦参的奇效在于能入心、脾、肾，能泻心、燥脾、入肾解毒。解决二阴的痛痒，正是此药的功劳。苦参用于外洗治疗毒热恶疮，尤有奇效，有助于尽快消除肿痛，避免感染。所以内外合治，才是根本，是辨证用药的关键，故而达到迅速除邪解毒而病愈。

吉良晨开出的药方虽小，但味味精选，相互作用，深含辨证施治法则。说吉良晨的学问深，倒不如讲吉良晨是好人。他为普通的百姓呕心沥血，悉心治疗，不愧陈彤云教授赞颂他时所讲："德高望重，刚正不阿，医术精湛，济世为民！"

四、病危女生，转危为安

有一本书名为《凡尘俗事》，为刘鸿泽所著。其中一章，介绍了作者女儿患重病慕名请吉良晨医治的情节，现摘编如下：

一位在国外留学的女学生，身体健康出了问题。2007年3月，女学生趁学校放假回国检查，医师怀疑她是患上了红斑狼疮。女学生的爸爸、妈妈质疑医院的检查结果，也不愿相信。于是爸爸慕名带着女儿来到吉良晨的诊所。吉良晨看到女学生很紧张，与她聊了很久，见她已经完全心定神静了，才开始为她号脉。号脉用了很长时间，最后吉良晨对女学生说："闺女，你的病很严重。西医称之红斑狼疮，中医是属阴阳毒之类的疾患，湿毒内侵，已入血分，需要尽快逼毒外出，否则后果不堪设想。不过逼毒是很痛苦的，你经受得了吗？"这位女学生此时还不知道"逼毒"是什么意思，笑着点头说："受得了！"于是吉良晨开出药方，女学生按方抓药服用。

后来，爸爸妈妈陪女儿到协和医院做了检查，确诊是患上了"系统性红斑狼疮"。爸爸翻阅了很多医学书籍，了解到"系统性红斑狼疮"的死亡率较高，现代医学并没有根治的药物和手段。患者需要终生服用或注射激素，而激素所造成的肾脏、心血管、呼吸系统、神经系统损伤的并发症就无法避免了。也就是说，女学生的这个病，很难有痊愈的希望了。女学生爸爸的朋友是医院的院长，他提醒："要有精神准备，20年来，我见到的系统性红斑狼疮患者不下千人，现在在世的不过数十人。"

之后，女学生又去了一家大医院，仍确诊为"系统性红斑狼疮"。医生要求女学生立即办理住院手续，并开出了很多西药，叮嘱女学生要停服中药，立即采用激素以控制病情。

女儿患上了这样严重的疾病，令全家人心情沉重。女学生看完中医后，一直在服用吉良晨开的中药，内毒开始逐步外发。现在又拿回一大包西药。其中环磷酰胺是免疫制剂，也是临床用于治疗恶性肿瘤的主打药之一。

摆在全家人面前的是一个两难的抉择：是立即住院采用西医西药治疗，还是坚持用中医中药，采用传统的方式治疗呢？

爸爸经过全盘考虑，觉得西医治疗固然保险，可一旦用上激素，要撤就难了，因长期服用而造成的并发症会使女儿终生受罪。

老中医吉良晨，有很多妙手回春、拯救病人的传奇故事在街头巷尾流传。爸爸决定：以中医治疗为主，西医化验把关。

2007 年 4 月 16 日，女学生的假期已满，此时她由于服用中药，体内毒素已经由内向外逼出。但为了明年还能回英国继续学业，出于诚信，她竟然乘飞机回伦敦，要面对面去向校方请假。病重的女学生亲自回校请假，令校方大为感动，因此获得了休假治疗而非休学的优待。4 月 20 日，她乘机回到北京。此时，因一路颠簸劳累，她已经是双脚布满血泡，再不能下地行走，只好用轮椅推下飞机。看着脸肿得几乎无法辨认的女儿，爸爸再也忍不住而泪流满面。他们直接前往吉良晨的家中看病。吉良晨面对女学生突然变化的病情，既没有埋怨家属也没有退却。他制订了救急方案：内服外涂。他开出包括北沙参、麦门冬、粉丹皮、怀生地、大玄参、天花粉和新疆产"软紫草"等的救急药方，还开出败酱草加大青叶煎煮外涂的药方。

三天后，吉良晨再为女学生看病，加服薏米、黑米、粳米及赤小豆的三米粥。4 月 26 日，女学生的溃疡面不仅从头到脚，而且已经由口唇进入齿龈、舌头，渐至喉咙，一旦溃疡封喉，不能进食服药，后果难以设想。吉良晨当即决定用山西出的梅花点舌丹，用上之后竟有立竿见影之效。

由于脚上伤口很重，抗感染成了第一要务。5 月 4 日，爸爸决定让女儿住院控制创伤感染。一家大医院勉强收治，但提出立即停止中医中药治疗，马上用激素。爸爸与之商量继续服用中药，被不容置疑地拒绝了。最后，他们住进了吉良晨学生当副院长的北京中医医院。年已八旬的吉良晨三天一次到医院为女学生把脉，及时调方用药。

当时医师会诊认为，从各项医学指标来看，女学生已经出现系统性损害，皮损、肝损，白细胞降至 1.7×10^9/L，当她的白细胞降至 1.6×10^9/L 时，医院开出了病危通知。有位主任大夫对女学生的妈妈说："孩子顶多能活五六天了，准备后事吧。"妈妈签字后泪流满面。当晚女学生的爸爸赶到吉良晨家拜访，对吉良晨说："今天医院都下病危通知书了。"吉良晨镇定地说："其实你女儿体内的大量毒素已经排出来了，目前一是坚持继续排毒，不让她的脏腑受害，二是控制感染，减轻皮损带来的痛苦和影响，这是所谓治皮毛、肌肤者也。"女学生的妈妈在旁边不禁插话："她的白细胞这么低怎么办？"吉良晨安慰说："药物有偏胜，可治病，亦可致病。根据您女儿的病况，我把药方里黄芪的分量加到了120g，还让她每天服食3g西洋参、3g生晒参，这些药物都是补气养血、增长白细胞的。只要我们同心协力，您闺女的病能好！"吉良晨的话，安定了大家的心。

就这样，至2008年3月30日，女学生每天服用中药，经过近一年的治疗、调养，终于脱离危险，转危为安。体重由2007年5月13日的35公斤，增至47公斤。2008年6月至今，她的尿常规、血常规、血沉、补体及抗核抗体等体检指标显示，她所患的"系统性红斑狼疮"基本痊愈，其他各项生理指标也越来越好。之前全家人最为担心的"系统性红斑狼疮"患者一般容易并发的肝、肾、呼吸系统和消化系统的病变都没有出现，她的化验单和现实表现一致——已基本康复。治疗皮损的激素"强的松龙"也减至每天两片。

后来，女学生顺利通过所学专业的硕士研究生毕业设计与答辩，于2009年5月就业于一家有名的软件公司。他们全家感激吉良晨，佩服吉良晨。

五、"一言"重千金，彻悟医德与善心

演艺界有句俗话：宁赠一锭金，不教一句春。春是指"经验"。意思是宁愿送你一锭金子，也不教你能挣钱的本事。生怕教了徒弟，砸了饭碗。这在其他领域也不少见。中医界有很多从不

外传的祖传秘方更是常事。北京东城区金针研究学会会长、主任医师钮韵铎亲身经历的往事，让我们不但由衷佩服吉良晨医术的功底深厚，而且敬佩他那博大的胸怀与高尚的人品。

那是 1981 年的事情。当时，钮韵铎在北京中医医院针灸病房工作。严冬时节，他因饮食不当患上了急性肠炎，腹部坠痛难忍，总觉得要排便，一天跑洗手间几十次，浑身无力。经过本院治疗，腹泻虽止，腹痛难除，惊动了不少医生。中西药没少吃，检查过的项目繁多：生化检验、热电图、钡灌肠、B 超、直肠镜。最后做纤维直肠镜确诊为息肉，病理检查为良性腺瘤。但病灶摘除后，腹痛仍不见好转，又回中医医院住院观察治疗，腹痛依然，他被折腾得精疲力竭。医师与他商量："有个直肠切除后的吻合新技术……"吓他一身冷汗：莫非还要再进行外科手术？最后，因为一时难以确诊他到底得的是什么病，北京中医医院让他转到协和医院做进一步诊治。

钮韵铎怀着沉重的心情离开病房，一步挨一步走出住院大楼，正巧在楼前遇见了吉良晨。看到他痛苦的样子，吉良晨嘱咐他要进一步详查，安慰了几句，沉思片刻，又对他大声说："自己开个方，芍药甘草汤，芍药大大的。"钮韵铎望着稳健、慈祥、自己一向敬重的吉良晨，一时惊愕地反应不过来，只是重复着："哦，芍药大大的……"

后来钮韵铎在协和医院、北京医院都做了详查，未发现问题，医生也建议服中药治疗。他想起了吉良晨的嘱咐："芍药甘草汤，芍药大大的。"多大量算大呢？芍药一般用量 6～15g，临床使用 30g 算是大量了。他反复思考，自认为"大大的"应该是两个大量的含义，于是真的按吉良晨的提示给自己开了处方：土炒白芍 60g，炙甘草 10g，台党参 20g，淡干姜 15g，炒白术 10g，水煎服，每日 1 剂。连服 5 天后腹痛消失，4 个多月的腹痛只用了 10 元钱而告愈，功效真是神奇。

吉良晨的妙方，不但治好了钮韵铎的病痛，还使他茅塞顿开。他重温了张仲景的《伤寒论》，查看了《简明中医辞典》。"芍药甘草汤"的功能是滋阴养血、缓急止痛，用于治疗腿脚挛急或腹中疼痛，经现代医学研究发现，有镇静、镇痛、松弛平滑肌等作用。而吉良晨的"芍药甘草汤，芍药大大的"那大胆创新的指教，启发了他在临床上的治疗思路。后来他在治疗慢性腹泻、腹痛时经常应用。对于治疗三叉神经痛、面肌痉挛，以及肝风内动旁走四肢的肢体肌肉颤动等症，也均有相当的功效。他感慨吉良晨医学功底的深厚，也感叹吉良晨对个人医术的毫无保留，更感佩吉良晨的医德与善心。吉良晨诚恳待人的坦荡胸怀，至今令钮韵铎难以忘怀。

很多病人在感激吉良晨妙手回春治愈病痛的同时，也对他开出的经济实惠的药方而感慨。吉良晨经常给病人开小药方，既经济疗效又好。这与社会上一些所谓"治绝症的名医"，开出昂贵吓人的"大药方"却不治病形成了鲜明的对比。都说做事先做人，但实际做起来，就不那么容易了。做名医不易，做好人更难。北京意拳研究会会长姚承光在吉良晨 80 寿辰的贺词中写道："良药济世，德惠并彰"，说的就是：吉良晨是名医，为百姓开的是良药，他也是为百姓施善心、德高望重的好人。

吉良晨治愈的病人很多，涉及病的类别也很多，有风寒感冒、湿温、虚损、失音、热喘、呕吐、胃溃疡、慢性胃炎、慢性肠炎、急性肠炎、过敏性结肠炎、小儿消化不良、急性痢疾、肺脓疡、心绞痛、高血压、脑震荡、偏头风（三叉神经痛）、风湿性关节炎、类风湿性关节炎、多发性动脉炎、脑血栓、脑溢血、面神经麻痹、肾炎、肝硬化腹水、急性黄疸性肝炎、帕金森病、癫痫病、过敏性鼻炎、舌疮、荨麻疹、漏精、性功能衰退、性神经官能症、癔病重症、乳腺增生、慢性阑尾炎、蛔虫肠梗阻等。可见吉良晨的中医功底真的是扎实而深厚。吉良晨就是这样一点一滴，一步一个脚印，用他的学问，用他的医术，用他的善心，攻下了一个又一个疑难杂症，治愈了一位又一位病人。

创新脾胃肝肾理论

吉良晨擅治内科疑难杂症，尤其对脾胃学说有很深的研究。脾胃学说是中医学理论的重要组成部分。自《黄帝内经》、《伤寒论》始，李东垣《脾胃论》之升补脾阳，叶天士《临证指南医案》之滋润胃阴，各有发挥。吉良晨撷取众家之长，融会贯通，师古而不泥古，在理解和运用中医学理论及前人的经验上多有独到之处，逐渐形成了以脾胃为本、肝肾为基的学术思想。在长期的临床实践基础上，形成了独特的、讲究实效的、有创见的医疗风格。

一、乙癸同源，肝肾同治

"乙癸同源"、"肝肾同治"是中医五脏相关学说的重要组成部分，它起源于《内经》。肝肾两脏在经络走行上相联相通，在五行关联上水木相生，在脏腑功能活动方面又同属下焦、共寄相火、精血互生、阴阳互济等，所以，在病理上则易互济互损，同盛同衰。"同源"决定了"同病"，因此，明代李中梓在《医宗必读》中提出了"乙癸同源，肝肾同治"的证治法则。吉良晨正是根据这些中医理论，发展了"乙癸同源，肝肾同治"的治则，将该法广泛应用于各种病证之中，力主"善补阳者，必阴中求阳，则阳得阴助，生化无穷；善补阴者，必阳中求阴，则阴得阳助，而泉源不竭"。他从调整肝肾的阴阳入手，调理患者的阴阳、气血、脏腑功能，协调机体内稳机制，达到"阴平阳秘"的目的。吉良晨在临床上灵活运用滋补肝肾的药物，强调治病必求于本，缓缓调补。如他认为女贞子、旱莲草滋补肝肾，可从阴助阳；枸杞子乃阴中之阳品，可滋补肝肾，益精煦阳；淫羊藿为阳中之阴品，能温肾助阳，从阳补阴。他自拟的启阳丸和十子育春丸，即是对该法则的运用，临床多获良效。

阳痿一病，临床较多。吉良晨认为，此证大多由肾精亏虚、命门火衰、阴虚及阳而致。因此，治疗阳痿须以补阴为主，加以兴阳之药；单纯助阳补火，势必伤阴，没有阴的物质，又何谈兴阳。曾治一患者，王某，男，41 岁。阳痿已 10 余年，下肢酸软无力，手足心热，夜寐不安，多梦纷纭，舌苔薄白微黄，脉沉细略弦。此为肾精亏损，日久阳气虚亏，宗筋失养，以致作强无能，形成阳痿。立法：补益肾精，温助元阳，以充作强，缓缓从治。方用怀生地 60g，山萸肉 24g，怀山药 30g，枸杞子 30g，紫梢花 120g，炒川断 60g，柴狗肾两具。上药共为细末，炼蜜做丸，每丸重 6g，早晚各服 1 丸，淡盐水送下。药后 4 天，阳事欣然，1 剂服尽，健如常人，10 余年之阳痿，竟获痊愈。

对于胸痹，临床多以理气、活血、补气、养阴为大法。而吉良晨认为，胸痹病人中肝肾两虚者不乏其人，不应忽视补益肝肾。白某，女，43 岁。胸痛 1 年余，间断发作，劳累更甚，状如针刺，腰下沉重，下肢浮肿，手颤汗出，脘腹作胀，纳可寐安，脱发较早，舌苔白腻，脉象沉细。此为肝肾两虚，心脾不足，胸络瘀滞，致成胸痹。立法：补益肝肾，养心健运，兼以化瘀。方用怀生地 30g，山萸肉 12g，怀山药 30g，淡泽泻 10g，云茯苓 20g，粉丹皮 10g，紫丹参 30g，炒白术 15g，鸡内金 12g，鸡血藤 30g。服药 4 剂，胸痛大减，7 剂后胸痛消失。继服麦味地黄丸，巩固疗效。

二、调护脾胃，升降和合

脾主运化，喜燥恶湿；胃主受纳，喜润恶燥。二者同属中焦。脾胃一脏一腑，一阴一阳，一升一降，一纳一化，一表一里，形成制约、互用、协调、和合的平衡关系，共同完成后天的受纳、运化、培育、滋养等功能，实现"清阳出上窍，浊阴出下窍；清阳发腠理，浊阴走五脏；清阳实四肢，浊阴归六腑"的正常升降运动。因此，脾胃小而言之是纳化升降，大而言之可联系诸脏，畅达六腑，通行经络。根据脾胃的特点，吉良晨在临床中尤为注重调护脾胃。"虚则补之"乃是治疗虚证之大法，然而补药用不得当，亦多气壅、腻膈，反使脾胃运化呆滞，引起脘胀纳呆，致生变症。因此，在临床辨证用药时，吉良晨多加入砂仁、陈皮、生姜、大枣之类，以促进脾胃运化，升发中焦之气机。吉良晨认为，陈皮"有补有泻，可升可降"，有"调中快膈，导滞消痰"之功，"广中陈久者良，故名陈皮，陈则烈气消，无燥散之患"。生姜"解郁调中，畅胃口，而开痰下食"。大枣乃脾经血分之药，"补剂加运之，以发脾胃升腾之气"，多年久放之而不枯，以手揉之软而不硬。姜、枣同用，健运脾胃，温中生津，协调营卫，有异曲同工之妙。

　　又如阳痿一病，吉良晨也强调注重调理脾胃，认为阳痿者见有便溏，一是脾虚不运，水谷难化，导致便溏；二是阴损及阳，命门火衰，火不生土，脾虚运差，导致便溏。吉良晨对于那些单纯肝肾两虚而脾胃功能正常的患者，补肾的药物虽可适当重用，但仍密切留意脾胃的纳化状况。为防止补肝肾药物滋腻碍胃，他尽可能酌情选用那些既补肾又健脾的药物，如怀山药、制黄精、菟丝子、益智仁等；或选用那些补而不腻之品，如炒川断、制首乌等；或在补肾的同时，酌情配用广砂仁、广木香、广陈皮、炒神曲等理气开胃醒脾之品，以助脾运，促进补肾药物的吸收。对于兼有脾虚便溏之人，则辅以炒白术、怀山药，或配合四君子汤、加味保和丸等，调理脾胃，而不囿于补肾一途。

三、全科多能，挥洒自如

　　吉良晨临证以锐意进取、坚韧不拔的毅力，努力探求，师经方而不泥于经方，博采众长，兼收并蓄，去粗取精，为己所用。他于内、外、妇、儿、神经诸科，无所不为，而尤擅长于疑难杂症的辨证施治，多获奇效。

　　虚劳一病，临床屡见，病因众多，病机复杂，临证治疗，多感棘手。吉良晨每每抓住"五脏俱虚，独取中州"，健脾益气以扶正，通利水湿以祛邪，虚实兼顾，标本兼治，每获良效。苏某，女，24 岁。患慢性肾炎尿毒症已久，缠绵不愈，几经周折，治疗、抢救，病情仍不见好转，故请吉良晨往诊。症见面色淡黄，头晕目眩，间有郁冒，语音低沉，闭目懒言，咽中有紧感，胃纳甚少，不时呕逆，口干饮水，胸闷痞塞，四肢懈怠，多作麻木，爪甲无荣，小便不利，尿色淡黄，舌苔白腻，脉象沉而无力。病为虚损。证属久病卧床，气血俱虚，湿阻脾土，膀胱气化不利，清阳不升，浊闭清窍。立法：健运脾土，升清降浊，蒸化膀胱，调补气血，以利水道。方用川桂枝 6g，野党参 12g，土白术 15g，淡泽泻 9g，当归身 12g，生麦芽 30g，姜半夏 6g，云茯苓 12g，广砂仁（打）3g。药后小便增多，诸症减轻，精神好转，3 剂服尽，病情已趋缓和。

　　鼓胀病往往虚实互见。《素问·至真要大论》曰："诸湿肿满，皆属于脾。"因此，治疗本病以运脾当先，扶正培本，兼以祛邪。吉良晨多选用张氏鸡胵茅根汤加减，屡试多有效验。患者隋某，男，72 岁。腹胀肿硬已有月余，不时疼痛，纳少不甘，望之两睛晕黄，阴囊水肿，按之凹陷，便干 3 日未行，小溲色黄而短。近 3 年以来，咳吐白痰，口干不喜饮水，舌苔白黄厚腻，质地紫暗，脉弦滑数。证属脾被湿困，健运无权，以致水湿郁久，瘀滞化热，下注肾囊，上行熏蒸，形成鼓胀瘀结黄疸之症。立法：健脾散结，利湿行水，理气化瘀。方用炒白术 9g，鸡内金 15g，京三棱 9g，蓬莪术 9g，炒槟榔 12g，杏仁泥 12g，炒桃仁（打）12g，鲜茅根 30g。服药 3 剂，腹痛消失，仍有胀感，目暗色黄。上方去槟榔，加绵茵陈 30g，炒谷芽、麦芽各 15g，鲜茅根增至 60g。3 剂后小便已利，腹胀大减，查之舌质紫暗夹有瘀点，继服

上方 30 余剂，腹胀已除，纳食知味。原方去绵茵陈，茅根减至
30g，加生黄芪 30g，续服以固其效。

　　情志病变，临床屡见不鲜。朱丹溪曰："血气冲和，万病不
生，一有怫郁，诸病生焉。"吉良晨治疗此证，必用理气、降气
之药，使之气顺而消除病症。高某，男，14 岁。一月前，因淘气
被家长打后，胸闷憋气，甚则气喘，张口抬肩。其父误认为孩子
不服，再次殴打，以致病情加重，时感手足麻木，胸闷欲厥，继
而抽搐，视物昏暗，人事不知，醒后如常人，发作频繁。当地医
院诊为"癫痫"，给服鲁米那、苯妥英钠等药，来京求诊几家大
医院，均诊如前，效均不显，遂来请吉良晨诊治。来诊时正值发
病，双目红赤，舌质略淡，脉沉细稍弦数。此为肝气犯肺、气机
不畅之结胸。立法：和肝理气，肃肺宽胸。方用广郁金 9g，苦桔
梗 9g，合欢皮 9g，荷叶梗 9g，生杷叶 24g，丝瓜络 9g，炒莱菔子
（打）9g。1 剂药后，矢气甚多，气味秽臭，胸闷减轻。服 3 剂药
后，其病未发，状如常人。嘱继服上方 6 剂，隔日 1 次，以巩固
其效。

　　狐惑一病，缠绵难愈，吉良晨采用内服与外用同治，多取速
效。徐某，男，30 岁。口舌咽喉肿痛，阴头睾丸溃疡疼痛 4 月余，
在某医院被诊为"白塞综合征"，医治效微，前来就医。诊时畏寒
喜暖，小便色黄，舌苔黄滑腻，舌质略红，脉沉细滑。此湿热内
蕴，久郁感寒，寒湿热扰，上下腐蚀，致成狐惑。立法：健运中
焦，调和寒热，内外相兼，标本兼治。方用生甘草 12g，野台参
9g，川黄连 9g，条黄芩 9g，干姜片 9g，姜半夏 6g，赤小豆（打）
30g，大枣 6 枚，煎汤内服；另以苦参 90g，分 3 次煎煮，熏洗热
敷前阴患处；更用锡类散 2 瓶，每以少许外用，吹敷口舌咽喉。
服药 5 剂，诸症见减，咽喉肿痛明显减轻。以上方调整剂量，并
加生甘草 18g，川黄连 6g，姜半夏 12g。又服 5 剂，病情大减，
阴头溃疡已愈，口舌肿痛尚未退尽。上方川黄连增至 12g，干姜

片减至 3g，再服 5 剂。再来诊时精神大增，咽喉溃疡已愈，仅舌尖有少许溃疡面未愈。因便干将上方赤小豆易为熟大黄 6g，通行腑气，以利传导。2 剂便通，诸症消失，状如常人。嘱继服 2 剂，以杜后患。

视神经萎缩属于中医眼科的视瞻昏眇，多由肝肾不足、精血耗损、精不荣上、目失涵养所致。解某，女，28 岁，因脑膜瘤在某院手术治疗 3 月后，逐渐双目失明，仅稍有光感，不能辨别五色，头晕而紧，心悸时作，夜寐欠安，面带愁容，舌质淡苔微黄少津，脉沉细无力，在外院被诊为"视神经萎缩"。吉良晨认为，此患者系术后伤血，肝肾阴虚，目系失养，致成失明。立法：滋补肝肾，荣养目系。方用生熟地各 30g，山萸肉 12g，怀山药 30g，甘菊花 12g，甘枸杞 12g，霍石斛 12g，决明子 9g。服药 6 剂，视力有增，上方加生白芍 15g，全当归 9g，加强补养肝血之力。又服 6 剂，视力续增，可自行行走。上方去决明子，继服，配杞菊地黄丸，每服 2 丸，日 2 次。半月后，可见大字，近距离能辨颜色，走路较捷，头晕心悸大减。上方继服 40 剂，视力、色觉均收满意效果。再拟杞菊地黄丸、归芍地黄丸方加减，缓缓调服，以促痊愈。

养生有道　延年有术

至 2008 年，吉良晨行医整整 60 年。各界纷纷祝贺。海军总医院原院长、著名爱国将领冯玉祥之女冯理达将军写了四个大字"养生有道"以示祝贺，因为吉良晨既是著名的中医学者，更是闻名的养生大师，尤其对养生保健、延缓衰老颇有研究。吉良晨之所以极力推崇养生，是因为他认为，医学本身的目的，是为了消灭疾病，未来的医学就应该是以预防为主的智慧医学。也就是说，要找到一种科学的养生方法，未病先防，未病先治，这样人们就可以阻断疾病的发展，得以健康长寿。吉良晨说："人光健康不行，还要长寿，光长寿不足，还要健康。既健康又长寿才是养生达到的最高境界。"

2008 年初，吉良晨已 80 高龄，但他依然耳聪目明，声音洪亮，思维敏捷，齿健发康，动作轻盈，人们不禁佩服而感慨。这些，都得益于吉良晨长期坚持"食饮有节，起居有常，不妄作劳"及"虚邪贼风，避之有时，恬淡虚无，真气从之，精神内守，病安从来"的中医养生观和养生方法。

有人问吉良晨："身体健康的标准是什么？"他回答说："一个人的健康与否，可以从自我感觉定标准，概括起来有五个方面：一是头脑清楚，耳目聪明，思路不乱，有条不紊，能够回忆往事；二是能吃能喝，吃什么都香，对于饮食不过分挑剔，不要吃得过饱，总要留有余地，七八成饱最好；三是睡得好，睡眠求安和，求质不求量，早晨起床有精神；四是二便通畅，大便不干不溏，小溲觉有力量；五是腿脚利落，行动自如，反应敏捷。"吉良晨认为，有此五点，足以说明身体是健康的，如能以养生的方法纠偏中和，充养真气，汲取更多的营养，何愁不延年！他提倡的是走健康之路，行养生之道。

那么怎样才能使人的生命驻世延年呢？吉良晨说："人的生成、运动、变化、死亡（生、老、衰、病、死）是自然规律，人不可能长生不老（死），永远不老是不可能的，但提高生命系数，缩短衰老时间是可行的。要提高生命系数，健康是第一的，一个健康的人是幸福的，是多少金钱也买不来的。人的健康，不仅是指人的躯体，而是包括人的整体，内含精神、道德、行为、修养等统一整体，是身心健康，是自然的健康。"

何为养生？如何做好养生？吉良晨在继承和挖掘前人养生经验与学说的基础上，总结了一套行之有效的"三养"养生法，即食养、药养、气养。他认为，三者都很重要，药养不如食养，食养不如气养，气养尤为重要。

一、食养

吉良晨认为：食养是根据所需各有所取，酸、苦、甘、辛、咸（五味）都是五脏所需，只是食不可太过，粮食（五谷）也是如此。食勿过饱，居务求安，这是人人都懂得的道理。但如果控制不住，就会"饮食自倍，肠胃乃伤"，所以一定要食饮有节，要少吃一口，好多疾病都是吃出来的。"饮食自倍，肠胃乃伤"及"食勿过饱"，都是实践的名言。有人说，能吃能喝不健康，会吃会喝才健康，胡吃胡喝必遭殃，是很有见地的。

二、药养

中医药学所说的药，包括药材、饮片、成药三个内容，其中大多与食有关，"药食同源"。从粮食到水果，从蔬菜到种子，从树叶到根茎，从皮肉到筋骨，好多既是食又是药，如薏苡仁、百合、梨、藕、桂圆、龙眼、羊肉、葱姜、大枣、山药、酒、醋、鸡蛋、海参、鲍鱼等。中医也有很多药，既是药也是食，如芝麻、核桃、粳米、银耳、木耳、莲子、蜂蜜、黄豆、黑豆、绿豆、赤小豆、莱菔等，数不胜数。《伤寒论》中，第一个药方"桂枝汤"，五味药就有四味药是厨房用的。但总以平为贵，以中和为本，平则不病，不平则病。用食是调摄，用药亦是调摄，要补其不足，损其有余，不能贪腹，不能滥补，要补得其所，过饱则伤身心，妄补亦伤身。所以，有病要吃药，无病不能乱吃药，就是补药也不能乱用。"虚则补之"是原则，不虚你补什么？人参是大补元气的，党参是补中气的，黄芪是补卫气的，都是补气之药，看如何使用。所谓"药养"是针对体弱之人或需要药来调补之人的。所以，"药养"也得掌握平衡，吃的喝的要适度，要有节制。

三、气养

药养不如食养，食养不如气养，三者都很重要，但气养尤为重要。气养一是指练功行气，"行养生之道"，充养自己，正气存内，要养真气；二是要避免七情（喜、怒、忧、思、悲、恐、惊）干扰，情志所伤。食、药、气三养符合中、和、通、神、气、行的思想，不能太过，也不能不及，使得生命活动有序，这是生命运动"中和、调养"的好方法。

吉良晨很推崇《素问·上古天真论》中黄帝与岐伯的一段对话，认为对于人的养生保精、健康长寿有着极为重要的意义。这段话的大意是：黄帝问岐伯，上古时代的人，大都能活到100多岁，而他们的行动还没有衰老的现象。现在的人，年龄才50岁左右，动作就显得衰老了。这是环境不同，还是人们违反了养生之道呢？岐伯回答说：上古时代的人，大都懂得养生的道理，效法于阴阳，调和于术数，食饮有节制，作息有常规，不妄事操劳，所以能够形体与精神都很健旺，能活到100多岁。现在的人就不是这样了，把酒当做水浆那样贪饮，醉酒后还肆行房事，纵情色欲，竭尽精气，过于消耗，使真气散失，违反了养生的原则，作息也没有一定的规律，所以到50岁左右便衰老了。

吉良晨认为：人哪有长生不老的？生、老、衰、病、死，都是自然的规律，除了天灾人祸不可抗拒之外，能够养生有道，通过适度合理的调摄，是可以做到"阴平阳秘，精神乃治"的平衡状态，这是长寿的关键之处，因此，提高人的生命系数，缩短衰老的时间，达到健康长寿，是可能的。那些有健康长寿之愿，而又养生有道的人，绝大多数都是健康长寿的。从"人与天地相应"的整体观念出发，自古人们就认识到，人类的生存与自然界日、月、星的运动以及四时节气变化等种种自然规律有着密切的关系。人体的一切运动包括饮食起居等，如果顺应这些自然规律，人类个体就会保持不衰，疾病就很难侵入，即使被侵入也会很容易排除。这样，人类个体就能在很长的时间内保持青春，实现健康长寿的愿望。

养生学的气养尤其深奥。为使大家能更好地了解与学习养生，吉良晨深入浅出地讲起了气养。他认为：练功行气的人与现代一些养生科学家都把"精气神"称为人身三宝。如人们所说的"天有三宝日月星，地有三宝水火风，人有三宝神气精"。因此，"精气神"对养生练气行功是至关重要的。

要讲气功养生，首先就得讲气。"气"是有物质基础的。因为宇宙万物之生长、发展、运动、变化，都是气的作用。人之所以有生命活动，同样也是由于气的活动而维持的。

从人的胚胎时期开始，"气"就有了萌芽，因为胎儿要靠母体进行内呼吸，这就需要依赖先天母体的祖气（精气）。等到胎育成熟，胎儿离开母体切断脐带之时，则靠自身的呼吸调节，这时是依赖天气（自然之大气）给予的条件完成呼吸的动作，这个呼吸动作，就是"气"的能动作用，也就是后天生命的开始。虽然人离开母体断了脐带后，承受先天祖气（精气），并得到天气的资助，已开始了能动的呼吸，但是必须要靠后天饮食的滋养，这个生命动力的"气"才能不断发挥作用。不难理解，后天之气要靠饮食的充养培育，所以人落生以后的第一个信息是"哭"，"哇"的一声，用以震荡肺络行使呼吸；第二信息就是"吃"（吮乳），开始了胃的受纳以充后天营养。

"气"没有一定的形状，看不见摸不着，但它是能够自由散布的物质。气息、呼吸都是气。"气"在人体中是流动的，周身上下内外表里无处不到，因为它是生于先天，禀于后天，所以有"先天祖气（精气）、后天谷气（胃气）"之称。

人体的气，又称为"真气"。如《类经》所讲：真气即原气，为诸气的根本，真气也可称为正气（与邪气相对而言）。真气，是维持人体生命活动的根本之气，真气是人的生命根本。生命的根本没有了，则根绝叶枯，生命也就熄灭了。所以说"根绝则茎叶枯矣"。在气功的锻炼过程中，应始终注意的问题就是真气，气功行气的根本目的就是使人身的真气加强，从而取得延年益寿的效果。

由此可见，"气"对人体是极其重要的，人身的气是养人的，所以称之为"正气"，这个"气"也就是前面所讲的生命动力"真气"。外来致病因素相对"正气"而言，称为"邪气"，内生的情志波动之气也称为"邪气"。邪气是伤人的。如果正气能够充沛于内，外来的邪气是不能侵犯干扰的；邪之所以侵入是因为正气先虚的缘故。这是正气与邪气的矛盾，不是正气战胜邪气，就是邪气战胜正气，总之要取决于正气的强弱，所以正气是决定因素。

以人的思想活动与疾病的产生来说，它们之间的关系就很密切，如精神上受到过度刺激，足以影响机体正常活动而引起疾病。《素问·阴阳应象大论》中说："怒伤肝"、"喜伤心"、"思伤脾"、"忧伤肺"、"恐伤肾"。《素问·举痛论》亦云："百病生于气也，怒则气上，喜则气缓，悲则气消，恐则气下，惊则气乱，思则气结。"这都是七情内伤所致的情志影响而发生的病理变化。因为一切事物都能给人以刺激，而引起思想情绪上的波动，这些刺激在一般情况下通过内脏（自身）的调节是不会影响人体健康的，如果超过一定的度，就能致人于病。因此，对于精神上的修养，无论在练气行功时，或日常生活中都是很重要的，平时精神情志的修养也是气功锻炼的内容之一。《素问·上古天真论》说："外不劳形于事，内无思想之患，以恬愉为务，以自得为功，形体不敝，精神不散，亦可以百数。"意思是说，人们应该节制私欲，不作妄想，要胸怀开朗、乐观，才不致扰乱人体的正常生理活动，才能够健康长寿。思想恬静，"正气存内"，既可防止内在致病因素（七情）的刺激，更可以使肌腠增强抗御外邪之能力，虽有外在致病因素的侵袭，亦不足以引起疾病的发生，从而保障身体的健康。

饮食、起居与人体的健康关系亦很密切，在《内经》有关养生、保精、保气、保神方面总是反复强调饮食、起居对于寿命的长短至关重要。饮食、起居等生活方面需要保持一定的规律，才能使身体健康。生活失常，纵情酒色，任意斫丧，不知摄养，都是导致疾病和早衰的主要因素。

古代讲究养生保健的人，很注重对"精气神"的调护摄养，都把"精气神"称为人身之至宝。"精"是先天祖气之精微与后天水谷之精微所化生的物质；"气"是先天祖气与水谷之精气以及所吸入的大气（天空之清气）所合并而成的动力。"精"和"气"是人体一切生理活动的主要物质基础，"神"是人体一切精神、思维活动的概括（体现）。由此可见它们之间的关系非常密切，三者是一个不可分割的整体。"精"与"气"二者关系更是十分密切，无精就无气，"无气则死"，精气是非常重要的。人体血气精神是相互为用，奉养形体的，它可以布散敷陈于全身而维护生命，是保持生命的根本物质。《素问·上古天真论》中还说，"积精全神"，就是说要摆脱杂念，聚精会神，指出了只有"积精"才能"全神"。这是"精"和"神"的密切关系。

由此可以进一步认识到，"精"、"气"、"神"三者的关系是息息相关的。"气"的由来是源于"精"，"精"的化生是产于"气"，只有精、气充沛，才能体现出"神"，"积精"才能"全神"。无神就说明气虚，气虚就说明精少，精是人体最重要的生命物质基础，它和气是同等重要的。

从古至今，养生练功历来强调"节欲保精"。"精"是人体生长发育和维持生命活动的重要物质。广义上讲，"精"可包括血液、津液等一切后天饮食水谷所化生的有形液体物质；狭义上讲，"精"是指男女生殖之精，是人体先天生命之源泉。练功行气的第一个阶段是"练精化气"，有充实的"精"的物质作基础是必须的。第二个阶段是"练气化神"，第三个阶段是"练神还虚"。如不注意"节欲保精"，就不能使人精足、气充、神旺，势必导致早衰。即使练功，如不保精也是徒劳无功，甚至有害。初练功者要百日禁欲，有功底的练功家也要"节欲保精"，否则很难使功夫深化。

　　当然，提倡"节欲保精"并非绝对禁欲。绝对禁欲非但无益，还会引起阴阳失调的弊害。因此，欲求养生练功者，对性生活既不能纵欲过度，又不可绝对禁欲，总的精神还是"节欲保精"，不是"绝欲保精"。

　　人身精气至要，《老子想尔注》说："身为精车，精落故当载营之。神成气来，载营人身，欲全此功无离一。"将人身比喻是"精车"，人身精气应充养培育，而要达此目的离不开"一"。

　　"一为精，一为神，一为气"，三者共同为第一位。说明精、气、神三位一体，互相为用，不可分离。人要想得到长寿之道，就应当爱护注重精气神，精气神三位一体，存则俱存，亡则俱亡。就是说，"精"既然落在人身（精落），就应载运营养周于全身（载营）。但如何"载营人身"呢？这就要用功法的动力使精、气、神融为一体，发挥三者的作用。《太平经》又云："夫人本生混沌之气，气生精，精生神，神生明。""混沌"二字本为世界未开辟以前之象解，"人本生混沌之气"就是先天胚胎之祖气，由此才有先天之精气。人落生以后，这个先天原有的祖气接续后天不断发展、变化、成长，所以说"气生精"，在练功来说就要练气化精。这个"气生精"的"气"指先天祖气，而"生精"的"精"指后天之精微，也就是以先天之气生化后天之精。精气既生，就要练化精气以生神，所以又云"精生神"，练神"生明"，达到了"神明"阶段，即《老子想尔注》所说的"神成气来"，这时真气充沛，即能更好地"载营人身"，就是说真气加强了，才能"载营"精气运转于全身。

那么"神生明"应该怎样理解呢？"神"是微妙难穷，即难以捉摸，藏着无限的精神能力；"明"是光亮、清楚、聪明、英明，是指敏捷的心理活动。"神明"就是生命活动力的体现。精、气、神非常充沛，人当然会灵敏聪明，有无限的活力。"神"到底是指什么呢？日常生活中常讲的"神"，是指心（脑）的功能和思想状态。如"留神"、"劳神"、"凝神"、"分神"等都是指人在工作活动中用思想做事的状态；"炯炯有神"、"神采奕奕"形容头脑清醒，反应敏捷，行动自如，这是通过目光来检验头脑的反应和清醒程度；"心领神会"指瞬时的理解、认识；"神色"、"神态"、"神气"，是由于思想认识上的原因而起的行为表现；而"神魂颠倒"、"六神无主"，是指被某种事物影响或迷惑，导致思想和行为上的不正常；"神志不清"，是指头脑不清楚、昏迷、糊涂、错乱等现象；"心神不定"，是指情绪不安定、惊慌失措、烦躁不安。总之，神是指思想状态及在思想指导下的行动表现、头脑反应、清醒程度等。

"神"是看不见摸不着的，又是能感悟与体会得到的。它是精神、意识、知觉、运动等一切生命活动的体现。只有"神"的存在，才能有人的生命活动，生命活动的体现就叫做"神"。但"神"究竟是从什么地方来的呢？"神"的物质基础就是"精气"，没有"精气"，也就谈不上"神"。"神"的生成物质是"精"，一是先天祖气之"精"，一是后天水谷饮食化生之"精"，两精能动地融合在一起，就会体现出"神"来。人的生命来源，最根本的就是阴阳二气相交的物质，这种物质就是先天的精气，是人体发生的物质基础。形体就是在这个基础上发生、发育、成长起来的。而形体中的"神"，是形体中的产物，随着父精母血（精气）的媾合，当胚胎形成的时候，主宰生命的"神"也就产生了，故此称"两精相搏谓之神"。

"神"虽然是来自先天，但是形体降生以后，还需要后天水谷的精微（饮食细微的营养物质）来不断滋养、充实，才能不断地发展健全。也可以这样说，先天之精是"神"的物质基础，后天之精是"神"的物质给养，二者缺一不可。所以说，先、后天之精能动地合在一起，是"神"继续体现的基础。

因此神旺的人，多是精神饱满、言语清亮、神思不乱、气息平和、动作敏捷；神衰的人，多是二目黯淡、精神萎靡、语音低弱、神思紊乱、气喘乏力、动作迟钝等。

对于"神"，总的概念可以如上述那样理解，如果详细分，"五神"，即指"神、魂、魄、意、志"，总的统帅是"心"。"神明"，是一种肉眼看不见的伟大力量。"心藏神"，是指心中有无限的智慧、聪明与思想。

从现代生理学来看，"神"的物质基础可以说是神经系统，"神"的本质是神经系统的功能，这些功能包括：对人体内外环境的感觉灵敏程度，记忆容量、记忆速度和记忆保存时间，条件反射的建立、消失，分析、综合、判断等能力。如果神经系统或某些部位受到损伤，都可直接影响它本身的功能，因而产生"神"的相应表现。所以"神"不可能脱离形体而孤立存在。"神"由"心"而出，这是心理活动的体现。

综上所述，"精"、"气"、"神"虽然各有所主，实是一个不可分割的整体。精为神之舍，有精则有神，所以积精才可以全神，伤精则神失其所。精为气之母，精失则无气，气伤则无神。神为精之主宰，失神则精失其生机。精化气，气化神，神滋精，以生以长互相滋生，生生化化，无有终止而生命延长。"精、气、神"三位一体，存则俱存，亡则俱亡。中医学非常重视这个问题，养生气功家又以此为锻炼核心，道学尤以此为重要三宝。所以"精、气、神"三者，是人体生命存亡的关键。只要精足、气充、神旺，自然能够摄生长寿，祛病延年。

很多人都认为气功很深奥，要修炼"精、气、神"那可不容易。有人问："不会武功且没那么多时间的人如何练呢？"吉良晨笑笑说："那就介绍一种简而易行、行之有效的练功方法吧，即'行气功'。"

吉良晨的"行气功"练法有两种，一是阳息法，一是阴息法。阳息法是开目，呼吸有声；阴息法是闭目，呼吸无声。其他的做法都一样。它的程序是：全身放松，两脚分开，与肩同宽平行而立，意念要从头顶往下放松到脚掌，两手如捧物，由小腹前向上，逐渐升至胸上。向上提手时徐徐吸气，然后两手徐徐向下，同时吐气。这个行气功包括了内养功、强壮功和保健功。要求呼吸自然、均匀，全身放松，缩谷道（提肛），舌抵上腭，口唇微闭，牙齿相合，呼吸用鼻，中间不要停顿，逐步做到呼吸深长。呼吸次数开始以九为基数，一呼一吸算一次，最少做9次，逐步增加至18次、36次，到了能做81次时，力气将会增加。最好每天早晚各做一遍。能在有松柏树的地方练就更见效。练气功最好有老师指导，要得法，要掌握分寸，循序渐进。

此外，要记住练功的四忌：

一忌勇猛劲，不要憋气，拼命把一吐一吸拖长是不行的，要循序渐进，徐徐调息。

二忌污、秽、浊，不可以在空气污浊的地方练功。

三忌以口呼吸，易发干，要用鼻息，一气到底方能吐浊纳清。

四忌思绪混乱，要入静，意念集中于呼吸上。初学气功先不要气守丹田，练到一定程度时，小腹出现温热感，再意守丹田就能自然做到了。

练功口中分泌津液时，要慢慢咽下，这是很有益处的。有人说我想坐着练，可以吗？吉良晨认为：坐着也可以练，但不如站着练效果好。

此外，还可以做些辅助功及进行自我按摩。一是推风池穴：

拇指置后，四指在前，从头部向后推风池穴，先推 9 次，再增至
18 次、36 次。要求心静，只默念数字。这对缓解头痛、眩晕、高
血压有好处。二是搓涌泉穴：每天晚上用热水泡脚，用手搓脚心，
上下来回算一次，要默记数字，搓 99 次。这有补肾潜阳的作用，
能促使血脉流通。三是揉神阙穴：入睡前仰卧，以右手掌贴于神
阙穴上，左手心置于右手背上，从右向左画圆揉腹，揉一圈算一
次，要揉 99 次，可以暖丹田、润大肠，使大便正常，对治疗闭经
亦有效果。

　　最后，吉良晨还叮嘱：人们常讲，药补不如食补，食补不如
气补。这个简易气功只要坚持锻炼，就一定会收到效果。运用气
功强身祛病，这也是我们发扬我国古代文化遗产的有益活动，于
国于民都有利。

治未病——中医的至高境界

　　谁人不想健康？谁人不想长寿？有病要治疗，可医学之道的
最高境界是什么？吉良晨认为，"治未病"就是中医的至高境界，
是中医健康文化的核心理念之一，更是他毕生的追求目标。

　　在《治未病的含义与作用》一文中，吉良晨作了如下陈述：
治未病起源于我国的《黄帝内经》。如《素问·四气调神大论》中
指出："圣人不治已病治未病，不治已乱治未乱，此之谓也。夫病
已成而后药之，乱已成而后治之，譬犹渴而穿井，斗而铸锥，不
亦晚乎！"《灵枢·逆顺》也明确提出："上工刺其未生者也……
故曰：上工治未病，不治已病。"此后，"治未病"的思想经过历
代医家的发展与完善，成为中医药理论体系不可或缺的重要组成
部分，其思想价值在于将"治未病"作为奠定医学理论的基础和
医学的崇高目标，倡导人们珍惜生命，注重养生，防患于未然。

　　严格来说，"治未病"涵盖未病先防、既病防变、瘥后防复

三个层面，强调人们应该注重保养身体，培养正气，提高机体的抗邪能力，达到未生病前预防疾病的发生，生病之后防止进一步发展，以及疾病痊愈以后防止复发的目的。中医药学几千年的医疗保健中，一直都在应用"治未病"的思维方式，因此，"治未病"成为中国传统健康文化的核心理念之一。

吉良晨在《治未病的继承与创新》一文中指出：较长时期以来，"治未病"的医学思想逐渐被淡化。但随着社会的进步，人们渴望健康的欲求日益增长，逐渐认识到单纯治疗"已病"是远远不够的。21世纪的医学将从"疾病医学"向"健康医学"发展，从重治疗向重预防保健发展，从针对病源的对抗治疗向整体调节发展。所以一定要开展以"人"为中心、以养生为手段、以人体健康为目的之"治未病"实践，将中医学倡导的"治未病"思想以及丰富的养生理论、宝贵临床经验与当今预防医学、康复医学、老年医学的发展相融合，从而实现"治未病"的继承与创新。

吉良晨在《治未病的现实服务》中说道：大量的实践说明，在医治疾病的同时，患病率却不断增加，在医学与药物学进步的另一面又导致医源性、药源性疾病的上升，医疗费用日益上涨，难以控制，造成了社会的极大负担。1996年，世界卫生组织在《迎接二十一世纪挑战》报告中指出："21世纪的医学，不应继续以疾病为主要研究对象，而应以人类健康作为医学研究的主要方向。"说到底就是要将医学的重心从"治已病"向"治未病"转移。随着现代社会亚健康人群日益增多及老龄化社会的到来，国家制定了人口与健康科技发展战略，提出从疾病为主导向健康为主导转变，重预防、重保健，使人们逐步形成维护和促进健康、不得病或少得病的意识和观念。因此，"治未病"要成为社会共识，成为广泛的社会实践活动，才能使人们掌握健康长寿的主动权，摆脱疾病的困扰。

中医"治未病"，主张通过饮食、运动、精神调摄等个人养生保健方法和手段来维系人体的阴阳平衡，达到维护"精神内守，真气从之"的健康状态和"正气存内，邪不可干"的疾病预防目的。

中医"治未病"，要重视人的体质，从具体的人出发，首先对其体质状态进行辨识，然后根据其体质特点权衡干预措施，通过中医中药的调理，使机体恢复到正常状态；及时调理偏颇体质，提高健康水平和生存状态，从而实现"治未病"思想在现代社会的应用。

中医"治未病"应用于亚健康人群，可根据"治未病"的理念，针对其"未病"状态，给予及时、有效的干预，以帮助其缓解不适或提高生活质量，预防和控制潜在"疾病"的发生或发展。

中医"治未病"应用于慢性病高危人群，将中医养生保健方法运用到高血压、糖尿病以及恶性肿瘤等慢性疾病的预防上，消除或减少精神、心理以及不良生活习惯等"致病因素"的影响。

"治未病"的思想充分体现了预防医学和个性化干预的健康观，是传统中医健康文化的核心理念，为现代医学提供了疾病诊疗与慢性病管理、预防疾病与养生保健的理论基础及具体手段，成为构建具有中国特色的医疗保健服务体系不可缺少的组成部分，在保障国民健康方面发挥着日益重要的作用。

吉良晨上述一席话，说得中肯，切中要害。他平日谈起养生，总是三句话不离本行，都会说到"治未病"这个核心，无外乎是他希望人们提高健康水平，不得病，少得病，活得健康。

太极拳、形意拳——武功之佳境

武术与中医不仅同属国粹，二者又为亲缘。骨伤科中有武术伤科一派；习武之人也须通晓经络和穴位，特别是太极、八卦、形意门等内家拳，其拳理和医理最为相契。吉良晨认为，习武不仅能强身自卫，还通过练功，增益了他对中医的理解；而在医疗中，他又对武术套路的要领有了更深入的理解。内家拳和中医都讲究"精、气、神"，都以气化为要义，二者的互动，使吉良晨在武术和医学上都达到了一个新的境界，他也创立了一套独特的练功方法。一说起太极拳，吉良晨的兴致自然就起。他是太极拳杨露蝉门下五世弟子。太极拳是他的酷爱，多少年来，无论春夏秋冬，无论酷暑严寒、刮风下雨，他天天必定习练。正是由于刻苦习练，细心品味、琢磨，对于如何练好太极拳，吉良晨有他独到的见解。

吉良晨认为，太极拳是一种刚柔相济的运动，有很多老练家能体会出其中的刚柔蓄劲之妙。所以太极拳在系统上被称为内家拳。它的运动特点有三：

其一是"用意不用力"。以意领气，不要用力，这是初学较难的一关，绝大多数人在开始学拳架的时候，不知不觉地会用起力来。精神不是不能集中，就是过于集中于全身或局部。"用意不用力"的好处是它可以精神内守，全身松弛，呼吸平静，态度安详。这样运动起来稳如泰山，动如江河，运劲如抽丝，迈步如猫行（太极拳见功夫在于抽丝劲、猫步行）。

其二是"形势和缓，动静协调"。《太极拳十三势行功心解》云："一动无有不动，一静无有不静。"是说运动发展变化的过程是从容和缓的，动作与动作之间是既有区别而又联系不停的，应始终保持肢体的平衡，做到川流不息，连贯一致，这样可以使全身每个关节都得到适当的运动。

其三是"入静"，即在整套拳路运动中不存杂念，做到"神舒体静"，意守拳路。就是旁边有人敲锣打鼓或有人观摩，仅仅是响动和人的概念而已，而对于打的什么锣鼓点儿、谁人看拳并不在意。锻炼时头脑形成一种半抑制状态，可使大脑保持适当的休息。开始学习必须先练拳架，万不可贪多。要一式稳固再练一式，否则就不会扎实。主要是架子的正确性，要请教老师随时纠正，否则会自流或练出毛病来，等到自己练得定型或练出毛病就难以纠正了，所谓练拳容易改拳难，正是如此。

吉良晨强调练太极拳要注意三点：

一是练习时间。最好是早晚。每天坚持练两遍，每次至少要练半趟拳，形成一个练拳习惯。不论什么季节都应锻炼，要有坚忍不拔的意志。经过长久的锻炼，才可以达到健身养生的目的。

二是练习地点。以空气流通的场地最为适合，不宜在灰尘多或地面过于潮湿的地方练习。遇风雨天气应选择在避雨处练习。冬天下雪在外面锻炼是很好的机会。如能经过三冬两夏的锻炼，人的身体会有新的变化，功夫也有一定程度的进步。

三是注意事项。锻炼时应穿宽松的衣服、布鞋，这样既舒服且传神。练习整套拳架 20~25 分钟最为适合。练前不可饮酒、过饱，练后不可饮水、脱衣。特别要注意的是，练后不要就地而坐或挥扇取凉，不可停留，应慢步行走。练拳时避免大汗淋漓。冬季练拳要注意保暖，以免外感风寒。锻炼中口里有唾液时，万不可吐出，应徐徐咽下，这对人体有极大好处。

吉良晨总结的十项原则，更是让练太极拳者受益匪浅：

一是虚灵顶劲。是形容头如顶物，脖颈不可用力。头部要正直，这样可以使精神能提得起，即"满身轻灵顶头悬"的意思。

二是含胸拔背。胸腹略含，与挺胸翻臀恰好是个对比，但过于含胸会妨碍肺部的运动。正如《太极拳论》所云："务使有凹凸处"。

三是沉肩坠肘。两肩自然下垂，两肘往下松坠，不可耸肩露肘，以免气浮。

四是尾闾中正。腰背不可前俯后仰、左歪右斜，应保持中正，即"不偏不倚"。可以使腰部运转自如，起到枢纽作用，亦即"主宰于腰"之意。

五是上下相随。上肢与下肢、上身与下身必须配合协调。《太极拳论》中有云："其根在脚，发于腿，主宰于腰，形（行）

于手指。"也就是说由脚而腿而腰而手,须完整一气,所谓"手动,腰动,足动,眼神亦随之而动",这样就可以达到"一动无有不动",周身节节贯串,一气呵成。

六是绵绵不断。自始至终动作不断,周而复始循环无端。如长江大河滔滔不绝,一式将尽一式又起,此谓"运劲如抽丝",亦即《太极拳论》所云"无使有断续处"之意。

七是松腰松胯。腰为一身之支柱,胯为一身之动力。腰胯松开两足才能有力。虚实变化皆由腰胯转动。故曰:"命意源头在腰隙。"所以有不得力处,必须从腰胯中求之。

八是分清虚实。这是太极拳中应特别留意的一项。如全身皆坐在右腿,则右腿为实,左腿为虚;全身坐在左腿,则左腿为实,右腿为虚。虚实能分得清,则全身转动轻灵。如虚实不能分清,则双腿重滞,自立不稳。《太极拳论》云"偏沉则灵,双重则滞"即是此理。

九是式式均匀。动作要求平衡而均匀,不可忽快忽慢、忽高忽低。步法不可忽大忽小,由始至终应保持从容和缓、运动一致。

十是气沉丹田。以上九项都能做到,意念松静则气不上浮,自然下降丹田,提高吸吐能力,练完收式而不喘息。太极拳运动对一些虚损虚弱的慢性疾患,都有一定的疗效。太极拳既是健身与预防疾病的很好手段,也是治病的好方法。锻炼时要注重质量。

吉良晨自14岁拜师学习形意拳,几十年从未间断。他不但拳术高超,而且还根据师父们的教授和自己的体会加以总结,写出了《形意真义》,不但精辟地概述了形意拳练习的要点,也很形象而细腻地描绘出一幅形意拳的"系统画卷"。这是非常宝贵的资料。可以从如下文字看出吉良晨"形意世界"的"真义"。

吉良晨讲道:形意乃养性健身技击之道,为柔术之上乘,内家之正宗。形意拳之应用,则内中之气,独能伸缩往来,循环不已。充周其间,视而不见,听之不闻。洁内华外,洋洋流动,上下四方无所不有，无所不生。至此拳内真意真劲，诚中形外而不可掩矣。学者于此用心，至诚无息，可以至无声无息无臭之极端矣。先辈们说：拳若练至拳无拳、意无意，无意之中是真意，始达其境矣。

吉良晨总结的练功八字歌诀为：顶、扣、圆、敏、抱、垂、曲、挺。

三顶：头向上顶，有冲天之雄，头为周身之主，上顶则后三关易通，肾气因之上达泥丸而养性。手掌外顶，有推山之功，则气贯周身，力达四肢。舌上顶，有吼狮吞象之能，能导上升之肾气，下行归入丹田以固命。

三扣：两肩要扣，前胸空阔，气力到肘。手背足背要扣，气力到手，桩步力厚。牙齿要扣，筋骨紧缩。

三圆：脊背要圆，其力摧身，则尾闾中正，精神贯顶。前胸要圆，两肘力全，心窝微收，呼吸通顺。虎口要圆，勇猛外宣，则手有裹抱力。

三敏：心要敏，如怒狸攫鼠，则能随机应变。眼要敏，如饥鹰捉兔，能预先察觉到机会与变化的情况。手要敏，如捕羊的饿虎，能先发制人。

三抱：丹田要抱，气不外散，击打对手必准。心气要抱，遇到敌人有主见，以不变应万变。两肋要抱，出入不乱，遇敌无险。

三垂：气垂，则气降丹田，身稳如山。两肩下垂，则臂长而活，肩催肘前。两肘下垂，则两肱自圆，能固两肋。

三曲：两肱宜曲，弓如满月（半）。两膝宜曲，弯如半月，则力厚。手腕宜曲，曲如半月，则力凑。意为伸缩自如，用劲不断。

三挺：颈项挺，头部正直，则精气贯顶。脊骨挺，则力达四梢，气鼓全身。膝盖挺，则气恬神怡，如树生根。

吉良晨提出忌三害：拙力、努气、挺胸提腹。不加注意，这三害很容易伤身。练习的时候气要顺和，心静，气守丹田，两足自会生根。

吉良晨概括的形意七大要点为：

一是要塌腰，尾闾上提，阳气便上升。

二是垂肩，肩垂则气贯肘，肘垂则气贯手，气垂则气贯丹田。

三是扣胸，开胸顺气。

四是顶，头顶、舌顶、手顶。头顶好似怒发冲冠，舌顶好似狮吼吞象，手顶好似用手推动山峰。

五是提，指谷道内提。

六是横顺要知清。

七是起攒落翻要分明。

吉良晨的高度概括，清晰地展示出形意拳的"神"。

至刚至爱至仁之师——桃李满天下

多年来，吉良晨在全国一些中医院校、中医院任教，还在世界许多国家讲学、教授中医，同时，还写了大量的医学论文。吉良晨一直为中医的传承与发展忙碌着。他的学生可谓桃李满天下，很多学生在国内及世界一些国家和地区从事中医工作。

谈起中医的教育，吉良晨认为先要清晰地认识中医药学的本质：中医药学是一个伟大的宝库，与中华民族的文化息息相关，紧密相连。中医药学的特点，是辨证与唯物有机结合，有着独特的理论体系，在临证实践中充分显示出它的疗效，对急性病、疑难杂症有着简、便、廉、验的优势，同时还体现在"整体观念，理法方药，辨证论治"这十二个字上。

谈到如何学好中医药学，吉良晨认为：首先要热爱中医，相信中医，立足中华文化，立足中医药学。中医所具有的辨证思维方式，是与中华文化的整体辩证思维方式相吻合的。要学中医学，首先要学好中华传统文化，同时要把中医药的理论学好。他认为：要在《黄帝内经》、《伤寒论》、《金匮要略》等经典上狠下工夫。要把《伤寒杂病论》的六百字原序背诵下来，因为它是张仲景"勤求古训，博采众方"，结合大量临床实践和经典理论写成的。经典章节背诵熟练，随时能上口，在临床当中才能得心应手。诸如阴阳五行的基本概念，藏象的整体关系，经络的起止联系，何为五运六气，何为天人合一思想，辨证都包括哪些方法，八纲、脏腑、六经、卫气营血、三焦、经络，各种辨证有无相互联系，记了多少味药，其四气五味、归经、功能主治及禁忌、十九畏十八反、妊娠禁药如何，方剂（汤头）记了多少，药味组成如何，脉象有多少种，七绝脉、七冲门是什么，等等，要能张口就来。这是基本功。

控制"非典"疫情的实践证实：中医不是单纯去杀死病毒，而是通过四诊、八纲，诊断确定疾病的证候，然后定出治疗原则，选方遣药，给予整体调节。这是理法方药、辨证论治，也是中医学的精髓。西方好的东西，先进的东西，我们要学习，而且要学好，拿来为我所用，充实我们的知识内容。对于我们自己的东西，要很好地继承发扬，要培养真正的中医人才。我们不是保守主义者，而是中华民族灿烂文化的维护者。

吉良晨写了大量中医学论文，如《善于脾胃用药，贵在升降和合》、《中医学虚损与疲劳综合征》、《忆扶正祛邪治验阳明燥结症》、《胸痹心痛的辨证论治》、《藏象阐释》、《金匮要略讲义拾遗》、《浅谈中医用药》、《以济世为良，以愈疾为善》等，不但论述中医理论，介绍治疗经验，也讲做人之道。吉良晨说："医乃活人之术，道为济世良方！"

吉良晨的得意门生很多，如袁绍良、钮韵铎、郭钟良、金玫、常彪、吉仲立、徐杰生、黄穗平、张北平、曹毅、叶秀珠、丁赢、陈海、陈秀华、李宝泉、许文灿、郑东海、叶金竹、萧佳彬等，都为中医事业作出了贡献。吉良晨的学术继承人金玫，现任北京中医医院副院长、主任医师，硕士研究生导师。金玫1997年拜师于吉良晨，从事中医继承及整理工作，整理老师的《藏象》、《养生气功与精气神》、《论脾胃病临证用药》等手稿及讲稿10万余字，并对老师30多年来用于治疗男性不育症的十子育春丸，从临床研究与实验相结合、中医辨证与常规检查相结合，多层次、多角度、多手段地探讨其作用机理，为临床疗效提供了科学、详尽的数据。

　　吉良晨的弟子袁绍良讲到老师时不禁肃然起敬：吉良晨老师对我有天大的恩情，他待我胜过自己的子女。他看我能吃苦又好学，决定收我为入室弟子，对我是有问必答，无所不教，但要求极严。吉老师常说："要做老实人，不要自欺欺人；要做明明白白的名医，万不可做徒有虚名的名医。"他严格要求我，锻炼我的意志，真感谢吉老师让我"受苦"之恩。没有什么克服不了的困难！越是"受苦"，我才越发体会到了吉老师培养我"成大才"，"学梅花，做梅花，芬芳天下"的那份苦心。

　　吉良晨为人、助人、育人的故事很多。大家说起吉良晨，都首先讲他的为人耿直、做事光明正大，都不禁赞扬他的那份爱心及处处助人，敬仰他的善良、仁义。名老中医、国医大师张琪为吉良晨八十寿辰题辞："苍生大医，德高望重！"这八个字真是凝结了千言万语，道出了大家的心声。

　　2010年1月6日，吉良晨走完了他光彩的一生。然而，他至刚、至爱、至仁的大医精神，像梅花一样永远绽放在人们心中！

　　　　　　　　　　　　　　　　　　（撰稿人　张新声）

吴定寰 卷

吴定寰（1928—2008）

川附子：性味：辛甘。
　　　　归经：脾肾。
　　　　功用：大热纯阳，其性走而不守，其用走而不守，通行十二经，引诸药散寒开腠理，以逐在表之风寒去寒湿风痹癥瘕积聚，寒散四肢克，还使毛手足风湿诸痹。

独活：性味：辛苦微温。
　　　归经：入肾经。
　　　功用：以搜逐风，疼痛湿痹项背强直，风湿流关节痛，祛邪散风。

木瓜：性味：酸而温。
　　　归经：脾肺二经。
　　　功用：敛肝和胃理脾伐肝，化食止渴调营卫，利筋骨去湿热，腰足无力去风寒湿热。

乳香：性味：辛苦温。
　　　归经：心肝脾三经。
　　　功用：调气活血舒筋止痛，跌打损伤诈裹护，心生肌止痛筋脉拘挛消痈疽托疮毒。

吴定寰手迹

鞠躬尽瘁为患者 毕生追求医道真

——吴定寰

吴定寰（1928—2008），字于一，生于吉林省吉林市，满族镶黄旗人，中国共产党党员，农工民主党党员。著名中医骨伤学家。首批全国老中医药专家学术经验继承工作指导老师。北京中医药大学附属护国寺中医医院骨伤科主任医师，北京中医药大学教授，被国务院确定为有特殊贡献专家，享受国务院政府特殊津贴。早年师从京城宫廷正骨名医夏锡伍，得其真传，成为其正骨按摩嫡系传人。历任中国传统医学手法研究会副理事长，北京中医学会常务理事，正骨按摩学术委员会主任委员，北京市卫生系统高级职称评审委员会委员。

吴定寰行医近60年，对中医骨科学和满、蒙正骨学造诣精深，有丰富的临床经验、高超的正骨手法，对清代宫廷正骨医学的理论体系、临床手法进行了继承、挖掘和整理，有独特的见解和研究。他参加并指导完成的《清代上驷院绰班处正骨手法传人夏锡伍脉系源流的文献研究》学术论文及《夏氏宫廷正骨手法荟萃》录像片，分别获得1992年、1993年北京市中医管理局科技成果一等奖。吴定寰在学术上师古而不泥古，对《医宗金鉴·正骨心法要旨》提出了自己深刻而独到的见解。他强调，要想做到"一旦临证，机触于外，巧生于内，手随心转，法从手出……法之所施，使患者不知其苦"，医生自己首先要做到心明，要有心、用心，无心则无法，心不明则法必乱。他医德高尚，医术高超，全心全意为病人服务。

吴定寰集多年的临床经验并博览群书，对中医正骨的治疗手法进行了不断的改进和研究，使夏氏正骨手法更加完善和系统化，擅长治疗骨折脱位、骨关节病、颈椎病、腰椎病、软组织损伤等。对颈椎病、腰椎间盘突出症等病的手法治疗效果尤为显著。在治疗骨折方面，尤其是对近关节骨折的手法治疗，提出了正、整、接、实的学术思想，采用传统的纸排子固定法及中后期骨科药热敷、小夹板固定和气囊压垫，形成了独特的治疗方法体系。常用方剂是在宫廷秘方基础上研制开发的宫廷熥药、正骨紫金丹、跌打万应散、跌打万应膏系列中药，治疗骨伤病效果神奇。他撰写了《偏瘫后四大畸形的防治体会及注意点》等专著，并主持整理了《民国名医著作精华丛书》。

离乡赴京　拜师御医

1928 年 5 月，这是东北春暖还寒的时节。5 月 28 日，吴定寰出生在吉林省吉林市一个富裕的大户人家。在离开东北老家之前，吴定寰一直被乡亲邻里称为"吴大少爷"。吴家家训颇严，平日的点滴生活细节，造就了吴定寰从小遵从祖训，恪守仁、义、礼、智、信的人生信条。在当地，他的仁慈与德行被广为称道。

吴家是满族镶黄旗血统，祖辈在清代出了 7 个举人、8 个进士，可谓官宦世家，书香门第。吴定寰的祖父曾在清政府任太师，辛亥革命后阖家返归故乡吉林。之后，吴定寰的父亲赴日本留学，学成归国后正赶上日本入侵中国，当时伪满洲国的日本人多次邀请他父亲为日本人工作，但吴家的祖训是尽忠报国，所以尽管当时家道败落，生活窘迫，但他的父亲依然拒绝为伪满洲国服务。1943 年，年仅 30 多岁的父亲便悲愤成疾，离开人世。这年，吴定寰只有 15 岁。

在此后的艰难岁月中，是母亲将吴定寰兄妹三个抚养成人。吴定寰虽为满族镶黄旗人后裔，但在他身上并没有八旗子弟的嚣张与傲慢。他平和谦逊，乐观进取。即便是在日本奴役化的统治下，也没有放弃任何学习、进步的机会，因为在他看来，学习是他挣脱日本奴化教育的唯一途径。日本投降后的第二年，吴定寰孤身一人赴北京寻求发展。来到北京后，他借住在亲戚家里，先后就读于北京崇实中学和北京进德高中。经过勤奋努力，1949年3月，吴定寰考取了北京会计学校。毕业后，他开始在北京市灯市口德昌医疗器械厂从事会计工作。

1947年，吴定寰经人介绍与前清宫廷御医夏锡伍的养女岳桂珍相识，两人一见倾心，不久即结为连理。夏锡伍觉得吴定寰忠厚老实，人品可靠，就让他们夫妻婚后搬到自己家里，合住在北京市朝内北小街宝玉胡同的四合院内。正是这段良缘，使吴定寰日后踏上了中医正骨的研学之路。

夏锡伍（1880—1960），字常福，满族正白旗人，原籍沈阳松山。光绪二十五年，即夏锡伍19岁时被选入上驷院绰班处（正骨科）学习"绰班"，成为桂祝峰的入室大弟子。夏锡伍聪颖好学，肯下苦功，深受师祖德寿田（绰班德）垂爱，并破例受到师祖的亲传。在6年绰班处的学习中，他成绩优秀，医术日渐精湛，并得到逐级晋升，至辛亥革命前夕，他晋升为蒙古医生长，正白旗护军六品校尉衔御医。

夏锡伍从恩师桂祝峰、祖师爷德寿田那里学到了正骨的绝技，并在实践中不断提高技艺。夏锡伍在绰班处供职期间，已是清王朝的末期，政治腐败，一些八旗子弟靠"吃仓"、"讹库"、在赌局内"跳宝案子"谋生。不管是"吃仓"、"讹库"，还是"跳宝案子"，总不免要发生暴力冲突，常常有人被打得骨断筋折。被打的人只要面不改色，不喊痛，不求饶，就算"好汉"，每月都可以白吃粮，白领库银，或是在赌场白领钱。这些"好汉"甚至由王府供养，而且王府或者赌场老板还要请绰班处御医为这些人治伤。这在客观上为绰班处的医生提供了大量的实践机会，各种复杂的骨折、脱臼及其他伤病都是验证手法疗效、提高技艺、发展手法的必不可少的条件。夏锡伍也在为这些"好汉"治疗骨病的过程中，不断提高了自身的正骨技艺。

　　辛亥革命后，清政府被推翻。在宫内为王公贵族们治病的御医夏锡伍随之失业。走出宫廷的夏锡伍为维持生计，在北京市朝内北小街宝玉胡同 2 号的一座四合院里悬壶行医，其诊所取名松山堂，直至新中国成立。四合院内有 15 间房舍，除主人居住外，专门有两间房为患者治病。院内环境幽雅，上百年的红枣树、杏树、槐树和花草鱼塘把这座院子装扮得静谧温馨。即使是酷暑小院也让人感觉清凉。屋檐下鸟笼中的几只黄雀不时地相啼鸣叫，悦耳动听。四合院的门楼外侧镶嵌着两个耀眼的铜铃把手，门牌上写着"夏锡伍寓所"。这座院子的独特标志在附近一带的住户中绝无仅有。夏锡伍在京城行医的医技和医德有口皆碑，为无数骨科患者解除了病痛，松山堂生意兴隆。

　　那时，吴定寰还有自己的工作，但因为夏锡伍年事已高，所以家里家外的大事小情都离不开吴定寰的悉心料理。每到下班或者休息时间，他总是主动地帮助岳父为病人按摩治病，干力所能及的活儿。日积月累，不经意间，吴定寰对正骨产生了兴趣，对正骨技法也略知一二。

　　吴定寰真正动心思要学宫廷正骨技艺还要从一件很意外的事情说起。吴定寰聪明、仁义、孝道的品行，使夏锡伍对他格外看重。早年，夏锡伍不论什么时候出门诊，都喜欢把吴定寰带在身边。有一次，黄昏之时，一个重病患者上门求医。当时，夏锡伍病了，卧床不起，而求治者病情严重。夏锡伍救人心切，就在病床上指导吴定寰为病人看病。患者经吴定寰的手掌一摸，一推，一托，一按，不想竟立竿见影，原来脱臼的下巴复位了。吴定寰欣喜之余，也感受到了作为医生救死扶伤的神圣，同时也被宫廷正骨的神奇技艺深深吸引了。于是吴定寰从此坚定信念，开始学医，治病救人。通过这一次意外给患者治病，夏锡伍认为，吴定寰悟性极高，是块学医的材料，于是决定把宫廷正骨技术传授给他。吴定寰22岁那年，正式拜夏锡伍为师。

多年后，吴定寰妹妹吴慧荣说：我们家祖上没有学医的，哥哥学医是个意外。父母希望把他培养成一个大名鼎鼎的学者，光宗耀祖，后来事实证明，哥哥的成就实现了父母的心愿，他的医德和医术成为后人的楷模。

学正骨的人要有臂力、腕力、指力。学医期间，吴定寰每天都要天不亮就起床，练戳沙袋、滚沙袋、拉大弓，以增强自己的指力、腕力、臂力。天天如此，吴定寰练就了一套柔韧有度的手上功夫。秉承真传再加上自己的刻苦攻读，他的医术进步很快。不久，吴定寰便在夏锡伍创建的松山堂骨伤诊所随师应诊。

吴定寰跟随夏锡伍在松山堂行医期间，很多穷苦人没有钱看病抓药，于是松山堂便举行义诊活动，为附近的老百姓免费治病。如果患者家离诊所太远，吴定寰便安排他们在松山堂住下，并为他们提供茶水和饭菜。在吴定寰看来，真正为患者治好病是最关键的，无论患者是否有钱，他都同样悉心为其诊治。

"宫廷正骨"能考证的历史可以上溯到清代上驷院绰班处，也就是宫廷里专门治疗跌打损伤的正骨科。"绰班"是满语，就是汉语正骨的意思。上驷院绰班处御医的职责是为皇帝、后妃、亲王、贝勒、阿哥、格格、内廷文武官员、执事人员等医治骨伤疾患，并且要限定时间治好，超过了期限要受到惩治。这一机构日后被称为"宫廷正骨"。

明末清初，清兵入关。满蒙八旗兵善骑射、相扑，常发生坠扑跌折、关节脱臼及箭矢伤等。在这种情况下，蒙古医生应运而生，并且积累了丰富的医疗经验。当时比较著名的医生是蒙古医生绰尔济·墨尔根氏。可以说，绰尔济·墨尔根氏是清代蒙满绰班御医的鼻祖。

1644 年清朝定鼎北京后，"顺治十八年，设阿敦衙门，以大臣侍卫管理。无定员，设笔帖式十五人"。这就是上驷院的前身，至康熙十六年改为上驷院。雍正六年定卿为三品。此时上驷院的主要任务是为宫廷及骑兵驯养马匹，为数众多、领侍卫衔的蒙古医生纳入上驷院的管辖范围，其主要职责仍是为武官将领及骑兵治伤，尚未建立正式的医疗机构，手法亦未形成统一流派。与此同时，清政府沿袭明制，在朝廷设太医院，分为九科，其中有"疮疡科"和"正骨科"。疮疡科包括金疮痈疽，正骨科治疗骨折、脱臼、跌打损伤的疾患。乾隆初年，朝廷对医疗机构进行了调整，对上驷院管辖内负责正骨按摩的蒙古医生给予高度重视，并对医生的选拔、教学、官职、责任等做了明确规定。朝廷制度规定，在"三旗"的士卒中挑选懂得正骨技术的人，每旗选 10 名，称"蒙古医士"，由上驷院管理，最高职称为"蒙古医生长"。凡朝廷官员中有跌打损伤者，均由这些蒙古医士治疗，并且限定时间治好。这个医疗机构在上驷院被称为"绰班处"。

清初上驷院绰班处蒙族骨科医生觉罗伊桑阿（1736—1795）是当时骨伤科最著名的医生。据《清史稿》记载：伊桑阿以正骨起家而至巨富。他教授徒弟的方法是将竹管截为几段，外用布包裹，然后让学生摩擦竹管，使截断的竹管每节对合好，就像没有截断的一样，然后再用这种手法接骨，其效果很好。这种手法从学术流派和学术思想上讲代表了技巧型手法。

至嘉庆末年、道光初年，朝廷对太医院进行了整顿。从那时起，上驷院绰班处成为清朝宫廷大内唯一的骨科医疗机构。绰班处的学习资料只有《医宗金鉴·正骨心法要旨》一书。那时学正骨都是师傅带徒弟，全凭口传身授。

上驷院绰班处自被设为独立的正骨机构后，便进入了发展的全盛时期，学术思想和医疗技术日臻成熟，涌现了大批的蒙、满、汉优秀骨伤和按摩医生。其中最著名的是满族人德寿田蒙古医生长。他由于治疗骨折、关节脱臼、软组织损伤及其他慢性疾患有独到之处而名噪京城，人称"绰班德"。他除在上驷院绰班处内直供奉外，还经常随侍圣驾，被赐正五品衔御医，服用六品冠带。嫡传弟子为桂祝峰。因德氏长寿，故在光绪年间还亲自传业于桂祝峰的弟子夏锡伍。

　　绰班处著名医生觉罗伊桑阿教授弟子接骨方法时，重点在"接"上。到了德寿田时期，他在教授弟子时则从"摸"开始。"摸法"用于诊断，在当时没有 X 光机的情况下，诊断病情全靠手，"摸法"的重要性不言而喻。德公将"摸"的绝技毫无保留地传授给了绰班处的每个弟子。他一生以治病救人为己任，表现出高尚的医德。德寿田要求弟子练习摸法的时候一定要达到《医宗金鉴·正骨心法要旨》中所要求的那样："摸者，用手摸其所伤之处，或骨断、骨碎、骨歪、骨整、骨软、骨硬……以及表里虚实，并摸出所患之新旧，或为跌仆，或为错闪，或为打撞，然后依法治之。""要做到虽在肉里，以手扪之，自知其情。"德寿田的弟子桂祝峰悟性最高，学习最下工夫，学得的真传绝技也最多。后来桂祝峰又毫无保留地将这些绝技传给了入室弟子夏锡伍等人。清政府被推翻后，夏锡伍带着宫廷正骨技艺走出了皇宫，开始为广大老百姓服务。他收吴定寰等人为徒，使得宫廷正骨技艺得以在民间继续传承。

　　夏锡伍在《正骨史话》中自述道："我在解放前也和一般中医同样地保守自私，认为'秘方'是多少年家传的无价之宝，不能轻易外传，更把它当成了借以生活的'饭碗'，不允许别人分去一匙羹。师傅带徒弟自古以来就存在一种老规矩，大多数的师傅都得'留一手'。当然，师傅留的那一手，不是普通的一手。绝不让徒弟青出于蓝超过了自己。在学医方面说，有许多价值偏高的有效'秘方'，都一代一代地被师傅带到棺材里去了，这也是使

'秘方'渐渐失传的原因。这种狭隘自私的思想意识为共产党的伟大洗刷净尽，闭关自守的意念也被革命的人道主义精神打垮了！过去，我配制药时一定要关上门悄悄地做，就像做不体面的事一样，唯恐别人看见。回想这种情景，真是又可怜又可笑。我很幸运能亲眼看到中国人民彻底解放，不被人重视的中医学术也获得了发扬光大的机会。我自觉自愿地兴奋愉快地公开了我的'秘方'，其中有吃的药、外敷的药，也有热熥药。公开了'秘方'为患者医治好多疾患，我感到从未感到的愉快，从中体会到，医生的一生应当为解除别人的痛苦而活着，应当把解除别人的痛苦作为自己的生活快乐！"

夏锡五历经光绪、宣统、民国和中华人民共和国成立初期四个时代，他在松山堂悬壶历四十载，共收徒 6 人：吴定寰，冯诩、周玉宗、郭宪和、王振邦、章庆仪。其中，与宫廷正骨结缘最深、技艺最精的当属大徒弟吴定寰。郭宪和回忆说："1956 年夏，恩师夏锡五收我为弟子，从师学习中医宫廷正骨之术，初次见到师兄吴定寰备感亲切。他平易近人，事无大小，每言必面带笑容。在学习期间，每当我在技术操作上有不规范之处，吴兄总是默不作声地先做示范，然后再低声讲解，使我了解手法的要领。他很好地继承了先师的技术风格。"

1949 年以后，夏锡五积极参与北京市中医学会成立工作，后任正骨委员会主任委员，并参加北京市中医学会门诊部正骨科工作。夏锡五还组建了北京市中医医院中医骨科及北京积水潭医院中医骨科，并兼任中医骨科顾问。卫生部还任命夏锡五为华北地区骨科主考。

护国寺中医医院创建于 1952 年，夏锡五带领徒弟吴定寰、郭宪和、周玉宗等人，为护国寺中医医院骨伤科的创立和发展奠定了基础。骨伤科继承了宫廷正骨技艺，采用中西医两种方法为骨伤患者提供服务。更值得一提的是，夏锡五并没有将宫廷正骨的技艺隐藏起来，而是传授给了徒弟，并将秘方公之于众，为宫廷正骨技艺的传承作出了突出贡献。如今宫廷正骨经过第四代传人吴定寰等人的努力和传承，正不断发扬光大。

发展"宫廷正骨"流派

吴定寰不仅继承了宫廷正骨练功手法，还在原有的基础上发展了宫廷正骨练功法，使其内容更具有丰富性和系统性，为后人学习宫廷正骨提供了更为切当的基本功方法。

吴定寰在继承夏锡伍所提出的练功法的基础上，总结发展形成了松山堂夏式练功法。此功法，医生既可以用于自身的气功修养，也可以在医病治人时辅以功力治疗。

吴定寰总结的夏式练功法主要包括如意棒练功法、腕力练功法和沙袋练功法。

一、如意棒练功法：如意棒练功法包括立式与卧式两类。立式练功法首先要精神集中，调心入静，排除杂念，意念归一，心安神静，意守丹田，周身放松，呼吸自然；头直，顶虚，项正，微合双眼，神光内敛，口腔放松，舌顶上腭；身腰自然竖直，宽胸实腹，松肩坠肘，提丹田气，贯于掌心劳宫穴和指尖。双手心虚含，持如意练功棒（类似哑铃）于身前，平脐。腰部放松，双腿分开，双足与肩同宽，足心虚含，足趾轻轻抓地，全身重心均匀放在全脚掌。双手持如意练功棒由下向前上方反复作圆周运动，每分钟 36 次，共做 10 分钟。

卧式练功法仰卧于床，双臂屈肘，松肩撑肘于床面，双手心虚含，对持如意练功棒于脐前。全身放松，意念归一，调息入静。口腔放松，舌尖轻抵上腭。双手持练功棒由下向上在胸前做圆周运动，可做 10 分钟，意念导引内力之法与立式练功法相同。如意棒练功法久练可使体内的功力增强，临证时做到手随心转，法从手出，对患者做换气功力按摩治疗。

　　二、腕力练功法：练功时取站立式，两脚自然分开与肩同宽，调匀呼吸，意念归一。双手正握卷绳棒两端，两臂伸直向前举起至与肩平，随即两手交替用力，使手腕轮流向内扣紧，把重物慢慢卷起，待重物卷至将近木棒处，再使手腕轮流向外翻转，一卷一放为一次，重复上述动作。重物的重量要由轻到重慢慢增加，练功次数也要循功力的增加而逐渐增加。这是对前臂伸屈腕肌群的综合锻炼，同时能增加腕关节的灵活性。重物在循原路放下时，必须抗阻还原，不能随惯性自由下落。

　　三、沙袋练功法：马裆式指力功，沉肩垂肘，松腕，以双手拇指指端或指腹按摩沙袋 10 分钟，增强拇指的力量，按摩时力度要求刚中有柔，沉稳深透；也可以双手五指指端同时按压沙袋，反复锻炼，可增强五指的肌力；也可以拇指及其余四指指腹直接提拿沙袋，力量要均匀、柔和，反复练习，频率不宜过快；也可以五指并拢，以指端为接触点，通过前臂及腕关节的活动，戳击沙袋，久练可增强指力。马裆式掌力功，以手掌之大、小鱼际及掌根部按摩沙袋。练功时要沉肩垂肘，以前臂带动腕关节，动作要灵活，力量要持久、柔和、深透，左右手交替练习，动作节奏不宜过快，力度切勿忽轻忽重。

　　吴定寰对宫廷正骨技艺的发展不止在练功法方面，在宫廷正骨的治疗手法和诊治思想方面也提出了自己的独到见解，形成了一套完整而系统的理论体系，从而填补了空白。宫廷正骨通过包括夏锡伍在内的多代宫廷御医，以及以吴定寰为代表的现代医师不断地继承和发展，形成了独有的学术派别，是骨伤科独成一脉的治疗体系。

　　宫廷上驷院绰班处的御医以前都是为皇亲国戚、王公大臣们治疗骨科疾病的。在为这些权高位重的人物治病时，御医们丝毫不敢怠慢，也不能在正骨的时候使患者感到剧烈的疼痛，所以宫廷正骨与其他正骨方法相比，最大的优势就在于正骨时不会引发剧烈疼痛，强调"使患者不知其苦"。吴定寰通过近60年的临床经验，在继承清代上驷院绰班处宫廷正骨治疗思想体系的基础上，形成了以"轻、柔、透、巧"为主的手法特点，以及以"知详备细、心慈术狠"为主旨的治疗思想。

"轻"主要指动作要轻，不用重力手法，同样能达到治疗的目的，使患者在心理上易于接受。

"柔"是手法力度要柔和，强调刚中有柔，柔中有刚，刚柔相济。手法的力量要根据病人病情，并结合医生自身的功力而运用。对新伤用力要轻，动作要缓，对陈旧伤则要逐步加力。对于体质较弱、病情较重的病人，治疗时要徐徐用力，以能耐受为限。对于身体强壮、病情较轻的患者，用力以使患者感到患处有沉重感或酸痛感即可。

"透"就是手法的力量要直达病处，使每一个手法都达到治疗的目的。手法是否深透，除了需要平时的刻苦练习，还与治疗时精神集中程度密不可分。医者用双手"体会"病患损伤的情况是治疗的基础，用"心"指导双手施术是治疗的目的。医者将双手置于患处作机械运动是手法治疗的外在现象，用"心"在病患的深处"治疗"才是手法治疗的本质和核心。中医正骨的手法治疗不是单纯的用双手做简单的、重复的机械运动，而是在"心神"的指引下做的一种能量的输出。"心"手并用才能使手法的力量直达病处，充分发挥手法的作用。在"心神"的指导下施用手法，手法自然就会刚柔相济，和缓深透，达到"法之所施，使患者不知其苦"的效果。无"心"之手法就像无源之水，力度很难维持。而有"心"之手法犹如有源之川，力量连绵不绝，因手法过重、过猛、过生硬而造成的局部肌肉、筋腱、筋经等软组织损伤也会避免。

"巧"是利用医生娴熟的技术，医患之间相互配合，用最小的气力、简便的手法，矫正骨折、脱位及软组织损伤。吴定寰宫廷正骨手法在正骨或治疗脱位上突出一个"巧"字，主张用"巧劲"进行骨折的整复和脱位的复位，并巧妙利用患者的心理。拔伸是治疗骨折脱位的必要手段，欲合先离，离而复合。但在具体使用上，吴定寰正骨手法有着自己的特点。如骨折重叠移位明显者，须对骨折处进行平稳、持续、有力的牵引；对成角畸形者，应轻轻牵引以矫正为主；在骨折断端有软组织嵌入的情况下，用力牵引只会造成肌肉或软组织的损伤，须轻轻试用不同方向的牵引和抖动，方可使嵌入的组织解脱而成功复位。以上的正骨手法中都有牵引，但牵引与拔伸还有所不同。牵引是治疗助手与医生对抗产生的力，是被动的，是拔伸中的"拔"。"伸"是患者自身主动伸展产生的力，是主动的。医者拔要轻柔平稳，持续有力，并嘱咐患者主动伸展患肢，这样才能提高疗效，减轻痛苦。正所谓"千斤硬拔，不如一两伸"。

"知详"就是对患者的病情要有详细的了解，做到心中有数。手法治疗前必须要对病情进行周密的了解，必须有明确的诊断。对损伤局部的情况要认真地进行望、摸、比，做到"手摸心会"，心中有数。只有在准确了解损伤的具体部位、性质、变化等基础上，才能正确运用手法进行治疗。对一些隐匿损伤，如不全骨折、关节的错缝，需要通过详细询问病史，细致观察症状，最主要的是通过摸法详尽了解损伤局部的情况。当然对于那些明显的骨折、脱位和软组织损伤也需要以手扪之，以进一步了解损伤的情况，真正做到"素知其体相，识其部位"。

"备细"就是对拟施手法的力度、方向要胸有成竹，拟用的药物、器具要仔细准备，放在手边。

"心慈"就是充分估计患者对所施手法的各种反应，施术时密切观察患者的反应，尽量使患者少受或不受痛苦。

"术狠"就是在"知详备细"和"心慈"的基础上，一旦施术，要大胆、准确、迅速、彻底。

　　吴定寰在治疗骨折方面，尤其是近关节骨折的手法治疗上，提出了"正、整、接、实"的学术思想，逐渐形成了独特的宫廷正骨手法流派。

　　"正"是骨折整复的前提，也是整复过程中的重要内容，其内涵非常丰富。"正"的第一层含义是针对拔伸而言的。正拔伸、斜拔伸都是为了正。初以患者为正，中以上骨为正，后以旧位为正。就是说，治疗前医生要让患者将身体摆正，对骨折开始拔伸时要以患者伤肢当时的姿势为正，目的是按伤肢当时的姿势顺势拔伸。在开始复位时，拔伸的方向要以骨折近端为正，医生和助手的每个拔伸牵引和整复动作，都要使患处的骨骼与肌肉趋向于"正"位，即自然的解剖位，逐渐使骨折远端与骨折近端对正。然后拔伸的方向要以骨折前伤肢的位置为正，也即通过拔伸和其他手法最后使伤肢恢复到受伤前的位置上。

　　"正"的第二层含义就是整复时患者的体位要正。助手（对抗牵引者）对抗牵引的姿势和方向要正。患者在治疗时，由于疼痛等原因，常会弯腰屈背，辗转扭动，对复位不利。拔伸牵引过程中保持正确的牵引姿势和方向，牵引力量由小到大循序渐进，可以减少骨折断端对周围肌肉、肌腱等软组织的刺激，减轻患者疼痛，维持"正"体位。

　　"正"还有一层含义就是以患者为正，强调患者的主动配合。中医拔伸与西医的牵引不完全相同。拔是医生的动作，伸则是患者的主动动作。在骨折治疗前，把治疗方法和目的详细向患者和助手交代，让助手顺患者主动伸的方向拔，并嘱咐患者顺着拔的方向伸展伤肢。医生、患者一拔一伸密切配合，不但拔者省力，肌肉容易松弛，减少了整复过程中患者的痛苦，也不易发生附加损伤。吴定寰强调，在治疗过程中要尽量做到医患配合，反对在治疗过程中医生采用粗暴的手法，因为这样容易导致医源性损伤，从而进一步加重患者的痛苦，而且不利于提高治疗效果。

"整"是指具体的骨折或脱臼整复，根据具体情况或推或挤，或拔伸或牵引，多用于有移位或近关节骨折的整复，指近关节骨折复位时首先要使远、近骨折端尽量接近，形成一个整体后再矫正骨折的旋转与成角。

近关节骨折大致可以分为单轴型关节近关节骨折和多轴型关节近关节骨折两种。单轴型关节近关节骨折一般只在一个平面上发生移位，如伸直型肱骨髁上骨折，须在适当拔伸下屈肘，使骨折远近端形成一个整体后再进行提端旋转复位；多轴型关节近关节骨折一般在矢状面、冠状面、水平面三个平面上移位，复位时需要分别或同时改变几个方向，使骨折远、近端形成一个整体才能复位，如肱骨外科颈内收型骨折，复位时先顺势拔伸，然后在拔伸下内收、内旋，使骨折远、近端形成整体，然后外展、前屈、上旋，这样才能矫正骨折端的嵌插、重叠及向外向前的成角和旋转移位。

"接"即接骨。凡骨之跌伤错落，或断而两分，或折而陷下，或碎而散乱，或歧而旁凸，相其形势，徐徐接之，使断者复续，陷者复起，碎者复完，凸者复平。或用手法，或用器具，或手法、器具先后而兼用之。"接"是各种复位手法的目的，"正"和"整"都是接的一部分，都为"接"创造有利的条件。

"实"有两层含义，其一是指在使用各种手法时要准确、彻底，要善其法，尽其法。其二是指骨折重叠，旋转成角矫正后，还要仔细检查有无侧方移位，以两手或拿或抱挤推复位，对前方移位则在适当拔伸下用端、提、按等法使之复位。总之，骨折的复位要准确，动作要一丝不苟。

辨证施治　手法独特

以吴定寰为学术带头人的宫廷正骨流派，在长期治疗骨科疾病的实践中，以中医望、闻、问、切四诊为基础，形成了独特的辨证诊断体系和辨证施治方法。

正骨科的望诊，除了要对全身的神色、形态与舌苔进行全面的观察外，还要对损伤局部及其临近部位进行特别观察。如上肢受伤后，一般健侧托扶患侧，局部或畸形或肿胀；下肢受伤后，行路困难，身体多向健侧倾斜，局部或畸形或肿胀。正骨科望诊包括望全身和望局部。望全身包括望神色、望形态、望肤色。望神色：察其神态色泽的变化。望形态：在肢体受伤较重时，多出现形态的改变。望肤色：轻伤多无明显改变。望局部指望畸形、望肿胀、望肢体功能。望畸形：骨折或脱臼后，肢体一般均有明显的畸形，所以望畸形对于外伤的辨证是十分重要的。望肿胀：损伤以后多有肿胀，须观察其肿胀的程度，以及色泽的变化。新伤红肿较甚，陈伤肿胀和色泽变化不大。望肢体功能：注意关节能否屈伸旋转。

正骨科的闻诊，除了听病人的语言、呼吸、喘息、咳嗽、呕吐、呃逆等一般内容以外，还应注意以下几点。听骨擦音：骨擦音是骨折的主要症状之一，所以伤骨在完全折断时都能听到骨擦音。听骨擦音不仅可以诊断骨折，而且不同的骨擦音还可以提示骨折可能属于何种类型。如横行骨折，声音清脆而短；斜行骨折，声音低而长；粉碎性骨折，声音多而散乱如淅淅之声；骨裂及嵌入骨折，没有骨擦音，或声音极轻微而细小。骨擦音经治疗后消失，表示骨折已接续。但应注意，检查时不能因追求骨擦音而增加患者的痛苦。听入臼声：脱臼复位上髎时的"咯噔"一声，即是上髎成功的信号。此时应立刻停止增加拔伸力，以免筋络肌肉被拔伸太过而增加损伤。听筋的响声：一般大筋、小筋损伤以后，在检查时都有响声。其声音或清脆，或低如捻发音。正骨科闻诊还包括听呻吟声及啼哭声，以辨别受伤之轻重。

正骨科辨证时，除了应询问诊断学中的十问，以及一般情况和既往病史外，还须重点询问以下几个方面：问受伤的体位；问受伤的过程与受伤的部位；问受伤的时间；问受伤后曾否晕厥，晕厥的时间，以及醒后有无再晕厥等；问其疼痛的程度是麻木、酸痛还是剧痛；问受伤后肢体的功能；问是否经过治疗等。在问诊中以受伤时的体位最重要，因为受伤时体位不同，造成的伤情和受伤的部位也完全不同。

正骨科的切诊包括脉诊和摸诊两个方面。切脉主要是掌握内部气血、虚实、寒热等变化；摸诊主要是鉴别外伤轻重深浅的不同。其中又以摸诊更为重要。摸诊是伤科诊断方法中重要环节之一。医者通过双手对损伤局部的认真触摸，可了解损伤的性质，是否骨折、脱臼。从摸得的形态、移位等可以判断骨折的性质。在脱臼的诊断上摸出凹陷、凸出，可以判别脱出的方向。摸压痛：根据压痛的部位、范围、程度来鉴别是伤骨还是伤筋。有尖锐压痛处，表示有骨折；压痛面积较大、程度相仿，提示是伤筋。骨折的压痛部位是沿着环形骨折线方向的，故为环形压痛，疼痛的性质多为针刺样，尤其在伤肢活动或患处被触碰时疼痛更为明显，不动时局部多为胀痛。骨折斜断时，压痛范围较横断为大。摸骨折线：骨折线的形状和走向根据骨折情况的不同而各异，或横折，或斜折，或螺旋折，或碎折；骨折后的肿胀仅限局部，但在 12 小时后，肿胀会延至腕关节及小臂下端。摸畸形：由摸患部变形高凸或凹陷，可以判断骨折和脱臼的性质、位置、移位方向，以及呈现重叠、成角或旋转畸形等情况。如横形折断而有移位时，凹凸明显；如凸出不在同一水平线上，多为斜形骨折。摸灼热：从局部的冷热程度可以辨识是热证还是寒证。热肿一般表示新伤或局部瘀热；冷肿表示寒性病或气血受阻。摸异常活动：在摸肢体之长骨骨干时，平时不能活动的部位发现有异常活动，表示骨折。

通过中医望、闻、问、切四诊，再加之先进的 X 光技术，正骨医生就可以准确判断病人的病情，进而实施有效治疗。

　　宫廷正骨的特点是：重手法，辅药物。手法在治疗骨伤疾患中起着重要作用。骨科的疾患主要是骨体断折移位及骨关节的脱位、错缝，筋腱的走翻、移离，病的主症在于移位，其治疗就是通过手法使骨折的移位对合如初，使关节脱位、错缝回归对正，使筋腱走翻移离平复如旧。吴定寰认为，这一类手法在纠正人体解剖位置失常上不仅对骨折脱位具有重要意义，对日常多见的伤筋、关节错缝同样也是必不可少的。凡搬、抖、端、提、推、拿、旋、按诸法，多有复筋、正骨的作用。

　　吴定寰认为，手法在正骨科中占着重要的地位，是正骨科的独特治疗方法。药物仅起着辅助作用，所以要学正骨科首先要钻研手法。如果手法不精深，用什么特效药也不会收到好的疗效。一个正骨科医生对患者真正负责任，就必须领会手法真谛，做到手法精深简练。

　　伤科之症尤以伤筋、错缝为多，它会引起经络不通、游走串痛、麻痹不仁、筋挛、筋强诸症，手法在通经络、舒筋解痉方面功效显著。经络不通引起的诸症可以用手法解除其瘀闭，同时也可以运用手法舒筋解痉。对于筋腱挛、强、硬而不为、伸屈不利者，以手法技巧及深厚的功力治疗，效果显著。在多年的临床中，吴定寰对骨科八法即摸、接、端、提、推、拿、按、摩有着深刻认识，对每法都进行了认真的研究、论证和总结，并加以改进发扬。例如：提法原来主要用于治疗腰部疾患，颈椎病的治疗则多采用侧搬、施转及端法。吴定寰将提法经过临床验证后应用于治疗颈椎病，收效甚佳。

　　骨伤科疾病大多可用手法治疗，但手法的轻重要因人而异。尤其要注意的是有些病证不宜手法治疗，在临床中一定要诊断清楚，不能盲目用之。临床中，正骨科所用的每种手法都是根据不同疾病而设置的。既有一法单施，也有诸法合施，每个手法都有其目的性。虽然，因疾病的不同或患者身体状况的不同，同一手法在实施过程中在方式和力的应用上会有相应变化，但总体上每个手法的基本要求是不会变的。如提法中的背提法，对患者的体位、术者的体位、支撑点的准确，以及术者与患者两手衔接的方法、发力时机等都有严格的要求，因为一旦位置不对，发力时机错过，不但达不到手法治疗的目的，还会造成患者的再损伤，甚至造成术者的损伤。

在近 60 年的骨伤科行医过程中，吴定寰逐渐发现，软组织损伤在骨科疾患中占绝大部分。此病常缠绵不愈，旷日持久，轻者疼痛不适，烦心终日，重者遗留残疾，终身疼痛不止。虽有的损伤来去较速，可一旦处理不当，即成终身之憾。软组织损伤多因其关节软组织肌腱受损或关节轻度移位所致。此种疾病采用药物或物理疗法是达不到满意效果的。软组织损伤后可造成局部的气血瘀滞，经络不通，引起疼痛肿胀、肌腱挛紧、僵硬，虽其他疗法可医，但以手法治疗更快捷直接。关节筋腱的粘连，除手术之外，手法是最明显奏效的方法。对此吴定寰也指出，手法并非万能，有其严格的适应证及禁忌证，在临症之际必须明确诊断。

在软组织损伤治疗方面，吴定寰强调手法要做到准、巧和果断。

"准"就是认证要准，不要有丝毫的大意。如肘关节的软组织损伤，由于暴力所致的关节肿胀、功能部分受限、疼痛剧烈，X线片可确定有无明显骨折，但对轻微撕裂及软组织损伤、关节的轻微错位则常无明显的区分，要靠临床检查来确定。

"准"在治疗上也是必须遵循的原则，就是根据不同的病情，不同的关节、筋腱的损伤、移位来准确地选择治疗手法。如髋关节掰伤，腿长者向内盘，腿短者向外盘。腰椎关节损伤，后伸受限者用提法，前屈受限者用搭法。择法不对，不但起不到治疗效果，反而会加重病情，造成不良后果。

"巧"就是手法的技巧，巧与自身的功力相结合才能运用自如。在手法的治疗中，要考虑使患者的患肢、患处处于哪个角度、哪个位置最有利于施术。如颈椎的提法施术，要求前倾、侧倾，据其病情要分析有哪些正确角度。而只做前倾，没做侧倾，就无法使力达到以悬椎为支撑点的目的。力点不对，再用力椎体也不会移动，达不到调节关节的作用。而腰椎的侧位斜搬，所摆的旋转度不合适，力点不准确，常常是费力而达不到目的。在力的应用上要使巧劲，用得好可事半功倍。这个巧是靠用力的角度、用力的时机来体现的。

"果断"指措施手法要果断，一招一势干净利索，手法不要黏滞。在明确诊断后，择准手法，就要果断进行手法治疗，不可犹豫。尤其在施术中更不要因为患者哭喊和家属的恐惧，影响手法的进程。同时也不要因情绪而影响力度与规范，要严格按程序进行。力的应用也应果断，但果断必以准确诊断为依据。

对于筋腱的损伤，治疗手法以轻重适宜、刚柔得体、功力深厚为原则。同时吴定寰认为，功力应用是治疗软组织损伤的重要因素。对于关节错缝的治疗，手法多要求快捷巧妙，对不易移动的关节还要有瞬间的暴发力。

有一名中学生，在上体育课翻跟头的时候头部不慎着地，当时即感颈部疼痛。两天后，疼痛加重，颈部部分功能受限，遂前往某医院诊治。经拍 X 线片确诊为颈寰枢椎半脱位。医生建议观察两周后再复查。患者两周后复查，症状仍不减。医生建议手术治疗。患者拒绝手术，曾到其他医院诊治，均无效果。最后，找到吴定寰。吴定寰检查后发现，患者颈部功能受限，低头或右旋转颈部疼痛，双上肢自感无力，时有头晕等。X 线片显示：开口位，可见寰枢椎两侧间隙不等宽，向右侧移位。吴定寰采用以理、揉、推法为主加骨科熥药热敷的手法进行治疗，先用揉法及理筋法松弛两侧颈肌。在施手法中发现，患者右颈肌较左侧紧张，故手法重点以右侧为主。第一步先使两侧的颈肌恢复原来的状态，使寰枢椎外围的肌腱达到正常，再进行第二步复位手法，采用揉理筋法，每辅以骨科煨药热敷局部，做两个疗程。约1个月，检查颈部两侧基本对称，右侧肌紧张缓解，即采用第二步复位手法。吴定寰主要采用的是推法。用拇指按在寰枢椎右侧，在揉按的基础上由右向左推挤，手法由轻到重，每次20~30次。共治疗3个月，病人颈部已无疼痛，头晕及双上肢无力消失，活动自如。复查X线片，可见寰枢椎两侧间隙基本等宽（开口位）。继续采用揉理手法及轻推法治疗巩固疗效，1个月后患者拍片复查，寰枢椎已至解剖复位，症状消失。

　　吴定寰认为，力的应用也存在技巧问题，如新伤用力要轻，动作要缓，旧伤要逐步加力，对久用手法者用力要重。轻要轻到什么程度，需根据病情而定。手法轻，是指使患者感到按摩部位微有沉重感。重手法也要因病程、病情和患者体质而定，以能忍受为度。正所谓使患者不知其苦，方称为手法也。如在痛点点按时，术者要徐徐用力，在患者忍受不住时，要及时放松。尤其是功力较强的医生，在运用重手法时，患者会感到酸重大于疼痛，甚至可以感到力可透于肢体深部，这就是重而不滞的感觉。骨折的整复充分体现了力与技巧的结合。骨折整复需要较大的力，有时甚至需要暴发力，但在发力的同时需讲求技巧，必须采取简捷、快速的手法，瞬间完成，当患者感到疼痛不可忍时，错位已归复。

　　骨科大夫自身的功力有强有弱，但同样要掌握好功力的运用。力的运用有刚有柔，而多数是刚柔相济。在发力的瞬间使全身肢体肌肉的力量均能协同一致地支持这一力的发展，在这一瞬间术者要精神高度集中，意念归一。例如，颈椎病在采用提法时，术者发力时要两脚叉开成半马式，膝与腰微屈曲，两手托住患者的头部，托起抱紧，轻轻晃动，找准位置与角度，在确感患者颈部放松时，术者要把精力高度集中于整个身躯的突然上提，瞬间发力上提，将患者提离座位。此力突然暴发，瞬间停止，既可快速调整颈部关节的紊乱，又不使患者感觉痛苦。

在手法操作中，重点要注意医患双方在施术时的体态，以及操作时对患者某些体态的角度要求。术者除熟练掌握技巧外，也要对所用手法、动作的具体目的及被操作部位的解剖概况了如指掌，只有这样，手法的熟练与准确才有意义。熟练就是对有关手法应掌握要领，并能熟练操作。在施术中要柔顺而不僵滞，做到这一点的关键在于肘、腕的灵活，手指点按时紧而不僵，这就要求在日常多练，久之则熟。

1976 年初冬的一天，吴定寰和弟子们在接诊病人，由于患者很多，已经过了中午下班时间他们仍无暇吃饭。就在这时候，一个 50 多岁的建筑工人急匆匆地步入诊室，请求吴定寰出诊，说他的同事在挖防空洞时，因吊篮失控而摔伤了腰和脚，来不了医院，现正躺在床上，疼得直喊。这时已过了中午 12 点，身旁的弟子周俊杰正踌躇着师傅怎样决定，是看完上午就医的病人去出诊，还是吃过午饭后再去出诊。而这时吴定寰脱下白大褂，整理着他的灰色旧外套和那顶出门不离身的鸭舌帽，说了句："病人在哪？现在就去。"随即他嘱咐周俊杰带好创伤急救用的药品和器械。医院门口早已停好了一辆旧吉普车，他们上了车匆匆赶到了建筑工地。吴定寰对病人进行了细致入微的查体，发现病人第一腰椎二度压缩性骨折，跟骨粉碎性骨折，于是立即对患者进行了手法治疗。先是对病人进行腰部人工牵引和振颤按压等治疗，很快解除了患者最主要的腰部疼痛症状，患者不再叫喊了。随后吴定寰又对跟骨粉碎性骨折，做了局部手法的挤压和万应膏外固定。整个动作有条不紊，干净利落。在外行看来不过是几下按揉推拉，却使病人的伤情有了明显好转。临别时患者挽着吴定寰的手臂千恩万谢，他的妻子激动得流下了眼泪，夸赞吴定寰医术高超，疗效立竿见影，救了他们一家人。如果不是吴定寰身怀绝技，患者未来生活难以想象。此时，吴定寰平静地微笑着，一项一项地叮嘱病人定期去医院复查，避免行走负重，直到患者完全明了，他才放心地离开。

　　徒弟徐斌回忆说："有一次，我收治了一名腰椎间盘突出症患者，经过三周治疗，患者的大部分症状已消失，仅右髋后外侧疼痛症状未见消失，我便求教于师傅。师傅在了解了病情之后，微微一笑，指示我用手法加点八髎穴，手法宜由浅入深，指力宜透，点按为主，勿揉勿推。我按师傅指示而行事，结果治疗三次后患者的右髋后外侧疼痛症状全部消失了。我由此真切地感受到了师傅浓缩了几十年经验的精华之所在。宫廷正骨治疗的原则是'知详备细，心慈术狠'，看上去这只是简单的八个字，但其中所蕴含的内容深不可测。"

　　有时，吴定寰为了纠正徒弟的一个手法要点，不厌其烦手把手地教，每一次都让徒弟们感动不已。吴定寰始终把患者的利益放在首位，他常常告诫弟子要牢记"医乃仁术"，要把"敬业乐群、为人谦恭、淡泊宁静"当做人生格言来持守。

完善药方　改进器具

　　正骨除施用手法外，亦用药物辅助。药物分服药、敷药和熥药等。药物的作用大多为镇痛止痛、消除肿胀、养筋舒血、破瘀通络和接合骨骼。吴定寰在骨伤外用药方面十分注重临床效果，对于宫廷秘方骨科熥药和跌打万应膏这两种外用药进行了不断改进，使其疗效更加明显。

　　骨科熥药是指通过熏熥来逼邪于外或开泄发散的一种治疗方药。药物以活血化瘀、通经络、补肝肾为主，具有活血舒筋、松弛肌肉的作用，可加速局部血液循环，促进新陈代谢，加快骨折愈合和经络疏通，从而达到治疗的目的。

　　吴定寰认为，熏熥药应根据病情选择药物配方，且需视疾病部位、病程长短而加减，这样才能取得满意效果。如跌打损伤瘀血严重者早期以活血化瘀、消肿止痛的药物为主；骨折中后期及软组织损伤中后期则以疏通经络、接骨续筋的药物为主；对风寒湿邪造成的痹证出现软组织局部疼痛者，重用祛风湿、温通经络的药物；损伤后期、关节强直活动不利者，应以舒筋活血、通经络的药物为主，并按部位的不同，选择相应的引经药物，使其能药达病所。吴定寰强调，临床中用药不当，不但无疗效，还可能会适得其反，造成不良后果。

吴定寰将骨科熥药的秘方毫无保留地献给了国家，用药的方法是将方中诸药均破碎成粗末，装袋备用。首先缝制两个布口袋，长一尺，宽五寸，将药物用一两大青盐、二两烧酒搅拌均匀，装入袋内，然后将药袋放入蒸锅内，蒸热后（约10分钟）待温度适宜放在患处。两个药袋交替使用，治疗时间半小时至一小时为宜。

吴定寰通过宫廷正骨独到的手法和宫廷秘方骨科熥药的热敷，治愈了无数软组织损伤患者，为软组织损伤的治疗提供了一种有效方法，为医学难题的解决作出了贡献。他总结骨科熥药的用药规律为：骨折须整复后在中后期使用为宜；软组织损伤瘀血严重者急性期慎用；临床中须辨证施治方能收到满意的效果。

某患者因搬重物而致腰疼，并牵引右下肢窜痛麻木，经检查及拍片诊断为腰四五椎间盘突出。由于行动不便不能前往门诊治疗，吴定寰即开骨科熥药3剂，嘱其在家热敷。病人经过两周的熥药治疗，症状消失，腰功能恢复正常。此类病例不胜枚举。

经过吴定寰及诸多骨伤科医生的多次研究和反复实践，证明骨科熥药的治疗效果是显著的。对于骨折、脱臼、筋肿、肌肉发炎等造成的软组织损伤、肌肉痉挛或循环障碍，如不及时治疗，就会造成机能障碍，骨骼畸形。采用手法与熥药兼施并用，在短期内就能收到调整机能、恢复循环和扫清障碍的效果。

跌打万应膏也是由宫廷传下来的一种专门治疗跌打损伤、骨折整复后的外用药膏。经过御医夏锡伍及其亲传弟子吴定寰的不断改进，其效果更加显著。跌打万应膏的主要功能为活血化瘀，促进骨折愈合。该药分膏剂和散剂两种剂型，膏剂主要用于软组织损伤，散剂主要用于骨折。跌打万应膏的用法是将药膏及散剂（用酒或水调成糊状）敷于患处，外用纱布缠绕，一般隔日换药一次。

　　一名患者不慎将右脚扭伤，外踝部疼痛不已，无法行走，且夜间疼痛逐渐加重，影响睡眠。就诊时右脚外踝肿胀明显，内外翻功能受限，尤以内翻时疼痛加重，局部压痛明显，无纵压痛，X线片显示未骨折。吴定寰诊断为右足外踝韧带部分损伤，采用外敷跌打万应膏予以治疗。两天后复诊换药，患者疼痛减轻，可自行行走，右脚外踝肿胀减轻，敷药处皮肤颜色正常，四周呈青紫色，尤以下部为重。说明患处经过外敷万应膏瘀血已散。经过三次换药，局部肿胀消失，无明显压痛点，行走基本正常。

　　宫廷正骨在骨折的固定方法和使用的固定器械方面颇具特色。吴定寰灵活运用清代宫廷正骨的传统元书纸固定方法（元书纸：古称赤亭纸，是采用当年生的嫩毛竹作原料，手工制造而成的毛笔书写用纸），既保留了传统的固定方法优点，又根据现代医学理论，从力学角度上进行了改进，使之更适合临床应用。

　　元书纸排子是用数张元书纸，根据骨折的部位、类型及伤处肌肉的张力、牵拉力的大小，反复折叠数十层成长方形或长条形，剪圆四角，周边剪成犬牙状。在骨折整复后，先用酒调跌打万应散均匀敷于患处，用绷带缠裹一至两层，随后置放加压垫或分骨垫（也用元书纸同法制作成方圆形或长圆形），再沿肢体长轴，放大排子两个，其长度不超过关节，宽度以收紧后两个纸排子间留1~2cm宽的空隙为度，再用绷带缠绕一至两层固定大排子，然后根据肢体粗细和骨折部位，在大排子外面置放小纸排子4~6个，其长度与大纸排子相同，其厚度较大纸排子略厚。每个小纸排子的宽度以收紧后每个小纸排子之间留有1cm左右的空隙为好，最后以寸带捆扎 3~4 道，将小纸排子固定。

伤后早期每 3 天复查一次，复查时解除固定，检查复位与固定情况。如效果满意，以骨科熥药热敷 30~40 分钟，再如上法固定，并告知患者逐渐进行功能锻炼。肿胀消退、骨擦音变小后每 5 天左右复查一次，可酌情去除加压垫、分骨垫，如无变位，再诊时酌情减少或去除小纸排子，开始以揉摩等法舒筋活血，加强功能锻炼。骨折征象已除，骨质已坚，去除大纸排子，增加按摩手法及其力度，增大活动程度，嘱患者自行用骨科熥药热敷。

与西医治疗骨折采用石膏绷带固定相比，"元书纸排子固定"优势明显。石膏虽对骨折的愈合具有作用，但长时间使用，会造成伤肢机能减退，甚至产生肌肉萎缩，关节僵硬等后遗症。而"元书纸排子固定"则不存在这样的问题，不仅没有后遗症，而且能够使气血通畅，患处瘀血容易消散。同时，这种方法还便于医生检查，针对病情及时采取措施。

尤其是改进后的元书纸排子固定法，优势更加明显，纸排子质轻且柔，有一定弹性、韧性，与人体表面情况较为接近，很少发生压伤；纸排子对肌肉有益的收缩活动影响较少，便于把造成骨折再移位的消极因素转化为维持固定、矫正残余畸形的积极因素；大小纸排子分两层使用，既能保持固定的强度，又因小纸排子所留的空隙较多，故而对肢体血循环影响较小；纸排子的轻柔和弹性，可随骨折后肢体粗细的变化而自动塑型，用吴定寰的话来说，就是可以随骨随形；可根据骨折愈合的情况，随时增减纸排子的层数和应用纸排子的数目，即可"随松随紧"，具有较大的灵活性。

宫廷医术　起废去疾

吴定寰在治疗慢性颈椎病方面，运用了宫廷正骨治疗原则和治疗手法。颈椎病的根源是颈椎间盘退行性病变后，颈椎位于头颅与胸廓之间，椎体间松动，椎体缘产生骨赘，或椎间盘破裂脱出，或椎间孔狭窄等压迫神经根、脊髓或椎动脉而引起的各种症状。当椎间盘有退变后，纤维环受到不正当压力，刺激分布在纤维环上的窦椎神经，反射到神经根后支，可引起颈肩痛、项肌痉挛等症状。颈椎病的症状复杂多样，多数患者开始症状较轻，以后逐渐加重。也有部分症状较重者。它的主要症状是头、颈、肩、背、手臂酸痛，脖子僵硬，活动受限。严重者甚至伴有恶心呕吐、卧床不起，少数可有眩晕、猝倒。如果久治不愈，还会引起心理伤害，产生失眠、烦躁、发怒、焦虑、忧郁等症状。

　　吴定寰在长期临床实践中，曾治愈多名颈椎病患者，对颈椎病的治疗方法也有更深的研究和思考。吴定寰提出了颈椎病的治疗原则，即神经根型以端、提、点、压为主；椎动脉型以点、按、揉为主；颈型以按、揉、压为主；脊髓型以点、压为主。吴定寰认为，颈椎病的治疗方法应为端提法和点按揉压法。端提法的具体操作是（以右侧为例）：患者坐于凳上，医生以右手肘部扶托患者下颌，左手扶在颈后，固定患者头部，嘱患者放松，医生屈膝、收腹、含胸，两手缓缓持续用力向上提起患者，至患者臀部略离开凳面之际，迅速伸膝挺腰发力，向上端起头部，这时可以听到关节弹响。端后轻轻放下，操作一次。

　　吴定寰提醒医生，在用此方法治疗颈椎病时应注意：颈椎曲度直时，头后仰20度端提；颈椎曲度反向时，头前屈20度端提；颈椎曲度正常时，头垂直向上牵引端提。

　　当凸出的颈椎间盘或骨嵴与神经或脊髓相互摩擦，造成局部出血和肿胀，可使颈椎病症状出现或加重。而当凸出物与椎动脉摩擦时则会出现血管痉挛或脑缺血症状，如头晕、视物昏花等。端提法可通过牵引降低椎体间内压，调节颈椎小关节位置结构，缓解凸出物对神经根及椎动脉的刺激，从而缓解症状。

　　吴定寰特别强调，当神经根受到刺激后，神经末梢可产生异常电冲动，从而导致颈肩肌紧张痉挛。其反过来又刺激神经末梢和椎动脉，进而加重症状。点按揉压法可以使肌肉得到松弛，减轻其对神经末梢和椎动脉的刺激作用。点按揉压法的具体操作是：点揉颈部两侧肌肉 2~3 遍，揉肩部冈上肌、冈下肌、菱形肌，用力要求深沉、柔和、渗透。头晕、头痛者可点风池穴外一横指处经验穴。此穴是枕大神经和椎动脉入颅前横行段，点此穴可感一侧头部酸胀，眼睛清亮。手麻木者可点肩部 3 处：肩胛骨下缘上方 1 寸处、天宁穴内上方 1 寸处、肩贞穴内 1 寸处。双下肢无力、麻木痿软为脊髓受压的症状，不适合用端提法。吴定寰提出，治疗颈椎病不能用旋转方法，因为该法有造成脊髓损伤的可能性。

吴定寰还摸索出了一套治疗老年性膝关节病的方法。针对老年退行性膝关节病，吴定寰认为，虽然其症在腿，但其根在肾，其经在肝。人到老年肝肾不足，筋骨失于濡养，或先天不足，关节结构不良，或多次关节损伤，膝关节磨损，加之老年人修复能力减弱，故而出现增生、疼痛，甚至肿胀、积液、功能受限等。

吴定寰把老年性膝关节骨关节病的治疗归纳为手法、药物、练功三步。三者之间相辅相成，缺一不可，但临床则各有侧重。吴定寰认为，对于老年性骨关节病推拿手法要以局部为主，两端为辅，关节周围以经筋辨证为主，关节上下以经络辨证为先。手法宜运用吴氏四法，即以点、按、揉、压为主，拔伸、旋转为辅。同时强调，在治疗过程中，手法应与功力配合。他将老年性膝关节病分为六个施术点，即髌上缘正中、髌下脂肪垫、胫骨结节、内侧副韧带、外侧副韧带和膝腘正中。

施术要领是柔中有刚，其力深透，推筋着骨，使病人在感到酸胀的同时有舒适感，达到分解粘连、消除炎症、活血通络、止痛消肿的作用。肌肉痉挛以提拿为主，筋腱粘连以弹拨为主，滑膜肥厚以切刮手法为主，以改善滑膜血运，促进滑膜修复。两侧副韧带常常因为关节退化造成代偿性损伤而发生痉挛，对此要充分弹拨后按压理顺。膑下脂肪垫常因炎性刺激而肥厚，压痛明显，故手法以按揉为主，并反复做几分钟。膑上缘为股四头肌腱部，应以点揉为主，以解除痉挛。膝腘部为关节囊后部，附着肌肉韧带多，且有胫后动脉、静脉、神经通过。由于膝关节积液或疼痛造成腘肌痉挛，压力增大而压迫动静脉及神经的病人会感觉腘部胀痛，对此应先以轻手法按揉腘部肌肉，配合点法解痉止痛，活血通络，然后再做膝关节伸屈旋转以舒筋活络。

吴定寰在治疗老年性膝关节病时，还同时结合骨科熥药辅助治疗。采用中药热敷，将药袋放于患处行热敷治疗。骨科熥药在配料上以活血化瘀、通经络、补肝肾的中药为主，具有促进局部血液循环、加快新陈代谢、疏通经络、促进炎性分泌物吸收的作用。用之可以祛病邪于外，开泄发散，从而治愈疾病。

治疗膝关节病，除手法和用药之外，吴定寰还强调，患肢的适当制动和有选择的功能锻炼十分重要，它对于改善关节周围血运、增加关节稳定性、恢复关节功能意义重大。他主张动静结合，病人的主观能动性与医生的治疗相结合。所谓适当制动，一般是减少患肢负重行走，减轻关节面的压力，以利于炎症消散，而不是绝对单纯地制动。

锻炼分练习关节功能和锻炼膝关节周围肌肉两种。具体练法是：患者取仰卧位，做膝关节的伸屈练习，最大限度地伸屈牵拉膝关节，以改善关节功能。其次是做股四头肌的收缩练习。患者取坐位，膝关节伸直，收缩股四头肌200~300次，每日两次。该练习有增强关节稳定性、促进关节积液吸收、增强股四头肌肌力的作用。持之以恒，方能获效。

吴定寰治疗膝关节病，以其精湛的手法、适当的药物，配合制动和恰当的功能锻炼，临床收到了显著的效果。手法、药物、练功三者之间是相互联系的，但是医生在治病过程中是有所侧重的。比如急性期以手法、药物为主，恢复期以功能锻炼为主，但绝不是只用一种，在治疗过程中，吴定寰强调要综合运用。手法的运用对疗效影响最大，如手法失当，会造成积液增加，疼痛加剧，在治疗中应当尤其注意。

吴定寰的师弟郭宪和说："在疑难病症的治疗中充分体现了他的技艺与爱心，常常是别人处置多日未效者，经他手多能很快平和而愈。这是师兄多年来技艺与功力的积累。"

"申遗"获批　任重道远

时代在发展，宫廷正骨技艺却并没有因为宫廷的"终结"而失传，而是在夏锡伍、吴定寰等人的努力下，使其得以不断创新和发展，逐渐形成了宫廷正骨手法流派。北京中医药大学附属护国寺中医医院骨科已成为北京市重点专科，同时也是北京市中医骨伤特色治疗中心。

吴定寰为了使中医药走向世界，先后与美国弗吉尼亚州整体按摩学会、日本手技协会、中国台湾风山正骨学派等医学学术团体进行学术交流与合作。法国某医院多次邀请他前去讲学。为了使徒弟广见博闻，他多次把徒弟送到国外进修学习，实地临床实践。在吴定寰的推荐下，徒弟周俊杰先后多次在法国某医院为患者治病，把中国的宫廷正骨技艺带到了法国，得到了当地患者的赞扬。

2008年6月14日，国务院公布了第一批国家级非物质文化遗产扩展项目名录，北京市护国寺中医医院的"宫廷正骨"正式入选。已经80岁的宫廷正骨术传承人吴定寰为这一天整整奋斗了60年，他毕生的愿望终于得以实现。

国家非物质文化遗产名录的确定，是推动历史文明进入现代文明的重大举措。中医药"申遗"有利于中医药得到世界范围的认可，更好地促进中医药的广泛传播和长远发展。让国内民众充分认识中医药的发展历程，更有助于增进世界各国对中医药的了解。中医药产生于中国传统文化的大背景之下，是中华文化的重要组成部分。将中医药作为非物质文化遗产来保护，体现了以保护促发展、通过继承求创新的新理念和新思路。

在医院筹备"申遗"工作伊始，吴定寰便投入到浩如烟海的古籍资料整理工作之中。他查阅资料，整理文献，精心准备"申遗"材料。无论严寒还是酷暑，他奔走于相关部门积极沟通协调，把"申遗"材料准备得详备完整。徒弟们一次次地劝他，不要太累，注意身体。他总是说："时间不等人啊，如今国家这么重视中医，我在有生之年要抓紧时间工作，少留遗憾。"在"申遗"工作中，吴定寰的主要助手之一是他的长孙吴冰。吴冰自幼耳濡目染，对宫廷正骨的学术思想和诊疗手法有浓厚的兴趣。完成系统的中医专业学习后，1997年起他便跟随爷爷出诊。在爷爷手把手的指点下，吴冰学习了上驷院绰班处宫廷正骨的诊疗手法，并从事骨科临床10余年。在"申遗"过程中，他是爷爷的得力助手。吴定寰的正式弟子有4人，其中国家级师带徒弟子1名，是护国寺中医医院骨科主任医师刘刚；市级师带徒弟子1名，为护国寺中医医院骨科副主任医师周俊杰；院级师带徒弟子2名，是护国寺中医医院骨科主治医师张秋石和徐斌。带徒期间，吴定寰不顾年事已高，亲自为学生讲解、示范宫廷正骨的技艺，演示骨科熥药的具体做法和使用方法。同时完成了《夏锡伍治疗骨折特点》、《关节内骨折的治疗》、《中医按摩》（法文版）等著作。他还指导完成学术论文《清代上驷院绰班处正骨手法传人夏锡伍脉系源流的文献研究》，参与录像片《夏氏宫廷正骨手法荟萃》的制作，以上两项成果分别获得1992年、1993年北京市中医管理局科技成果一等奖。

在宫廷正骨技艺被列入《国家非物质文化遗产保护名录》后，以吴定寰为学术带头人的护国寺中医医院正骨科出台了"宫廷正骨五年保护计划"，其目的只有一个，就是为了更好地保护清代上驷院绰班处宫廷正骨技艺，使其在传承的同时得以发扬光大。

"宫廷正骨五年保护计划"的第一年为临床总结阶段，主要是整理现有的文献资料和既往的研究成果，并将它们严格分类，为进一步研究提供更加详尽的临床一手资料；建成比较系统的宫廷正骨资料库，为进一步的深入研究奠定基础。第二年和第三年为临床研发和改进阶段。在准备阶段的基础上，对宫廷正骨学术体系的不同方面进行改良和发展，系统还原宫廷正骨学术体系的起源、发展、壮大及进一步发展的历史源流，力求形成完备的宫廷正骨学术渊源体系、学术思想发展历程，为系统研究提供历史佐证。同时充分结合中医理论，为宫廷正骨手法寻找中西医的理论基础和理论支持。对宫廷秘方，如跌打万应膏、骨科熥药等药物，基于现有的临床资料及临床疗效，在不影响疗效的基础上，与相关药剂科室合作，进行适当的剂型改革，使之更加方便用于临床，充分发挥中医药在治疗骨科常见病种方面的优势。第四年和第五年为呈现成果阶段，要在上述工作的基础上，总结出宫廷正骨学术思想的阶段性成果。

忠厚传家　英华永驻

吴定寰年轻时喜欢射击运动，早在 20 世纪 60 年代，就获得了国家三级射击裁判资格。步入老年，吴定寰强调养生要讲"动静结合"，钓鱼、打太极拳成为他的业余爱好。吴定寰每周末都要到北京郊区去钓鱼，无论是夏日骄阳似火，还是冬天刮风下雪，从不间断。有时甚至骑上两三个小时的自行车从城里到远郊区的怀柔水库去钓鱼，往返 100 多公里，竟乐不知疲。他认为，钓鱼不仅可以呼吸水塘边新鲜的空气，而且还可以在垂钓的安静中修心养性。对于太极拳，吴定寰则深谙"内练一口气，外练筋骨皮"

之精髓。人们评论吴定寰，说他即使不行医，不在中医正骨方面成名成家，从事其他什么事业也都会取得成就。他曾参加全国钓鱼协会组织的第一届业余钓鱼大赛，并夺得冠军。

　　吴定寰与妻子相依相伴60多年，从未拌过嘴，红过脸。他们夫妇相濡以沫，相敬如宾。晚年，老伴儿身体不好，行走不便，眼睛也看不清东西。因受多种病痛折磨，老伴儿有时心情焦虑，脾气暴躁，但吴定寰依然一如既往，跟老伴儿讲几句玩笑话，用细致入微的体贴和关心，让老伴儿转怒为喜。他总是把老伴儿想吃的东西悄悄地买回来，为她准备好；平日老伴儿起居、打针、吃药都是他亲手操持。老伴儿病重住院期间，几次病危，孩子们都瞒着他，怕他受不了。当儿子吴德华不得不把母亲的病情如实地告诉父亲之后，吴定寰再也忍不住，失声痛哭起来。父亲的眼泪和伤痛孩子们是第一次见到。80岁高龄的吴定寰就像个孩子一样，执意要去医院。在病房，垂危的老伴儿已昏迷不醒，但吴定寰仍然紧握她的双手，在她耳边不停地喃喃细语，那是他们最后的诀别。吴定寰走出病房，对孩子们说："去跟大夫说一下，不要再抢救了，让你妈安安静静地走吧……"老伴儿去世那天，孩子们担心他的身体，不想让他在医院操劳，便小心翼翼地征求他的意见。没想到，他早有准备，爽快地对孩子们说："你们替我送送你妈吧。"说完这句话，他哽咽了，但又坚定地说："我……要去出诊。"话音未落，他的泪水夺眶而出。

　　2008年5月19日，老伴儿离开人世，吴定寰抑制住内心的悲痛，按时上班。当他的身影出现在医院诊室的时候，徒弟们都十分担心他经受不了这样的精神打击，但出乎人们的意料，他依旧如常地在门诊应诊，神情依然平静，以其精湛的技艺诊治着每一位慕名而来的患者。所有的患者都不会想到眼前这位笑容可掬、白发苍苍的八旬老者，正在承受着巨大的丧妻之痛。有些约好复诊的患者得知吴定寰老伴儿去世的消息后，以为处于悲伤之中的吴老不会出诊了，结果却接到吴老助手打的电话："你们来吧。给你们看病，爷爷的心情会好些。"

老伴儿火化当日，在孩子们送老伴儿去墓地之时，吴定寰颤微微地从怀中掏出一封信，让孩子放在老伴儿身边。孩子们谁也没有打开那封信，因为他们明白，那是父亲对母亲的叮嘱和忠告，以及对爱妻的无尽思念。

老伴儿下葬之后，吴定寰等孩子们回来后平静地对儿子说："走，跟我去趟居委会。咱们给四川地震灾区的百姓捐些钱吧，灾区的人民在受难啊！"到了居委会，他放下一沓钱，便转身离开，没有留下姓名。

老伴儿去世那天，吴定寰依然如故地去上班，为患者疗伤治病。

老伴儿下葬那天，吴定寰平静地去居委会为灾区捐款。

点滴的细节诠释出这位老者的大爱情怀，这是吴定寰献给国家和人民的拳拳之心。

术体天心　杏林望重

很多记者采访吴定寰时，首先要看一看他那双治愈无数伤损患者的手。一位记者这样描述："这双手看起来很普通，手指略略短一些，掌纹清晰而深，摸上去，还挺软的。老人家翻过手，捏住我的手，顿觉麻酥酥的，敢问您老用了几成功力，他笑笑说：'两成'。"

吴定寰的诊室里经常有医生的观摩和记者的采访，当有人谈论起在什么医院治疗效果不好的时候，他总是对大家说："别说人家医院的名字。如果记者一定要写，只写'某医院'即可，别提院名。"

吴定寰白天在医院工作，晚上回到家里仍然为患者服务。经常有人慕名上门求医，每遇如此，无论是陌生的还是熟识的，吴定寰都像对待自己亲人一样耐心细致地进行诊治，且从不收一分一文。

20 世纪 80 年代后期，一位黑龙江患者的母亲慕名多次将电话打到吴定寰的家里，向他求教她儿子的病情以及治疗方法，每次电话都是在晚上打来，时间长达个把小时。在一旁的大儿子吴德华为爸爸的身体担心，劝爸爸放下电话，他却对儿子说："她是个母亲啊，心疼儿子啊！"经过长达半年多的电话"指导医治"，那位患者的病逐渐痊愈了，他的母亲非常感激，为了表示谢意，她每年春节都要给吴定寰寄来当地的土特产品。吴定寰对吴德华说："她儿子有病，家境不宽裕。"让儿子给她寄些北京的特产。

2008 年，吴定寰已经 80 岁了。这一年，人们都在为"百年奥运"欢呼雀跃。可以说，奥运会在北京举办是所有中国人的梦想。这位 80 岁的老人也不例外。他企盼奥运，他希望能在鸟巢亲眼看比赛，他想为奥运做点什么。当他看到志愿者在炎炎烈日下为别人提供服务、汗流不止时，他被感动了。于是他报名参加了奥运会医务志愿服务。在他 80 岁的时候，他成为一名光荣的奥运志愿者。

奥运会前，奥运医务志愿者在北京市朝阳公园组织了一次大规模的义诊活动。夏季的北京烈日炎炎，暑气袭人。家人和医院的领导都很担心吴定寰的身体，可他依然坚持到义诊的最后一刻。吴定寰在义诊现场为北京市民和运动员解决骨伤问题，现场解决不了的，他就让助手将问题记下来，回去后再作答复。令人遗憾的是，这位 80 岁高龄的奥运志愿者却没有看到北京奥运会开幕便匆匆离去了。

2008 年 6 月 29 日，吴定寰为配合电视台宫廷正骨"申遗"的拍摄工作，从早晨一直忙到中午。考虑到摄制组人员的辛苦，中午又热情邀请他们到饭店吃饭，并亲自陪同。席间吴定寰心脏病发作，被送进了医院。谁知这一去，竟再也没能回家。

在宫廷正骨被列入国家非物质文化遗产仅仅十几天后的 7 月 3 日，吴定寰因心脏病医治无效，在北京军区总医院逝世。

2008 年 7 月 5 日，互联网上发布了吴定寰去世的消息。一时间，怀念吴定寰的留言接连出现在互联网上：

2008 年 7 月 3 日，北京迎来了今年的第一个高温日，就是这一天，行医六十载，为无数伤病者施以医术、给予恩德的骨科名医吴定寰老爷爷走了。

医德和医术，这两者都需要悲天悯人的大情怀。可叹医术或可传，可仁心呢？这几天一想起吴定寰老爷爷，我就无法控制自己的泪水，这一切太突然了。德高望重的老人，悬壶济世！不为良相，便为良医。一路走好！

吴定寰爷爷那双手的精准程度不亚于 X 光机。在一般医生眼里，患者的痛是再正常不过的事了，但在吴爷爷的心里是"我没有治好"。要知道老爷爷是全国首批认定的 23 位骨伤名家之一呀！

人的一生能看到几次医生对你笑，而爷爷对患者的笑六十年始终如一。爷爷行医 60 年，从不把功名利禄放在眼里，无论病人贫富都一视同仁。早年一些小孩子胳膊脱臼来找爷爷，即使正在吃饭，爷爷也会放下筷子先给他们治病。爷爷就是这样，永远都是把病人放在第一位。他一辈子默默无闻，与世无争。在我们心里，爷爷是世界上最伟大的爷爷，他教会了我们许多做人的道理。

俗话说"良药苦口"，但爷爷的医技不仅是良药，还不苦口。医治过程不痛苦，结果很圆满。幸运的是，在这个时代吴爷爷让百姓真正享受到过去只有皇亲国戚才能享受的宫廷高超奇妙的医技。

吴定寰爷爷不停地思考病人和病情，他把病人放在心上，从内心里散发的光芒，以人为本。那是大医精诚的慈悲情怀！老人家的那双手是表象，不可替代。它所含的神奇魔力是医术之大成。

应护国寺中医医院全体员工的请求，吴定寰的遗体告别仪式选在北大医院告别室举行。因为，北大医院告别室离护国寺中医医院很近，大家都想为吴老送行。

吴定寰的师弟周玉宗说："那天是北京最热的一天，他为工作忙碌，一直为'申遗'奔波劳累。如果到香山去休养，就什么事情也不会发生了。"

吴定寰的徒弟车士祥说："师傅虽然离我们而去，但他的精神、他的技艺已经被越来越多的后来人所继承。宫廷正骨必将发扬光大，吴定寰老先生的精神必将世代相传。"

在吴定寰遗体告别仪式上，有很多他们家人叫不出姓名的人，他们知道，那是老人曾诊治过的患者。有一位年近六旬的长者，在吴定寰的棺木前长跪不起，以表达其深深的哀悼。

宋英杰的夫人是吴定寰生前诊治的最后一位病情复杂的患者。她因下楼不慎摔倒，造成右臂肱骨断裂。她曾辗转于多家骨科医院，但效果甚微。就在近于绝望的时候，经朋友介绍，她找到了吴定寰。令她不解的是，以前医生每触碰她的伤处，她都会疼得大声喊叫，而吴定寰为她治疗，她却没有感到丝毫的疼痛。吴定寰不仅告诉了她以往治疗影响效果的症结所在，还提出了新的治疗方法，并约定了下次复诊的时间，同时叮嘱说："下次来别挂专家号，挂个普通号就行了。"

第二次复诊，吴定寰手法治疗后，为她开了自制的热敷药，一盒27元。加上挂号费，共计30多元。这与以往几千元的医疗费相比，她的第一反应是吴定寰把药费搞错了。当得到确认后，她心里又犯嘀咕，这么点儿钱能治好病吗？然而几个疗程下来，病基本痊愈了，总共只花费了几百元钱。为了表达谢意，宋英杰和夫人特意包了红包送给吴定寰，但吴定寰坚决不收。当得知吴定寰病危住院后，宋英杰这个身高一米八的汉子竟然在吴定寰的病床前哭了。

宋英杰在纪念吴定寰的文章中写道:"我所敬仰的老爷爷走了,这种敬仰并非仅仅源于他所给予我们个人的治疗,这种敬仰源于他以精湛的医术和伟大的医德,留给人世间的无疆大爱。"

吴定寰几十年如一日对患者体贴如己。他微笑着面对每一位患者,他一辈子不曾对任何人发过一次脾气,他太和蔼了,太能理解病人的苦衷了。在患者的记忆里,吴定寰总是衣着整洁,始终面带微笑,一副和蔼可亲的样子。

吴定寰的妹妹吴慧荣说:"哥哥对患者的微笑是最有魅力的,也是最动人的。我曾问过哥哥:'为什么能对患者几十年如一日地微笑,和蔼可亲?'哥哥说:'患者见到医生的笑容,他们的心就踏实了,病也好了一半。'"

行医60年,吴定寰治愈的患者不计其数。每到逢年过节,吴定寰总会收到很多礼物,而这些礼物上大都没有寄赠者的姓名和联系方式。即使这样,大家也都知道是患者寄送来的。他们知道吴定寰的个性,如果让他知道是谁送的,他会坚决退回去的。在吴定寰的患者中也有一些位高权重的名人,他们也都为吴定寰留下了自己的电话或者名片,愿意在他遇到难处时帮上一把。可是吴定寰却从未拨通这些电话。为了私事他从来没有求过别人,即使是在他最艰难的时候。无论在吴定寰家里,还是在护国寺中医医院,随处都可以看到送给吴定寰的锦旗或牌匾。面对患者给他的荣誉,吴定寰十分淡然。他平时不善言辞,和家人也很少谈其事业上的成就。据儿子吴德华回忆:"父亲曾经为很多名人医治过骨伤病,可父亲在家里却从来不说这些在别人看来值得炫耀的事。"他为梅兰芳等诸多名人看病的事,家人们还是从医院同事们的口中得知的。

在吴定寰夫妇的墓碑上,刻着"忠厚传家"四字碑铭,这是他们家风的真实写照。

2009年清明节,吴定寰的妹妹吴慧荣为哥哥写下了一篇祭文：

"长兄定寰，正骨专家，四代传承，杏林奇葩。毕生行医，医术绝佳，医德高尚，患者齐夸。一世追求，治病救人，国医圣手，誉满华夏。宫廷正骨，国宝一绝，源自深宫，海内独家。传徒授业，海外讲学，呕心沥血，弘扬光大。继承发展，承上启下，世遗获批，正骨升华。宏图待展，疾病突发，虽经抢救，终无佳法。巨星陨落，驾鹤西下，肝肠寸断，泪如雨下。无限思念，音容宛在，兄嫂相聚，续谱情话。九泉有灵，福泽后人，家和事兴，忠厚传家。后辈努力，为国为家，长兄走好，英名永嘉。"

半个多世纪的医学生涯，勤俭谦逊的灿烂人生。吴定寰一生致力于中医骨伤科学的挖掘、整理、继承和发扬，他为护国寺中医医院的发展倾注了毕生心血，他把自己宝贵的临床经验毫无保留地传授给了后人，培养了一大批中医骨伤人才，他为中医药事业的传承作出了突出贡献。

（撰稿人　赵湘华）

附录

清代上驷院绰班处御医夏锡五脉系源流

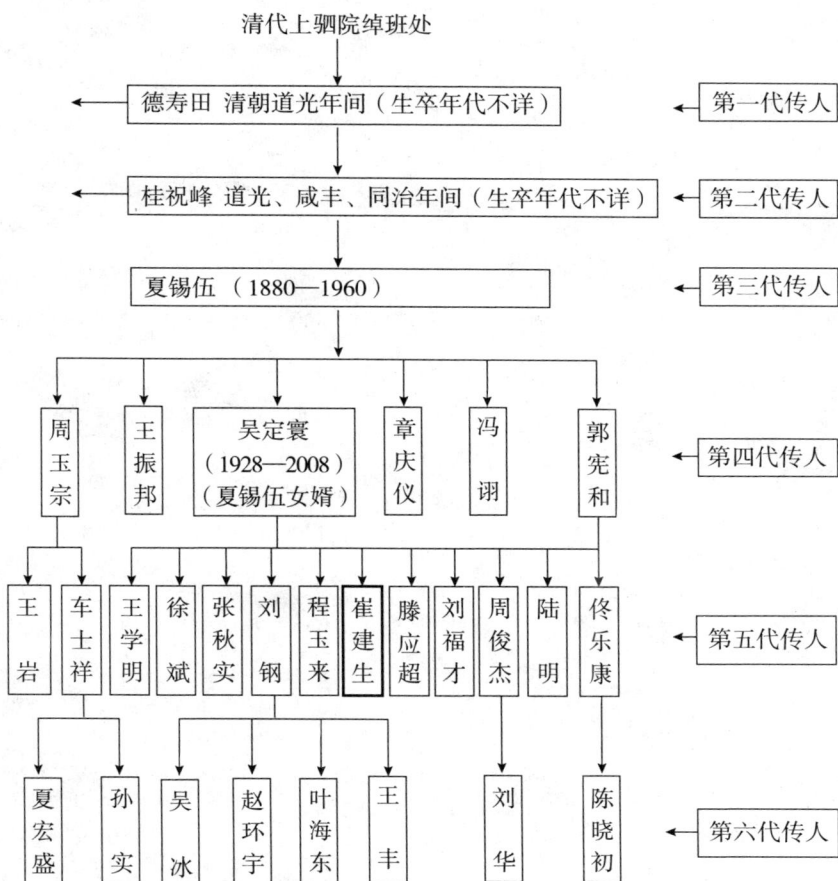

清代上驷院绰班处

德寿田　清朝道光年间（生卒年代不详）　←　第一代传人

桂祝峰　道光、咸丰、同治年间（生卒年代不详）　←　第二代传人

夏锡伍　（1880—1960）　　第三代传人

周玉宗　｜　王振邦　｜　吴定寰（1928—2008）（夏锡伍女婿）　｜　章庆仪　｜　冯诩　｜　郭宪和　←　第四代传人

王岩　｜　车士祥　｜　王学明　｜　徐斌　｜　张秋实　｜　刘钢　｜　程玉来　｜　崔建生　｜　滕应超　｜　刘福才　｜　周俊杰　｜　陆明　｜　佟乐康　←　第五代传人

夏宏盛　｜　孙实　｜　吴冰　｜　赵环宇　｜　叶海东　｜　王丰　｜　刘华　｜　陈晓初　←　第六代传人

沈自尹 卷

沈自尹（1928—　　）

天行健 君子以 自强不息

沈自尹

沈自尹手迹

　　事业的追求为了理想，生活的乐趣乃是创新，
人生的价值在于奉献。

——沈自尹

　　沈自尹，1928 年出生，浙江镇海人，著名中西医结合学家，
中国科学院院士。1952 年毕业于上海第一医学院医疗系。1955 年
师从姜春华教授学习中医。1959 年师徒同获卫生部颁发的"发扬
祖国医学遗产"金质奖。

　　沈自尹历任上海医科大学教授、博士生导师、中医教研室主
任、中西医结合研究所所长，华山医院中医科主任、藏象研究室
主任，学校暨医院学位和学术委员会委员，国务院学位委员会医
学评议委员，卫生部中药评审委员会主任委员，中国中西医结合
学会副会长，上海市中西医结合学会会长。现任复旦大学中西医
结合研究所名誉所长，上海市中西医结合学会荣誉会长，《中国中
西医结合杂志》副总编。1997 年当选为中国科学院院士。

　　多年来，沈自尹致力于中西医结合思路和方法的开拓，主要
从事肾本质和传统老年医学研究。20 世纪 50 年代，他在国内率
先开展中医"肾"本质理论研究。1960 年，他从肾的研究中精辟
地总结出富有辨证思想的"同病异治，异病同治"，并以此作为中
西医两种医学体系结合的突破口。60 年代首次证实中医的"肾阳
虚证"有特定的物质基础。70 年代根据大量的临床实例和科学实
验，提出了"辨病与辨证相结合"，力排中西医药简单相加。80

年代又提出"微观辨证和辨证微观化"，对中医辨证向科学化、客观化发展起到了积极的推动作用。90 年代，他进一步采用分子水平的检测方法，证明唯有补肾阳药才能作用并提高下丘脑促肾上腺皮质激素释放激素信使核糖核酸的基因表达，对肾阳虚证达到能定性、定量，并将主要调节中枢定位在下丘脑，提出多方面的有力证据。这一成就的意义是，用现代科学方法首次在国际上证实，肾阳虚证存在特定的物质基础。沈自尹近年来的研究发现，补肾阳能降低老年 T 细胞的过度凋亡，延缓衰老，对衰老的调控手段在国际医学领域处于领先地位，并且在系统生物学观点和肾阳虚证的基因表达谱基础上，绘制了肾阳虚证的神经 - 内分泌 - 免疫及神经 - 内分泌 - 骨代谢两大基因网络调控路线图谱。发表论文 100 余篇，主编《肾的研究》、《肾的研究续集》、《中医治则研究》、《中医理论现代研究》、《虚证研究》，参加编写《实用内科学》和《支气管哮喘》等医著。其中《肾的研究》一书在日本被两次翻译出版。

1979 年以来，沈自尹获全国医学卫生科学大会重大科技成果奖及省部级以上奖励 20 余项。1990 年，他被日本国立富山医科药科大学聘为客座教授，并赴日讲学与科研一年。多次应邀出席国际学术会议，并赴美国哈佛大学、加州大学及香港中文大学等名校讲学。1978 年以来，已培养硕士研究生 7 名，博士研究生 4 名，指导博士后 6 名，在读博士研究生 2 名、博士后 1 名，学术继承人 2 名。

寻找自己的时空坐标

沈自尹出生于 1928 年，父母都是教育工作者，在上海、南京等地工作。沈自尹从小就受到书香的熏陶。当时的社会正处于动荡和战乱之中。生活在这一时期的年轻人，不可避免地要受到时代的影响并被卷入其中。抗战开始后，沈自尹随家人迁至宁波镇海乡下。不久宁波沦陷，他初中毕业后，由于不甘心接受亡国奴的教育，于是就和几个爱国同学背井离乡，跑到艰苦的宁海游击区，在跃龙山的鄞县联中继续求学。抗战胜利后，他又随学校迁往宁波，一直读到高中毕业。之后考入上海医学院（后更名为上海第一医学院）。

1952 年，沈自尹从上海第一医学院毕业，并在上海华山医院工作了 3 年。1955 年，华山医院根据当时卫生部关于“西医学习中医”的要求，安排沈自尹去学中医。医院领导说：“当前西医普遍存在歧视中医的不良倾向，没有深入研究过中医，却要否定中医，这不是科学的态度。派你去学中医，就是要发扬中医的精华，这是一项光荣的任务。”接受任务时，他头脑里还没有中西医结合这个概念，只是为了学好中医，研究中医，完成上级交给的任务。由于大学期间接受了系统而严格的英美式正规西医教育，而当时在全国还没有普遍开展西医离职学习中医，他难免被周围人议论，有时还会听到“西医郎中”这样的挖苦话。这些并没使他感到难堪。他以前无缘接触中医，对中医一无所知，脑子里装的全是从医学院学习时看得见摸得着的组织学、胚胎学、解剖学、生理学、细菌学、寄生虫学、病理解剖学、生物化学、病理生理学等知识，总觉得科学应该是唯物的，有客观依据的。而中医只凭“望、闻、问、切”，不需任何实验室依据就开处方，似乎有点“玄”，让他不免心存困惑与疑虑。当时，他很乐于有这样的机会去探究难题，搞懂中医学术体系是否具有科学性。

沈自尹学习中医是采用传统的跟师学习方式，组织上安排姜春华教授做他的老师。姜春华教授是中医名家，1954 年进入上海华山医院任中医科主任。正是这位老师，使他真正认识了中医，为他以后研究中医、发扬中医奠定了坚实的基础。

姜春华出生于江苏南通，博学勤奋，精通医道，对中医古代典籍研究尤为深入。他在临床上重视实效，是一位重理论更重实效、不尚空谈的医家。姜春华对学术问题有是非之见，无门户之分。他评析了历代中医学家，认为先贤应该尊敬，但不能盲目崇拜。古代医家有其独特成就的一面，也有其偏颇的一面，用药也有个人的偏好之处。后人只见到其独特之处，就冠以某某学派，如寒凉派、滋阴派、补土派等，是不妥当的。医学是科学，科学只有是非，不允许有个人爱憎偏嗜，因此学习继承古代医学家的遗产应取其精华，弃其糟粕，不能有个人的门户流派之分。姜春华用药从不力主一家，阳虚者用景岳之温补，阴虚者师孟英之育阴，对于单方土药亦绝不藐视，只要有实效，必定采纳，真正做到广揽诸家之长。姜春华不仅对古代中医学及中医学家如此，而且对西医学和中西医结合均抱有尊重的态度。他曾说："《史记·扁鹊仓公列传》云：'人之所病，病疾多；而医之所病，病道少。'我为了疗效的提高，借助于西医之道，自谓不违古贤教训。"他还指出，"立足中医"，是站在中医的立场上，真正以中医理论为中心，不失辨证论治的精神；"西为中用"，是说在今天的条件下，充分应用现代医学的知识，克服中医的历史局限性，以求阐明机制，使科研成果最大限度地为提高中医临床实效服务。姜春华认为，中医学是祖先遗留下来的财富，中西医都可研究，不管用什么方法，谁能发扬光大，谁就是继承人。姜春华说中医好，好在要"走样"，就是说中医要不受传统观念的束缚，总是老样子肯定不行。"走样"就是进步，而中医只有不断进步才有前途。姜春华的这些不凡思想，对沈自尹产生了巨大影响。他在临床上务实求真，在科研上追求创新、勇于开拓的精神，都是受到了姜春华的启发。

　　沈自尹详细记述了那段跟随姜春华学习中医的经历。老师尽心地教，每逢炎夏酷暑的下午，那间作为中医办公室的木板平房里热气灼人，老师时常用冷水浇一下头，再坐下来讲课。沈自尹也是尽心地学。为了攻克艰涩难懂的古文这一关，他每天清晨到花园里朗读《古文观止》。更重要的是怎样学进去，以了解中医理论和治病真谛。当时中医还没有系统的教材，老师指导他从《伤寒论》、《金匮要略》、《黄帝内经》、《神农本草经》学起，不死背条文，而要理解其精髓，辨证论治的规律从这些繁复古老的条文中得以归纳。而后让他自学《外台秘要》、《千金方》，对每一门病证的用药加以科学的分类，从出现频率最高的方药中判断其实效。曾有一位痢疾病人，大便培养发现弗氏痢疾杆菌，医生开始用抗生素治疗，用过磺胺、合霉素、金霉素等都无效。虽然大便已培养不出致病菌，但仍然每天腹泻十余次。于是改用收敛性药物，如复方樟脑酊、次碳酸铋等，也不起作用。最后请姜春华会诊。姜春华认为虽然是痢疾，但病情已迁延，病人体力衰退而表现为"虚寒"证，必须给予温补性药物，如附子、干姜、人参之类。服1剂中药后，第二天病人的腹泻就停止了。中医不用杀菌药，而用了与痢疾不相干的温补药，却获奇效，说明中医"虚则补之、实则泻之"这一治则充分体现了整体观念的优势。这些按照中医观念治疗取得实效的例子，对于沈自尹这个习惯于用看得见、摸得着的唯物守则来治病的医生，实在是一种新的启示。

沈自尹学中医理论的同时，还兼管中医病房。姜春华用巴豆为主制成的巴漆丸治疗肝硬化病人的腹水，很有成效。当沈自尹总结到96例时，《解放日报》从病人来信中得知这一消息，派记者来找钱院长，希望作报道。钱院长听了沈自尹的介绍，也是半信半疑，每天亲自到中医病房，认真地用皮尺量这些病人的腹围。在一个星期里，他亲眼看到病人腹水逐渐地消失。为此，钱院长也专收了一个肝硬化腹水的病人，用西药硫酸镁试图泻水而未能成功。这证明中医用巴漆丸泻水有其独特之处，只是还说不清是什么道理。于是钱院长和沈自尹撰写的中医有效治疗肝硬化腹水的稿子同时见报，对当时医学界震动很大。

　　在随姜春华临证过程中，沈自尹看到老师在治疗一个哮喘病人时，不仅考虑发病环境、季节、体质的改变，而且根据诱发因素的不同，先后采取了四种不同的处方来诊治；又看到老师对疟疾、痢疾、哮喘、乳糜尿等病人的治疗，在病程的某个阶段出现"气虚"症状时，采用同一补气处方，收到很好的效果。这种"同病异治，异病同治"辨证论治原则的应用，体现了老师学识渊博、造诣高深，在治病用方时有胆有识、博采众方、不拘一格。这种学术上的洞察力，治疗上的魄力，唯有从师学习，朝夕相处，才能深深地体验到。这不但使沈自尹树立了学习中医的信心，而且对于他以后的发展产生了关键而深远的影响。

　　沈自尹曾拿艺术和中医作比喻，以引申学习中医的独特体会。绘画是艺术，无论是中国的水墨画抑或西方的油画，画家首先要有一个构思，再加上个人的技巧和审美情趣，才能使画作传神，观者赏心悦目；音乐也是艺术，无论中西名曲的产生，都得先有构思，再加上作曲家各具特色的表现手法和个人风格，使经典作品久盛不衰，令听者犹如身临其境而有内心的共鸣。中医不属于艺术范畴，却具有艺术的特征。所谓"医者意也"，这"意"并非随心所欲，而是内心构思，构思水平的高低决定了治疗效果的好坏。中医诊治疾病的水平参差不一，差别就在于构思的水平。譬如一个病人经几位老中医看过，有时会得到完全不同的处方。再如几个徒弟跟一位老中医学习，几年后有的能将老中医的处方成套地背下来，甚至连每种药在处方的位置都能记得牢，有的则能将老中医的心得与治病经验学到手，而并不拘泥于一方一药。前者学"形"，后者学"神"，后者实则是学到老中医的构思方法。辨证论治是从整体着眼，根据具体情况行事，却又灵活机动而具有预见性。又好比弈棋，既要照顾全局的安排，又要考虑每个棋子的得失以及它对全局的影响，有时在某个棋子上用工夫，有时却须用其他的棋子来影响或解救这个棋子的危急。这不仅需要了解每个棋子的作用，而且要了解各个棋子之间的关系，更要从通盘着眼，以取得最后的胜利。姜春华又让沈自尹跟几位名老中医临床（像夏仲方老中医对《伤寒论》、《金匮要略》经方实质领悟深，又能在临床上运用自如；张跃卿老中医对医理分析精辟，每能引人入胜），从而使他了解各种不同的风格，提高构思能力。老师教得认真，学生学得刻苦，1959 年 2 月，姜春华和沈自尹同获卫生部颁发的"发扬祖国医学遗产"金质奖章。

1959 年对沈自尹来说是学术生涯的重要转折点。这一年，他参与了上海第一医学院藏象专题研究课题的策划与研究。事实上，从这时起他已经走上了中西医结合研究的道路。在参加中医研究课题汇报时，他注意到一个问题：对西医来说全然不同的六种疾病，如功能性子宫出血、支气管哮喘、红斑狼疮、冠心病等，对中医来说却在某个阶段都存在相同的肾虚症状，都可以用补肾调整阴阳的方法而提高疗效，这分明是"异病同治"。"异病"既然可以"同治"，这些不同疾病之间一定有其共同的物质基础。这样富有哲理的研究思路，沈自尹应《科学通报》之约，以"同病异治，异病同治"为题撰稿，发表在 1961 年第 10 期。在藏象学说中，"肾"是先天之本，主管人一生中的生长发育和衰老过程。至明代已趋于完善的"命门学说"把"肾"看得像生命之门那样重要，认为肾阳温煦着全身各脏腑的阳，肾阴滋养着全身各脏腑的阴，肾似乎是人体各脏腑的调节中心。他想到，研究"肾"的本质，有可能由此突破，开辟出一条研究中医理论的新途径。他的设想得到上海第一医学院领导的采纳和生化教研室的热情支持，上海第一医学院成立了藏象专题研究组。这也就使沈自尹在中西医结合的道路上，认准目标，开启了理论研究的大门。后来他回忆说："人生确有自己的时空坐标，每个人只能是其中的一点，当你认识到了这一点，你就可能不再希望迁徙。我最初走上中西医结合道路并非自觉，但一旦自觉了，就抓住不放，进行长期的积累。"沈自尹在中西医结合这条道路上一走就是几十年，是公认的受人尊敬的这个领域的拓荒者，他的科研成果也改变了这一领域的面貌。试想，在 60 年前，当中医说一个人是肾阳虚时，谁会意识到主要是下丘脑－垂体－肾上腺这些神经内分泌轴的功能出现了问题呢？而现在人们都接受了这个事实。科学就是不断地揭示出新的规律。所幸的是，沈自尹在那个变化不定的年代中，得以和中医结下缘分，并以此为事业，找到了自己在漫漫时空中的坐标。

开拓中西医结合新领域

19 世纪下半叶至 20 世纪初，西医在我国迅速传播，传统中医受到巨大冲击。中医该如何发展下去？如何看待中、西医两种医学体系？这些重大问题摆在国人面前。在这样的背景下，中西医汇通学派应运而生。代表医家有唐容川、朱沛文、张锡纯、恽铁樵等。汇通派医家从不同的角度探索沟通中西医学的途径，比较两种医学体系的异同与优劣。他们站在中医的立场上，在比较与汇通中维护和宣传中医学理论，强调中西医各有长短。但当时西医远没有取得与中医抗衡的平等地位。总的来说，中西医汇通派有"重中轻西"的倾向，强调用西医印证中医，证明中西医原理相通，都是科学，而中医又高明于西医。唐容川是提出"中西医汇通"口号的第一人，他认为中医的经典理论与西医的解剖生理学说是相通的，如"《黄帝内经》名脉，西医名管，其实一也"，"西人虽详于形迹而尤未及《黄帝内经》之精"。朱沛文著《中西脏腑图象合纂》，认为"华洋医学各有是非"，中医"精于穷理，而拙于格物"，但又"信理太过，而故涉于虚"，西医"长于格物，而拙于穷理"，但又"逐物太过，而或涉于固"。这些医家都是当时的开明人士，虽然全力维护中医，但认为中西医是相通的，中医要"采西人之所长，以补吾人之所短"，确立了"衷中参西"的汇通原则。

20世纪20年代后，受"五四"运动的影响，"科学"的思想逐渐深入人心。和西医比较，中医几乎每个方面都存在着"不科学"的说法。为了使中医学能够继续发展，运用近代科学方法对中医理论体系进行整理和研究的"中医科学化"思潮应运而生。如陆渊雷认为，"中医除治疗方法外，其理论知识绝少"，主张"用科学方法去解释"中医治疗疾病的原理和机制。谭次仲说："欲保存中医，就不能不从科学立实基础，力图改进。若空言提倡，或夸为辅饰，不讲改进方法，是绝要失败的。""理之真否，决于实验；效之确否，决于统计。"他还提出了具体建议。当时，主张中医科学化的人士纷纷发表见解，认为中医与西医比较，缺少确切性和严格实证性，中医经验确切有效，但中医理论要以科学的方法来整理。这些人提出科学整理的目标和任务是对的，但否认中医理论的内涵和特色，以及这些理论中所蕴涵的科学规律，是不能真正发扬中医的。因此，既要提炼发掘中医经典之独特理论，并通过现代科学技术予以证明，又要继承中医药中的经验部分，努力吸收西医学、当代科学技术的新成果，使中西医相辅相成，共同发展。中华人民共和国成立后的中西医结合代表了这一方向。

中西医汇通派和中医科学化思潮都没有提出中西医结合的基本原则、方法、途径，也没有使中医学中基本的理论问题如"证"、针刺原理、复方作用机理等进入现代意义的探索，因此没有实现真正意义上的中西医结合。中西医结合可以说是一个空白区，是世界医学门类中难度较高的一种，要将中医和西医这两种全然不同的医学体系结合起来，找出结合点，是没有前人经验可以借鉴的。迄今为止，沈自尹等人在中西医结合的道路上已走过50多个年头，这是不平凡的历程，是在茫茫科海中寻求真理、实现人生价值的艰辛过程，其间充满了奋斗的乐趣，闪耀着智慧的光芒。沈自尹等人终于开拓了一个崭新的医学领域：它是中医的，因为保持着中医独特理论的核心部分，并以现代科学理论予以揭示，而不局限于一方一药一病；它也是西医的，用从中医独特理论中发掘出来的规律，揭示现代医学常常没有观察到的现象，从而能显著地提高临床疗效。它是古代的，也是现代的，在新的时代背景之下，祖先的遗产以新的形象和科学的内涵呈现在世人面前！

做学问，目标是方向，刻苦是意志和态度。人人都推崇"刻苦"，然而必须是认准目标的刻苦，才会有价值。沈自尹在中西医结合的研究上，认准了目标，加上非同一般的刻苦，终于叩开了中医藏象理论研究的大门。

深入探索需要统一中医的辨证标准，这样才能选择典型的肾虚病人进行研究。除上海第一医学院的老中医以外，沈自尹还邀请了上海市的夏仲方、夏理彬、黄文东、张跃卿等名老中医一起讨论，按照《黄帝内经》理论，结合实际病例的分析，又仿效琼斯对风湿热的诊断标准，在国内率先制订了肾虚证的辨证标准。这个标准后经 1978、1982、1986 年 3 次修改，沿用至今。当时，在按这一辨证标准选出的数十名典型肾虚病人的配合下，沈自尹等经过大量指标筛选，发现只有尿十七羟皮质类固醇（简称尿十七羟）在肾阳虚病人中普遍很低，具有一定的规律性。由于这项指标反映了重要内分泌腺——肾上腺皮质的功能，所以围绕着这个指标，通过异病同治这一研究途径，沈自尹找到了肾阳虚的初步物质基础，也可以说找到了一个中西医结合点。在 1960 年全国中西医结合学术交流大会上，沈自尹等人的"同病异治，异病同治"的命题，以肾阳虚具有共同物质基础（尿十七羟值低下）为内容的论文宣读后，全国有七个省市按照这一辨证标准，进行了实验室尿十七羟值的验证，都能重复这一结果。甚至远在日本的高雄病院，根据《肾的研究》一书中所载的研究方法，在 17 例肾虚病人的实验室指标测定中，也得到相同的结论。这是中西医结合对于中医藏象理论研究的一个重要突破。

　　然而，藏象专题研究的道路是崎岖的。1962 年实行"调整、巩固、充实、提高"的方针后，有些西医和行政干部误解为中医研究的低潮来了，有关中西医结合研究的课题纷纷下马，上海第一医学院参加藏象研究的教研室从 10 个缩减到 4 个，而这 4 个教研室也只是个别人参加。但是，沈自尹和志同道合的学院生化教研室继续合作攻关。他们对肾阳虚本质的探索，都是循现代医学对人体已知结构与已知功能，按逆向思维法，即顺藤摸瓜、追本溯源进行科研设计。他们先是发现肾阳虚者管辖肾上腺皮质的脑垂体功能低下，进而又发现其调节脑垂体的下丘脑功能也紊乱。他们当时采用了能反映下丘脑调节血皮质醇水平的血皮质醇昼夜节律测定，能反映脑垂体储备功能的甲吡酮试验，能兴奋肾上腺皮质的促皮质激素两日静脉滴注试验，对健康人、肾阴虚和肾阳虚病人均作了这样完整的全套测试，以了解下丘脑－垂体－肾上腺皮质轴的全面情况。从三组人群的比较中，得出了肾阳虚病人有下丘脑－垂体－肾上腺皮质轴不同环节（层次）、不同程度功能紊乱的初步结论。这一研究结论在 20 世纪 60 年代的世界医学领域是先进的，它使肾阳虚的研究达到可以具体确定病位的水平。

　　医学理论研究工作的出发点和最终目标是提高医疗效果，没有实践为基础，理论就不容易提高。实践是检验和发展理论的标准，在理论付诸实践的过程中，除了需要严谨的科学态度外，还需要勇气。在医疗上的新尝试，有时会有风险，的确需要拿出敢于承担风险的勇气。1963 年，病房里住进一位长期服用激素而成瘾的顽固性哮喘病人，激素的副作用给他带来痛苦，他很想戒掉。不少文献报道撤减激素病死率达 10%，而成功率也只有 10% 左右，并描述这类病人往往在停用激素一个月内，会有哮喘持续性发作甚至死亡。沈自尹根据前一阶段的研究发现，肾阳虚病人有垂体－肾上腺皮质功能低下，温补肾阳中药可提高其功能。长期服用激素者就是因为激素严重抑制了垂体和肾上腺功能，因而离不开激素。补肾法是否也可以用来协助撤减激素呢？由于这位病人对中医缺乏信心，合作较差，并在减激素的过程中仍有几次大发作，他曾激动地对沈自尹说："我的一切都寄托在你的身上了，若有个三长两短，你可得负完全责任。"沈自尹把用中医补肾阳方法既能提高垂体和肾上腺皮质功能，又有利于缓解哮喘的道理详细地向病人说明白，提高其信心以取得合作，同时加大补肾阳中药的剂量，在撤减激素的过程中密切观察，及时加用平喘药。经过近半年的努力，病人服用的激素全部撤去，在以后的一年多时间哮喘也没有发作。这一病例的成功，为以后 50% 的哮喘病人撤除长期服用的激素提供了经验。因此，从临床实践探索得来的假说——肾阳虚病人有垂体－肾上腺皮质轴功能低下，又在临床的再实践中得到了验证。

1965 年，上海市选了 3 篇论文（沈自尹的《肾的研究》、邝安堃的《阴虚阳虚动物实验模型》、裘德懋的《针刺麻醉在肺切除手术中的应用》）参加国家科委中医中药组成立大会。会后协和医院邀请沈自尹一行去宣读论文。当他踏进协和医院，登上演讲大厅的讲台，看到中西医结合研究成果终于能在我国西医最高殿堂里宣讲时，沈自尹心绪难平，兴奋不已。

20 世纪 60 年代中期后，中医理论研究受到了很大影响。1969 年，沈自尹报名参加上海第一医学院组织赴四川山区的祖国医药探索队，到穷乡僻壤、艰苦条件下进行中西医结合的临床探索。这支队伍刚到黔江县冯家坝，就有人来请出诊。沈自尹赶了 20 公里路到了病人家里，看到病人患的是出血性钩端螺旋体病。当地医生已用遍抗生素、激素，再无计可施。沈自尹在城市里也不曾看到过这种病，只在书本上见过，这个病人不但高热谵语，神志昏沉，全身布满皮下出血点，而且有尿血、鼻衄等多处内部出血，病势危重。扪诊发现腹部饱胀而有阻力，又是数天不大便，舌苔焦黄，脉虽沉但有力，分明是处于中医所说的"阳明腑实证"阶段。既然看准病势，沈自尹就大胆用了大剂量生大黄为主的大承气汤加减。谁知一剂药下去，病人泻出大量黑便，第二天早上已是热退血止，清醒过来。当地立刻传开了："上海来了高明医生！"于是他获得了"沈高明"的美名。

当时，涪陵邻鄂山区正逢百日咳流行，很多小儿患病。山区缺少西药，且仅有的氯霉素也只对病情早期有效，得尽快想办法解决。于是沈自尹取中、西医理论各自所长，拟定了中草药处方。药物的配伍体现了西医抗菌与中医扶正，镇咳与祛痰的有机结合。他们用大锅汤的方式发药，使患儿得到了及时治疗，90%取得显效，有效地控制了百日咳的流行，得到了涪陵地区政府的通报表彰。由此他发现，中西医结合并不在于数量上的相加、形式上的合作，中西医可以有多种多样的结合方式，但必须提到理论的高度，才有进一步指导实践的意义。

1970年回沪后，沈自尹根据在四川山区用中药治疗急性病的心得，在中西医结合病房陆续以生大黄为主治疗急性胰腺炎和上消化道出血，又以多种中草药按抗生素的配伍协同作用治疗肺炎、急性支气管炎，即现在市售的急支糖浆。这些设计符合客观规律，收到了显著效果，也从大量的实例和数据中，印证了姜春华较早提倡的"辨病与辨证相结合"基础上的中西医结合方式，即取中医理论与西医理论之长进行结合，中西医分阶段结合，药物的中西医结合。虽然辨病与辨证相结合只是临床上如何结合的入门途径，但它之所以被国内中医和中西医结合学者广泛引用于论文与教科书中，是因为它的核心汲取了中西医在诊治病证中各自的长处。

中西医结合研究无前人经验可以借鉴，都要靠自己摸索。沈自尹认为，作出科研设想与具体设计，需要有一种善于汲取中西医的长处和精华并加以有机结合的能力，才能在临床实践中提高疗效，在理论研究上取得一定的进展。这大概就是中西医结合难度高的原因。当他重新开始肾研究的时候，他便从以前动物实验中发现的温补肾阳中药可以减轻外源性激素对动物（大鼠）肾上腺皮质的抑制作用入手，开始了一系列的设想。在肾病综合征患者用大剂量激素治疗的同时，再用温补肾阳中药，却使得出现满月脸的副作用加快、加重，这时他想到大剂量激素在临床上表现为兴奋、失眠、面红、头痛等，是一派阳亢火旺的现象，再加上温补肾阳中药，无疑是火上浇油。这样的设计是有悖于中医理论的，因此需要另行设想。于是，他又按照中医理论，重新设计用生地、知母、生甘草以滋阴泻火。通过大量的动物实验，并和科内同事一起，在他们自己身上作地塞米松抑制试验，证明这一组处方可拮抗激素的负反馈内抑制，对肾上腺皮质具有一定的保护能力。这时他又想到，会不会是这三味药对肾上腺皮质本身具有兴奋作用，因此设计了用生地针剂溶于 5% 葡萄糖溶液中，模仿促肾上腺皮质激素（ACTH）的兴奋试验，滴注 8 小时，在自己和另一位医师身上试验。生地的剂量不断加大，一次滴入量相当于 250g 的生地，滴完后血皮质醇或尿十七羟值没有升高。他不曾想到，ACTH 在肾上腺皮质上存在特异而专一的受体，因此有强烈的反应。而植物性中药，即使是单味药，也含有复杂的成分，并具有多方面作用，不能与 ACTH 相比较，这样的设计也有悖于西医理论，因此没有得到预期的结果。沈自尹认为，通过吸取失败的教训，可以使得中西医结合的构思能力不断得到锻炼和提高。既然滋阴泻火与温补肾阳这两组药性截然相反的药都能保护肾上腺皮质，必然是在不同条件下发挥各自的作用，因为临床观察发现，用激素的早期多是阳亢火旺，而撤停激素时，常会出现怕冷的阳虚症状。通过临床及分阶段的动物实验观察，证明不论其临床辨证如何，用激素的早期，其内在实质是阴虚火旺，而到撤停阶段，其内在实质是阴阳两虚，以阳虚为主，其间转化的过程是阴损及阳。在理论上，结合以前对肾阴、肾阳的研究中，用药过偏可以看到阴、阳症状相互转化时尿十七羟的相应转化，证明阴阳转化也有物质基础，在肾上腺皮质轴上可以体现阴阳互根。这是从肾阴、肾阳动态变化过程中来研究阴阳学说。

沈自尹认为，阴阳学说是哲理的高度概括，具有普遍意义。人体中有很多表现出对立性质的物质存在，固然可以用阴阳概括，但人体的复杂性，难以用一对简单的物质来代表。于是沈自尹试着从哲理的高度，联系临床实际来研究可能会比较符合阴阳学说的原理。垂体－肾上腺皮质轴是内分泌系统中比较典型的通过反馈机制相互制约而达到相对平衡的关系。如阿狄森病由于肾上腺皮质的破坏，失去了对垂体的制约能力，致使垂体分泌大量的ACTH。联想到肾阳虚病人肾上腺皮质功能低，却没有皮肤色素沉着，沈自尹采用了间接观察垂体储备功能的甲吡酮试验，并首次在国内用放射免疫法直接测定血浆 ACTH 浓度，结果证明肾阳虚病人与阿狄森病人不同，其 ACTH 浓度明显偏低，说明肾上腺皮质与垂体功能是处于一个低水平（低阈值）的平衡。这一发现可以联系到中医很早就注意到的阴阳低阈平衡现象，如阴阳两虚、气血两虚。阴阳学说里调节阴阳是"以平为期"，但这里的"平"理应包括将低水平的平衡提高到正常水平的平衡。因此，沈自尹1979 年提出"阴阳常阈调节论"，立足于提高人体内固有的调节能力（其实这时已开始感觉到垂体－肾上腺皮质轴低水平的平衡是源于下丘脑的调节能力减退），按阴阳学说来指导调节体内对立的双方，使之不但平衡（低水平的平衡仍属病理现象），而且达到正常阈值（正常水平的平衡才属生理状态）。

20 世纪六七十年代，虽说是鼓励西医学习中医、研究中医、中西医结合，但主要是"一根针、一把草、一双手"。所谓中西医

结合，只是把一些中医和西医单位进行形式上的合并。所以 1976
年以后，大家都已隐隐地感觉到，中西医结合光靠临床实践、病
例分析，而没有理论上的中西医结合研究，很难深入下去。只有
下苦工夫，把中西医结合的理论研究推向更高的层次，并用以指
导临床，才能更好地带动治则、治法、方药的研究。

　　以前发现，肾阳虚病人肾上腺皮质功能低下，是起源于垂
体，进而又追溯到下丘脑，这是不自觉地运用逆向思维法而获得
的认识。因此当得到肾阳虚病人有下丘脑－垂体－肾上腺皮质轴
功能紊乱这一初步结论之后，沈自尹就已在酝酿垂体所属的另外
两个轴的研究，因为这样可以更全面地逆向追溯到肾阳虚的病理
发源地是否在下丘脑。1979 年起，通过对肾阳虚患者的下丘脑－
垂体所辖甲状腺、性腺、肾上腺皮质轴这三条内分泌轴进行全套
功能测定和治疗前后分析比较，并同时与同病异证的无肾阳虚患
者进行对比观察，经过 3 年多有计划、有步骤的研究，结果证明
肾阳虚患者在这三条轴的不同水平上，都有不同程度的紊乱。而
且正是运用逆向思维的方法，推断肾阳虚的主要病理改变可能在
下丘脑（或更高中枢）。肾阳虚证患者这三个内分泌轴上的功能紊
乱尚未能达到"病"的诊断标准，只属于一种隐潜性变化。

　　由于五脏病理变化表现在临床上亦属于"证"的范畴，故肾
的研究自然而然亦进入"证"本质的研究。"证"是中医学的一个
特殊概念，不同的证反映人体不同的病理状态。从 1982 年起，沈
自尹进一步采用受体分子水平的检测方法来研究，发现补肾阳中
药确能作用于下丘脑的双氢睾酮受体，提高其亲和力，因此也就
从理论上证实"肾阳虚证"的病理主要在下丘脑（或更高中枢）。

　　肾的研究从肾上腺皮质这一条内分泌轴扩展到甲状腺和性腺
这三条轴的功能研究，是在西医理论的指导下，向纵深发展的结
果。沈自尹将 40~50 岁的肾阳虚患者与 70 岁左右的健康老年人
进行了甲状腺与性腺轴内分泌功能的比较，发现测定结果极为相

似，临床表现亦有共同之处，如腰酸、膝软、耳鸣、脱发、齿摇、阳痿等。临床表现与内分泌测定相平行，反映了肾阳虚患者存在着一定程度的未老先衰，而老年人则是符合生理规律的肾虚。沈自尹将老年人出现的"肾虚"称之为"生理性肾虚"。由于肾阳虚证微观变化的探索结果和此前的大量工作积累，临床上见到腰酸、膝软、耳鸣、脱发、齿摇、阳痿等肾阳虚证表现时，就可预测到下丘脑的衰老钟调节功能已提前衰退，显示了微观辨证的实际意义。又由于采用温补肾阳药在一定程度上可以改善内分泌功能，为中医补肾阳药可以延缓衰老、延年益寿的说法找到了科学的依据。

在中西医结合研究过程中，沈自尹发现在完全正常的健康人和西医诊断的病人之间，存在着一片很大的空白区。这一人群虽有这样那样的症状，但按西医看是"无病可认"，因为还够不上任何疾病或综合征的诊断标准；在中医看来，却是"有证可辨"，也"有药可治"。通过辨证微观化研究，可以揭示许多已知结构的未知功能，以及隐潜性变化；结合微观辨证所得的认识而进行诊治，常可收到西医所不及的效果，因为还有隐潜性的"证"存在。

沈自尹对支气管哮喘的防治和研究已有20多年，主要是按照明清以来的中医治疗理论，"发时治肺，未发治肾"，说明几百年前中医通过以方药测证，已发现补肾药对哮喘可起到预防发作的作用。这也是"上工治未病"的最好例子。根据对十批哮喘病人采用温补肾阳法预防其季节性发作的显效率统计，证实其疗效远比对照组（包括空白片和小青龙汤治标药）为优，每批都能重复得出这一结果。当对病人作内分泌研究时发现，哮喘病人即使无肾虚的证候，其肾上腺皮质也有类似肾阳虚的隐潜性变化，也就是说具有隐潜性肾阳虚证。进一步的免疫研究证明，温补肾阳药是通过提高抑制性 T 细胞功能来抑制免疫球蛋白 E，这是有效的免疫调控，从而使哮喘减少或预防其发作。输尿管结石，中医认为是热灼津液而成。从结石嵌顿以至形成肾积水，中医从外象及宏观上不一定能辨证。当采用微观手段测知肾积水后，59% 的病人在临床上已出现阳虚之象，如怕冷、夜尿多、面目虚浮等。当然，并非每个病人都出现上述症状，而且并非都具有典型的肾阳虚证。但中医对水液之积聚形成一向有独到的认识，认为其产生的原因是由于阳气不足，不能温化水液之故。沈自尹在 100 例输尿管结石嵌顿性肾积水病人中，采用温肾利水法，获得 71% 的治愈率。

如果哮喘病人通过微观检测，诊断出轻微的或潜在的肾上腺皮质功能低下，用温补肾阳药可预防其季节性发作，并纠正其内分泌与免疫功能，因而认为是隐潜性肾阳虚者；输尿管结石嵌顿性肾积水症，由于微观检测有水液积聚，肾功能受损，用温阳利水法可排石消水，亦可考虑属于隐潜性肾阳虚者。那么，微观辨证与辨证微观化的研究加上药物验证，就可用以阐明"证"的本质。当然，微观辨证并不能取代宏观辨证，而是弥补宏观辨证用肉眼来观察事物之不足，因此不仅是对宏观辨证的发展，还提高了临床辨证的水平。具体的应用仍然要将微观辨证和宏观辨证有机结合，出现不一致的表现时，也要善于取舍。其实这就是辨病与辨证相结合在认识上的一次飞跃与发展。这样不断深入地研究以及更广泛地应用于临床，明显地展现出中西医结合的广阔的发展前景。

调整思路建网络系统

20 世纪 80 年代中期，沈自尹的研究工作有两次大的思路调整。一次是从藏象本质（肾本质）研究转入证本质（肾阳虚证）研究。"证"者证据，如司法凭证据判案，中医凭证而论治。"证"是中医辨证论治的基础，也是中医理论的精华所在。从临床对五脏中的肾进行研究，必须通过辨证来表现，故而自然而然也会进入"证"本质研究。另一次是从脏腑辨证转入"方剂辨证"（以方药测证）。沈自尹20世纪80年代中期以前的研究，主要从脏腑辨证入手。脏腑辨证是藏象辨别，就是按《黄帝内经》所说"藏（脏）居于内，形见于外"，从病人的外象来推论证。方剂辨证是遵循张仲景《伤寒论》中"有是证用是方（汤）"的原则，从证效关系来辨别辨证正确与否，有治疗性验证之意。方剂辨证有利于"证"本质的研究，从此开始了"以药测证"来研究证的本质。

脏腑辨证须从人体所表现的证候外象入手，因此研究对象都是人。人体研究取实验材料有所限制。以前的研究认为，肾阳虚证的病理发源地在下丘脑，只能是推论而已。为验证下丘脑是否为调控中心，不得不用动物模型。

20世纪80年代起，沈自尹观察到温补肾阳的补肾益寿片对老年补肾组（人）的血清睾酮有明显提高作用，而用四君子汤的老年健脾组则无此作用。进一步给老龄大鼠用补肾益寿汤，治疗前后比较（特取材于下丘脑），老龄补肾大鼠下丘脑中双氢睾酮受体的亲和力较之同为24个月龄的对照大鼠有显著的提高。这项药物验证的对比研究说明，补肾药可直接作用于下丘脑，并成为肾阳虚定位研究的重要证据之一。

下丘脑是机体重要的整合中枢，也是神经–内分泌系统与免疫系统联结的枢纽，有人称之为神经–内分泌–免疫网络中枢。Basedovsky提出著名的"神经–内分泌–免疫网络"（即NEI网络）学说，将过去认为各司其职的神经、内分泌、免疫三个系统看成了一个完整的相互作用的网络系统，这是现代医学从局部观点到整体观念的一大发展和进步，当时已成为国际上的研究热点之一，但还缺少调节NEI网络的手段。20世纪90年代起，沈自尹以外源性皮质酮造成大鼠下丘脑–垂体–肾上腺–胸腺（HPAT）轴功能抑制模型（亦是NEI网络受抑模型）以模拟"肾阳虚"做实验，观察到温补肾阳的右归饮能有效改善 HPAT 轴的功能，尤其是下丘脑的促肾上腺皮质激素释放激素（CRH）神经元和神经纤维，故选用右归饮主药附子的主要成分乌头碱，以观察正常大鼠下丘脑 CRH 的形态与功能的变化。结果显示，乌头碱可使下丘脑室旁核与正中隆起的 CRH 含量明显增加，同时亦见到 CRH 神经元与神经纤维明显增加。这说明温肾药可直接作用于下丘脑，调节 NEI 网络，并成为肾阳虚定位研究的重要证据之一。

之后，沈自尹采用三类复方（补肾、健脾、活血）在皮质酮大鼠模型上做实验，观察到三个药物组治疗后，唯有补肾药能明显地提高已受抑的下丘脑 CRHmRNA 的表达量，从而调节改善了 HPAT 轴的受抑状态，至此可以证明肾阳虚证的主要调节点定位在下丘脑，从而攻克了这个难点。其"思路"可归纳为：认识到证是功能态，不企望找到一个和西医直觉的、解剖的、形态的相对应的脏器或组织，而在于找到调节失衡的部位与治疗的调节点；对肾阳虚证进行功能定位，其"方法"是从临床（疗效）到实验（动物）到药物（验证），成为一项系统的研究；汲取近现代科学发展的先进学术思想和手段，如神经－内分泌－免疫学说、激素－受体－基因激活机制，使肾阳虚证的研究从定性、定量到定位，得到逐步的阐明。

要具体地揭示中医"肾"或"证"的本质，可能需要几代人的努力。肾阳虚证的主要调节点定位在下丘脑这一论点，似与"肾"为人体各脏腑的调节中心有所契合，亦符合以中医药理论为指导、兼容中西医结合的思路而得到的成果。目前，虽然离揭示肾阳虚证的全部本质还很远，但沈自尹相信，只要认准目标，执著追求，一步一个脚印地积累，就会对中医基础理论研究有所发展。

沈自尹认为，"肾"或"证"的研究对象虽然是古老的传统医学内容，但研究的方法必须赶上时代的节奏，否则难以跻身世界先进行列。21 世纪是基因组时代，也是生命科学世纪，我国和欧美发达国家相比，对于人类基因组 DNA 全序列的测定起步比较晚。基因测序是通常所称的"结构基因组学"方法，随之而来的是更为艰巨而复杂的"功能基因组学"时代，能用改变基因结构进行治疗的单基因遗传病人不到人口的 1%，其余 99% 病患属于多基因病，不是用改变结构的基因治疗所能奏效的，何况基因治疗并不成熟，因此对疾病的防治都将从基因的功能着手。中医的优势在于擅长功能调节，并能对功能基因进行调控，比西医领先一步。

现今生命科学最热门的三大研究领域是基因组、细胞凋亡、细胞信号传导。1996 年，免疫衰老权威 Miller 在《科学》杂志上提出衰老可能与 T 细胞凋亡的加速有关。1997 年，意大利与瑞士学者分别在老年鼠和老年人身上观察到过度的 T 细胞凋亡，但尚未提出对 T 细胞凋亡的调控手段。当时沈自尹就意识到，从 T 细胞凋亡的角度研究补肾延缓衰老是一个重要的切入口。1997 年，沈自尹当选为中国科学院院士，这是学者的最高荣誉。如果说 20 世纪下半叶关于"肾"或"证"本质的研究还属于科学论证阶段，那么，他从 1997 年起，开始进入创新发展阶段，即将肾本质的研究与延缓衰老联系起来。具体地说，是将肾虚与衰老从微观的分子水平进行研究。令人敬佩的是，沈自尹从 70 岁才开始涉足分子生物学这个陌生的学科领域。

1997 年开始，沈自尹先对老年人和老年大鼠与年轻人及大鼠相比较，发现的确存在 T 细胞过度凋亡。沈自尹采用补肾、健脾、活血复方分别对老年人、老年大鼠（衰老模型）以及皮质酮大鼠（肾阳虚证模型）的 T 细胞凋亡及其相关基因调控模式进行了对比研究。他观察到凡是补肾复方治疗的老年（人及大鼠）组与皮质酮鼠组的 T 细胞凋亡率，都比健脾、活血复方组以及未服药的对照组明显降低，并接近年轻组的细胞凋亡水平。同时补肾复方都能够使老年（人及大鼠）组与皮质酮鼠组的促凋亡基因表达下调，抗凋亡基因表达上调。除了单基因遗传病，基因是不能单独发挥作用的，基因的活动涉及基因组一群基因形成大、小网络协同活动，基因间的相互作用是一种网状式的调节，即牵一发而动全身式的调节。基因网络还存在着互相对立又互相依赖的对子，其中某一个基因的功能衰退或亢进，必然引起平衡失调，衰老、疾病、证候都是不同层次的基因网络失衡。人体本来有强大的调节能力，一旦自身不能克服这种不平衡，就不得不依赖药物等治疗手段。以上结果表明，补肾复方对老年和肾虚证（人和鼠）在 T 细胞凋亡及相关基因群的调控方面具有基本一致的模式，就是产生使高表达的促凋亡基因表达下调及低表达的抗凋亡基因表达上调的协同作用，重调基因平衡，从而逆转了衰老和肾阳虚证 T 细胞过度凋亡的趋势，恢复内环境稳态。补肾能延缓免疫衰老。从单个基因到基因群的调控研究，为下一步的"肾虚证基因表达谱的研究"奠定了基础。

整体观是中医理论的精髓，沈自尹逐渐认识到，在分子生物学水平上人体是若干大大小小的分子网络联系成的一个功能整体。他在新的当代科学背景下，用研究实例揭示了中医"证"的分子网络新概念。

1997 年 Basedovsky 提出著名的"神经 – 内分泌 – 免疫网络"（即 NEI 网络）学说，从淋巴细胞可分泌脑啡肽、ACTH 这些免疫递质和免疫激素这一事实，认为淋巴细胞似一"漂移的大脑"在体内巡游，可感受不能直接被中枢感知的刺激，如细菌、肿瘤、病毒等，通过分泌免疫递质和免疫激素，将信息传递给神经 – 内分泌系统。同样，神经 – 内分泌系统在感受心理（如情绪）、化学、物理等刺激后，将各种递质、激素、神经肽传递给免疫细胞，这样，神经、内分泌、免疫三个系统已不是过去认为的彼此不相干、各司其功能、各掌其职，而是构成了一个完整的相互作用的网络系统。这种观点已有别于 Virshow 细胞病理学的局部观点，是具有复杂庞大的调控机构与高度整体观的学说。之后，相继有人提出各个层次中、小型的免疫网络调节系统，如分子调控网络、细胞因子调控网络等。其实，人体就是由大大小小的网络所构成，无论哪一种网络都存在着相互对立和相互依赖的成分以及反馈的效应，因此网络的调控才有可能，才能构筑成一个有序的高级结构。

　　中医药的优势在于整体协调，通过多层次、多环节、多途径的调节，使得网络调控总效应对中药的应答沿着一个方向进行，同时在"证"的动物模型建立的基因表达谱上，观察到以药测证后的基因网络调控路线图谱。为此，2002 年，沈自尹首先开始"证"的基因表达谱研究。由于肾虚和衰老无论从中医理论还是实验研究都具有相同的内涵，故取 26 个月龄的老年大鼠复制肾虚模型，与四个月龄的年轻大鼠以及老年大鼠补肾药治疗组（也就是以药测证组）进行比较。实验方法是：将各组大鼠与肾虚证相关的组织（如下丘脑、垂体、肾上腺、淋巴细胞、骨骼、肝、肾等）取出来，分别提取 RNA，和点有成千上万个基因的芯片进行核苷酸互补的分子杂交所形成的基因表达谱作比较。根据各组每个组织基因表达谱之间的比较，以及各组间全部组织的比较，可以发现哪些基因由于药物作用激活而成倍地上调或下调。这样大系列由基因芯片技术形成的基因表达谱研究重复进行了两遍，最后从综合归纳结果可以看到：老年大鼠和青年大鼠的差异比较中，其神经 - 内分泌 - 免疫和神经 - 内分泌 - 骨代谢这两大基因网络路线明显处于衰退状态；而老年大鼠补肾治疗组和老年大鼠对照组的差异比较中，这两大基因网络路线则处于高度激活状态。这说明补肾药能纠正肾虚证模型存在的两大基因网络紊乱。从另一角度也可认为，肾在生理状态时主要执掌这两大基因网络调控的路线及规律。这样，以药测证对肾虚证的研究就进入到生命科学的范畴。由此沈自尹提出了"证"的新概念："证是一种有机综合的功能态，由一个调控中心及其所属众多分子网络所构成，作为对外界反应与自我调节的基础。"

从 2002 年开始，沈自尹又率先在国内倡导用系统生物学的原理研究中医基础理论。他认为中医的"证"不仅具有整体观特征，而且具有动态性、涌现性等系统生物学特征，因而再次将"证"的研究推向科学前沿。

15 世纪下半叶以来，还原论的研究方法主宰了现代科学的众多领域，生物学和医学汲取了分析研究的实验方法，对生物从整体到器官、组织、细胞，不断细分到分子水平。从唯物的历史观来看，这是时代的需要，在深入的、细节的考察方面，它比古代笼统的整体观是一个进步。20 世纪由于生产力的巨大发展，出现了许多大型、复杂的工程技术，都要求从整体上加以解决，系统科学便应运而生了，故出现了系统论、控制论、信息论。20 世纪末，人类基因组计划宣告，要从整体上来测定 DNA 序列，这和随后发展的各种组学技术把生物学带入了系统生物学时代。

系统科学除了整体观，还有一个重要特点，即把若干组分按照某种方式整合成为一个系统，就会产生这些组分单纯相加所没有的新东西，而一旦把系统分解还原为各个组分，这新东西便不复存在。系统科学把这种整体才具有而孤立的组分及其总和不具有的特性称为整体涌现性。例如单个分子没有温度，大量分子聚集为热力学系统，就具有用温度表示的整体属性。一台安装好的机器具有它的零件总和所没有的功能。系统科学是探索整体涌现性发生的条件、机制和规律。

尽管还原论强调，为了认识整体必须首先认识部分，只有把部分弄清楚才可能真正把握整体。这种首先把系统分解为部分，用部分说明整体的方法，对于处理比较简单的系统一般是有效的。但现在面临的是大量复杂系统问题。人体是一个非线性复杂的巨系统，生命活动又是处于不断动态变化之中，这种把部分的认识累加起来的研究方法，已不适宜去发现整体涌现性，故必须以系统论和还原论相结合的复杂性科学方法来研究。

在肾虚证的分子网络调控路线图研究中，沈自尹从动物的整体着手，通过以药测证的动态干预，对各个层次的大小网络进行合理的整合，正是按照系统生物学"整体、动态、层次、整合"的要点，使得基因网络的活动过渡到生物学功能，从而出现了一些单个系统所不能反映的涌现性行为，体现了系统生物学的特征。

系统生物学的另一个特征是采用基因组学、蛋白质组学、代谢组学等研究所获得生命活动过程中的信息，通过数学建模，并赋予预测的功能。因为数学能将生命活动过程定量化，故系统生物学的研究需要跨学科的合作。沈自尹开始应用类似人脑辨析思维的"神经网络"以及非线性动力学的理论和方法，对不同年龄的健康人和不同月龄的大鼠，通过高通量的实验方法，比较基因组学、代谢组学信息的整合，建立肾虚证数学模型，寻找肾气盛衰的规律。"证"的研究路子越走越宽，他由此深深地体会到，中医药现代化和国际化必须从符合整体观的科学前沿的学术思想和方法寻找突破的切入点。

沈自尹半个多世纪的中西医结合研究历程有一个重要的特点，就是他不仅有很多重要的具体发现，而且总是站在理论的高度，把实验素材及时总结、提炼和升华成一般性原则。这些原则包括"同病异治、异病同治"、"辨病与辨证相结合"、"微观辨证与宏观辨证相结合"。反过来，他又用这些原则有力地指导了中医和中西医结合的临床疗效提高和科学研究。中西医结合是一个没有经验可循的崭新领域，沈自尹总结提炼的这些原则来自于他大量的临床实践和实验研究，具有强大的论证力量，构筑了中西医结合学科的一些基础框架。这是沈自尹重要的开拓性贡献，推动了该学科的产生和发展。

沈自尹提出的第一个中西医结合基本原则是"同病异治、

异病同治"。中医学源于华夏文明。春秋战国时期，诸子百家争鸣，各种学术思想蜂起，具有朴素唯物辩证法思想的哲学观点向医学渗透，使医学从唯心论的神学中解脱出来。《黄帝内经》的编著，建立了中医学富于哲理的理论体系，几千年来有效地指导着临床实践，因此中医论述诊治与现代医学大不相同。沈自尹在肾的研究课题中注意到一个问题，即六种全然不同的疾病在某个阶段都有肾虚证时，都可采用补肾法而提高疗效。"异病"既然可以"同治"，必有其共同的物质基础。研究发现，凡是肾阳虚证的病人，其尿十七羟值都很低，因此找到肾阳虚的初步物质基础，也可以说找到了一个中西医的结合点。

沈自尹在四川山区针对百日咳流行，按照中、西医理论各自所长，将西医抗菌原理与中医扶正、镇咳、祛痰原则相配合；针对急性胰腺炎和上消化道出血，按中医"六腑以通为用"的原则，施以大黄为主的方药治疗；对肺炎，按西医"抗生素合理配伍"的思路，将五种中草药合用进行治疗，都取得了很好的效果。沈自尹总结这些经验，写成《中西医结合的初步途径是辨病与辨证相结合》一文，发表在1973年的《新医药杂志》上，他还受邀在全军中西医结合大会上作专题报告。从沈自尹辨证与辨病相结合的具体实例可以看出，他提出的辨病不仅是要根据现代医学辨出疾病的病名，而且要搞清该病的病理生理，这样才能结合中医辨证的优势，做到"各取所长，优势互补"。

中医有过解剖，但并不长于解剖，故对人体的观察是以外象推证，以方药测证。宏观辨证具有鲜明的整体观念，讲究内外环境的统一性，比之西医的局部观点，有明显的优越性。其不足之处在于，人体内在病变不一定都会在外表显露出来，"证"的症状有时全部显露，甚为典型，有时部分表现而不易辨识，有时还潜伏着，要到一定的阶段才表现出来。沈自尹通过"肾"本质的研究领悟到，微观辨证可以弥补宏观辨证用肉眼来观察事物方法之不足，可以拓宽中医辨证的范畴。将微观辨证和宏观辨证作有机的结合，必定会提高识病治病的水平。所以，将微观辨证与宏观辨证相结合是辨病和辨证相结合的一次飞跃和突破。他把大量的临床和科研相关资料以《微观辨证和辨证微观化》命题总结成文，在 1985 年第二届全国中西医结合会员代表大会暨学术讨论会上作专题发言。该论文发表在 1986 年《中西医结合杂志》上。这一方法论的提出，引起了国内同行的共鸣。1987 年，《中西医结合杂志》编辑部为此组织了专题讨论，对深化中西医结合起到了推动作用。

勤求古训又推陈出新

沈自尹本是西医出身，后来学习中医，能从现代医学角度观察传统中医，已是难能可贵的事情。令人惊异的是，他的中医功底非常深厚，不仅对中医经典烂熟于心，而且熟悉许多今天大学教材中没有介绍的中草药。他深厚的中医功底源于他青年时代刻苦学习中医。他做人做事认真执著，师古而不泥古，不断有创新发明。他的中医临床诊疗风格可概括为：勤求古训而又推陈出新，博采众方而又注重实效，汇通中西而又与时俱进。

沈自尹给研究生讲课时说，勤求古训就是要深入学习古代医家的论述，通晓医理，在临床处理病人时，体现出的就是辨证论治的水平。勤求古训，广泛涉猎，善于归纳抽象，才能得出好的辨证结果，并且能促进论治上的构思水平。他还说，一个好的中医处方，如同优美的音乐旋律或好的绘画，都是作者独特的构思加上表现技巧而形成的。"医者意也"，这个"意"，就是指构思。沈自尹对中医理论的理解有自己的鲜明特点，他力求搞懂中医经典理论的精髓和本质，并在实践和科学研究中检验、总结和升华。他早年写的文章《从垂体－肾上腺轴讨论阴阳常阈调节论》，是对中医阴阳学说的深度阐释。在对中医学"肾"的研究中，他逐步发现以下事实：各种疾病，按照中医辨证标准，凡是符合"肾阳虚"条件的病人，他们的肾上腺皮质功能（由24小时尿十七羟测定来反映），80%~90%是低于正常的。"肾阳虚"病人肾上腺皮质功能偏低，根据肾上腺和垂体相互制约的反馈关系，按理应该由垂体分泌大量的ACTH来提高肾上腺皮质功能以达到新的平衡，但对"肾阳虚"病人进一步的多种检查（采用ACTH两日静脉滴注兴奋试验，间接观察垂体功能，Su-4885探测垂体储备功能试验，直接用放射免疫法测定血浆ACTH浓度）发现，"肾阳虚"病人的垂体并没有大量分泌ACTH，相反，其功能是低下的。这说明"肾阳虚"病人的垂体与肾上腺的分泌功能都是低下的，两者之间虽然处于平衡，但是处于一个低水平的平衡。这与一种称为阿狄森病的内分泌疾病截然不同。阿狄森病病人的肾上腺皮质已毁坏90%以上，由于毁坏太多无法复原，失去了对垂体的制约能力，于是垂体分泌大量的ACTH，因此，垂体和肾上腺皮质的关系是完全不平衡的。

　　中医所说的阴阳对立而统一的状态，一旦有偏胜，就会"阳胜则阴病，阴胜则阳病"，"阳盛耗阴，阴盛耗阳"，"阳损及阴，阴损及阳"。阴阳一方的偏胜或偏衰在病久以后，必然要或多或少地影响到另一方，故而若因看到"肾阳虚"，而单用温热药扶植一面，往往会因温热药太过而消耗体内原已不足之阴。阴虚又会因过用泻火药而转为阳虚。因为阴中有阳、阳中有阴，故治阳要顾阴，治阴要顾阳，就是在充分补阴的基础上温补肾阳，才能使阴阳两方面基础同时提高。明代张景岳创制的左归饮（育阴以涵阳）、右归饮（扶阳以配阴），就是一个最好的范例。沈自尹用温补肾阳法（扶阳以配阴的右归饮）治疗"肾阳虚"病人（ACTH试验呈延迟反应者）17例，结果不但不再出现阴阳偏胜偏衰现象，而且疾病症状缓解。复查15例，ACTH兴奋试验由不正常转为正常，说明垂体与肾上腺皮质低水平的平衡只能由正确的阴阳调节治法而获得纠正。

根据以上垂体－肾上腺皮质轴关系中所见事实，"肾阳虚"病人的垂体与肾上腺皮质功能处于一个低水平的平衡。而这种状况貌似平衡，实质上仍属病态。只有达到生理水平的平衡，才能称为健康。而温补肾阳法（通过 ACTH 兴奋试验等来观察）可以纠正这种低水平的平衡。沈自尹由此而提出垂体－肾上腺皮质轴的阴阳常阈调节论。阴阳常阈调节论有重要的理论意义。该理论认为，人体是一个复杂的有机体，各个脏腑器官之间处于动态变化的关系中，但是有强力的神经体液调节，使它们处于相对平衡的状态。垂体与肾上腺皮质可以处于低水平的平衡，这虽不影响生命，但并不健康。平衡是维持生命的手段，达到常阈才是健康的特征。因此，在治病时，不能以低水平的暂时平衡为满足，更不能被症状缓解（内部仍处于不平衡，或失去了固有的调节能力）而迷惑。人类在进化过程中，获得了固有的包括维持机体与外环境的统一、维持生命过程对立统一的调节能力，垂体－肾上腺皮质轴（受到下丘脑的调节）是其中重要的调节能力之一。阴阳常阈调节论的立论点就是这种调节能力。沈自尹认为应尽一切力量来保护与提高这种调节能力，尽一切力量来避免损害这种调节能力。沈自尹对阴阳常阈调节的理解和发挥，是用具体的临床实践来解释调节阴阳、以平为期的中医观点，并且强调要达到常阈，这是新的创见。由于阴阳学说具有普遍的意义，渗透在中医的各个方面，因此常阈调节论也就非常重要。

沈自尹对中医的整体观也是格外推崇，认为这是中医学理论体系最重要的特色之一。他总结了大量的临床实践和科研成果，提出"调节整体，改善局部"是中医治疗疾病的重要方式和特点。下丘脑－垂体－肾上腺皮质（HPA）轴功能在某些疾病过程中所具有的重要作用很少被人们注意到，也未曾见有用药物提高 HPA

轴功能，从而改善某些疾病预后的报道。他的研究发现，哮喘即使无肾虚时，肾上腺皮质功能也已受影响，而发展至肾阳虚时，HPA 轴功能已明显减退。此两型患者经补肾后，HPA 轴功能均恢复正常，说明补肾可改善 HPA 轴功能，由此能预防哮喘季节性发作。采用补肾法，通过改善 HPA 轴功能，应用于激素依赖型哮喘和儿童肾病综合征，也显著提高了疗效。用中药治疗这些疾病之所以能获得好的疗效，是由于具有一个共同的特点，就是补肾方药是作用于下丘脑－垂体－肾上腺皮质轴，调整神经－内分泌功能，但发挥的作用却在局部。如哮喘的控制、肾病综合征的改善。他认为，自 15 世纪下半叶以来，还原论主宰了现代科学的众多领域，生物学和医学就是按照还原论，从整体到器官、组织、细胞，不断细分到分子水平，但却远离了整体。故而历来都认为，是局部病变影响到整体机能状态。当局部病变得以控制，整体的病态反应会自然消退。但亦有整体病变不消退，反过来对疾病产生负面影响，并继续危害机体。后一种情况一般不会被以治疗局部为己任的医师所注意，因为他们缺乏对整体进行调节的手段。

　　古代中国和古希腊都用自发的系统概念考察自然现象，从整体角度说明部分与整体的关系。中医的"证"就是一种反映整体的有机综合的功能态。即使是一个局部的病变，中医"辨证"都要结合全身的情况来考虑，因为整体机能状态也可以影响局部的病理改变。这是和现代医学在诊治观念和采取的诊治路线上存在的最大区别。如果中西医能在整体和局部观念上互补，也就是把还原论和整体论结合起来，立论于"宏观与微观结合、整体和局部并重"，就能避免弊端，提高疗效。从沈自尹对中医阴阳常阈调节、中医整体观治疗疾病的发挥可以看出，他对中医理论的理解深刻，并能将其同现代科学技术和科学理论联系起来。沈自尹在阐释这些中医理论的时候，总是从自己亲历的大量临床和科研实践出发，不空谈。他这种坚持发扬中医理论特色、从实际出发的态度，给后人以很大的启发。

中医古籍，浩如烟海，对同一个疾病，历代医家都有发挥，处方用药就更加丰富多样，确是千方易得。沈自尹在跟随姜春华学习中医时，就从老师那里学到了一种归纳的方法，即学习《外台秘要》、《千金方》时，对每一种病证的用药加以归纳，从出现频率较高的主药中求实效，理解治病的真谛，这就是博采众方。在跟随姜春华老师学习中医时，沈自尹看到老师用巴豆为主的巴漆丸治疗肝硬化腹水，用砒矾丸治疗哮喘，均取得了好的效果。老师的博采众方，让他看到了中医的疗效和科学性，使他懂得要广泛地向古今中医学习。后来他自己在临床中，也注重观察中医的诊治疗效。如1969年去四川山区时，应用中医治疗百日咳；1970年返沪后，利用大黄治疗急性胰腺炎和上消化道出血等。他喜欢读书，并勤于做笔记。他有一个小本子，上面记载了很多有实效的处方，包括民间验方，他称为参考方。在临证过程中，如有用得上的，即可随时取用。这些都充分体现了沈自尹坚持博采众方，虚心学习别人经验，重理论更重实效的求实作风。有一个病例是很好的印证。徐某，男，45岁，两年前吃海鲜并饮酒后，全身皮肤瘙痒，且有大片出血斑点，见热即发，每晚睡觉之时，瘙痒难耐，经年累月，极为痛苦。西医诊断为"湿疹样皮炎"，使用糖皮质激素强的松治疗，瘙痒立即停止，然一旦停药，瘙痒迅速复发。患者已出现应用激素的副作用，如满月脸、水牛背。就诊时患者头面、四肢、全身遍布皮疹，疹色暗红，舌苔薄，脉弦。沈自尹拿出参考方，用土茯苓30g，制首乌9g，威灵仙9g，徐长卿15g，甘草9g，苦参9g，白鲜皮9g，地肤子9g，随证加减。服14剂后，患者诉有效。原方加生地黄，续进14剂，皮疹范围缩小。服两月后，全身皮疹基本消退，激素完全停止使用。因患者不能控制饮食，再次饮酒而发作，进前方再次缓解。患者询问沈自尹，为何要加用制首乌、徐长卿及威灵仙。他说，这几味药在本草中虽有治疗皮肤病的记载，但药物功效主要不在皮肤，这是一个验方，对过敏有较好效果，因此常留于身边，可随时取用。由此可见，他治病注重实效，重视民间验方。他平时用药精当，积累了大量的经验，因此临床疗效非常显著。如重用黄芪治疗蛋白尿；病人咳嗽，痰在深处，则用枳实；胃病常用蒲公英、白花蛇舌草等。他用中医诊治始终本着求真务实的精神，有时候，患者求治，他若认为中医药治疗的疗效可能有限，就会直接告诉患者，中药在这方面效果不是很好，可以找其他专家看看。他虽然热爱中医、研究中医，但也常常能跳出中医外，以科学家和医学家的严谨来看待他所从事的事业。

　　他博采众方还包括向现代医学学习，并吸收中医药的最新研究成果。他用药选药之时，常能将中药的传统理论和现代药理研究结合起来，并且要求选用之药要和传统中药药性理论相互契合。如根据现代药理学研究，垂盆草能降低转氨酶，保护肝功能，只要与辨证不相冲突，即可使用；只要 HPA 轴功能有障碍，就使用淫羊藿。应用现代研究成果的例子不胜枚举。他的门诊有许多慢性肝炎患者，已患病多年，病毒滴度较高，有的甚至有肝功能异常，他每依据中医辨证，结合现代药理研究，取得较好的疗效，有的患者病毒水平得以有效控制。如杨某，女，51 岁，"小三阳"，血清乙肝病毒拷贝数为每毫升一百万拷贝，诉肝区略有不适。他处以清热解毒、疏肝祛湿，兼以活血健脾为治。若有肝功能异常，加垂盆草；对于板蓝根、苦参、虎杖等抗病毒药物，则轮换使用，以免耐药。以上方经过两年的治疗，患者复查乙肝病毒拷贝数，降为每毫升一千拷贝，患者精神、饮食佳，无不适。

　　沈自尹是中西医结合专家，他的所思所想都是如何进行中西医结合，他临床上的主要特点，也是中西医相互取长补短、有机结合。当下有些即使不懂中医中药的西医师，也会开出中成药处方，而病人既找西医看病，同时又找中医开药。这种普遍存在的现象，只能说是中西医药简单地相加，而不能称为"中西医结合"。中医看病讲究辨证论治，先是辨别不同的证，而后给予相应的诊断和治疗。中医的辨证从症状着手，分析症状的部位、原因和性质，能归纳出比症状更接近于疾病本质的"证"。因此，它有别于见痰治痰、见血止血、见热退热的对症治疗。中医也有病的名称，如痢疾、消渴、黄疸等，但中医认识疾病基本上是从证入手。西医看病是对症状和病史进行分析，辅以体格检查和实验室检查，再确定病位、病因，然后给予相应的诊断和治疗。辨病是西医所长。中医和西医是从人体的不同侧面来认识疾病本质的，因此采用辨病与辨证相结合，正是取中西医各自之长。

　　沈自尹提出的中西医"辨证与辨病相结合"基本原则，现在已广泛地被业内人士接受和应用。但其具体的内涵，与一般医生的理解并不一样。有些医生以为中医辨证加上西医辨病就是辨证与辨病相结合，这也是现在中西医结合教科书广泛采用的一种观点。西医的一个病，又分几个症型。沈自尹认为，"辨证与辨病相结合"应该是一种有机结合。如何能做到有机的结合呢？关键在两点：一是西医辨病，并不仅仅指诊断为何种疾病，重点是要辨别疾病的病理生理；二是中医辨证，重点是要掌握古人论述中可以落在实处、真正起到疗效的地方。如对于消化性溃疡的治疗，从前西医认为是由于胃酸分泌过多而消蚀胃黏膜，形成溃疡，故有"无酸就无溃疡"之说。近年发现，幽门螺旋杆菌才是消化性溃疡的重要病因，于是又有人提出"无幽门螺旋杆菌就无溃疡"之论。的确，消化性溃疡患者的幽门螺旋杆菌阳性率相当高，现在以抗生素为主的三联疗法，可使幽门螺旋杆菌转为阴性，转阴率达到 80%～89%，从而使溃疡愈合。中医对胃生理功能的认识，其中就有"胃主降浊"。"浊"是指经过消化吸收之后的食物残渣，"胃主降浊"指胃气下降，而且是不断地下降，将食物残渣下输到小肠、大肠。若胃不能顺利通降，不仅影响食欲，而且因浊气停留在上，便出现口臭、嗳气、胃胀、泛酸，甚至恶心、呕吐等胃气上逆的症状。采用中医利气通降的治法，可以纠正胃的动力障碍，从而减少消化性溃疡的复发率。这就体现了取中西医各自的优势进行结合。由此也可以看到，西医循着还原论的思路，研究越来越深入细致，说理越来越透彻，发现幽门螺旋杆菌是消化性溃疡的病因，因此将杀灭幽门螺旋杆菌作为主要的措施。中医药在祛除幽门螺旋杆菌方面可能也有一定效果，但西医药的效果已经相当明确，所以要借鉴它的长处。消化性溃疡同时还伴有胃动力紊乱，属于中医脾胃病范畴，而中医治疗脾胃病有大量的文献记载和丰富的经验，这是优势所在，应该予以借鉴。因此，辨证与辨病的中西医结合是取中西医各自之长，是针对病理生理变化的结合，并不是简单地中医辨证加上西医辨病。

　　宏观辨证与微观辨证相结合也是沈自尹强调中西医有机结合的一个重要方面。宏观辨证，是中医的长处。微观辨证，就是通过各种先进的现代科学（包括现代医学）技术检测的微观指标来认识与辨别病证。在医疗上，将宏观辨证和微观辨证相结合，加以分型论治，并引入有效的治疗手段，就能够取得满意的疗效。以慢性再生障碍性贫血（再障）为例，从前中医按宏观辨证，认为这类患者是气血两虚，一般都用大补气血的办法治疗，可疗效并不令人满意。当从西医辨病的角度，了解到再障的微观病变是骨髓造血功能障碍，联系到中医"肾主骨、生髓……肾藏精、精血同源"等理论，改用补肾方法后，疗效确实有所提高。事实上，宏观辨证与微观辨证相结合，是辨病与辨证相结合的进一步发展与深入。又如，免疫性不孕症是女方体内产生对抗精子的抗体而不能怀孕，这种免疫功能异常从微观辨证所见，与中医理论中肾阴虚火旺相对应，按理应采用滋阴降火的方法。但这些患者宏观辨证却并无肾阴虚的表现，相反多属肾阳虚表现。当辨病与辨证相结合不一致的时候，有时需舍证从病，有时需舍病从证。对免疫性不孕症患者舍证从病，采用滋阴降火的方法，可使80%患者因免疫异常而产生的抗体转为阴性，从而可以怀孕。

沈自尹在长期大量的临床实践中，有时从西医出发，借鉴中医之长，有时从中医出发，借鉴西医之长，其变化之妙，可谓存乎一心，充分体现了一位当代医学家兼收并蓄、广博宏深的学养。所以沈自尹在中医临床虽然有很多体会、特点，但根本的特点只有一个：古老的中医学和现代医学要有机结合，目的都是为了弄清疾病深层次的病理变化，使处方用药能针对本质，从而提高临床疗效。

谦恭学者养生亦有道

2007年，适值沈自尹八十寿辰，学生将他的论著编辑为《肾虚与科学》一书出版。此书对他的绝大部分工作进行了分类总结，因此格外珍贵。该书出版后，他送每个学生一本，并在扉页上题字留念，题字即是出自《易经》的那句"天行健，君子以自强不息"。沈自尹一生的奋斗精神，用这句话概括再合适不过了。面对社会形势的动荡变化，他执著追求信念，从没动摇过。他对自己要求很严格，把做好学问、做好研究、有真正的发现作为一生最大的追求和满足。他勤奋不辍，孜孜不倦，天天都要看书或写作，至今还常在杂志上发表文章。他非常关心学生的学习和研究，对学生的研究目标、实验设计都要反复检查，对学生写的论文都要认真审阅、修改，大到文章的思路，小到标点符号，都严格要求，一丝不苟。他不断学习，与时俱进，总是率先引进国际前沿的新学说、新技术。1997年Basedovsky提出的神经－内分泌－免疫网络学说推动了现代医学摆脱机械唯物论，向整体论发展，这个学说与中医的整体观有相当多的吻合点，他将这一学说引进并进行了持之以恒的研究；20世纪90年代末，基因组学、蛋白组学、代谢组学等功能基因组学研究技术，由于具有高通量检测特性，可能对说明中医医理有所帮助，他以极大的热情，投入大量的时间和精力，对"证"进行基因组学研究；2003 年左右，国际上正处在系统生物学的研究热潮，他敏锐和开拓性地将之引入到中医研究中。他发现系统生物学和中医对事物的认识观念方面十分相似。刚开始做基因芯片实验时，他对大量基因表达谱数据的分析处理还十分茫然。有一天，他突然说，这么多的数据，我看请教一下数学界的人怎么样？于是他开始和复旦大学数学系几位教授合作。他对自己要求严格，对别人却相当宽厚。在学术上，他写文章或演讲，总是以大量的事实作为依据，不比较、不贬低他人的研究成果。孔子说："知我者，其惟《春秋》乎？罪我者，其惟《春秋》乎？"一个做学问的人，他要研究的是对象本身，而不是自己的同行。自然总是以各种表象出现，揭示自然表象背后的规律，并把它呈现出来，才是研究者真正的任务。韩愈在《原毁》中说："古之君子，其责己也重以周，其待人也轻以约。重以周，故不怠；轻以约，故人乐为善。"沈自尹对人对己的态度，正是君子的优秀品格。

沈自尹勤于思索，做事情目标明确，特别善于提炼、总结和升华。他非常关注一个科研问题的起点和终点。所谓科研的起点，就是提出问题，科研的终点，就是解决问题。他能敏锐地发现课题的价值，判断是不是一个好的问题。有时他和学生随便交流想法，听到有趣的想法，他的精神便为之一振，马上兴致很高，这通常是一个重要的问题。他对科研目的的把握贯穿于整个科研过程的每一个细节中。科研就是遵循这么简单的原则：一个好的问题，一个明确的目的，一个达到这个目的最简洁的途径。

沈自尹的养生之道独具特点，可以说是他学术思想在日常生活中的反映。他既尊重中医学对人体养生的认识，又吸收现代医学观念，持之以恒，数十年如一日，一以贯之。养生并不是追求长生不老，也不是一件容易的事情。首先，求得对生命的正确认识，采用适合自己的方式方法，就非易事；其次，养生贵在坚持，若非德行坚定的人，即使知道了养生之道，也必定无功而返。他如今已臻耄耋之年，依然精神矍铄，思维敏捷，活跃在科研工作第一线，指导博士研究生、博士后，这应是养生有道的结果。他的养生之道，概括起来，大致有四点：合理饮食、坚持锻炼、戒烟少酒、性情平和。

合理饮食既包括科学安排一日三餐，也包括一日三餐以外的营养成分补充。他的膳食安排可以说是有中医特点的科学饮食。随着年龄增大，他以素食为主，多吃蔬菜水果，少吃肥肉和荤油。因为动物脂肪富含饱和脂肪酸以及胆固醇，会提高血液中的低密度脂蛋白（称为有害的血脂）含量。随着血压升高，低密度脂蛋白可在动脉壁上沉积，形成粥样的斑块，使得动脉管腔狭窄，甚至堵塞，造成动脉供血区发生缺血性变化。他饮食清淡，"清"就是少油腻，"淡"就是少盐酱。他食糖也较少，因为老年人有糖耐量降低的倾向，容易血糖偏高，甜食和含糖量高的水果也不能多吃。单糖如果糖、葡萄糖，双糖如蔗糖，都能使人发胖，同时可转化为甘油三酯（亦是有害的血脂），同样会促使心、脑血管病变。蛋白质是最为重要的营养素，除了是构成人体各种器官、组织乃至细胞的基本物质，许多有高度生理活性的物质，如酶、抗体、激素等，以至遗传信息传递都离不开蛋白质。老年人其实比年轻人需要更多的蛋白质。因此他在选择饮食上，蛋、豆类食品、禽肉、鱼类蛋白质搭配食用，以保证蛋白质的供应。

进补是古老中国独有的养生观念。以前常说"冬令进补"，现在已大有"一年四季都要补"的趋势。进补有个针对性的问题。中药的药性都有所偏，如寒热温凉、升降浮沉、辛甘酸苦咸等，平性的中药很少。中药治病是用药物的"偏"来纠正人体的"偏"，服错了有偏性的药，不是反而制造新的偏吗？如有的人吃温热性的红参引起咽痛、鼻血，原因是这些人体质偏于阴虚内热，进补不当，适得其反。所以进补也要有针对性，应该是"让药凑（迎合）人"，而不是"人去凑药"。

沈自尹养生的第二点就是坚持锻炼。体育锻炼对老年人来说尤为重要。"生命在于运动"是一句至理名言，体育运动对提高心脏功能、改善全身代谢、提高骨密度都有帮助。但也另有一种提法是"生命在于静养"，认为气功、瑜伽可以提高神经系统的稳定性，从而有利于支配内脏的活动，甚至可以治病。不同的提法都有一定的科学根据，但是过于强调一种提法，或者锻炼者没有按照自己的条件适度地安排，则往往会陷入误区。如国外风行晨起跑步，有人晨起空腹快跑，跑得大汗淋漓，突然昏倒，甚至休克、死亡的亦有之。这是因为晨起运动前不吃食物，消耗的能量主要来源就靠脂肪分解，此时血液中游离脂肪酸会显著升高，毒害心肌和血管。如果原来有隐性冠心病或动脉粥样硬化，就可能招致冠状动脉供血不足或是心律失常，甚至心肌梗死，从而引发突然事故。至于以静养为锻炼的，若没有和适当的运动相结合，亦会招致肌肉的"废用性萎缩"与骨质疏松。因此通过锻炼来达到保健的目的在于"适度"，无论是运动锻炼来强身，抑或以静养调节身心，都需要"动静结合"。运动锻炼关键在于能否长期坚持。沈自尹认为，选择锻炼方式时，要根据自己的爱好，因为有爱好才能坚持。他年轻时练太极拳，也坚持了很长一段时间，但最后他认为太极拳对他不合适，就换为打保龄球。对保龄球他很感兴趣，几乎每天都坚持去打，每次打40分钟左右，已经坚持了10多年。在复旦大学举行的教师保龄球大赛中，他还夺得了第二名。

第三是戒烟少酒。吸烟会增加心血管疾病和脑卒中的发病危险，与吸烟有关的疾病有缺血性心脏病、呼吸道癌症、慢性阻塞性肺病（如肺气肿及慢性支气管炎）等。吸烟也是目前产生自由基最快最多的方式，这种自由基可损伤人体细胞，加速衰老。沈自尹不抽烟，但每天晚饭时会饮一小杯红葡萄酒。研究发现，葡萄汁和红葡萄酒中的白藜芦醇能使长寿基因 SIRT1 的活性增加 13 倍。由于白藜芦醇和原花青素这些能激活 SIRT1 的多酚类物质是存在于葡萄籽和葡萄皮中，故以带皮带籽的葡萄酿造的红葡萄酒有增寿作用，而白葡萄酒是去皮去籽酿造，就没有这个效果。因此，每天饮用少量红葡萄酒的习惯对他的健康非常有帮助。

沈自尹一生经历了许多坎坷，造就了他既锐意奋发，又胸怀宽广、淡泊名利的独特性格，这也是他长寿的原因之一。生活中，他是个和蔼可亲的性情中人，在他身上从来感觉不到世俗的圆滑和虚伪。他的喜怒哀乐都"写"在脸上，从不掩饰。有时他还会情不自禁地表现出一种孩童般的直率和可爱。1997 年，他当选为中国科学院院士，当他得知这个消息时，激动之情难以言表。但他很快就平静下来，对大家说："就我个人来说，当选中科院院士除了觉得有幸获此殊荣以外，更受鼓舞的是中医药科学内涵的中西医结合研究得到了我国最高科学机构和科学家们的承认与肯定。"他在学术上造诣很深，但对学生和晚辈的意见非常尊重。在课题讨论会上，他会特意听取新来学生的想法。他尊重晚辈的意见，也尊重他们的劳动。一次，为了建立"肾虚证"数学模型，他向复旦大学数学研究所的一位年轻教师请教有关"人工神经网络"方面的问题。他从家里带来了上好的茶叶，亲自泡好茶水，双手端给这位小老师，弄得这位年轻人一脑门汗，很不好意思。请教结束后，他还要付给报酬。像这种生活中以诚待人待客的小事比比皆是，反映出沈自尹谦和虚心、平易近人的大家风范。

孔子在《论语·雍也》中说："智者乐水，仁者乐山。智者动，仁者静；智者乐，仁者寿。"意思是说：聪明的人快乐，像水一样，永远是活泼的；仁爱的人快乐，像山一样，崇高、伟大、宁静。聪明的人不断探求知识，思维是活动的；仁爱的人有涵养，看事情冷静。从探索知识中得到乐趣，宁静有修养，心胸开阔，寿命自然延长。沈自尹对学术兢兢业业、不断探求，可谓探索之路上的"智者"；而对其他事情常常一笑了之，对人对事都很包容，心胸开阔，心情平静，不拘于物，可谓"仁者"。这种"智者"与"仁者"的修养和境界，是他养生长寿的真正秘诀。

（撰稿人　黄建华）

王孝涛 卷

王孝涛（1928—　　）

仙葫滿藥

乙丑年元月　一目老人　王孝濤

王孝濤手迹

愿以上达之志　求得寿益人间

——王孝涛

　　王孝涛，1928 年出生，中药炮制学家。浙江平阳人。1951年毕业于浙江医学院药科。后由国家统一分配到中央卫生研究院中国医药研究所工作。1954 年调卫生部中医研究院筹备处，参与筹建中药研究所，并先后任生药室、炮制室主任。1985 年后曾任中国中医研究院及中药研究所专家委员会和学术委员会委员，院、所两级高级专业技术职务评审委员会委员，中国中医科学院著名中医药专家学术经验传承博士后合作导师，国家中医药管理局中药高级职务评审委员会副主任，国家中医药管理局中医药工作咨询委员会委员，全国老中医药专家学术经验继承工作指导老师，北京中医药大学客座教授，国家药典委员会第四、五、六、七届委员，国家科委国家秘密技术审查专家组专家，中国军事医学科学院毒物药物研究所学术顾问，中国社会经济调查中心专家委员会委员，中华中医药学会中药学会副主任委员，中药炮制科学研究会会长，中国药学会理事，中国民间中医医药研究开发协会理事，中华中医药学会炮制分会名誉主任，中国药文化研究会顾问及专家委员会学术顾问，中国中药协会中药饮片专业委员会名誉主任，中国药材集团公司发展战略委员会顾问委员；《中国中药杂志》、《药学通报》（后改名为《中国药学杂志》）、《中成药研究》、《时珍国医国药》、《中药研究与信息杂志》编委、顾问，《中医杂志》特约编委，《医药世界》专家委员会常务委员等。曾任全国政协第六、七、八、九届委员，全国政协科教文卫体委员会委员。2007 年被评选为国家级非物质文化遗产"中药炮制技术"项目传承人。2009 年被评为非物质文化遗产保护工作先进个人。同年被中华中医药学会聘为终身理事。享受国务院政府特殊津贴。

王孝涛从事中药饮片炮制和道地药材质量科研工作 50 余年，先后编纂出版了 9 部中药炮制学专著。《历代中药炮制资料辑要》荣获 1975 年院级成果奖，《中药炮制经验集成》荣获 1978 年卫生部全国医药卫生科技大会科技成果奖，《全国中药炮制规范》荣获 1989 年中国中医研究院科技成果一等奖，《历代中药炮制法汇典》荣获 1991 年全国首届优秀医史文献图书银奖。其炮制工艺改进的科研工作先后获得卫生部、国家中医药管理局、中国中医科学院多个奖项。2008 年获中国中医科学院荣誉首席研究员称号。先后公开发表 110 多篇专业论文。

远山含灵秀　　志士出寒门

王孝涛祖籍浙江省平阳县南湖乡。

平阳县西南部就是浙南名胜南雁荡山，由浙闽边境的洞宫山山脉绵延而来。南雁荡山由"山顶有荡，秋雁栖之"而得名，山脉连连，峰岩叠叠，最高峰达海拔 1237 米，其间奇峰怪石，异洞幽径，危崖峭壁，流泉飞瀑，构成一幅幅梦幻般的图景。山的东面有一"会文书院"，是北宋名儒陈经邦、陈经正兄弟读书处。后二陈北上，受业于理学家程颢、程颐门下，率先将洛学（理学主脉）传入浙江。南宋理学名家朱熹也曾率弟子来此讲学。有楹联"伊洛微言持敬始，永嘉前辈读书多"。会文书院现成为缅怀先贤、培育后学之处，有楹联云："前良翰，后端彦，予何人哉；上楞星，下碧溪，今犹昔也。"

源自南雁荡山的畴溪、顺溪、青溪、雁溪汇合于一个叫做

"水头"的繁华小镇，形成了浙江七大水系之一的鳌江。

山、江之间有个四面环山的小盆地，盆地中有水田万余亩，因地形如湖而得名南湖。古时这里的确是个湖泊，后因长期淤积而成了盆地。清代平阳知县何子祥曾赞之云："湖水深畅清泚，堤岸宽坦四达，沿岸桥梁，红楹垂杨，绿栏拂柳，尽日画舫往来，笙歌不断，如杭州西湖然。"（《蓉林笔钞》）

就在南湖的南部，有两座山峰比肩而立，一称海尖山，一称鹿角山。两峰间一屏飞瀑从天而降，化作灌溉农田的水源，润泽一方。

1928 年 6 月 15 日，王孝涛就出生在这里一个叫"鹿角山村"的小村子里。鳌江流过村子的东北部，每当江水涨潮时，波涛汹涌，状如巨鳌负山，所以这里又被称为"东海之滨，鳌水之头"，取巨鳌镇浪、压邪保安的吉祥之意。穿过鳌江向北，可到达温州；向东可抵达浩瀚无际的东海，溯鳌江而上，可到达水头镇。

鹿角山村在鹿角山的北侧，小桥流水，炊烟缭绕，是一个美丽恬静的地方。这里四季分明，冬无严寒，夏无酷暑，春秋宜人，雨水丰沛，温暖湿润。宋代赵玑在《壁记》一文中称道："温之为州、浙东极处，冬无祁寒，夏无盛暑，而平又居于郡之南界，与闽密迩。故其气候恒燠，春夏之间多雨，地颇卑湿，夏则多风，冬则少霜雪，草木经冬不甚黄落，时有开花发芽者。"

据说，居住于此的王氏家族来自闽南泉州安溪县蓬州镇。明代万历年间，为避战乱，王氏家族从闽南老家北迁，见此处道路闭塞，土地肥美，宜于生存，便落户下来。至今，这里的王氏族人言语间还透着浓浓的闽南口音。

王家世代务农。到了王孝涛的祖父一辈时，其祖父向邻村一位姓吴的乡郎中学会了眼科技术，在村里开了个小药铺，平时也给人看看病，赚点诊费药钱。后来祖父将手艺传给了王孝涛的父亲。王家生活虽说不上富裕，倒也衣食不缺。家乡秀美的自然风光和浓郁的人文环境，陪伴幼小的王孝涛度过了幸福的童年。鹿角山村山清水秀，物产丰富，是典型的江南鱼米之乡。附近的鹿角山、海尖山上，成片的松林、竹林、果林，蓊蓊郁郁，青翠碧绿，几处瀑布如烟似雾，弯弯河溪欢快地流淌。四季分明的山间，春天油菜花金黄一片，夏天池塘中荷花斗艳，秋天田野中稻谷芳香，冬天农闲更是热闹，龙灯、南戏、木偶戏都会来到村里表演。

　　童年的王孝涛跟着大人放牛，捕鱼，抓甲鱼，捉螃蟹，摸田螺……大人在水田犁地时，常常翻出一些活物来，他光着小脚丫紧随其后，把还在蹦跳的泥鳅、青蛙、黄鳝等抓到小箩筐里……孩提时代，他自由自在地在大自然的怀抱里成长。

　　家乡的大地蕴藏着丰富的中草药资源，乡亲们也懂得中草药的一般知识。幼时的王孝涛也已知晓了许多与医药有关的民俗，了解了不少中医药知识。如清明时节家家用鼠曲菜做清明果；端午节户户要避邪，挂菖蒲、艾叶，喝雄黄酒；夏天有病无病都饮黄连水以防痢疾；秋天吃用槐花做的九层糕……浙南山区有很多种中草药，农民靠草药治病，如夏天小孩腹泻，就采新鲜凤尾草捣成汁加蜂蜜喝，也有人用马齿苋煎汤治疗。民间有自己的单方，如消疖子用金银花、黄蜀葵；烫伤外用仙人掌等。浙南山区割草、砍竹子的农民戴的笠帽上，常常别着一簇簇金黄色毛茸茸的物品，那是中药金毛狗脊，农民随身携带以备止血。王孝涛上小学时，有一次做风筝，手指被刀划破，家人买来"刀疮药"配服黄酒，立刻就将血止住了。家乡的山山水水、一草一木，给幼年的王孝涛讲述了许多生动的中医药故事。

　　父亲在小药铺坐堂看病，母亲协助配制眼药，在家庭的熏陶下，王孝涛自幼就耳濡目染看到了中医是如何治疗疾病，中药是如何炮制、制剂的。有一次，一位患了眼病的亲戚来看病，父亲就在手掌中依次摆放着绿豆、豌豆、蚕豆等大小不同的豆类，让患者判断多少，这是测试患者视力的方法。当时患者只能模糊地看到蚕豆，父亲留他在家中居住治疗。经过一段时间，病人已经能辨别清楚豌豆和绿豆了。由于治病疗效好，王家眼科小有名气，四里八乡常有病患前来求诊。王孝涛小时候也常模仿大人，拿豆类请小朋友辨认来测试视力，这成了他幼时常玩的游戏。

王孝涛排行老三，上面有一个哥哥、一个姐姐，下面有两个弟弟、一个妹妹。兄弟姐妹六人。由于父亲去世较早，一家人的生活重担靠母亲来支撑。母亲邓桂芬，识字不多，勤俭朴实，通情达理。外祖父邓筱华，住在南湖北山村，是当时乡里为数不多读过书的老先生，他看到女儿家的困难，便常来照顾。大姐嫁到邻村，姐夫陈国卿是师范学校的毕业生，曾在水头中心小学教书。王孝涛上学住校的费用经常靠他帮助。大哥毕业于温州师范学校普通班，1945年参加革命工作，同年加入中国共产党，1949年后曾任浙江舟山普陀县主管文教的副县长，兼普陀中学校长。后因伤病回到家乡，先后任平阳第二中学、第三中学及山门中学党支部书记兼校长。由于家庭经济困难，王孝涛的大姐、三弟、四弟和妹妹，都只读到小学毕业。他们一辈子都在家乡的南湖、水头和鳌头等地工作和生活。

王孝涛1934年进入湖滨小学读初小。早在他5岁时，因为家里孩子多，母亲照顾不过来，姐姐上学时已把弟弟带到学校跟着她"陪读"了。所谓湖滨小学，是邻村一个以古庙改建的山村小学，只有一位跛足的老师。王孝涛跟着姐姐听课，还帮别的同学打水磨墨。他觉得磨墨很好玩，常弄得满身墨黑，回家少不了大姐为他向母亲求情。他对学习的热情与日俱增，后来正式上小学，聪明好学的他成绩总在前三名。他在班里年纪最小，个头不高，经常受到大孩子们的欺负。下课时故意堵在教室门口，不让他出去玩儿；上课时又堵住门口不让他进去。生性不服输的王孝涛哪肯俯首帖耳。一天他故意留在最后，当教室里没人时，就爬上椅子，将纸篓放在门框上，原打算袭击大孩子们，哪知这回碰巧是老师先进门，结果闯了大祸，纸篓扣在了老师身上！老师当时没生气，可把孝涛吓出了一身冷汗。下课后他马上跑到老师那里认错。老师问清了原委，并没有批评他，而是对那几位大同学进行了教育。以后大孩子再也不敢欺负他了。

　　小学期间的一件事情，王孝涛至今记忆犹新。那时水头区的小学校要进行演讲比赛，各学校都积极准备参加。湖滨小学选出王孝涛作代表。由于他从来没有听说过什么是演讲会，也不知道怎么做准备，心里直打鼓。但老师还是坚持要他去，同时鼓励他，告诉他演讲会是水头区各小学都要参加的学生演讲，其他人与他一样都是头一次。如果讲得好，不但给学校增光，个人还会得到奖励。王孝涛有了勇气，虽然只有一个星期的准备时间，但他尽最大努力背稿子，决定上场一试。到了演讲会那天，老师清早就把他带到水头中心小学。参讲的小学生有 10 多位，都在一块休息、准备、背稿子。此时，王孝涛忽然发现自己的稿子不见了，正在到处寻找的时候，主持老师点到他的名字，要他上台演讲。他只好凭借自己对讲稿的理解自由发挥进行演讲。由于不是照稿死背，反而得到评委老师的好评，得了奖。他感到自豪，总算为学校赢得了荣誉，回校后他也受到了表扬。

　　王孝涛聪明伶俐，有时候好动调皮，母亲有些不放心。每天放学后都要问他："今天考试了没有？考了几分？"王孝涛的回答非常干脆："100 分！"母亲总是将信将疑。当地的风俗每逢过年过节时，家长都要请老师到家里吃饭。一次请了老师到家里吃饭，母亲特意问起，王孝涛的成绩是否都是 100 分。老师笑道："不会都是 100 分吧，作文就不容易得 100 分的。"母亲叫过孝涛当着老师的面问他："你为什么要讲谎话？""我没有讲谎话。我在交卷时，就认为我应该是 100 分，老师给不给打 100 分是老师的事！"他满有理地说完后撒腿就跑，搞得老师和母亲都哈哈大笑起来。

　　孝涛的大哥刚念中学的那年暑假，湖滨小学开办了古文补习班，请来老师给大家补课，被请的老师正是孝涛的外祖父。大哥每次都带着孝涛去听课。外祖父讲完后，不仅要求熟读，还要背诵。第一讲是唐代王勃的《滕王阁序》。当全文讲完后，老师会要求同学们一个接一个地背诵课文。孝涛的记忆力特别强，当有些学生背诵卡壳时，大哥就让孝涛给他们"提词儿"。到了这个时候孝涛才明白大哥带他来的用意。

　　家里来了外祖父，给孝涛带来了许多欢乐。闲暇之时，身材胖硕的外祖父喜欢躺在躺椅上休息，孝涛跑到他的背后给他扇扇子。每当晚饭后在院里乘凉时，孝涛就缠着外祖父，让他讲故事。外祖父讲了神童王勃的故事、徐文长的故事……王孝涛也就是在这个时候背诵了许多古文。如今在他的枕头边上，还有《滕王阁序》的原文。

　　小学时的记忆里，王孝涛印象最深刻的就是敌机轰炸。1937年以后，日本侵略者的飞机经常飞到家乡的天空中，学生们经常要在上课时跑到外面躲避飞机炸弹。由于水头地处山区，相对比较安全，在外地当高中老师、大学教授的不少同乡，也纷纷回到家乡来避难。这些人中就有知名数学家苏步青（腾蛟人，当时他的两个儿子都和王孝涛是同学，一位还是同班同学）。还有新四军派来的人，他们利用课余时间向学生们宣传抗日救国的道理，教唱抗战歌曲，王孝涛至今还记得歌词："交冬腊月喝凉水，一点一滴记在心，官不抵抗民抵抗，万民百姓遭灾殃……"通过他们的宣传，幼小的王孝涛初步知晓国家贫穷、备受外侮的原因。

　　念完初小，王孝涛到水头中心学校继续读高小。高小是住校学习，每周日回家。上学的费用更增添了家里的负担，幸好他的姐夫任教于这所学校，有时就代他交学杂费，缓解家里的困难。高小毕业后，继续读书已是不太可能了。家里供大哥读中学经济上已经非常吃力。外祖父、族内叔公、母亲等长辈，还有姐夫一起商量，一致认为王孝涛已经不小了，而且身体强壮，不像大哥身体瘦弱，因此他适合留在家里干农活，以维持家里的生计。这个决定对于王孝涛来说无疑是晴天霹雳，他希望能继续上中学。想来想去，只有姐夫家比较富裕，还多次帮助他交过学费，便去求他帮忙。姐夫很为难，家庭会议他是参加了的，他不能反对长辈们的意见，于是他给王孝涛出了个主意："你如果一定要上，就努力复习，考个好成绩，报考省里学校的公费生。"王孝涛顿时振奋起来，庆幸天无绝人之路，他请姐夫代向长辈们求情，如果考不上公费生就回家务农。母亲平和地对他说："家里的情况你很清楚了，是没有办法才不让你再上学的，既然你提出要考公费，那就去试试吧。"他喜出望外，坚定地说："我一定要考上公费生，继续上学！"随后，他夜以继日，闭门苦读。母亲看在眼里，痛在心里。她百感交加，儿子懂事了，会有一个光明的前途；同时又担心儿子太辛苦，怕搞坏了身体。她流着泪语重心长地说："儿子啊，我虽然不能做状元妻，可我要做状元母啊！"王孝涛明白母亲的心意，泪流满面，向天发誓："我一定要让您当上状元母！"

　　参加考试后，王孝涛踏实地回到家里，他自忖考得不错。果然，大约过了半个月，两个陌生人来到王家大门前，突然取出早就准备好的锣敲了起来，并展开喜报走进祖屋大厅，这时宗族中的堂五叔公明白了来意，连忙出来接待，给来人打赏，然后带着王孝涛向祖宗牌位上香作揖，在贡桌前挂上喜报。母亲抑制不住喜悦，晚上破例给儿子做了面条和荷包蛋。王孝涛默默地想，一定要珍惜这个决定自己命运的机会，好好学习。

求学遇名师　奋进成贤才

　　1941 年，王孝涛考上省立温州中学初中部的公费生。公费生不在校本部上学，而是在青田县的水南。水南地处瓯江上游山区，离家乡很远。从水头到青田走陆路要翻山越岭，路途艰险，他只能绕走水路。从水头坐船沿鳌江水路下行到达鳌江镇，再换乘内河小船到平阳，换小船到瑞安，渡过飞云江后，再换乘内河小船到达温州市，然后换两头尖的木帆江船向西，闯过险滩，逆流而行，约经一天一夜才能到达水南，前后大约需要两三天的时间。途中无论坐船过渡，还是住店，都是要花钱的。筹集路费又让他和母亲发愁，没有路费考上了公费生也是枉然。聪明的王孝涛想出一个"贷款"的办法：以抵押田地的方法向族亲借钱。母亲同意后，他向堂叔公等长辈商议借钱，承诺学成后加倍偿还。在堂叔公的带头下，家族中几位经济宽裕的长辈为王孝涛筹集了上学的费用，不仅路费得到了解决，还有了一些生活费。王孝涛继续上学的愿望总算可以实现了。

开学前，王孝涛约好同学，各自挑着行李，前往学校。学校虽受群山阻隔，交通不便，倒是躲避战火、乱中取静、安心学习的好地方。这里山高林密，碧水蓝天，沿溪流上行，有著名的石门洞，洞口很小，只容小船送人进洞，洞内是另一番世界，有喷泉流瀑倾泻而下，形若垂练，溅如跳珠，散似银雾，更有石阶亭阁及明代政治家刘伯温的读书古迹。

学校借用一个破庙——栖霞寺作为校舍。抗战时期十分艰苦，没有电灯，更没有自来水，学生自备小桐油灯作为早晚自修照明之用，确有古人挑灯夜读之感。日军的飞机不时来侵扰，王孝涛和同学们经常以栗子林、果林作掩护，躲过敌机的轰炸。山村里缺医少药，有些同学染上了疟疾等病，生活、学习处于困难重重的境地。在艰苦的环境中，王孝涛逐渐懂得了一个道理：国家贫穷落后就会遭致外国列强的侵略和凌辱。为此他立志要"发奋求学，力图救国"。在老师的关怀和教育下，王孝涛十分珍惜得来不易的学习机会，刻苦攻读，取得优等的成绩。他还积极参加课外活动，参加篮球队锻炼身体，加入温中剧团宣传抗日救国。

剧团曾在青田县城演出抗日话剧《卖花女》，王孝涛担任男主角，受到学校和当地民众的好评。有一次学校组织"测绘"技术比赛，王孝涛利用测绘木板和指南针，将学校所在地周围的住房、小路、水沟、小桥等绘制成地图，获得了比赛的"金狮奖"。

　　语文老师廖家驹先生非常喜欢王孝涛，在临近毕业前专门为他题词"上达"以示鼓励，并注释为："人须有上达之志，期能成就其事功。"王孝涛很受鼓舞，"上达之志"成为激励他一生的座右铭，以其精神时刻鞭策自己。从完成学业到勤奋工作，上达的精神伴随着王孝涛走过了风风雨雨，激励他成就了一番轰轰烈烈的事业。日后几十年中，王孝涛和同事们创建了我国第一个中药炮制学实验室，完成了国家"七五"、"八五"中药炮制攻关项目和九部专著，荣获了部、局级科研成果奖和世界文化理事会颁发的科学奖状，荣获首批国家级非物质文化遗产"中药炮制技术"项目代表性传承人称号和保护工作先进个人的光荣称号。至今，王孝涛依然在为最终达到中药饮片生产工业化、现代化以造福于人民的目的而尽职尽责。

　　1944年初中毕业后，王孝涛考上了浙江省联合高级中学（简称"联高"）。该校原是浙江省立杭州高级中学。抗日战争开始后，为避战火，杭州、嘉兴、湖州的几个中学组成联合中学南迁到丽水县碧湖镇，1942年又转迁到青田县南田村（今属温州市文成县）。校长是著名教育家崔东伯先生。南田村地处高山群抱中的一块准平原，海拔八百多米，是明代政治家刘伯温的祖籍所在，学校正是借用刘氏宗祠为舍。这里山高林密，松涛阵阵，是一个学习的好地方。但因山路崎岖，群山阻隔，运输全靠人力，因而物资非常短缺，师生们的生活甚为清苦。

　　1945年日本投降后，联高回迁杭州，师生自南田下山到青田县，再沿公路步行北上。王孝涛与同学们雇用独轮车把行李运到诸暨，再转火车到杭州。学校在杭州盐桥原贡院旧址，校园里还留有古老的鹤亭、游泳池、小洋楼，大门附近是一排排两层楼房，最后排是老师宿舍。学校后大门的右侧还有抗战时期被炸得坑坑洼洼的大广场。

联高返回杭州后，恢复原校名浙江省立杭州高级中学，这所学校已有110年的历史，前身是清末杭州知府林启创建于1899年的"养正书塾"，之后经十多次易名，如杭州府中学堂、浙江省立第一中学堂、浙江省高级中学等，到1988年正式恢复到1929年时的原称浙江省杭州高级中学，简称"杭高"。在这所学校里曾有诸多名家任教任职，陈叔通、鲁迅、李叔同、夏丏尊、陈望道、刘大白、朱自清、俞平伯、叶圣陶等都曾在这里任教，沈钧儒、经亨颐、马叙伦、蒋梦麟等曾在这里担任校长。一百多年来，这里走出的莘莘学子，有革命志士，有文化名流，也有科技精英，如郁达夫、柔石、曹聚仁、徐志摩、冯雪峰、潘天寿、丰子恺、华君武、金庸、蒋筑英等。

联高迁回杭州后，在校长崔东伯的主持下，学校保留着一支高素质的教师队伍，王孝涛至今还记得教过他的许多老师的姓名。图书馆有数万册图书，实验室的许多药品和仪器也保存完好。与山沟里相比，这里真是天堂，教室窗明几净，宿舍、食堂、运动场所一应俱全。学校还传承着德、智、体、美、群"五育"的优良校风。王孝涛这届学生分为甲、乙两个班，甲班侧重于理科，称为"大风级"；王孝涛在乙班，侧重于文科，称为"敷文级"。"敷文"出自《尚书》"文命敷于四海"，含"文命惠及天下"之意。班上50多位同学，其中有8位后来学医药学。杭高学生与浙江大学素有密切联系，目睹当时官场的贪污腐败，王孝涛与班里同学积极参加了浙大主办的著名爱国人士、经济学家马寅初先生的爱国演讲。马寅初是位具有博学真知、远见卓识而又极有感染力的学者，他的演讲总会赢得暴风雨般的掌声。在他的思想激励和启迪下，王孝涛参加了1946年的"反对开放内河航运权"的游行抗议活动……在积极参加社会活动的同时，王孝涛并没有忘记作为一个学生的本分，他相信要想使国家强大、百姓生活幸福，就必须学好文化知识，这期间他总是"晨起鸟啼前，晚卧人静后"，刻苦地学习。

1947 年高中毕业，王孝涛报考了上海复旦大学新闻系，因为他自幼就怀着"为民请命"的梦想。然而，当他从上海考试回来后，同学傅家铫告诉他："我已经替你报了浙江医学院了。"王孝涛说："我不学医，我怕死人！"傅家铫说："那你就陪我考吧！"王孝涛答应了。有意栽花花不开，无心插柳柳成荫。新闻系落榜的王孝涛和傅家铫都考上了浙江医学院。为了避免和尸体打交道，王孝涛申请到药科专业，从此走上了虽然不是他自愿选择却成为他终生事业的药学道路。

浙江医学院是全国最早的一所有留学归国人才担任药科教授的学校：药科主任是留学德国的毒物化学家黄鸣驹，还有留英的药剂学家顾学裘，留德的药物分析家许植方，有留德的药物化学家张其楷，留法的生药学家叶三多，留日的分析化学家于达望，留美的制药工程学家胡君美，留日的植物化学家汪良寄，留日的客座教授植物化学家曾广方，留英的药理学家张昌绍等，真是名师荟萃，人才济济。

药科学制五年，高年级后药科分 4 个专业，即生药、药剂（制药）、分析和药化。王孝涛被分到生药专业，当时只有两名学生，而教师有助教、讲师、教授 20 多名。分专业的目的是为学生减轻负担，但生药系反而增加了两门新课程，即粉末生药学和药植栽培。粉末生药课由叶三多老师兼任，药植栽培课由浙江农大的老师兼任，制药工程学由胡君美老师担任。这些课程为王孝涛日后从事生药学和中药炮制学研究工作打下了扎实的基础。

中华人民共和国成立后，学校对家庭贫困的同学实行"勤工俭学"，王孝涛参加了绘制药用植物标本和为出版社校对书稿的工作。暑假时为照顾医学院和杭州卫校留校同学的生活，卫生厅安排大家参加杭州防疫大队工作，并选王孝涛作为该校的负责人。经短期培训，同学们有的到街头给群众打预防针，有的做生命调查统计工作。为了解决缺医少药问题，开学后不久，药剂系的顾学裘老师就带领全班同学在盐桥附近筹建了一个药厂，一面供学生实习制药，一面生产供解放军急用的十滴水、八卦丹、生理盐水等药品。这段日子里，王孝涛感觉有使不完的劲儿，每天都乐呵呵的，他相信在共产党的领导下，中国会越来越强大，再也不用担心受外国侵略者的欺负了。

1951 年王孝涛大学毕业。华东军区卫生部组织该区医学院校应届毕业生集中到南京金陵大学集训，王孝涛也积极报名参加，通过强化学习，大家在思想政治上有了很大的提高。集训之后由国家统一分配工作。王孝涛被分配到北京，由卫生部安排工作，有三个单位任选：北京医学院药学系、中央药检所、中央卫生研究院。王孝涛选择了中央卫生研究院。

科研万里路　探索生药学

1950 年，原在南京的中央卫生实验院迁至北京，与原北平分院合并，组建成中央卫生研究院（1955 年其中的中国医药研究所抽出，组建中医研究院，1956 年中央卫生研究院改组后更名为中国医学科学院）。研究院院长是著名医学生理学家沈其震教授。

中央卫生研究院迁到北京后建立的中国医药研究所，是根据1950 年第一届全国卫生工作会议决定创办的。当时有中医、针灸、生药、药理和医史五个研究室。刚毕业的王孝涛有幸被分配到中国医药研究所参加筹建生药室的工作。在赵燏黄教授指导下，他开始对道地药材当归、地黄、黄芪等进行本草学和生药学的专题研究。历史上对中药缺乏系统的研究，中华人民共和国成立后，对历史悠久的中药遗产的研究摆到了议事日程。王孝涛虽是生药系毕业，但对于常用中药的品种及其主产地与大家一样都不是很清楚。为摸清上述各种实际问题，他建议向各大行政区，各省、直辖市、自治区相关单位发函调查。当时的指导思想是中药要"科学化"，其步骤是循着科学的途径一步一步去做，用植物学去认识中药的科属，用生药学去鉴定它的形态组织，用化学去分析它的成分和性质，用药理学去试验它对生理的作用和功效，最后完成系统的工作报告，供医家临证使用。王孝涛等人首先对中药的家底进行了了解。中药有将近 2000 种，而常用的仅有 400 余种。中药研究室将中药分成植物、矿物和动物三大类，每类又分最常用者、次常用者及较少用者三个等级，还附有中药常用的方剂（丸散膏丹）。他们首先拟定出一份名单，然后下发到各省市药材、国药、参燕相关的商业同业工会，提出具体要求，要求将表中填写错误的划去或改正；若漏填者给予补充；对于最热销的成药给予注明；对于当地最有名的老中医、主要的药店都告知详细资料；还要求将当地对于中药生产的具体建议反映上来，并且耐心地解说了征求意见的原因，是要帮助政府集思广益，整理中药，为中药谋求发展。经过调研分析，王孝涛及同事们整理出常用中药 520 种，其中最常用中药 233 种，次常用中药 146 种，较少用中药 141 种。他们把研究结果发表在《北京中医》1953 年二卷四期上。

　　在中央卫生研究院，王孝涛的业务工作主要是跟随赵燏黄老前辈研究生药。赵燏黄是我国现代生药学和本草学奠基人、先驱和开拓者，中药研究领域的一代大家，在国内外都具有影响。当时中央卫生研究院院址在先农坛里面。赵燏黄每天来中医药研究所指导工作，对王孝涛等青年悉心引导，使他们懂得了"道地药材"在中医治疗中的重要意义，指导他们进行了本草学和生药学的专题研究，并发表了相关论文，为道地药材的研究积累了科学资料。

1949 年以前，我国也有一些科学家进行了中药的研究，但由于刚刚起步，加上条件所限，缺少研究的纲领，很不系统。如对植物药的研究，因为植物科属的不同，产地的不同，都会使植物的组织有变化，化学成分会有差异，如果这个基础工作做不好，其他工作将难以进行，研究成果也很难有普遍性。这个问题在现代科学中属于药用植物学的范畴，在中医学中称为道地药材问题。为开展道地药材的研究，王孝涛和同事们从 1953 年开始深入到甘肃、青海、四川、内蒙古、山西等中药材主产地，首次广泛地采集到当归、大黄、附子、川芎、甘草、黄芪等大量常用中药的原植物及中药材标本。

王孝涛等人首先来到甘肃。在兰州，他们登上了皋兰山，皋兰山位于兰州市区南侧，兰州之名即来源于此。站在海拔 2170 米的山顶，他们非常兴奋。登临古朴巍峨、青砖碧瓦的三台阁，俯瞰兰州，黄河穿城而过，市容尽收眼底。王孝涛此时感受到祖国山河的壮阔和个人的渺小，决心要为国家做更多的事情。他们由兰州南下来到岷山山区的岷县，实地考察当归，并采集到了带果实的植物标本。

当归属伞形科植物，其鉴别要点是在果实上，如果没有果实，很难确定其种。当归以西北为传统主产地，因处于边远地区，以往交通不便，加之是少数民族居住区，语言沟通也有困难，所以去当地考察的人很少。因此，植物著作中有关当归的基原品种学名，大多引用国外的资料，在老一辈生药学家赵燏黄、李承祜的著作《生药学》中，均认为当归系 Angelica 属和 Ligusticum 属植物的根，并引用日本《国译本草纲目》等资料，列举其原植物有六个品种：一是 Angelica sinensis Diels（本草纲目正品），二是 Ligusticum acutilobum S.et Z.（马尾当归），三是 L.ibukiene Yabe（蚕头当归），四是 L.japonicum Max.（草当归），五是 Angelica 属一种（镜头当归），六是 A.polymorpha Max.var.sinensis Olive（宜昌及汉口输出品），并在正文中说明"原植物产于西北，尚无实地考察的记载"及"是否正确，尚待调查"。李承祜教授书中还附有 L.acutilobum 原植物及药材组织图。国产当归的基原品种问题尚无定论。王孝涛认为只有采集到原植物标本，才能确定其真实的基原品种。为此，他们结合中药当归专题的研究，深入到当归的道地产区采集标本。在当地部队领导和地方政府的协助下，翻山越岭，涉水过河，顺利到达武都专区的岷县等地，在药农的帮助下找到当归的种植地，首次采集到带有果实的原植物全株标本，并向老药农调查总结当归的种植及其采制经验。同时还收集到甘肃主产的当归、大黄、甘草、秦艽、红花等道地商品药材标本。

王孝涛等人考察发现，生长于我国西北山野沙质土壤中的当归，品质最佳，如甘肃天水（旧名秦州）、成县、两当、西固、西和、渭源、武都（旧名阶州）、文县、岷县的山地所产，称为秦归或西归，当地已有大量栽培。而栽培者用木箱装运，故又名"箱归"，为市售当归的最上品。

这次实地考察，历时 3 个多月，考察结束后，王孝涛写出了他的第一篇中药学术论文《当归产区实地调查报告》。在这篇论文中，他首次确定了国产当归的学名，后来被《中华人民共和国药典》（自 1963 年开始的各个版本）所收载。是年王孝涛年仅 26 岁。

王孝涛至今还对当年的情景记忆犹新。当中央电视台《中华医药》记者采访时，他回忆了当时的艰苦甚至危险："当时是雨季，下着雨。我们的汽车过兰州，过黄河桥以后，有个斜坡，汽车刹不住闸，都是黏土啊，那时候很危险，但是我们坐在车里不知道啊。车刹住以后，司机跑到后边来跟我们讲：'大家都好，大家都好。'我们不知道什么意思。后来告诉我们，原来车刹不住了，差一点要到黄河里喝水去。"

　　严谨求实的精神促进了王孝涛这次实地考察和采集的成功,
而考察结果又为他日后的工作打下了坚实的基础。

　　在赵燏黄先生的指导下,王孝涛等人完成了《药用当归本草
学及生药学的研究》论文,论文中详尽考证了历代关于当归形态、
产地的记载,分析了其中的正误,结合本次考察得到的实物标本,
并利用现代植物学方法,确定马尾当归为古代道地药材的正品,
鉴定为 Angelica sinensis(Oliv.)Diels。其他如西川当归、秦州当
归、文州当归为上品的同类生药。而所谓日本当归即是西川当归,
在西川有栽培,属于当归代用品。其他如建康当归、郭平当归、
草当归、蚕头当归、滁州当归、镶头当归等还待进一步考察。至
于《救荒本草》中的杜当归、《植物名实图考》中的土当归,确认
属于劣品,应弃之不用。论文还对当归不同部位的药用、混乱品
种及生药鉴定等问题作了深入研究和论述,这是一篇本草考证方
面的具有范例性质的论文,是赵燏黄、王孝涛师生等共同努力的
结果。

　　完成当归实地调查后,他们由甘肃向西进入青海西宁,进行
大黄的调查,并采集当地产的道地药材。然后回到陕西,再由宝
鸡坐长途汽车经汉中过四川剑阁直抵成都,继续南下灌县调查川
芎、泽泻的生产经验,进而向北深入绵阳地区,进行附子、川麦
冬及黄连人工栽培经验的调查,并收集四川当地产的正品药材附
子、麦冬、黄连、川芎、泽泻、川楝子等的标本。

　　其后,他们又结合黄芪专题研究,深入到山西浑源实地调
查。后转到内蒙古伊克昭盟杭锦旗等地,主要任务是采集甘草标
本。同当归相似,甘草也是我国著名的大宗中药材,不但是中医
常用药,亦是西医的用药。传统以主产于内蒙古伊克昭盟杭锦旗
等地的"梁外甘草"为道地药材。以往文献中甘草的基原品种学
名,也大多引用国外的资料,而国产甘草原植物品种学名问题尚
无定论。王孝涛他们深入到主产"梁外甘草"的道地产区内蒙古

伊克昭盟的杭锦旗，首次采集到道地甘草的原植物标本及商品药材标本。经过鉴定，确定国产甘草为 Glycyrrhiza uralensis Fisch。并发表相关的调查报告和专业论文。

这次实地考察，他们首次收集到国产当归和国产甘草的道地药材原植物标本，确定了道地药材的科属和品种学名，并发表了相关的调查报告和专业论文，首次澄清了教科书上有争议的品种学名，该品种学名被《中华人民共和国药典》采用，自 1963 年以来各版药典一直沿用。

除对常用中药的基原进行考察外，王孝涛等人还有针对性地对某些常用中药的产地栽培情况进行了调查。四川很多地方都有黄连生产，既有野生，也有栽培。经他们实地调查认为，市场销售的黄连，其产量最多、品质最好者产于峨眉山区和巫山山区，一般称为川黄连。峨眉山区的黄连产地分布在峨眉山海拔 2500 米的山腰间，上至雷洞坪，东北到洪雅，西南到龙池，包括雅安在内，所产的黄连称雅连，品质最好；川东巫山山区的黄连分布在长江南北，长江南岸石柱的黄水坝、桥头坝、三教寺、坑来场、石家坝等地生长的黄连称南岸连，长江以北万县（今万州）、巫溪等地产的黄连称北岸连。川黄连年产量最高时达到过 10 万千克。上述地区均有人工栽培，但以海拔 2400 米以上的深山林荫下富含腐殖质的疏松土壤人工栽培最为适合，一般在北向山麓阴凉地带，采用分根和种子两种方法繁殖，通常 5～7 年采挖。

王孝涛还根据在四川绵阳塘坂乡的调查，写出了《四川麦冬的栽培经验》论文。麦冬是常用中药，在当时四川绵阳已有大批种植，是当地主要副业之一。栽培地区主要集中在绵阳、三台的南明、老马乡等地，而以绵阳的塘坂、民政、丰谷等乡种植最多。该地区海拔高 700～1000 米，为腐殖质土壤。种植一年后收获，每亩产 100～150kg 鲜品麦冬，每 900kg 可获 100kg 干品。

这一时段王孝涛的主要工作是实地调查，收集药材标本，了解生产采制经验。这也是国家对整个中药情况的普查阶段。从学科上可以把这一时段的工作归结为对道地药材的研究。

1954 年国家开始筹建中医研究院，1955 年正式成立。它是在卫生部领导下以北京原有的四个医疗单位为基础组建的。四个医疗单位是：中央卫生研究院中国医药研究所、卫生部直属北京中医进修学校、卫生部直属针灸疗法实验所和华北人民医院。王孝涛被分派到中医研究院筹备处工作，参加筹建"中药研究所"及生药研究室、标本室，并任生药研究室筹建负责人。在这期间，他积极参加在职西医学习中医班，系统学习了中医理论及本草学、中药炮制学知识。由赵燏黄讲授本草学，朱颜讲授中医理论，王佩珊讲授炮制学，王德琛讲授针灸学。业务工作方面他们还是继续中央卫生研究院的工作——生药与道地药材的研究，继续实地调查、采集，并进行总结工作。通过学习研究，王孝涛于 1956 年 4 月在《上海中医药杂志》发表了《唐代〈千金翼方〉中记载的"道地药材"》一文，这是到目前较早见到的专门研究道地药材的论文。《千金翼方》是唐代著名医学家孙思邈的著作，其卷三"药出州土"是古代医书中最早专门系统介绍药物产地的文献资料。王孝涛敏锐地以此作为他研究道地药材的突破口。他从药铺幌子对道地药材的宣扬，联系到早在《神农本草经》就强调药由"土地所出"。南北朝时陶弘景《本草经集注》更进一步强调："诸药所生，皆的有境界。秦汉以前，当言列国。今郡县之名，后人所增尔。江东以来，小小杂药多出近道，气力性理不及本邦，假令荆、益不通，则全用历阳当归、钱塘三建，岂得相似？所以疗病不及往人，亦当缘此。"至宋代寇宗奭《本草衍义》指出："凡用药必须择土地所宜者，则真，用之有据。如上党人参，川西当归，齐州半夏，华州细辛"，足证历代中医学家对道地药材选用极为重视。唐代孙思邈不仅强调"药出州土"的重要，还将道地药材具体化了，他在《千金翼方》中指出："按本草所出郡县皆是古名，今之学人卒寻而难晓，自圣唐开辟，四海无外，州县名目，事事惟新，所以须甄明即因土地名号后之学者容易即知，其出药土地，凡 133 州，合 519 种，其余州土皆有，不堪进御，故不繁录耳。"书中将唐代各道、州主产药材进行了罗列。王孝涛对此进行了整理，结合古代地名与现代地名的比照，逐一考证。并指出："道地药材是祖国数千年来用药的良好习惯，这经验告诉我们，同一种植物因生长环境不同，其生长过程中吸收藏贮的物质成分就会不同，因而影响其治疗效用亦就不同。同时，同一种药材由于产区不同，其原植物品种亦可能不同。在唐代科学条件未能具备的情况下，我们祖先能采用'道地'作鉴别药材的质量，早已暗示着植物的群落和植物体与生长环境影响的意义，目前据了解，有些中药产区分布很广，因此在整理和研究中药时，有必要注意药材的产区问题，可与古代用药情况在药效和原植物品种方面作一比较，这可给研究中药提供更完善的资料。"

在中央卫生研究院，王孝涛还参与了一项工作，就是跟王药雨老大夫一起去沈阳接管东亚医学研究所的图书和中药标本。东亚医学研究所是日本侵华期间在沈阳办的，所藏图书中有许多是珍贵的中医古籍。中医研究院筹建时，王孝涛建议鲁之俊院长将这部分古籍转移过来。鲁之俊院长说："这些中医古籍是用钱买不到的。"这些图书现今仍保存在中国中医科学院图书馆里，成为馆藏线装书的主体。

渴慕雷公业　深研炮制门

说起王孝涛搞炮制，还有一段故事。

读大学时，有一次王孝涛放假回家，母亲说："你既是学中药的，那好啊，你去把珍珠给我磨碎了。"已经是大学生的王孝涛却被难住了。他以前还真没有注意到家里人是怎样磨珍珠的。珍珠放入乳钵中一磨，就往外蹦，捣也不行。这让他明白了看似平常的中药其实制作起来并不简单，中药在使用之前还有一道重要的"炮制"工序，由此他感到自己所学专业的重要。

与使用植物药的西医不一样，中医除有自己系统的理论外，对植物药材并不是直接使用，而是需要进行加工制成饮片以后，才能进行制剂。中药炮制，是以中药为原料通过精选、切制、煨制、炮制、炒制等方法制成饮片的过程。炮制技术虽然自古就有，但在当时还没有形成一门学科。

中药材只有经过炮制，才能去除毒性、提高疗效，适应中医辨证施治、灵活用药的要求。药材的炮制是中医临床用药的一大特色。中药炮制的文字记载可以追溯到春秋战国时期，在我国现存的第一部医书《黄帝内经》中记载的"治（治）半夏"即是炮制过的半夏。历史上第一部炮制专著是南北朝时期的《雷公炮炙论》，其中记载了 300 多种药材的炮制方法，留存至今的有 200 多种。到了明清时期，中药炮制技术已经相当成熟。李时珍《本草纲目》中专列了"修治"一项，收载了各家炮制之法。除专著外，炮制技术还出现在历代医书的方剂脚注中。由于药材的炮制方法大都是各地区人们用药经验的总结，通常是保密的，只通过师徒授受、言传身教来代代传承。

1958 年，为加强继承发展传统中药炮制的科研工作，院里决定由王孝涛负责筹建"中药炮制研究室"。王孝涛认为应该从两方面入手进行工作，一是向古人学习，整理历代有关炮制的重要文献资料；二是向今人学习，调查当代老药工的炮制经验。于是在他的带领下，炮制室人员深入北京、天津、苏州、上海、杭州、武汉、广州、重庆、成都、西安等地的中药饮片厂，总结老药工师傅现行的传统中药炮制技术与经验，首次将近 400 年来仅靠师徒间口传心授的传统生产技术记载为文字资料。

王孝涛和同事们到饮片厂车间向老师傅学习炮制技术。中药炮制技术是我国古代医药工作者和劳动人民创造的，由于历史条件的制约，各地形成了各自不同的炮制特色，各种饮片为了不同的治疗需求也有不同的炮制方法，这是一份非常宝贵的非物质文化遗产。当时中药饮片炮制多属于私人生产经营，自家的传统制药技术，在各中药厂（店）之间是处于相互封闭状态的。所谓中药饮片厂实际上就是私人作坊，生产条件很差，工艺很原始，空气中弥漫着粉尘，又热又脏。王孝涛和同事们白天像小学生一样向药工师傅学习，抢着干重活脏活，晚上把白天看到的记录下来，整理出来，第二天带上写的东西再向老师傅请教，核实记录是否准确。王孝涛还告诫同事们，一定要放下架子，不要以为自己是知识分子就了不起，不要指手画脚，要虚心地向老药工学习。就这样王孝涛和同事们一个地方接着一个地方地深入基层调查研究，取得了宝贵的第一手资料。

20 世纪 50 年代，广大药工怀着当家做主人的心情，王孝涛他们又持有卫生部药政局下发的文件，再加上他们虚心学习的态度，使工作进展得比较顺利。有关省市都组织当地精通炮制中药的老师傅和有经验的老药工参加中药炮制技术研讨小组，大家以口述并相互补充的方式，对各种常用饮片的炮制工艺规程、制作要点、辅料种类和用量、生产用具及设备等炮制生产经验技术，作了详细说明，最后形成了翔实的文字记录，并按炮制规程的净选、切制和炮炙三大工序，整理编写成技术文字资料。此后王孝涛又以搜集到的全国 28 个主要城市现行的炮制经验技术资料为基础，组织编写小组，提出应保留地方特色的炮制经验技术，根据中医理论和用药特色，提出以"并同存异"的原则进行综合整理，汇编成《中药炮制经验集成》一书。该书真实地反映了当时全国的饮片炮制生产经验和地方习用特色的炮制技术，亦是首次将全国性的世代师徒间口传心授的传统炮制经验技术编著成宝贵的文字资料。该书曾获 1978 年卫生部全国医药卫生科技大奖。

　　王孝涛与同行协作，遴选出汉代至清代的主要医药文献200多部，辑录其中有关炮制的技术和理论资料，经过整理，以年代先后为序加以排列。王孝涛还率领同事们坚持搜集古代文献留存下来的炮制经验，他们一本书接一本书地阅读，一字一句地摘抄，经过不懈的努力，于1965年完成了《历代中药炮制资料辑要》专著，为开展中药饮片炮制的科学研究提供了丰富的技术资料。该书可谓是历史上最为完善的一部中药炮制历代文献资料汇编，获1975年中国中医研究院科技成果奖。

　　《中药炮制经验集成》和《历代中药炮制资料辑要》两书的问世，有着非常重要的意义。《中药炮制经验集成》收载501种常用中药的不同炮制品的制作方法，绪论分述了中药炮制的意义和范围、历代炮制的发展概况和常用的基本炮制方法。各论按治削（净制、切制）、炮制、药效加以叙述，对每种中药分别列出炮制品的名称、炮制方法和功用等。其中炮制方法按生熟不同炮制品的制作方法加以分述，并按炒、煮、蒸、炙、煨、烫、煅、制炭、法制等制作方法略加归纳。各地经验基本相同者则合并列出，文后加注地名。各炮制品加注古代资料出处。《历代中药炮制资料辑要》较系统地整理了上自《黄帝内经》、《神农本草经》时期，下至清代的大量医著中有关中药炮制的技术资料，按年代先后编排汇集，为研究传统中药制药技术的起源、发展沿革、炮制传统理论等提供了重要的参考资料。《中药炮制经验集成》和《历代中药炮制资料辑要》两书是对古、近代中药饮片炮制研究较为全面的专著，也是现代最早的关于这方面研究的著作，为全面继承中药炮制学术遗产作出了贡献，并为当今开展中药炮制的科学研究提供了甚有价值的资料。直到今天，这两本著作依然深受炮制同行的好评，为中药炮制学科的创立和发展奠定了坚实的基础。

　　为了完成这两部著作，王孝涛付出了很大的代价，因为长时间伏案工作，致使第四、五颈椎滑脱，难以低头。熟悉他的人们都知道，在他的办公室有一张特殊的被加高的办公桌。在老式办公桌下面垫着一个一尺多高的旧木箱。这张办公桌是他在 20 世纪70 年代为了工作方便，写东西不需要低头而"特制"的。在办公桌的后面是一排书柜，里面摆满了王孝涛收集、整理、研究和编撰的关于中药炮制方法的书籍、标本及其他资料。

在王孝涛和同事们的辛勤努力下，中药炮制学逐步成为一个新的学科。这个学科既古老又年轻，古老体现在它的历史悠久，它是数千年来中华民族用药经验的总结和理论升华；年轻则体现在其重要任务是用现代科学的方法来探讨其中深奥的理论内涵、挖掘丰富的中医用药经验。

传统记载和民间采用的炮制方法是否真的有效？有没有需要改进的地方？这个问题一直萦绕在王孝涛的脑海之中。研究工作不能满足于单纯的继承，不但要知其然，还要知其所以然。中药炮制的目的是为了"减毒增效"，以保证中医临床用药达到一定的安全性和有效性。王孝涛认为，首先应该从有毒中药的炮制做起，要把每一味中药的每一种炮制方法都进行科学研究。使中药炮制在当今更好地为社会服务，给患者带来福祉。

天南星科植物中有多种常用有毒中药，王孝涛首先把目标定位在天南星科药物上。天南星科的半夏、水半夏、白附子、天南星（虎掌）等，均为中医常用的燥湿化痰药。由于其生品均具有强烈的刺激作用，被中医列为毒性中药。药典规定内服"一般炮制后用"。为了探知半夏等炮制的制毒（意为解毒，下同）原理，进行炮制工艺的改进，1973 年王孝涛经过生产质量调查，组成专题研究组，对半夏（清半夏、法半夏）炮制的历史沿革、炮制工艺、炮制药理和临床验证等进行较为系统的综合性研究。本草文献中早有生半夏"戟人咽"等毒性反应和入药炮制的记述。历代医药学家多以"去其毒"为指标，在炮制的试制试用中不断加以改进和创制新的炮制法。半夏炮制方法见于文献的有 70 多种，而今各地沿用的有清半夏、姜半夏、法半夏、青盐半夏、苏半夏、京半夏、仙半夏、竹沥半夏等八种，此外，古今均有少数以生品入汤剂或外用的。从制法沿革看，最早是采用简易的"汤洗"、"水煮"等法，以后逐渐从单一辅料发展到多种辅料递浸或煎制药汁浸制，炮制工序日趋繁杂，有的辅料达14种之多，时间长达42天之久。其中在全国沿用最多的有清半夏的矾煮制法和姜、矾煮制法及法半夏的石灰、甘草浸制法和姜、甘草、石灰浸制法等。1975年王孝涛研究组深入天津饮片厂与中药老师傅合作，以《药典》规定的质量传统经验鉴别"口尝微有麻舌感"为指标，进行了生姜、白矾、石灰、甘草、皂角等辅料消除半夏麻舌感效果的比较实验，其中以白矾、石灰为最佳辅料。并以干品半夏为原料，在多种炮制工艺中，优选出清半夏的8%矾水浸制法及矾水热压法为最佳；法半夏以保持pH值12以上的石灰、甘草混合液的浸制法为最佳。经过毒理和药效的比较研究，表明半夏生品具有一定的毒性反应，主要表现在对口腔、咽喉、眼及胃肠黏膜的刺激作用，而清半夏、法半夏新法制品的刺激作用有明显减低，能达到"减毒"的效果。在实验条件下，清半夏和法半夏的新制品具有明显的祛痰、止咳和镇吐的药效。新制品的片剂，经过防治慢性气管炎的临床验证，均有较好的治疗效果，清半夏显效率为14.29%，有效率为85.71%；法半夏显效率为20.51%，有效率为85.18%。同时认为临床治疗效果以镇咳、祛痰较好，有一定的平喘作用。经过生产中试、动物实验和临床验证，表明清半夏、法半夏的新制品既降低了毒性，又保持了疗效，说明两种新炮制工艺都是可行的。与老工艺（《药典》法）相比，具有节约能源、缩短生产周期、减低损耗率等优点。最后依据《中华人民共和国药典》标准规定的鉴别、检查等项内容，制订了新的清半夏、法半夏饮片质量标准。由于半夏的毒性和药效物质尚不清楚，又制订了以家兔眼结膜刺激的生物检定法为质控的新指标。新炮制工艺亦适用于水半夏的炮制。清半夏、法半夏的新法炮制工艺，被《中华人民共和国药典》(1985 版以来各版) 一直收载。该研究成果获 1980 年卫生部科技成果乙级奖。1997 年，王孝涛研究组在借鉴清半夏、法半夏的科研程序的基础上，又试制成功以鲜半夏投料的清半夏、姜半夏、法半夏的炮制新工艺。

1978 年根据科研需要，王孝涛再次充实中药炮制科学实验室，在继承传统炮制技术的基础上，积极采用现代科学技术对中药传统炮制进行科学研究。借鉴半夏炮制原理研究的成功经验，一九八六年王孝涛又主持了白附子、天南星炮制工艺的进一步改进研究。由于白附子、天南星属于多品种来源的药材，经过实地调查和本草考证，他认为研究材料应选用品种明确、产量较大、质量优、销路广的主流药材为准。最终实验材料的选择为：白附子选用主产于河南禹县地区的种植品"禹白附"，其品种来源为天南星科植物独角莲 (Typhonium giganteum Engl)；天南星亦选用河南地区的种植品"虎掌南星"，其品种来源为天南星科植物虎掌 (Pinellia pedatisecta Schott)。

白附子入药炮制始见于宋代，见于文献的炮制方法有十多种，而矾制法为近代新发展的一种制法。全国 26 个省、市、自治区现行沿用和新创的炮制方法至少有 7 种，在各种制法中除辅料单一用姜者外，其他均采用白矾为辅料或在白矾基础上增加一种或两种其他辅料共制，最常用的是矾制和矾、姜制两种。天南星入药炮制始见于唐代，见于文献的炮制方法有 50 多种，现今各地沿用的至少有 8 种之多。其中主要有姜、矾煮制法和姜、矾腌水煮制法，其次是姜汁、白矾腌制法和矾水煮制法。借鉴半夏炮制的科研思路，以《药典》规定的质量传统经验鉴别"口尝微有麻舌感"，结合毒性实验为指标，优选出最佳的炮制工艺，制白附子和制天南星均以 6% 矾水浸湿片制法和 6% 矾水浸湿片的热压法为最佳。经毒理和药效实验研究表明，白附子、天南星的生品同样呈明显的毒性反应，主要表现为对口腔、眼、胃肠黏膜和皮肤有强烈的刺激作用，而两者的新法制品和老法（《药典》法）制品相比，其毒副作用均有明显减弱或消失，同样达到"制毒"的效果。制白附子新制品具有明显镇静、抗惊厥、抗炎和轻度的止痛作用；制天南星亦具有镇静、抗惊厥、抗炎和祛痰作用，两者都保持了与老法（《药典》法）制品相同水平的药效。说明制白附子、制天南星改进的炮制新工艺是可行的，与老工艺相比具有缩短生产周期、节约辅料和能源、降低损耗率等优点。再按《药典》标准规定，制订了新法制白附子、制天南星的饮片质量标准。制白附子的研究成果，获 1992 年国家中医药管理局科技进步三等奖。制天南星的研究成果，获 1994 年中国中医研究院科技成果三等奖。

　　药典是一个国家记载药品标准、规格的法典，一般由国家卫生行政部门主持编纂、颁布实施。制订药品标准对加强药品质量的监督管理、保证质量、保障用药安全有效、维护人民健康起着十分重要的作用。我国的药典是从本草学、药物学以及处方集的编著演化而来。药典的重要特点是它的法定性和体例的规范化。《中华人民共和国药典》一部为中药部分。从 1959 年起王孝涛就开始参加《中华人民共和国药典》一部的编纂工作，首次完成中药饮片炮制工艺和饮片质量标准部分，为中药饮片、炮制工艺立法作出了重大贡献。1978 年任第四届卫生部药典委员会委员，再次增补完善了中药饮片的炮制工艺和质量标准。1983 年受卫生部委托，他联合其他同行，历经 3 年，在调查、研究和搜集全国各省、直辖市、自治区现行的《中药炮制规范》的基础上，首次完成编订《全国中药炮制规范》，这是我国第一部全国性的关于中药饮片生产和产品质量的规范与技术标准，对提高中药饮片质量，控制和完善中药质量管理具有重要意义。全书共收载常用中药554 种及不同规格的制品（饮片）923 种。可指导中药饮片生产，更好地保证和提高中药饮片质量，提高中医临床疗效，可谓我国第一部全国性、法定性的炮制规范蓝本。

为培养炮制学科的接班人，从 1978 年起，王孝涛开始招收中药炮制学科硕士研究生、博士研究生。1991 年当选为首批全国老中医药专家学术经验继承工作指导老师，以师带徒方式，尽心培养中药炮制的高层次科研人才；并为"全国中药炮制师资进修班"、石油化工部"西药学中药班"、北京军区的"中医中药学习班"，以及日本、朝鲜、越南、泰国、韩国、马来西亚等留学生、进修生讲授中药炮制课程，培养中药人才。为表彰他在培养中医药人才方面所作出的贡献，1994 年人事部、卫生部、国家中医药管理局向他颁发了荣誉证书。

王孝涛的弟子中，有许多人已成长为中药炮制的技术骨干或学科带头人。硕士研究生于留荣，现任第一军医大学中医系中药炮制、制剂教研室主任，长期从事中药新药和饮片的研制，获全军科技成果奖 7 项，荣获三等功 3 次，兼任国家和全军新药审评委员兼中药组组长、全军科学技术进步奖军事医学专业评审委员等职。查文清，现任深圳市南山区人民医院药剂科主任中药师，从事药物研究开发、制剂生产及药物临床应用评价等工作，先后主持完成国家、省、市级科研课题多项。博士研究生李春生（台湾），现任台湾中西整合学会监事长，台湾养生学会秘书长等职。博士后学术经验传承人曹晖，一直从事中药材、饮片 DNA 指纹分析研究，先后主持和完成了国家"九五"科技攻关项目、"八六三"计划及广东重点突破等重大科技项目，多次荣获国家及省市级科学技术进步奖、中医药科技成果奖、优秀论文等诸多奖项。2001 年被聘为国家中药现代化工程技术研究中心副主任，博士研究生导师，兼任国家发改委药品价格评审专家、国家保健食品评审专家及国家自然科学基金委审评专家等职。

继往承祖训　开来创新篇

　　经过数十年的中药炮制研究，王孝涛发现了许多具有逻辑性的规律，从中可以升华出新的理论，更好、更有效地指导中药炮制工作。在他的学生兼助手曹晖等人的协助下，这些理论逐步见诸报刊，并为人们所接受。

一、探讨炮制起源

　　任何一个学科都有萌芽发生、成长壮大的过程。作为一个从小就热爱文学和历史的科学工作者，王孝涛更加熟谙其中的道理。中药饮片炮制技术是在什么条件下产生的？它的产生要达到什么目的？它的目的达到没有……这一系列的问题长期困扰着王孝涛，他明白中药炮制同样是在抗病用药的基础上创立和发展起来的。但它有什么个性呢？他一有时间就翻阅古书，以致妻子有时会埋怨他就知道看书，别的什么也不会。他却在和古人的交流对话中搞清楚了一个个疑难问题。古人告诉他，炮制技术的出现基于如下的条件：一是天然药物的发现，二是熟食法的出现，三是酿酒的发明，四是陶器的发明，五是中药古制剂汤液（汤剂）的创制等。

　　（一）天然药物的发现。王孝涛了解到先民在觅食中发现了"毒药"，进而又发现这些"毒药"竟然可以治病。随着医药技术的进步，为了更好地发挥药效，人们又将天然药物进行一定的加工。相传在我国黄帝时期臣子桐君就掌握了这样的技术，并有《桐君采药录》用以辨别天然药物的根茎叶花实等形态、颜色以及花期、果期等。为了服用方便就将药物进行清洗，劈掰成小块或剉捣成粗粒等，进行简单加工，进而这些简单加工技能逐步积累和发展，成为早期中药饮片炮制的"净洗法"和"切捣法"。

（二）熟食的出现。火的利用以及人工取火的发明，是人类的一大进步，从此原始人由"茹毛饮血"的"生食"生活转入"熟食"生活。人类在烹制食物时采用的方法，如谷物的蒸炒法和肉类的炮炙法等，为中药"炮炙法"、"药炒法"的直接起源。

（三）酿酒的发明。酒是用于炮制中药的重要辅料和制药溶媒之一。我国酿酒的起源亦很早，甲骨文和大量出土文物可资证明。古人在长期生活实践中，发现酒对人体健康的作用，从而直接用酒来医病，或用作制药的溶剂而制成"药酒"抗病。而后利用酒来作为早期中药炮制的辅料之一，亦是很自然的事了。

（四）陶器的发明。制陶在我国仰韶文化时期（公元前5000年左右）已有相当水平。有了陶制的烹饪器、饮食器和储存器，即可应用于液体食物的制备和饮料的贮放。这些都为早期中药炮制的蒸制法、煮制法、煅制法（运用陶制煅药罐）以及存放古制剂即中药汤液（汤剂）等创造了必要的器具条件。

（五）汤液的创制。汤液是中药汤剂的古称，是最早的传统制剂之一，相传始创于商朝。晋代皇甫谧《针灸甲乙经》序中说，"伊尹撰用神农本草以为汤液"，又说"仲景广伊尹汤液为数十卷"。可见公元2~3世纪已有汤液始于伊尹的说法。伊尹是商汤的一位宰相。相传伊尹善于烹调，熟知食物的医疗作用和药物的性能，他在讲述烹调的道理时曾提到有"和之美者，阳朴之姜，招摇之桂"（《吕氏春秋·孝行览·本味篇》）。姜和桂既是烹调的常用调味品，又是中医常用的解表药。这说明药物的发现和使用与人们的饮食是有密切关系的。

通过对古代炮制技术起源的考察，王孝涛认为，炮制技术起源于生活，与饮食的发展有着极为密切的联系。

二、中药采制控质论

中药采制是制备优质中药材的一门传统制药技术，在长期的中医医疗用药和中药生产实践中，渐渐形成较为系统的理论和制作技术，由此保证中医临床用药的质量。王孝涛在药材产区向老药农调查总结采药、制药和种药经验时发现，药农有着丰富的控制药材质量的经验，其口述中常提到"道地药材"、"严守季节"、"采挖条件"和"干燥要求"等特定制作常规。王孝涛查阅了大量古本草和医方文献，发现其中记述有关中药采制的史料非常丰富，认为"夫药采取，不知时节，不以阴干、暴干，虽有药名，终无药实，故不依时采取，与朽木不殊，虚费人功，卒无裨益"，已明确采用"药出州土"、"采造时月"、"药藏"以及"出产择地土"、"采收按时月"、"藏留防耗坏"等作为中药材质量控制的法则，并较系统地指出，中药材的生长区域、生长期（年）限、采药季节、干燥条件、藏储期限等都与其药材质量有密切关系。就此王孝涛又在继承整理文献的基础上，结合药材生产实际经验并吸收现代科研资料为论据，提出"中药采制控质论"的见解。

（一）"药出州土"。梁代陶弘景在《本草经集注》中论述药材生长区域和生长期限对药材质量的关系时就已指出："诸药所生，皆有境界……多出近道，气力性理，不及本邦……今诸药采造之法，既并用见成，非能自掘。"根据《千金翼方》记载，唐代规定全国 133 州所产的 519 种道地药材可入药配方，"其余州土皆有，不堪进御"。这些经验成为后世以"道地药材"为指导辨别优质高效药材的可靠依据。

如中药秦皮，传统以秦地（陕西）产品为道地，唐代《新修本草》指出，"取皮渍水便碧色（荧光），书纸者看青色者是"。秦皮内含药效成分为秦皮甲素和乙素，经检测其含量，以陕西产品种为最高，分别达 7.58% 和 2%，而四川产品种为其次，分别是 2.61% 和 0.8%，新疆产品种仅为痕量，不宜入药。秦皮甲素含量高，其荧光反应亦强。这与传统品质鉴别经验是一致的。

黄芪传统以汾（山西）芪为道地，其黄芪甲苷含量在 0.063%～

0.12%，而黑龙江产的为 0.03%，四川产的为 0.063%，甘肃产的红芪无黄芪甲苷，此外硒的含量山西产地亦高于其他产地 3~6 倍。

道地药材"怀地黄（河南）"，其内含的梓醇和总还原糖的含量，均高于非道地的山东、浙江和广东的产品。同样"岷当归（甘肃）"所含的挥发油、阿魏酸及其水、醇浸出物的含量，均高于非道地的陕西、四川、云南和湖北的产品。

（二）"采造时月"。陶弘景谓："本草（采药）时月……其根物多以 2 月、8 月采者，谓春初津润始萌，未冲枝叶，势力淳浓故也。至秋则枝叶干枯，津润归流于下。今即事验之，春宁宜早，秋宁宜晚，其华、实、茎、叶乃各随其成熟尔。"为严格控制用药标准，孙思邈在《千金翼方》中共记载了 238 种中药的采集时间和干燥方法（阴干、暴干、火干、日干等）。中药材的不同采收时节期限，对其内含药效物质有一定影响。

如中药枳实应以"鹅眼枳实"为佳，即在五月上旬到六月下旬末采制，其所含各类药效成分量为最高，所含挥发油量为 1.13ml/g，橙皮苷为 6.32%，辛弗林为 0.382%，N 甲基酪胺为 0.036%。这与本草要求取未成熟幼果入药是相一致的。中药丹皮和芍药，均含有效物质芍药苷和丹皮酚类成分，其含量在 4 月中旬和 7~8 月最低，以 5~6 月和 9~10 月最高。这与传统根类药材采收季节宜初春和秋季是一致的。中药青蒿含有青蒿素，其含量 4 月中旬（幼苗期）为 0.098%，5 月中旬到 6 月中旬（成苗期）为 0.181%~0.398%，7 月中旬至 8 月中旬（生长盛期）为 0.592%~0.651%，9 月中旬（花蕾期）为 0.673%，10 月中旬为 0.748%。虽然结果显示花（蕾）期和果期青蒿素比生长期分别高 3.38% 和 14.9%，但此时青蒿植株的主要营养体叶片重量明显下降。实验还表明：生长盛期叶片干品重量比花（蕾）期和果期分别高 15.41% 和 42.74%，故生长盛期的青蒿素获得率高于花（蕾）

期和果期。因此认为，青蒿采收期应在生长盛期至花（蕾）期之前，这亦与传统采收茎、叶"各随其成熟尔"是相一致的。

中药的采收期限与其所含药效成分是相关的，亦是传统用"采造时节"来控制药材质量的又一道理所在。

（三）"药藏"。古人一直重视药材及饮片的贮藏。唐代孙思邈认为"合药所须，极当预贮"，指出："凡药，皆不欲数数晒暴，多见风日，气力即薄歇，宜熟知之。诸药未即用者，候天大晴时，于烈日中暴之，令大干，以新瓦器贮之，泥头密封。须用开取，即急封之。勿令中风湿之气，虽经年亦如新也。"明代《本草蒙筌》还记载了许多药材特殊的药物对抗贮藏方法，如"人参须和细辛，冰片必同灯草；麝香宜蛇皮裹，硼砂共绿豆收；生姜择砌砂藏，山药候干灰窖。"此等说明了中药贮藏的目的、容器和条件以及贮藏、干燥与其药效的关系。

中药不同干燥法对所含的药效成分的保留是有影响的。中药有宜暴干或阴干的不同要求。研究表明：日光和温度是影响中药所含物质的两大因素。如中药丹皮经暴晒（48℃，4小时）其丹皮酚含量为0.94%，而烘干（80℃，2小时）为7.023%，暴干较烘干多损失6.31%，故丹皮宜烘干。此外，含挥发油类成分的中药如薄荷、荆芥等，久经暴晒，可使药效成分挥散而失去其药用价值。含脂肪油、黏液质及糖类成分的中药如当归、白术、牛膝、杏仁、柏子仁、麦冬、党参等，经暴晒可随温度升高变软，可使油脂外溢而出现"走油"或氧化分解而酸败变质。

中药贮藏应有一定期限，贮藏过久可使药效成分受影响而下降。研究表明：中药苦杏仁中含有苦杏仁苷，当贮藏一年后，苦杏仁苷含量从4.95%下降为4.37%，其炮制品由4.18%下降为3.66%。中药地黄中梓醇成分在干地黄药材中当年含量为0.811%，而贮藏一年后即下降为0.514%。

中药干燥条件和贮藏期限对中药内在成分是有显著影响的。

干燥不得法，贮存超过期限会直接影响药材质量。中药采制主要在于循因择优产区（科学种植）、适时采收（合理加工）、贮藏保管（科学养护）等传统生产法则，唯此才能有效地控制中药材质量的稳定性。

王孝涛认为，应重视中药采制技术的继承、整理和科学研究，要在全面继承总结传统中药采制技术的基础上，采用现代科学技术进行系统的研究，并把中药采制法则内容列为中药材质量控制的科学指标，进而促使实现中药采制的规范化和标准化，用来控制中药材质量以达到安全、有效、稳定、可控的科学标准。

三、中药炮制制毒论

王孝涛深知，中医采用"毒药"来治病，自古就有"以毒攻毒"之说。临床证实中医既能很好地发挥"毒药"的治疗作用，又能严格控制其毒副反应对人体的危害，以达有效安全，这主要是依靠炮制技术来实现的。《神农本草经》中就有"若有毒宜制，可用相畏、相杀者，不尔，勿合用也"的记载。中药炮制目的之一是为了减低毒性（制毒）。中药炮制的"制毒论"是中药传统制药技术的理论精华所在。

为探知"炮制制毒"这一中医用药特点，王孝涛对天南星科药物进行了炮制工艺的实验研究，证实中药炮制"制毒"是有科学道理的。国内同行也做了类似的工作，从不同角度证实中药炮制的减毒作用。根据记载，中药附子早在汉代就采用高温的"炮"法来处理，至宋代始改用水浸漂或采用辅料（黑豆、醋、姜、盐）煮制等法以达其"制毒"的目的。对附子炮制工艺过程的化学和药理研究初步证明，附子炮制经水漂能使其所含的有毒的乌头碱类成分含量降低 78%~82%，其毒性亦降低了。经水漂后再采用不同辅料（如甘草、黑豆、金银花、皂角、醋、姜、豆腐等，选其中一种或两种）煮制，结果均能起到进一步的解毒作用，达到安全的药用标准。这些研究说明：乌头类中药炮制的"制毒"原理，一是经过水漂制时可减低水溶性的有毒成分；二是通过高热处理，将其毒性极大的双酯型乌头碱，水解为毒性极弱或无毒性的乌头胺，从而达到安全"制毒"的目的。

苦杏仁是中医常用止咳平喘药，有"小毒"，炮制后入药。结合中医用药的炮制和剂型特点，认为其有毒成分为氢氰酸，是由其所含苦杏仁苷经共存的苦杏仁酶水解后的产物。亦是其止咳、平喘的药效成分。通过化学及动物实验证明，其炮制原理主要是在于破坏苦杏仁酶的活力，而保存苦杏仁苷，并认为苦杏仁苷经口服后，在体内可缓缓分解而产生微量氢氰酸，从而起到镇静呼吸中枢的作用，既起到止咳平喘的药效又不致引起中毒。实验证明，当酶存在时，苦杏仁苷易被水解，苦杏仁生品用冷水煎煮时，苦杏仁苷因水解损失达95%~98%，而用沸水煎煮，即可保留苦杏仁苷达65%。

芫花被中医列为泻下逐水药，生品有毒性，一般醋制后入药。研究表明：其所含芫花酯甲成分具有很强的毒性，对皮肤、黏膜有强烈的刺激作用。传统炮制认为，醋制可降低其毒性，并可提高其利水作用。经检测不同炮制品的芫花酯甲含量，均有所降低，降低率依次为醋炙品（45%）、醋煮品（18%）、清蒸品和高压蒸品（10%），这说明芫花经醋炙可降低其毒性。炮制对芫花药效的影响表明，醋炙品刺激性最低，而利尿作用最强。

中药炮制可通过：（一）消减有毒成分的含量；（二）破坏或改变其有毒成分的化学结构；（三）与特定的炮制辅料起解毒作用；（四）破坏共存酶的活力，防止其酶解作用等，以达到其"制毒"的目的，保证临床用药安全和有效。

四、中药炮制增效论

中药炮制不仅仅能减毒，还能增强临床疗效。中药经酒制、煨制、姜制、蜜制等处理后可改变药性作用，以适合临床的需要。中药炮制的"增效论"也是中药传统制药技术的理论精华所在。

中药炮制对其制品（饮片）入制剂后要求药效成分保持较高的含量水平，从而发挥其临床疗效作用，这与传统炮制可改变药性达到"增效"之说是相一致的。

如延胡索（元胡）是中医常用的止痛良药，为了提高其止痛效果，自宋代始采用其醋制品。现代药物分析已知，延胡索含有多种生物碱成分，其中延胡索甲素、乙素均有镇痛作用，尤以左旋延胡索乙素镇痛作用较为明显。研究证明：当元胡生品和醋元胡入汤剂时，其生物碱的煎出量是不同的。生元胡水煎液中的总生物碱含量（相对值）为 25.06%，而醋元胡为 49.33%。初步说明醋制元胡的水煎剂中其总生物碱含量要比生品高一倍。其止痛效果亦增强。这与元胡经醋制后，其生物碱与醋酸作用生成易溶于水的生物碱盐有关。

槐花是中医的理血药，多用于凉血止血。自宋代始用其制品（炒槐花、槐花炭）入药，提高疗效。槐花中主要含有芸香苷（芦丁）、槲皮素和缩合鞣质等药效成分。芸香苷能防治毛细血管脆性过大及毛细血管渗透性过高而引起的出血，并有降低血压等作用。缩合鞣质能与黏膜表面蛋白质结合形成一层致密的保护膜，因而可减弱炎症的局部反射，呈收敛止泻止血等作用。研究证明：槐花生品经炒制可破坏与槐花共存的鼠李糖转化酶的活力，使其不受酶解而保留其药效成分。同时当其入汤剂时亦能提高芸香苷的煎出量，槐花生品芸香苷煎出量为 3.53%，而炒槐花为 7.23%，制炭后其鞣质含量亦比生槐花高，槐花生品鞣质含量为 0.66%，而槐花炭为 2.57%，槐花中芸香苷含量愈高制炭后鞣质含量也愈高。

中药炮制主要是通过：（一）增高药效成分在汤剂中的煎出量；（二）破坏共存酶的活力，保存药效成分的含量；（三）削减或破坏与治疗无关的成分，而充分发挥治疗所需的成分；（四）与某种炮制特定辅料起到协同作用，高温处理会改变固有作用等，以达到其"增效"的目的，提高临床的治疗效果。

王孝涛根据自己多年从事中药炮制研究的经验，不断寻找发现其中的规律，把它们升华成理性认识，从而把炮制从工坊中的工艺技术上升为炮制学的理论学说。

建言为民众　献策兴国医

1983年以来，王孝涛连任全国政协第六、七、八、九届委员及第八届全国政协科教文卫体委员会委员。他认真履行政协委员的职责，充分发挥自己的专长，尽力为振兴发展中医中药事业建言献策。他每年安排时间，积极赴各地学习、视察和专题调研，先后参加了对广东普宁、山东舜王城、浙江苍南等地区中药材市场的调研，并针对市场中存在的问题，提出加强市场科学管理、整顿和规范药材市场及治理市场出售假劣药品等的措施。平时他认真学习国家的大政方针政策和有关人民政协方面的理论文章，不断提高自己的理论水平、参政议政的能力。他在参加全国政协会议期间，先后亲自起草《修订〈中华新本草〉》、《依法保护野生药材资源》等70多件提案，并提交《依法管药造福于民》、《医药结合振兴中医中药》等10多件大会发言文稿。他的提案和大会发言文稿内容，其中有"振兴中医中药"、"保护、修复和利用本草古籍"、《依法治理规范中药材专业市场》、"修订《全国中药炮制规范》"、"依法保护野生中药材资源"以及"开发大西北特产的民族药和道地中药材"等建议，引起国家有关部门的重视。

1984年，为振兴中医中药和全面总结中医中药的科研成果，王孝涛在六届二次全国政协大会上提交了"修订《中华新本草》"的建议。卫生部和国家中医管理局对此十分重视，组织全国中医中药专家进行论证，落实合作编写计划草案，最终定名为《中华本草》，王孝涛任副总编。经过 10 年的努力，1998 年《中华本草》精选本出版，1999 年全书 30 卷正式出版。该书是集两千余年传统中医药学之大成，并显示着当代科学水平的本草巨著，收载中药 8000 余种。

1988 年，王孝涛针对当时药材市场出现制假售假，危害人民生命并造成死亡事故等现象，向七届一次全国政协大会提交了《以法管药造福于民》为题的大会发言文稿，揭露了当时某些地区出售假劣药品的品种名单、生产厂家和服用假药而致死的人命案件等，并分析了产生制假售假的原因，并提出依法治理的措施。这篇文稿后被选为大会发言，并通过中央电视台、中央人民广播电台向全国播放，引起了各级政府部门的重视和社会广大民众的强烈反响。2001 年，王孝涛针对"单味中药饮片浓缩颗粒"、"免煎饮片"、"免煎汤药"等中药产品名称不统一对中药市场造成的混乱，向九届四次全国政协大会提交了《关于加强"浓缩颗粒"产品质量管理》的提案。国家食品药品监督管理局随后在杭州召开了有中医中药专家参加的专题讨论会，确定统一产品名称为"中药配方颗粒"，以区别于中药饮片和中成药的"颗粒剂"，并发出《中药配方颗粒管理暂行规定》的通知和《中药配方颗粒质量标准研究的技术要求》，以及实行产品批准文号管理等措施。

参政议政的工作，显示出王孝涛对祖国对人民的无限热爱，对党和政府强国富民方针政策的拥护，对祖国中医中药事业的敬业精神。他幽默地说："我心里装有'一砣一线'，那就是有个强国富民、振兴中医中药的秤砣，有一条以 1949 年为标准的历史界线，用来对称前后两个社会，谁个轻谁个重，心里是有数的。"王孝涛在中医中药科研事业中，整整奋斗了半个世纪。他常自谦"我的科研工作仅仅是为继承发展中医中药做了点铺路修桥之事而已"，更希望后进者在中医中药的继承创新中，尽快使中医中药在现代化的大道上腾飞，让祖国中医药学在世界上发扬光大，为全人类的健康长寿作出更大的贡献。

淡淡豁且达　　悠悠寿而康

　　年过八旬的王孝涛，仍然坚持读书、工作。人们经常可以在中国中医科学院的院子里和中药研究所的走廊里看到他手拄着拐杖去"上班"。办公室和他退休以前一样，桌上堆满了书籍、文件和大小不等的纸片。他的一只眼睛因为过劳已经失明，他幽默地给自己取了一个笔名叫"王一目"，暗喻"了然"之意。

　　问起他的养生经验，他爽快地说，主要是两个方面，一个是科学饮食，一个是恬淡虚无。饮食方面，他讲究不要吃"好"的、贵的，而是要吃得合理，吃身体所需要的。比如别人喜食海鲜，他就常吃海带和紫菜。他坚持吃得杂，吃粗粮，各种食物混合搭配。他喜爱吃豆类食品，每天喝豆粥。王孝涛夫人蒙光容是制剂专家，退休后常把专业知识用在烹调上，她经常把各种时令蔬菜、水果打制成蔬果粥食用，既有营养，又易消化。

　　王孝涛平时喜欢听古诗词的朗诵吟唱。他的同乡、著名男高音歌唱家姜嘉锵赠送给他一盘古典诗词的演唱录音带，他爱不释手，转刻成光盘，反复聆听，听得陶醉其中，心旷神怡，乐趣无比。

　　王孝涛认为乐观是长寿的关键，要在精神方面加强修养，好话坏话都要听。听到别人的批评，他也会很高兴，认为这是表明自己有人缘，受到他人关心，自己度量大，他人才愿意批评，如果没有人批评就说明自己被别人忘记了。对于荣誉，他认为都是身外之物。对于物质享受，他从不去追求。有位在台湾的同学来访，看到他忙里忙外地买菜做饭，家居生活极简朴，小心翼翼地问他："你真是全国政协委员吗？"他笑道："当然。"年迈的姐姐到北京来看望他，见他又忙工作又自理生活，心疼地说："走吧，和我回老家去吧！我一个星期赚的钱够你一个月挣的了，我能养得起你。"王孝涛回答："不行啊，我已是交给党和国家的人了。我所学所研究都是为了国家啊，怎么能够自己贪图享乐 呢！"

在为人方面，王孝涛对待有声望地位的人和普通百姓都一视同仁。他说大家在人格上都是平等的。经常可以见到他和门卫说笑，同研究生"称兄道弟"。

或许这就是孔子所说的"仁者寿"吧。

如今，进入耄耋之年的王孝涛，身体健康，精神矍铄，思路清晰，勤奋不辍。他在中药炮制领域作出的卓越贡献和鞠躬尽瘁、奋斗不息的精神，已成为我国中医药事业的宝贵财富。

（撰稿人　张瑞贤）

张灿玾 卷

张灿玾（1928—　　）

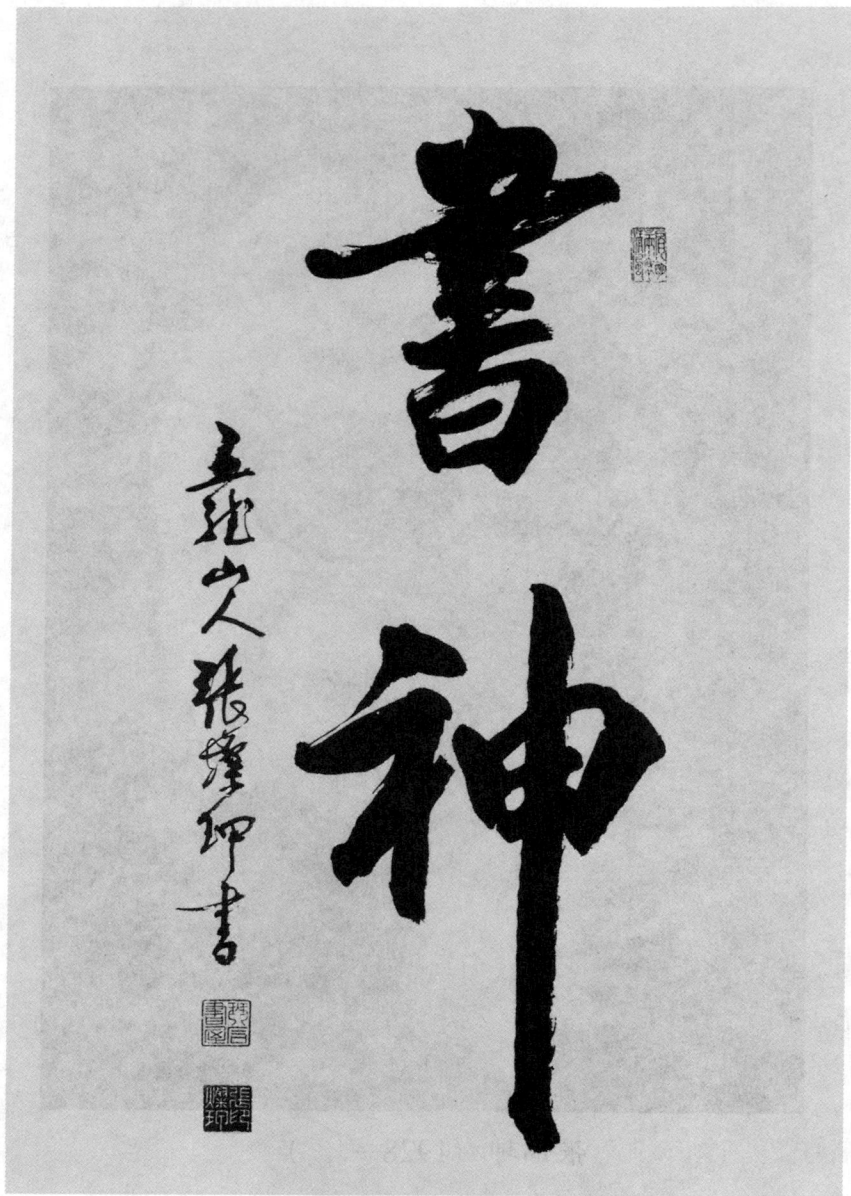

张灿玾手迹

　　　　厚德怀仁，乐群敬业；医文并茂，理用兼优。

　　　　　　　　　　　　　　　　　　　——张灿玾

　　张灿玾，1928 年出生，当代著名中医药学家。原名灿甲，后改灿玾，字昭华，号葆真，别号五龙山人、暮村老人、杏林一丁、齐东野老。山东省荣成市下回头村人。幼承庭训，从祖父与父亲习医，后悬壶乡里，1959 年 9 月调山东中医学院（现山东中医药大学）执教至今。曾任山东中医学院中医系主任、院长。现为山东中医药大学终身教授、博士研究生导师，中华中医药学会终身理事。被评为山东省有突出贡献的名老中医药专家，山东省名中医药专家，山东省优秀共产党员。享受国务院政府特殊津贴。2009 年由人力资源和社会保障部、卫生部、国家中医药管理局评选为国医大师。

　　张灿玾在 60 余年的从业生涯中，不仅在临床方面积累了丰富的经验，而且在教学、科研方面均取得了卓著的成绩，可称得上是中医界的一位大家。

承继祖业　悬壶乡里

　　张灿玾生于医学世家，祖父士洲公一生治病，医德高尚，无不称道；父亲树干公继承父业，享誉一方，有遗著《病案选录·附验方》7 册（稿本含内、外、妇、儿等科）。

　　张灿玾于 1936 年春，始入小学读书。1937 年"卢沟桥事变"

爆发，日本发动了侵华战争。国难当头，民族危亡，深深地触动着他那幼小的心灵。1939年冬，张灿玾读完了小学四年级，课外和寒假期间，由父亲教读《论语》和几本小学启蒙读物，如《三字经》、《百家姓》等，他自己也利用课余时间，背诵《千家诗》。1940年初，刚刚过完春节，日本侵略军的铁蹄踏进了荣成，家乡沦陷，百姓遭受严酷的屠杀掳掠，张灿玾被迫辍学。少年时期的张灿玾加入了儿童团，并积极参加抗战活动。

1941年，抗日民主政府为普及教育，扫除文盲，广泛兴办学校。在下回头村也办起了完小（即高等小学），张灿玾被录取入学。他自幼聪慧，学习勤奋，在两年多的完小学习期间，不仅在学业方面每登榜首，还学会了识读音乐简谱及口琴、二胡和京胡的演奏，并担任过歌咏队的队长，参加过学校组织的戏剧演出。

1942年，日军对胶东又进行了一次拉网式大扫荡，他的家乡也遭受了空前的浩劫，他的一名同学和一位老师，均死于日军的刺刀之下，祖父与父亲也均遭到日军毒打，几乎毙命。山河破碎，国仇家恨，给青少年时期的张灿玾，留下了深深的伤痕，而中国共产党和八路军救国救民、不怕流血牺牲的爱国主义精神，更是给他刻下了深深的烙印，对他后来的成长，具有重大的影响。

1943年下半年，张灿玾读完了完小。由于当时的社会环境，不得不结束他的学校生活。辍学之后，他一边跟随祖父与父亲学习中医，一边参加社会活动，如参加青年抗日救国会（后任宣传委员）、民兵组织等。农忙季节，还帮助家庭干些农活。

张灿玾始学医时，由父亲教读《医学三字经》、《药性赋》、《濒湖脉学》，后则熟读《医宗金鉴》中临床各科心法要诀等，均要求熟练地背诵。对《黄帝内经》、《伤寒论》及《金匮要略》等经典医籍，亦选出部分重要条文，加以熟读，并参阅明、清以来重要医籍。当祖父与父亲诊病时，张灿玾则认真学习他们的诊疗技术及方法，并负责司药。对饮片的加工炮制、丸散膏丹的制作、药材质量的优劣及真伪鉴定的一般知识，均已掌握，本地所产中草药之俗名及植物形态等，亦皆熟知，以便介绍给病家自采自用。这为他后来独立应诊和医术的进一步提高，奠定了良好的基础。

由于幼年时受家庭影响，张灿玾喜爱戏曲及文艺。1944年冬，村俱乐部（实为农村剧团）吸收他为团员，翌年担任剧团导演，兼司乐队，这位年方16岁的导演，在剧团中起到了重要作用。他曾执导过许多话剧、歌剧、锣鼓剧及秧歌剧等。如话剧《群策群力》，歌剧《白毛女》、《血泪仇》、《农公泊》、《刘胡兰》等，为发动群众，组织群众，积极参加和支持革命战争，起到了良好的作用。为了适应剧团工作的需要，张灿玾还学会了多种乐器的演奏，如民族乐器的笙、管、唢呐，西洋乐器的小提琴，提高了演出效果，表现出他的艺术天分。

1946年春，由于邻村小学教师短缺，特来聘请张灿玾去任教。父亲考虑到革命工作的需要，同意他放弃学医改为从教，此事被剧团团长获知，感到这个骨干不能走，于是找村党支部书记商量，决定让他留在本村任教，仍兼剧团导演。

战争年代的小学教师，不仅担任学生的教课任务，参加学校的农田劳动，还承担一定的社会工作和民众宣传教育工作，张灿玾同时继续担任剧团导演。大量繁重的工作任务，超负荷地压在这个18岁的青年身上。不到一年时间，张灿玾的身体已难以支撑，患上胃病、慢性左膝关节肿痛，兼腘窝囊肿，行走不便，负重无力，不得不辞去教学工作，在家服药休养，但剧团导演仍需担任。

这时的张灿玾，因身体原因，从军、从政、任教均已无望，只能重操旧业，继续学医。经过一年的努力，不仅把前几年读过的医书复诵一遍，还进一步对经典医著加深诵读和理解，并扩大参阅古代方书，如《寿世保元》、《万病回春》、《医宗必读》、《石室秘录》、《医方集解》、《本草备要》、《陈修园医书》、《外科正宗》等有关著作，学业大进。

1948 年，张灿玾经过四年的学习与见习阶段，已掌握了中医最基本的诊疗技术、辨证施治与理法方药的原则和方法。在祖父与父亲的指导下，开始独立应诊。宋人范仲淹曾云："不为良相，则为良医。"此时的张灿玾正是抱定这样的信念，决心做一名合格的医生，为家乡父老，承担"救死扶伤"的任务，做些有益于社会的工作。

1949 年，张灿玾参加崂山区医药联合会（简称"医联会"，会务挂靠于区供销合作社医药部），曾任宣传委员。医联会的主要任务是，向群众宣传党和政府对医药卫生工作的方针政策，开展和指导群众性爱国卫生运动，承担防疫注射和救灾的任务，定期向会员传达上级指示与文件，进行医德医风方面的教育等等。

此时的张灿玾，深深感到单靠已掌握的中医知识与诊疗技术，已难以胜任所承担的卫生工作任务，为此，他又购买了现代医学的有关著作进行学习，并学会了现代医学的一些基本诊疗技术。由于祖父与父亲在当地有良好声誉，加之他个人努力学习和认真负责的医德医风，并且也很好地完成了有关部门布置的各项任务，区医联会鉴于此，于 1949 年 12 月，推选他为崂山区医药卫生界代表，出席"荣成县第一届各界人民代表会"。此次大会卫生界代表仅有 5 人，其中中医 2 人。年轻的张灿玾得以当选，体现了他在业务与工作中所取得的成绩，证明了社会各方面对他的认可。

1952 年春，正处于抗美援朝时期，为反对以美国为首的联合国军向我国沿海地区施行的细菌战，荣成县有关部门组成了一支 40 余人的防疫队，张灿玾应选参加了防疫队，队员大都为西医，仅有少数几位中医，经过一段短期培训，队员们分成几个小组，下乡进行全民性预防注射（三联疫苗）、卫生防疫宣传及流行性传染病的防治工作。是年夏，俚岛区峨石山村麻疹流行，防疫队曾派张灿玾等二人前往抢救。经调查，全村约百名左右儿童患麻疹。经过张灿玾二人一段时间的针对性治疗，患者无一例死亡，全部治愈，并防止了疫情向周边扩大，取得了满意的效果。秋后，张灿玾又奉调回区，继续进行预防注射工作。在近一年的卫生防疫工作中，他圆满地完成了所承担的各项任务，而且在业务方面，也学会了许多现代医学的有关知识和诊疗技术。

1955 年冬，由区卫生所所长董斌与张灿玾发起，组建了荣成县崂山区联合诊所，把全区几位中西医务工作者组织起来，张灿玾被指定为所长。这时的张灿玾已是一位有 8 年临床经验，并具有一定的现代医学知识，在群众中享有较高威信的医务工作者。在他的领导下，联合诊所的工作开展得很好，承担了各种卫生工作，圆满地完成了上级布置的各项任务。上级对他们的工作很满意。1956 年秋，荣成县卫生局召开"中医代表会议"，崂山区有关部门指定联合诊所张灿玾等二人参加大会。会间张灿玾被提名作大会发言，他代表中医同道，表示坚决拥护党的中医政策和中西医团结的方针，感谢各级领导对中医工作的支持，一定要全心全意为人民的医疗保健事业服务。

1956 年 12 月，经县有关部门批准，张灿玾被调入崂山区卫生所工作，成为所内唯一的一名中医师。工作期间，他一方面充分发挥自己熟悉的中医优势，另一方面向所内其他同志请教，很快便掌握了更多的现代医学知识及诊疗方法。在临床工作中，为适应基层医务工作的现实条件，张灿玾采取的是以中医为主，用中西两法治病的方式，以尽量满足患者的需要，深得民众欢迎。当时他诊务繁忙，既要门诊，也要出诊，夜间还经常有重病人需要出诊。每逢集日，从早到晚，总要应对近百名病人的门诊。他在卫生所工作至 1958 年 2 月，这时他已是一位熟练掌握了内科、儿科、妇科、外科常见病与多发病诊疗技术、具有 10 年临床经验的中医师。

张灿玾在 1958 年以前，既祖居于农村，亦服务于农村。特别是自 1941 年后，当地基层医药卫生单位已均系公立机构，多以西医为主。当时就医学体系而论，已是中西医并存，就医药卫生事业而论，有些工作，如卫生消毒、疫苗注射、牛痘接种等，亦非单靠中医所能应对，中西医各有优势，亦各有不足；就医患关系而论，患者择医，亦自是择优而从，医者疗病，亦当择善而施。虽然张灿玾出身于中医世家，但为了工作的需要，在不断提高中医理论与诊疗技术的同时，主动学习必要的西医知识与诊疗技术，并主动向同道们请教。如对某些传染病的治疗，凡西药有良效者，可先用之，若西医无良方者，则用中药，有时亦可以中西药配合治疗。尽管如此，张灿玾也清醒地认识到，他的发展方向，仍然是中医，他的主要任务，是继承和发扬祖国医药学这一宝贵遗产。比如他当时外用三黄软膏（黄连、黄柏、大黄，亦可加苦参）治脓疱疮、皮肤感染及浸淫疮、黄水疮，效甚佳，连西医同道亦喜用。又如曾治一大叶性肺炎，始用抗生素等针剂注射，连用三日效果不佳，咳不止，热不退，舌质变红绛，气营两伤，于是改服中药，仿叶天士治温病法，以透热转气，气营两清为法，以生地、赤芍、丹皮、竹叶、天冬、麦冬、黄芩、黄连、金银花、连翘、石膏、知母、川贝等为治，终得痊愈。此亦足可说明其虽用中西两法，但不失以中医为主之发展方向。

30 岁的张灿玾，正处于而立之年，精力充沛，工作认真，在各方面均取得了一定成绩，在业务上也打下了良好的基础。但张灿玾深知，在他的人生历程中，这仅仅是个起点，决不能满足和停留在这个起点上。因少年时期未能更多地接受学校教育，在文化方面他自感欠账很多。在专业方面，虽继承有祖传经验，自己也有了 10 年的临床实践，然仅凭这些，欲为良医，还是远远不够的。自知欲期高师，机遇难得，十年壮志，唯有一搏，唯一的选择是励志图强，奋力勤学。虽然他这时的诊务工作很忙，还是利用一切余暇，奋力攻读。

读书成癖，惜书如命。张灿玾自少年时起，就养成了喜读书的习惯。上小学时，他利用课余时间，读些启蒙读物，如在上三年级时，请学兄代买了一本白话注解《千家诗》，偷偷阅读时被先生发现，看是一本好书后，免去了一顿手板，亦不曾批评。只要晚间无事，挑灯夜读，乃是他生活中的常规。由喜读书，进而喜藏书、喜购书，此时他所购藏之书，已不仅限于中、西医书，还兼及文、史、哲、艺、戏曲、音乐等诸多方面。为此，他在经济并不宽裕的条件下，只能靠节衣缩食，来满足其追求知识之目的。因此，书店书摊、旧货摊，乃是他屡往之处。每得佳作，如获至宝。如有一次在卖颜料的友人摊上，发现一函《周秦诸子校注十种》影印线装本，书品完好无损。问朋友欲作何用？回答：包颜料用。他听后甚为惊叹，心想如此宝物，竟遭此厄运，遂欲以高价买回，其朋友竟说，此原系以废纸购得，你若喜欢可拿去，顿为惊喜不已。此本为前朝学者如钱佃、郝懿行等校注先秦诸子之遗注，于民国年间，由中国学会辑印。此书对张灿玾后来进行中医古籍整理研究时，在文字通假的辨认方面，提供帮助很大。张灿玾在医籍购置方面，不仅有中医古籍、西医近著，还有近现代中医药名家如张锡纯、秦伯未、时逸人、叶橘泉等诸家著作。通过不断的勤奋学习，不仅使他在学术上有很大提高，也为他后来在学术领域的全面发展，创造了一定的条件。

学习文史，拓宽知识领域。张灿玾通过10余年的学习与临床实践充分认识到，中国医药学是在中国传统文化的基础上成长起来的，在发展的过程中，同时不断吸收少数民族和国外某些医药知识和经验，成为中医学体系中的内容。中医药与中国文化的关系是密不可分的，也可以说中医药学是中国传统文化的组成部分。因而要深入理解和掌握中医药学，特别是要更好地研读和学习中医重要典籍，就必须具有多方面的知识。张灿玾在此一时期所阅读的图书，不仅有医学著作，还包括文史方面的古今著作。如文科方面儒家与先秦诸子的重要典籍，《古文观止》中的诸多名作佳篇及唐、宋名家诗词。在史学方面，则阅读过诸多史学方面的小说演义及正史类要籍，如《东周列国志》、《三国演义》、《说唐》、《纲鉴日知录》，均为其后来研讨和整理中医古籍打下了文史方面的基础。同时在文艺方面，对京剧的爱好，也充分显示了他在戏曲音乐方面的才华。当时他已成为一位文场全能琴师，曾多次参加当地票界组织的演出。至今尚保留有他当年抄录的京剧琴谱和唱腔译谱。

　　审理病案和认真总结经验教训。张灿玾自独立应诊以来，不仅继承了祖父与父亲的临床经验与诊疗技术，而且沿袭了医德高尚的家风。对每一位患者，他都以认真负责的精神，急病人所急，想病人所想，并且能耐心细致地解说病情，解释疑惑，争取病人的信任与合作，从不矜技以自傲，恃技以图报。张灿玾常说，医疗活动，是双边活动。因此，取得病人的信任与合作是十分重要的。他对一些疑难病症及复杂病情，每在医事之余，必再进一步审理病案，研究病情，无论有效无效，顺与不顺，均会认真总结经验教训。张灿玾还常说，患者既是我们服务的对象，也是我们的老师，我们的很多经验教训是在病人身上汲取的。张灿玾又常说，结合现实的病人看书研究加深理解，是取得效果的最佳途径。所以他一直坚持此种学习和研究的方法，并留下诸多病案、记录和学习笔记。现存医案四册及零散处方一宗、笔记两本，皆当时旧物。同时他也不会忘记那些失误的教训。如1957年冬，正值集日近晚，他接诊一腿痛患者，诊为寒湿痹证，处方川乌、草乌各一钱半，牛膝、防风、羌活、独活、地龙、当归、丹参等，均系常规用量，此方曾屡试屡效。而此患者，晚间服药后，竟出现中毒症状。病人家属来唤，遂连忙往救，经多时抢救，方免于祸。此次事故使他接受了一次沉痛的教训，凡用毒品，一定要从小量用起逐渐加量，以免有对此药过敏者发生意外。后来，他也常以此例，警诫他的学生："人命关天，医无小事"。

游学金陵 执教泉城

1958年2月，春节方过，县卫生局通知张灿玾与崖头镇卫生所的林长春，去山东省中医进修学校学习。此时的张灿玾，虽然已为一乡名医，但并不满足于既有的成绩。他追求进步，渴望提高，期盼着能有入学深造的机会。听到这一消息，他真是又惊又喜，交待了一下工作，辞别了家人，与林长春结伴，遂乘一路春风，西去省府。

山东省中医进修学校当时借驻于济南城南的长清县境灵岩寺内。灵岩寺始建于北齐，兴盛于唐、宋，清以后荒废，中华人民共和国成立初期，原为康复医院，后转交省卫生厅。寺中僧人早已星散，然寺区及院内遗物尚多，此地重峦叠翠，林泉环绕，亦是读书的好去处。开学后，除聆听先生之讲授外，均系学员自学讨论，相互交流。东方初晓，读书声不绝于寺院，夜入三更，灯火隐现于鸡窗。同学们怀着同样的感受，同样的愿望，立志不辜负这难得的机遇和美好的时光，希望在中医经典的学习方面，得到更大的提高和收获。此时的张灿玾完全沉浸于书山学海之中。

"五一"节后不久，校领导向张灿玾、马龙泉、刘献琳三位同学告知："卫生部委托江苏省中医学校举办一个教学研究班，为各省培养师资，现开办第二期，分配给山东省8个名额，省卫生厅指示，就在山东中医进修学校选拔人员，你三人即是首批入选者。"张灿玾等听后，更是喜出望外，遂即收拾行装，告别学校，准备启程。临别之时校教务科副主任宋洛川，特赠给张灿玾《社会发展史》和《唯物辩证法》两本普及性小册子，并嘱读此二书，对治学大有益处。张灿玾十分留意宋老师的教导，为他后来之潜心研究哲学，起到了引路的作用。

　　三人办好了手续，搭乘火车直达南京，来到汉中门内江苏省中医学校（后改为南京中医学院，现为南京中医药大学）。到校之时，各省学员尚未到齐，他们趁此机会，观赏了这六朝古都的江山风物，龙盘虎踞的帝王之居，数度荣辱兴替，几多岁月沧桑，尽收眼底。张灿玾即兴写下了《金陵游》七律一首：

　　　　　　建业连江控楚吴，龙盘虎踞蒋山孤。

　　　　　　乌衣巷口成商市，玄武湖中戏野凫。

　　　　　　百代兴衰留故迹，六朝存废有贤愚。

　　　　　　春风一送江南路，烟雨楼台下古都。

　　开学之日，卫生部领导亲临讲话，对党的中医政策和中医学术的发展前途，进行了详尽的讲解。同学们听后，无不为之振奋，澄清了过去的一些糊涂思想，坚定了学习的信念。学校安排的课程，主要有《黄帝内经》、《伤寒论》、《金匮要略》等中医典籍课程，另有中国医学史、中药学、温病学、针灸学等。政治课内容为毛泽东主席所著《矛盾论》与《实践论》。学校教师与第一期教研班学员互任主讲，最后安排了学员的备课试讲，针灸学还特意安排去农村实习。这一年对张灿玾来说，是付出最大的一年，春节期间，全班同学都回家了，唯有他和另一位同学仍留在学校，每月仅靠30多元钱来支付用度；另一方面，这一年的勤奋努力，也是收获最大的一年。张灿玾后来每每谈及此事时，常说去南京学习，是他从医历程中的一个新的转折点，也是一个新的起点。因为在这一年中，他对中医药学的历史地位和实用价值的认识更为明确；对中医学四大经典的学术价值，有了更加深入的理解；对有些新兴学科如医学史、温病学、生药学等，进行了系统的学习；掌握了针灸学的相关知识和刺灸技术；开阔了中医古籍的视野，拓宽了知识的层面；认识到学习与研究哲学的重要意义；通过学习《内经》，引发了对研究运气学说的兴趣；初步掌握了备课讲课的基本知识和方法；提高了对中国传统文化修养的自觉性，锻炼了写作能力；激起了对六朝古都的文化兴趣。这一切收获，都对他后来的发展产生了极大的影响。

其实对不曾离开家乡、不曾享受过城市生活、不曾进过正规学校的张灿玾来说，在南京学习的一年，由于各种原因，在经济上、生活上、学习上的压力和困难是很大的，但他对这些都不曾介意，而是饶有兴趣地谈起那些往事。他曾因青年时期患有膝病，不能参加农业劳动，但还是坚持去农村帮助麦收，并且亲自去试蹬水车，饱赏山歌落霞的田园美景。他因没有手表，星期日到五台山上读书，而延误吃午饭的时间，只得饿上一顿。他几乎每天都在教室里挑灯夜读，有时至午夜一点。他也是大行宫古旧书店和夫子庙旧书摊的常客，曾用节衣缩食省下的钱，买下了《图书集成·医部全录》、《伤寒论直解》、《张氏医通》、《吴医汇讲》、《孙氏医学丛书》、《二十二子》等一批古籍。凡此种种，皆成为他日后之趣谈。

一年时间，匆匆过去，1959 年 7 月教研班学习结束。结业典礼之后，张灿玾等人告别了学校，带着依依不舍的心情，离开了古都南京，回到山东省中医进修学校，向领导汇报了一年来的工作和学习情况。学校领导告知，已接到山东中医学院的通知，从南京毕业回来的同学，一律调中医学院任教。

1959 年 9 月，张灿玾接到调令，赴山东中医学院工作。从此，他便永远地离开了自己的故乡，开始了医学生涯中的第二段历程，新的任务和考验在等待着他。

张灿玾自调入山东中医学院任教以来，呕心沥血，勤奋工作，培养了一批又一批的中医药人才，可谓桃李满天下。50 多年来，张灿玾主讲了不同班次的课程。教授的对象和授课内容，各不相同。教授的对象有博士研究生、硕士研究生、本科生、专科生、夜大生、师资班、进修班、西学中班、中专生等。授课内容涉及的科目有 10 余种之多，如《伤寒论》、《温病学》、《黄帝内经》、中医基础学、中医文献学、中药学、方剂学、内科学、儿科学、中医学概论等。张灿玾认为，要想取得好的教学效果，首要环节就是要抓好备课这一关。只有自己首先将授课内容吃透读懂，才能谈到教授知识予他人。他自己亦是身体力行。1959 年10 月，山东省卫生厅责成山东省中医进修学校举办一师资培训班，张灿玾被山东中医学院派去该校任教。作为骨干教师，他承担了繁重的教学任务，在教学任务重、备课时间紧的情况下，张灿玾每日废寝忘食地工作，常常备课至深夜。如《伤寒论》课程的备课，他在《伤寒论》条文上下了很大的工夫。首先是熟读原著，背诵条文，做到对讲课内容了如指掌。最后达到在一个小时之内，能背完《伤寒论》398 条原文的程度。其次是剖析授课内容，寻找规律，使学生便于理解和接受。为了教学的便利，他将《伤寒论》条文按病机、病位、病候、方药等类别，对其进行重新归类。如"烦"症，张灿玾将《伤寒论》中论及"烦"的条文列出，将烦的部位归纳为：心、心中、身体、骨节、胸中、内、支节、胸、口、胃中、胸胁、心下等 12 处。将烦的程度分为：烦、微烦、烦痛、痛烦、烦惊、烦乱、心中懊恼而烦、复烦、发烦、大烦、虚烦、烦热、悸而烦、烦而悸、郁烦、益烦、燥烦、燥烦实、烦不解、暴烦、时自烦、时烦、烦躁、满而烦、更烦等 20 多种，对比讲解。又如在温病学课程的备课期间，张灿玾为讲好温病学，阅读了《通俗伤寒论》、《时病论》、《温病条辨》、《重订广温热论》、《伤寒温疫条辨》、《温热经纬》、《温疫论》、《中医伤寒与温病》、《中国传染病学》、《松峰说疫》、《温病斑疹辨证》、《医学答问》、《伤暑全书》、《六气感证要义》、《鼠疫约编》、《湿温时疫治疗法》、《温热经解》、《中西温热串解》、《感证辑要》、《古今名医临证金鉴·儿科卷》、《喉痧正的》、《白喉治法抉微》、《六淫条辨》、《外台秘要》、《医略十三篇》、《医学衷中参西录》、《瘟疫条辨》、《温病指南》、《顾氏医镜》共 29 种医学文献，写下数十万字的读书记录。同时，张灿玾将有关外感温病的防治方法与方药，分门别类地加以总结。在治法方面，共分出解表法、和解法、化湿法、清凉法、攻下法、开窍法、息风法、滋阴法、补阳法、杀虫法、涌吐法、收敛法、镇静法、预防法等 14 大类，每类之下又设若干小类，共计 73 小类。每一小类之下，收方若干，详记其用药与剂量，名曰《感证治法与类方》，为讲解准备了丰富的资料。

　　张灿玾注重因材施教，根据授课对象的不同，适当地调整授课内容与方法。他在给博士研究生授课的时候，更多地从方法论的角度，教学生以治学的方法，启迪思路，培养其独立研究的能力，而不是仅授予一般的知识。在给本科生授课的时候，则将重点放在一般理论知识的讲解上，运用循循善诱、由浅而深、深入浅出的方法，理论联系实践，予以讲解，使学生易于理解和接受。在给西学中班的学生授课时，则需要更多地联系实际，从实际入手来讲解理论。因为西学中班的学员，都是有实践经验的临床医生，脱离实践的纯理论讲解难以收到好的效果。在给中医进修班的学员授课时，则多作一些理论方面的讲解。因为过去在基层医院工作的中医大夫们常常缺乏理论指导，在授课时，多给他们讲解一些系统化、条理化的理论，帮助他们将过去的零散知识、实践经验作理论上的总结，拓宽他们的知识面，丰富其中医理论，以便更好地指导临床实践。在给中专班的学生授课时，他则顾及到他们年龄小、理解能力差的实际情况，将讲授的重点放在一般知识的普及上，教学力求形象化，语言浅显易懂，并将课程的重点内容进行简明的归纳概括，让他们容易记忆。

　　张灿玾认为，作为一名教师，要想讲好一门课，就专业水平而论，需有数倍于教材的知识，有丰富的实践经验，才能把课讲好讲活，还需掌握教育学有关知识，遵照教育学的原则和规律，进行教学，才能成为一名好的教师。

　　一分耕耘便有一分收获。由于备课充分，授课认真，张灿玾赢得了师生们的普遍好评。1960 年，张灿玾晋升为讲师，成为山东中医学院首批晋升的讲师之一。1979 年，晋升为副教授，1981 年，成为硕士研究生导师，1987 年升任为教授，1990 年 11 月经国务院学位委员会批准为博士研究生导师，1999 年被学校授予"终身教授"。

　　张灿玾从事临床、教学和中医文献研究 60 余年，已培养博士研究生 18 名、硕士研究生 4 名。多名已毕业的硕士、博士研究生均成为本学科的学术带头人或骨干。其中两名现已成为博士研究生导师，多名成为硕士研究生导师。张灿玾还是国家"优秀中医药人才"指导老师，来自上海的杨悦娅医师拜其为师。另有一些乡村医生也慕名前来拜师学艺。2009 年 4 月，他新收福建省李宝泉、许文灿两位乡村医生做徒弟，期望将自己的学问传授给乡村医生，使基层民众也能享受到较高水平的医疗服务。

整理文献　翰墨耕耘

　　张灿玾从事中医文献研究，前后达 10 余年，成绩斐然，著有中医古籍整理、点校、研究等方面的著作多部，并发表论文 100 余篇。

一、古医籍整理研究方面

　　中华人民共和国成立以后，由政府组织的有规模的中医古籍整理工作有两次，分别为 7 本古医籍的校注语译工作及 11 本古籍整理工作，张灿玾均参与其事。

　　1964 年 3 月，根据国家十年规划第 36 项"整理语译中医古典著作"的精神，卫生部中医司指定由南京中医学院作为牵头单位，组织实施，其中《针灸甲乙经》的整理研究，由山东中医学院负责，后由徐国仟、张灿玾等 10 人完成。原由河北中医学院负责整理的《黄帝内经·素问》与《灵枢经》二书，因任务太重，经请示卫生部中医司同意，《黄帝内经·素问》一书，转由山东中医学院张灿玾负责，后由张灿玾、徐国仟、宗全和 3 人主编完成。《针灸甲乙经校释》、《黄帝内经·素问校释》分别于 1979 年和 1982 年由人民卫生出版社出版，此二书也于 1989 年分别获国家中医药管理局科技进步二等奖与三等奖。本次由政府组织实施的古籍整理工作按统一编写计划（含提要、原文、校勘、注释、语译及版本考证、编写说明等内容）完成，是在前人校注的基础上，进行了综合性的整理研究，很受读者欢迎，对后来的中医古籍整理研究，具有一定影响。

1980 年 3 月 27 日，卫生部向人民卫生出版社下达了《关于加强中医药书籍出版工作的通知》，增加了出版任务。1981 年 7 月 17 日，陈云同志的秘书王玉清同志到北京大学召集座谈会，会上传达了陈云同志关于整理古籍的重要指示。同年 9 月 17 日，中共中央书记处根据陈云同志的意见，讨论了整理我国古籍的问题，作出了七条指示，认为整理古籍是一件大事，得搞上百年，当前要认真抓一下，先把领导班子组织起来，把规划搞出来，把措施落实下来。1983 年，卫生部为贯彻 1981 年《中共中央关于整理我国古籍的指示》及国务院古籍整理办公室关于古籍整理会议精神，特成立中医古籍整理出版办公室。4 月，先是在沈阳召开了"中医古籍整理出版座谈会"，落实了卫生部中医司中医古籍整理 11 项重点课题，其中《针灸甲乙经》一书，指定张灿玾任主编。8 月，卫生部中医司在青岛召开了"全国中医古籍整理出版规划落实工作会议"。此次会议，落实了中医古籍整理分片负责、分级管理的组织工作。全国划为 10 片，有 10 位学术牵头人，张灿玾任华北山东片学术牵头人。张灿玾素以治学严谨著称，在承担《针灸甲乙经校注》的研究任务期间，他虽然身兼院长之职，但从未放松对研究工作的重视。

张灿玾认为，本次承担的《针灸甲乙经》整理研究任务，是部级重点课题之一，既不同于一般注解本，也不同于上次《针灸甲乙经校释》本的要求，必须按有关文件规定，本着"辨章学术"、"复原存真"的精神去完成任务。由他本人亲自撰写了"开题报告"，经专家论证通过后，亲自带领编写组成员进行工作。初稿完成后，复经他本人对书稿进行了全面的修订与审定，对某些疑难之处，加写了诸多"按语"，充分体现了他在文、史、哲及医学方面古籍整理及文献研究的水平。张灿玾等人对该书本次的整理研究，主要有以下特点：一是版本资料较全，把现存《针灸甲乙经》明清的抄、刊善本基本收齐。二是把《针灸甲乙经》经文与《黄帝内经·素问》、《灵枢经》及《黄帝内经太素》等经文，详为核定，厘清其相互关系，并注于篇目之下，使读者便于查阅。三是在校勘方面，取活校法，加以校断，对经文中存留已久之误文，通过大量书证，加以校改。如经文"痓"、"痉"二字，存误已久，且后世注家，亦颇有歧义，本次经本校、对校取证，加以理校辨析，并文字书写时正体与俗体之变化与大量碑别字证实，证明"痓"为"痉"之俗写致误。故经文"痓"者，尽予改正。又如"关、合、枢"三字，今存本书及《素问》、《灵枢》中，均作"关、合、枢"。参照《黄帝内经太素》、宋人林亿作《素问》新校正时引《九墟》及《针灸甲乙经》文，加以经文内证及文字书写之讹变，可证当作"关、合、枢"为是，故据改。此不仅是对一字之校误，而且对经络之"开、合、枢"学说，提示一重大理论问题。四是在注释方面，坚持"不攘人善"、不"因袭旧说"的原则，对前人注释之精当者，尽按时代顺序加以原文录用，凡难以判断是非者，则众说并存；凡疑惑难解及前人明显误注之处，则充分运用医理、文理、文字、训诂等方面相关知识，予以校正其讹误。五是凡语义隐晦，经文前后不一，历来争议较多，内容繁复者等，意犹未尽者，则尽可能加"按"说明。如五音"宫、商、角、徵、羽"，与五脏相应之说，自来注家均不曾注明，张灿玾通过对古代与近代乐理文献的研究，悟出此所谓"五音"，实乃古代之五声调式，而不是五个单音。凡此等按，皆系别出新意。

本书稿完成后，经定稿会议审定通过，并得到评审专家及出版社的高度评价，认为"本书资料丰富，校刊翔实，训解得当，按语精辟，可谓集古今针灸研究之大成……代表了90年代初研究的最新水平"。1996年由人民卫生出版社出版发行，并得到国家古籍整理出版规划小组的资助，1997年获国家中医药管理局基础研究类二等奖。

《针灸甲乙经校注》一书，充分显示张灿玾数十年来，在临床、理论、文献研究方面的知识积累，在祖国传统文化如文、史、哲、艺等方面的研究水平，也是他在中医古籍研究方面的代表之作。

二、古医籍点校方面

张灿玾在中医古籍整理研究方面，除卫生部中医司重点课题外，还承担了一些部级二类医籍及自选医籍的点校，计有《松峰说疫》、《六因条辨》、《小儿药证直诀》、《黄帝内经·素问吴注》、《石室秘录》、《经穴解》等书，以上诸书大多由山东省教育厅古籍整理规划资助，由山东科技出版社及人民卫生出版社出版。以上诸书的整理与前所述国家规划课题不同，主要是选择善本，进行点校，并加以简要注释，本着普及性原则，内容言简意赅。其中有些书自问世以来，从未正式刊印过，仅存稿本，幸赖张灿玾等点校，方能流传于世。如《经穴解》，作者为明末清初山东淄博岳含珍先生，此书现仅存几种抄本，在整理的过程中，还意外地得到了岳含珍先生的其他两种著作，即《针灸闻岐》与《幼科闻岐》两种抄本，并附于《经穴解》之后。此书出版，不仅有利于针灸学术研究，且对于保存古籍，防止亡佚起到了重大作用。辛勤劳动换来了累累硕果，《经穴解》点校本获山东省教委科技进步三等奖，《松峰说疫》点校本获山东省教育厅哲学社会科学优秀成果三等奖，《黄帝内经·素问语释》分别获山东省教育厅科学技术进步和著作奖一等奖。

三、中医文献研究理论方面

张灿玾于 1998 年完成了中医文献学学科理论的百万字巨著——《中医古籍文献学》。该书特点主要有以下几个方面：

第一，对于中医文献源流的研究，本书采用断代的研究方法，每一历史时期的文献收集力求全面，其文献内容有存世的当代文献，有后世所引前代的文献，有出土文物资料，有书目著录而今已不存世的文献，在中医文献通史研究方面，具有开创性的意义。

第二，首次详细阐述了中医文献的学术价值和中医文献研究的主要任务。

第三，对医学源流的研究，该书不仅对医书的版本进行了概述，还对作者著书的原因、学术思想、学术价值进行了研究，得出了许多很有价值的结论。如在学术流派的学术内容方面、寒食散与解散类文献方面、医论方面、医事制度方面、《伤寒论》与《金匮要略》文献的研究方面、临床各科的文献总结方面、法医学文献方面等等，在此之前，尚无人对此进行如此详细、全面、系统的研究。

第四，首次对中医的文体进行了研究，指出各个时期的文字气象有所不同。对中医文献中的俗字与书刊匠字进行了研究，指出古籍中有许多常见的不规范字，这种情况，在明、清古医籍中较为常见，本书对其书写改变情况作了总结，指出有一笔断开者，有两笔连用者，有借代者，有曲直相变者，有行书化者等等，此等研究，可为读者阅读古医籍提供帮助。

第五，首次对引书著录的形式、方式进行研究，并指出其中的文献价值。

第六，对中医文献的版本的名称、书版款式、书形称谓、历代刻本特点、版本的鉴定及源流进行了论述。

第七，集几十年校注中医古医籍的经验，对校勘的方法、注意事项等进行了研究，总结出若干条规律。研究了中医古籍注释的内容及方法，并对旧注误注的原因进行了概括，指出误注的原因有不明体例而释误、异说求同而释误等十例，对辨识古医籍旧注及今注，很有参考价值。

本书的问世，在学术界影响很大，标志着中医文献学理论的基本成熟，代表着当时国内外本学科的最高水平，该书获山东省教委科技进步一等奖。后在该专著的基础上编著的两本书《中医文献学》、《中医文献发展史》，成为山东中医药大学中医文献与信息工程方向专业的基础课教材。

四、医籍研究方面

2005 年，77 岁高龄的张灿玾，又出版了 70 余万字的医籍研究专著《〈黄帝内经〉文献研究》。该书汇集了他 50 余年学习研究《黄帝内经》的成果，将《素问》、《灵枢》的成书年代、名称及源流、引书引文、不同学派、篇文组合、学术思想、别传本等，进行了全面研究。如对于《黄帝内经》之成书年代，经对该书涉及的天文、历法、文字、音韵等内容的考证，张灿玾得出如下结论：取材于先秦，成编于西汉，补亡于东汉，增补于魏晋或南北朝，补遗于唐宋。把前人所谓"非成于一时一人"之说，更加具体化。

书中关于《素问》、《灵枢》中之不同学派的研究颇有特色。张灿玾认为：《黄帝内经》中兼具多家学说，如"人气"的概念，一者指卫气而言，见《素问·生气通天论》，一者类后世所称"人神"之义，见《素问·诊要经终论》、《灵枢·顺气一日分为四时》中。关于经脉系统，在《素问》与《灵枢》中，有十二脉与十一脉两种系统。关于经脉走向，《灵枢·经脉》篇，就其走向而言，乃是手足阴阳十二脉，自内而外、自外而内的循环式走向。《灵枢·邪客》、《灵枢·经脉》篇分别记述手太阴与手心主二脉之走向，一者自内而外，一者自外而内，二者有所不同。预先诊察病者之死亡日期，《黄帝内经》中有多种说法，有据真脏脉预诊死期，见《素问·阴阳别论》、《素问·玉机真藏论》中（二篇所言死期日数亦有别，其立说所本，亦必不同）；据天干计时预诊死期者，见《素问·平人气象论》、《素问·藏气法时论》、《灵枢·经脉》中；据患病所在之时预诊死期者，见《素问·阴阳类论》中；据脉象预诊死期者，见《素问·大奇论》中；据病变传化，结合五脏五行属性之生克关系，预诊死期者，见《素问·玉机真藏论》、《素问·标本病传论》中；根据病情的严重程度或发展结果，预诊其死亡日期者，见《素问·玉机真藏论》、《灵枢·热病》、《灵枢·玉版》、《灵枢·痈疽》中；根据目中有赤脉上下的情况，预诊其死亡日期者，见《灵枢·寒热》、《灵枢·论疾诊尺》中。其立论依据之不同，故可发现其所本有别，并非出于一家之言。

值得一提的是，在撰写该书的过程中，张灿玾因不慎跌倒，摔断股骨头，不得不进行手术。手术不久，他即带病坚持写作，终于使《〈黄帝内经〉文献研究》得以完成。此书是张灿玾多年从事《黄帝内经》研究的结晶，深得同行的认可与推崇。

五、医论散墨

张灿玾在近 40 年的时间里，除完成了多项中医古籍整理及医学专著外，还发表论文百余篇，阐述了许多独特的学术观点，曾被《中医杂志》、《中国医药学报》等 10 余家报刊所采用。如通过研究《黄帝内经》王冰次注本中的讳字，指出王冰次注本所依据的祖本为梁代传本。王冰次注本除运气七篇大论外，余篇有一明显之讳字，即"逆顺"之"顺"字，今存王冰次注本中，仅存少数几个顺字，余均作"从"。而《针灸甲乙经》、《黄帝内经太素》及《灵枢经》等，则均作"顺"。张灿玾指出："南朝梁武帝父名顺之，《梁书》称顺阳郡为南乡。《南齐书》'顺'字，多改为从。是知王冰次注本所据祖本，必为梁代传本，故留有梁代讳字。"

又如对张仲景著作、传本、《伤寒论》体例与内容的研究。张灿玾认为，《伤寒论》方当有三个来源，其一，其师张伯祖；其二，古传经典医方；其三，自创。宋以前一些医籍中《五脏论》、《疗黄经》、《口齿论》等篇系假托仲景之作。《伤寒杂病论》传本中当以《脉经》、《千金翼方》及王洙所得旧藏本更接近原书内容。"伤寒例"原属仲景旧论；"平脉法"、"辨脉法"系《伤寒论》内容，亦非仲景杜撰；汗吐下等诸"可"与"不可"，当出于仲景遗论之中。以上研究是建立在大量的文献研究基础上得出的结论，解决了一些一直有争议的问题。

特别是他在近期所撰写的《中医药学析义》一文，对"中医药学"的内涵与特色，作了全面系统的解析。文中特别指出："仅仅把中医药学理解为一种医疗技术，是远远不够的……说它是民族文化的精华，传统医学的宝藏，实不为过也。"并具体阐明"中医药学"的内涵为：中医理论、中医思想、中医文化、中医学术体系与中医临床等五个方面。"中医药学"的特色为：民族化、大众化、文学化、哲理化与人文化五个方面。这是张灿玾从医 60 余年，通过临床、理论研究与文献研究，对中医药学的深刻理解、广泛体验和高度概括，也充分体现了张灿玾对中医药学深刻探索和执著追求的敬业精神。

另外，张灿玾还有多本史志类著作，如《山东中医学院院志》、《忆山东省中医进修学校》、《山东省中医研究班记略》、《山东中医药大学文献研究机构纪略》、《荣成市下回头村村志》等，记录了山东中医学院建院及山东中医药人才的培养情况，具有很高的史料价值。

多科临证　博采众长

张灿玾自调至山东中医学院之后，虽是以教学为主，并曾承担过卫生部中医司下达的古籍整理任务，但教学之余，仍多次在附院门诊带学生实习。1964 年，曾在济南市传染病医院临床，兼带学生见习近一年，亦曾多次带学生去外地医院实习和下乡巡回医疗。1976 年以后，他虽在行政岗位任职多年，并再次接受国家中医药管理局的中医古籍整理重点课题，但他始终不曾放弃应诊。他一般只能在家中为患者看病，诊疗中则始终坚持多科应诊、博采众长的医风。

通过多年的教育、科研工作，张灿玾在中医理论、中医文献、中医临床及中国传统文化方面，均有较大的提高，特别是综合知识的修养，促进和带动了临床技术水平更加理论化，在理论与实践结合、继承与发展并重的基础上，形成了颇具特点的诊疗思想与特色。

一、辨证宜多面化，治病宜个性化

中医学术流派纷呈，就外感来说，有六经辨证、三焦辨证、卫气营血辨证之别。在内伤来说，有脏腑辨证、经络辨证，又有通行之八纲辨证等。内科病方面，更是学派众多，既有金元四大家别具特色，又有明代温补学派盛行一时。外科方面，有全生派、心得派、正宗派等，每一派均有自己的长处与特点。张灿玾认为，不宜固守一家，宜博采众长，兼收并蓄。若某病是某派擅长的，则宜选用。治疗选方应扬长避短，应根据病证的情况选择用药。他临证既用经方，也用时方，据病情灵活选用。此所谓辨证宜多面化。此外，临证宜个性化，同样一种疾病，在不同体质的人身上发病，其症状表现、发展、转归均有可能不同，故治疗时应因人而异。如同一感受风寒之证，在阳盛与阳虚的人身上发病，在年老与壮年之人及小儿身上发病，其发病特点、转归均不同，不可固守一方，应灵活辨证施治。

二、治病宜标本兼顾，急则治其标，缓则治其本

张灿玾认为：疾病的发展变化是十分复杂的，应分清主次缓急，采用急则治其标、缓则治其本或标本兼顾的原则进行治疗。有些疾病，如咳喘、大出血、剧痛、高热等病，若不及时治疗，会危及患者生命，应采用急则治其标的方法进行治疗。待病情相对稳定后，再考虑治疗本病。有些疾病，标病不急，可采用治本或是标本兼顾的原则进行治疗。对于久病之人，应以脾胃为本，因脾胃是后天之本，若是脾胃受伤，则化源不足，疾病则迁延难愈。

如荣成大落村老年男性鞠某，旧有慢性咳喘病，时发时止，忽猝发喘甚，气促急不得卧，面青唇紫，胸闷，痰不出，舌暗红苔白而厚腻，脉沉涩。此肺气不宣，湿痰壅滞于肺，呼吸不畅，气道被阻，势颇危急，急予开痰利气，以缓其急。

处方：白芥子一钱，莱菔子一钱，苏子一钱。

共为细末，开水冲服。

服后约一时许，病情好转，另为立方，以平其喘。

处方：苏子二钱，当归二钱，前胡二钱，制半夏二钱，桔梗二钱，川贝二钱，厚朴一钱，蒌仁三钱，麦冬三钱，葶苈子二钱，甘草一钱。水煎温服。

复诊：服上方二剂后，滞化痰开，气道通畅，喘促遂平。

　　自按：本案始用三子养亲汤方，此方据《杂病广要》引，云出《皆效方》，书后"引用书目"列于元王好古《医垒元戎》之后，似为元人作品（未著撰人），现已不详，后明龚廷贤引此方名"三子汤"。此方用于痰实壅塞于肺而引发之暴喘，或前人所谓"下虚上实"之喘证，效颇佳，开痰而不伤正，利气而非破气。故猝发之时，常选用之。后用苏子降气汤加减，去肉桂者，以肾阳虚不明显，加利气化痰诸药，继平其喘也。

　　又治荣成下回头村王某，女，28岁。停经3月，忽因小产大出血，如崩倒之势。患者精神不振，脉象虚弱，卧床难起。此证急需先止其血，再做其他处理。

　　处方：血余炭二钱，百草霜二钱，共为细末，黄酒冲服。

　　服药后，血渐止。约有三时之久，患者出现虚脱现象，自觉气息将竭，呼吸浅急，头昏痛，闭目无神，时将气竭。诊其脉浮而濡，乃出血亡阴，阳气无所依附，将脱矣。盖有形之血不能速生，必生于无形之气，当速服回阳之剂以固脱壮神。

　　处方：人参三钱，附子二钱，水煎服。

　　服后半小时许，元气渐复，精神稍振。至次日，血未再下，唯觉四肢发热，此阴虚之征也。

　　处方：当归五钱，川芎二钱，白芍三钱，生地三钱，黄芪五钱，人参一钱，水煎服。

　　复诊：服后，发热略减，稍觉恶心，乃血液循行不足、脾气不振之故。当以补血健脾之法治之。

　　处方：人参一钱，白术二钱，茯苓二钱，当归三钱，川芎二钱，白芍二钱，生地二钱，艾叶二钱，阿胶珠二钱，炙甘草一钱半，水煎服。

　　复诊：服后，恶心止，唯觉身体无力，患者胃气欠佳，不愿服药。乃嘱其注意调节饮食，卧床休息，后乃痊愈。

　　按：此病来势很急，故先以百草霜、血余炭二药，以取之方便，用之及时。以此法止血，亦为本家三世行医常用之经验。此证经服上方后，未再大出血，随即出现了一些阴阳虚脱、胃气不振等现象，以常法调理之，病人很快得以康复。

三、用药如用兵，治病如执政

张灿玾认为，用药如用兵，治病如执政的思想，早在《黄帝内经》中，已有多处论及。治病用药如用兵，犹如排兵布阵，进退有章有法；治病又如执政，有王道与霸道之分。春秋战国的学术繁荣滋生出"王道"和"霸道"。所谓王道，在于行教化，施仁义，以儒家为代表。所谓霸道，霸道持力，在于行惩戒，施威慑，以法家为代表。陈士铎《本草新编》香薷论治亦谓："补正祛邪，王道也；单祛邪不补正，霸道也。补正多于祛邪，王道之纯也；祛邪多于补正，霸道之谲也。补正不敢祛邪，学王道误者也；祛邪又敢于泻正，学霸道之忍者。"对于外感实邪或是热毒炽盛，正气不虚者，应用霸道；内伤多为七情所伤，饥饱劳役，日积月累，正气日渐削夺，其来渐，其势缓，其伤深，应用王道进行治疗。王道荡荡，看之平常，用之奇妙，日计不足，岁计有余，日久必收奇功，此王道之法也。

如治荣成崂山屯村老年男性王某案，即用霸道法。患者于左股阴部，猝发一肿疡，漫肿无头，红紫疼痛，行走不便，别无他证，身体康健，舌红苔黄，脉沉数。此股阴疽也。皆热毒结聚而成。当重用清热解毒之药，以破阳结。

处方：金银花半斤，蒲公英二两，当归二两，天花粉五钱，生甘草五钱。用大锅水煎，随意服用。

复诊：服上方三剂后，肿已大消，痛亦减轻。遂以本方继服三剂，即消散。

按：本案系热毒聚结，虽为老年，体力尚壮，可用重剂攻之，若勇士陷阵，可攻坚破隘，直入敌巢。本方仿《石室秘录》

方义，重用金银花，药味少而用量大，取其专攻也。

又如治荣成下回头村女性小儿张某疳积病，用王道法。由于饮食不节，生冷无常，伤及胃肠，食滞于中，蛔生于内，虫食并积，水谷运化功能失调，食欲不振，腹胀腹痛，大便不调，腹部痞满，面色萎黄，舌红苔厚腻，脉沉弦。此食积兼虫积也，当以消食杀虫之法以治。

处方：苍术两钱，厚朴两钱，陈皮两钱，神曲三钱，麦芽三钱，山楂三钱，槟榔两钱，鸡内金三钱，莱菔子三钱，甘草一钱。水煎温服。

复诊：服上方两剂后，食欲增加，腹胀痛减轻，此胃气已启，积滞稍减也。又因幼儿苦服汤剂，且本病需较长时间调治，故改丸剂。丸者，缓也。

处方：肥儿丸，每次两钱，早晚各一次，温开水送服。

复诊：服肥儿丸半月后，诸症明显见好，食欲增加，大便正常，腹部舒适，后继服此药而愈。

按：肥儿丸方，自宋代以后医籍所载，同名异方甚多，今所用为明龚信与龚廷贤父子著《古今医鉴》卷十三"诸疳"方，注"刘尚书传"。原云："消疳化积，磨癖清热，伐肝补脾，进食杀虫，养元气。"后龚廷贤著《寿世保元·幼科》亦引此方，且云："真王道也。"此方为张灿玾祖父与父亲治小儿疳积常用之方，颇有效，张灿玾亦继用。录其方如下：

人参（去芦）三钱半，白术三钱，白茯苓三钱，黄连（姜汁炒）三钱半，胡黄连五钱，使君子（去壳）四钱半，神曲（炒）三钱半，麦芽（炒）三钱半，山楂肉三钱半，甘草（炙）三钱，芦荟两钱半（碗盛，泥封固，置土坑中，四面糠火煨透用之）。

上为细末，黄米糊为饼，米汤化下。或作小丸亦可，每服二三十丸。量儿大小，加减服之。此方补中有消，为王道之纯者也。

四、用药须注重双向及多向配伍

人体健康是一种阴平阳秘的状态，此为阴气平和，阳气固密，阴阳平和协调保持相对平衡。故张灿玾用药注重药性辛苦升降的平衡。注重补中有泻，泻中有补，散中有敛，敛中有散，辛开苦降并用。

如治章丘男婴高某泄泻案。患者始患泄泻，治无效，复来济南住某医院治疗，用西医方法治疗，数日后，仍无效，遂求诊。患者系未满周岁之婴儿，尚在哺乳期，大便稀溏，次数较多，稀便中夹杂未消化之食物残渣及乳瓣。体质较弱，精神不振，舌红苔薄白，脉沉细。此当系素体较弱，平日之乳食调节失当而损及脾胃，致胃肠消化及运化之功能不足，水食之分化机能失调，引发泄泻。当以甘温平和之剂，以温补脾胃，佐以消导之药，以化其余滞，则不必止泻，泻可止矣。

处方：党参 10g，炒白术 10g，茯苓 10g，白扁豆 10g，薏苡仁 10g，砂仁 6g，炒山药 10g，莲肉 10g，桔梗 6g，鸡内金 10g，甘草 3g。水煎分多次适量温服。

患者遂出院，携上方回家治疗。

后不久，电话告知，服上方效甚佳，服初剂泻即减，连服数剂即愈。

按：本案原系因脾胃虚弱所致之消化不良性腹泻。上方即参苓白术散加鸡内金也。详参苓白术散，乃四君子汤加扁豆、薏苡仁、山药等甘淡之药以平补之，莲肉甘补之中，具收涩之气，砂仁温阳，桔梗提气，加鸡内金一药，既有消导之力，又有收涩之功，使补中有消，助诸补剂以取效。

五、治病善治人

张灿玾认为，治病应详细询问病人的病情，绝不可"相对斯须，便处汤药"。医生治疗疾病是一个双边活动，不仅医生应认真负责，还应善于做病人的思想工作，争取病人的合作。且有的病是由情志方面的原因引起的，此时更应注意对病人情志的疏导，情志因素解决了，病人甚至可不药而愈。此即"治病善治人"。

如治一老年女性宫某病案，除用药物综合调整外，在精神方面加以开导。通过大量的思想工作，解开了患者的心结。具体治疗过程如下：

患者 30 年前曾因家事不和，生活环境欠佳，导致多种疾病。近十余年，经多家大小医院检查治疗，并因子宫肌瘤，做过切除手术。据多家医院检查，患有高血压、冠心病、梅尼埃综合征、植物神经紊乱等病。现主要是失眠较甚，心烦，头晕，失去生活乐趣，表现为精神不振，表情凄楚，痛苦悲伤，难以言状，饮食一般，小便正常，大便时干时稀，舌暗红，苔淡黄微干，左脉沉而有力，右脉沉弦。

患者泣诉，原因精神创伤，后导致多种疾病，长期心情抑郁，致脏腑功能紊乱，神志失于调节。张灿玾认为凡此等疾病，非单靠药物所能收全功，遂详析病因，分析利害并明示治法，首在治神，次在治病。治神者，排解病因，正视现实，协调关系，献上、中、下三策，即和、避、离。上策为正视问题，反思自己的所作所为，争取和解。中策为双方避开一段时间，让双方有冷静的时间与空间，再作处理。下策为二人离婚。建议她采取上策，主动反思，以求互谅，争取和解。这需要有极大的忍耐、等待和诚意。再用药物以调其脏腑，疏其血气，安其神志，并治诸病证。

处方：柴胡 10g，黄芩 10g，制半夏 10g，太子参 10g，生龙骨 15g，生牡蛎 15g，丹参 15g，百合 10g，合欢皮 15g，麦冬 10g，五味子 6g，全瓜蒌 15g，檀香 10g，远志 10g，菖蒲 10g，琥珀粉 3g（分两次冲服）。水煎温服。

患者服药后打电话告知，已服用 10 余剂，效果甚好，特表谢意。嘱继服此方。

后至9月下旬，宫某陪同友人就诊，亲来致谢。并告，当日初来就诊时，感到无望，经张灿玾善为劝导并指示方向，回去后，遵嘱调理，并认真做了反思，建立信心，抱以诚意，问题很快得以解决，节日间夫妻还外出旅游了一次。前后服药共30余剂，效甚好。再嘱病已好，后当好自为之，以往为戒。

按：本案接诊时，患者精神十分痛苦，泣诉告知，已有30余年至今，历经诸多苦恼，虽患有多种疾病，亦跟精神因素不无关系，就现今病情而论，亦重在神志紊乱。兵法有云，攻心为上，攻城为下。故欲治此病，务在攻心，如果点破玄机，启悟谜团，加以药物调理，始能争取转机，跳出苦海。幸患者能谨遵医嘱，取得满意效果。故医者之要务，必以仁为本，以德为先，苦病人所苦，急病人所急。医患同心，医患互信，尤胜于单纯的执技之术也。

张灿玾为继承发扬中医学宝贵的实践经验，曾多次在报刊上发表过这方面的文章和验方，向弟子们传授治疗经验；晚年曾三次参加国家中医药管理局举办的"全国名老中医专家临床经验高级讲习班"讲课。年届八旬，为了总结其数十年行医经验，又编撰出版了《张灿玾医论医案纂要》及《国医大师张灿玾》二书，书中选用内、外、妇、儿等科病案300余例，足以反映张灿玾的诊疗思想和实践经验。

治学严谨　思想独到

从张灿玾行医60余年的经历来看，他不仅形成了个人的诊疗思想，而且在学习与实践的历程中，也形成了个人的治学思想。

第一，基本功的培养和训练是从医的重要基础。张灿玾青少年时期，仅读完六年小学，便辍学从医，由父亲教读一些中医启蒙读物，凡是规定要读的书，必须达到能熟练背诵的程度，同时需参阅诸多相关文献，通过 4 年左右的时间，对中医学的基本理论、基本知识和中医诊疗疾病的一些基本技能的了解和掌握，已经打下了比较好的基础。但这仅仅是开端，还要不断地拓宽和强化。以《伤寒论》为例，他当初仅仅是选读了其中一部分，通过后来的努力学习，可以把《伤寒论》的 398 条原文在一个小时内全部背完；对《金匮要略》的大部分经文都能够背诵；对《温病条辨》和《温热经纬》的重要条文，基本上全能背诵；对《内经》的重要章节，亦能背诵。熟背经典的目的是为了活用经典。因此，张灿玾感到，只有熟悉经典，才能活用经方，故而强调对基本功的培养和训练，不能满足于某一阶段的成就，必须通过长期不懈的努力，才能取得满意的效果。

第二，临床实践是体验中医理论和建立中医信念的关键。中医学术是实用之学，必须有坚实而丰富的实践经验。就其疗效而言，也主要是通过病人的感受而加以体验。反之，如果无切身体验，以及对病人广泛的观察，也往往对中医的理论和疗效的可信性产生怀疑。张灿玾出身于中医世家，亲见祖父和父亲为病人看病的情景，学医期间，又亲自参与了力所能及的医事活动，如司药、制药，某些饮片的加工炮制、丸散膏丹的制造，主要是由张灿玾负责。另一方面，他熟睹祖父和父亲看病时所运用的望闻问切的诊病方法，以及他们对病人的病因、病机所进行的理论分析等，都对其有重大的影响。他亲眼看到了很多危重病人通过治疗起死回生的实例。经过这个长期的体验过程，对中医理论和疗效自是坚信不疑。在其行医之后，也有不少危重病人，是通过以中医理论为指导把他们治好的。因此，张灿玾感到要建立对中医理论的信念和中医疗效的信心，最好是早临床和多临床。只有通过实践，才能解开心中的诸多疑惑。所以在他多年的工作中，虽然承担着繁重的教学、科研和行政工作，但始终没有放弃应诊。

　　第三，集临床、理论、文献于一体，是加深掌握中医学术的需要。就张灿玾从医历程可以看出和佐证这一点。张灿玾行医历程可分为三个阶段。第一阶段，主要是从事临床阶段。此时乃是忙于诊务，业余时间，继续进行业务方面的学习。在农村工作时，接触的病人也不分科，病种范围很广泛，包括内、外、妇、儿、五官等各个学科。除正骨、外伤、产育、针灸外，其他学科的常见病、多发病都看过。到中医学院执教以后，又多次带学生在内科门诊实习。1978 年后，虽由于多种原因未能再从事临床工作，但仍不时有亲友及慕名者求诊。通过临床实践，不仅解决了理论和实践的结合问题，而且不断强化了理论对实践的指导，以及实践对理论的体验。第二阶段，主要是从事教学阶段。执教后，从事过本科班、进修班、师资班、西学中班、大专班、中专班、研究生等多层面的多门课程的教学工作。教学工作从基础理论学科来说，是对中医理论的进一步强化和深化；从临床学科来说，是对中医理论的验证和检验，以及对临床指导作用的进一步强化。在教学过程中，对中医理论的运用具有更加深入、广泛的理解，这对全面地把握中医学术，也是十分有益的。第三阶段，主要是中医文献的整理研究阶段。文献作为一个学科，具有独立的学术特色。张灿玾自 1964 年开始参与承担古籍课题《针灸甲乙经校释》的编写工作以后，方留意查阅古今文献学家的文章与著作。他还从事过大量文献方面的学术活动，并多次承担过上级指定的古籍整理任务。通过上述种种实践活动，他真正体会到中医古籍整理和中医文献研究有自身的规律、方法和研究对象、研究目的，对继承发扬中医学术具有十分重要的意义。通过上述三点，张灿玾认为，能把临床研究、理论研究和文献研究结合为一体，方可完整、全面、系统地把握中医学术，真正体验到中医学术的博大精深。

　　第四，医文并重是中医学的一大特色。首先要明确医和文的关系。古人有云："文以载道。"前人留下了大量的医学文献，记载着大量的医学理论和医学知识，都是以文字为载体流传下来的。这些以文字为载体的医学文献，可以从两个方面来理解医和文的关系：一是从文字的组合形式来看，有多种文章体裁。概括地说，可以分为散文和韵文两种。不管是散文还是韵文，均有一个共同的特点：辛亥革命以前的古医籍，都是以文言文的形式出现的，这些文章中使用的语词、语法、音韵、语义等，也都带有时代的特征。就以《黄帝内经》为例，首先从它的文字气象来看，有些篇与篇之间的差异就十分明显，如《素问》中的前两篇与后七篇即是。学者们正是根据其文字风格，参照许多相关的内容，得知其非一时一人之作，这对研究《黄帝内经》中许多历史性问题，具有重要的学术价值。从文体方面看，除散文之外，尚有大量的韵文，在这些韵文中，如文字的读音问题，从全部韵文的内容分析，可以看出读音方面的很多差异，既有西汉以前的读音，也有西汉以后的读音，这种读音差异可以进一步反映其成书年代的不同，也可以看出它非成于一时一人之手。再从其他的大量的医籍当中，亦可反映出医和文的关系是十分复杂的。

依前所述，中医学术是在中国传统文化这个大背景下形成的。因此，医学方面所涉及的广泛的内容，与天文学、地理学、历法学、气象学、术数学、哲学等，有密切的关系。所以，要学习和研究中医学，在很大程度上需要借助于文史哲的相关知识，去解释其中的诸多难点、疑点，运用古汉语当中的相关知识，如语音学、语义学、语法学、文字学的知识和方法，才能扫除文字方面的某些障碍。这也说明对医学的研究，要解决某些高难度的问题，离开了文字和文献学的知识、思路和方法，都是难以做到的。因此，医文并重对一个高明的医家来说，就显得非常重要。

第五，博览群书、兼收并蓄，是学术水平不断提高的源头活水。张灿玾在少年时代，父亲就经常要他多读书、勤读书，"开卷有益"。这要从多方面来看。就医学本身，从古至今，留下了大量的文献。据不完全统计，辛亥革命以前的现存医籍尚有万种左右，其中就包括了不同时代、不同医家、不同学派的著作，涉及理论、临床、养生等多方面、多学科的不同内容。就一个学科来说，它又有诸多学派的不同，所以在学习和研究前人的著作时，不能囿于一家之言，也必须是兼收并蓄、博览群书。因此，作为一个医者，可以有门派的不同，但不可有门户之见。正由于此，才能把诸多知识熔于一炉，锻造出更高的知识产物。再从医学与其他相关学科的关系来看，也是如此。大量的古医籍中诸如儒家、道家、佛家的学术思想，古代反映自然科学方面的诸多内容，也不同程度地被用于医学著作中。这就要求对医学进行深入广泛的研究时，必须做到博览群书、兼收并蓄。张灿玾从少年时起，就养成了喜欢读书和藏书的习惯。通过几十年的收集，个人藏书约有5000余种（内含中医古今医籍3000多种，且不乏善本与名著），为自己创造了一个非常好的研读条件。他在医学领域能够作出卓著的成绩来，跟这个条件是分不开的。张灿玾看书也很广泛，除医学之外，对于文史哲、文学艺术、戏曲音乐等都有兴趣，得益匪浅。就是在临床医学方面，也是如此。他父亲常说不可拘于一家之言，"有是证用是药"，不管经方还是时方，不管古代的还是现代的，只要是具有其适应证，都可以用。正是因为在学习的过程中博览群书、博采众长，提供了源头活水，他才达到了健康成长的目的。

第六，坚持继承发扬，是立于不败之地的指导方针。中国医学，自西学东渐之后，在近百年来，不断地遭到一些人的非议和批判。中华人民共和国成立以后，党中央和国务院及中央很多领导人都十分关注中医事业的发展，制定了一系列的方针政策，使中医事业得到了极大的发展。根据几十年学习和实践的体会，张灿玾认为，中医学的发展必须遵循中医学自身的规律，在继承的基础上去发扬光大，这是唯一正确的道路。没有继承，就没有发展。没有发展，也就不需要继承。继承和发展是学术发展过程中紧密相连互为因果的两个方面，在学术上，任何一个学科都需要不断继承前人的成就，然后再去进行新的发展和新的创造，使它不断提高。况且中医学这个伟大的宝库，谁都不敢说已经完全把它都继承下来了，在乏人乏术的情况下，更是如此。因而，继承发扬至少也应该是较长时期发展中医学术的指导方针。

为了更好地继承发扬中医药宝贵遗产，张灿玾曾多次以个人或集体的名义，上书献策。

1982 年，卫生部中医司领导来山东中医学院检查工作，张灿玾趁汇报工作之机，陈述了对中医文献整理研究工作的重要意见。该领导听后很感兴趣，请他写一份文字材料，题为《关于整理中医古籍的几点意见》。写毕，经院领导审阅后，以中医学院院字（83）第 22 号文，上报卫生部中医司，抄报省卫生厅及人民卫生出版社。张灿玾为了取得上级领导的支持和关注，曾多次以口头或书面的形式，向有关部门汇报，取得了良好的效果。

1984 年，张灿玾在北京参加卫生部中医司古籍整理办公室召开的"十一种重点中医古籍样稿审定会"，会间，史常永、张灿玾、沈炎南 3 人经过酝酿，拟将中医工作当前存在的问题和建议，向国务院上书，经讨论后，由史常永撰稿，特就党对中医事业的领导、中医管理机构的建立、制订中医事业实施办法、财力与物力的支持等，提出建议，最后由与会者 11 人签名上呈。

2005 年，张灿玾鉴于当时中医工作中存在的问题，特上书国务院领导，就中医理论、人才培养、临床疗效、财物保证、政策导向等五个问题及八个关系，提出了意见和建议。其后，复将此文上呈卫生部、国家中医药管理局领导，深得领导的重视。

山东中医药大学中医文献研究机构的成立也与张灿玾的多次上书有关。张灿玾根据多年来从事中医文献整理研究工作的实际情况，考虑到中医古籍的整理研究，需要有一个专业队伍和一定的基础设施及专门人才，方能胜任。为了争取此项工作的顺利开展，他曾通过多次接受有关人员的采访、在报刊发表文章、向卫生部上书等方式，进行呼吁，终于得到了有关部门及院领导的重视和支持。1987 年 11 月，经省教育局批准，成立中医文献研究室，由张灿玾负责。张灿玾任院长期间，认为中医学院为突出中医特色，宜有专门中医研究机构，建议将现有中医文献研究室升格为中医文献研究所。省编制委员会于 1985 年 4 月 9 日批复同意，1985 年 5 月，中医文献研究所正式建立。此为全国中医院校之首创，亦为学院首次创建专业中医科研单位。经后来的不断发展，现已经成为国家、教育部和省三级重点学科，并经国务院学位委员会批准，具有硕士与博士学位授予权。

值得一提的是，张灿玾在担任学校主要领导期间，为中医教育事业的发展作出了积极的贡献。1984 年 10 月，山东省委任命张灿玾为山东中医学院院长。此时，山东中医学院已恢复独立建校八年多，20 世纪六七十年代因为合并搬迁带来的损失，虽经数年的复建，已初具规模，但仍系百废待兴。张灿玾就任之后，放下暂时可以放下的一切事务，连研究生都暂时不带，全身心地投入到工作中。他定下了八条戒律作为自己的行动准则：坚持党委领导下的院长负责制；大事讲原则，小事讲风格；多做实事，少说空话；改革发展，审慎从事；加强财务管理；维护领导班子的团结；坚持党的中医政策、知识分子政策和教育方针；正确处理和对待个人与集体、公与私的关系。

在张灿玾任院长的四年里，通过全校上下的共同努力，山东中医学院的面貌焕然一新。张灿玾从基本建设入手，通过各方面争取到经费，特别是省财政厅的支持，建设了新的"两用堂"、教学楼、学生宿舍楼、教职工宿舍楼，加强了校园的绿化美化，为广大师生的工作、学习和生活解决了后顾之忧。另外，他力主并实施开门办学，接收外国留学生来校实习，接待外籍专家来校参观访问及学术交流。同时，为加强校际之间的相互交流，学校主动与南京中医学院结为姊妹学校。

遣兴抒怀　形神兼养

张灿玾少年时期，适逢乱世，未能受过正规的中高等教育，而且自小学毕业，便进入繁忙的习医及社会活动中去。成年之后，家事、医事，集于一身。离家之后，进入高校从事教学、临床、科研、行政管理等工作，承担着巨大的工作压力和家庭经济负担。但张灿玾是一个不服输的强人，不仅没被困难所压倒，反而变压力为动力，出于工作和学习的需要，培养和激发了他多种兴趣与爱好，使生活的内容更加丰富，生活的质量更加优异。同时，在困难、压力、经济、病伤的干扰下，他善于化解矛盾，克服困难，调节生活，保养形神，以享天年。

张灿玾在文学艺术方面的爱好与修养，虽受家庭与所处社会环境的影响，但更多的是在学习与工作中激发而起的，主要有以下几方面：

一、诗词、散文。他少年时习读白话注解《千家诗》，觉得朗朗上口，饶有兴味。后读《唐诗三百首》及《古唐诗合解》等，兴趣倍增。青年时期，在旧书摊购到《白香词谱》一本，甚为喜爱，后又得《词选》一本，亦觉别有韵味。壮年习格律，渐识规矩，试为习作，初知章法。今存最早为1958年在灵岩寺学习时，所填《鹧鸪天》词一首。后去南京，有感于六朝古都、江南风情，试为七律、七绝数首，借以抒怀。归济南之后，工作繁忙，少有余兴。20世纪70年代后期，文坛诗风渐盛，张灿玾亦常与友朋唱和。此后张灿玾由于工作的关系，曾行遍大江南北，长城内外，所到之处，常信口而吟，或有感而发。积之既久，纂而成册，名曰《暮村吟草》，其自序云："四十年来，医事之余，亦曾游历于海内外，广交师友。诸如山川故迹，古今兴替，犹颇多见闻，而悲欢离合之情，成败利钝之处，亦不乏其事。凡所寄于情者，常信笔而书。故凡所作，虽寄兴，亦记事也。"今观其诗集，正如其自序所言，既为遣兴抒怀，亦可知踪迹所及也。

当赋诗词意犹未尽时，亦常别撰散文，借壮丽山河之多姿，凭吊古今遗事，以抒胸膺。如《泰山游记》、《灵岩寺游记》、《忆冒雨游西湖》、《扬州游记》、《金陵游记》、《新疆纪行》、《粤海纪行》、《出塞纪行》等皆是，其散文洋洋洒洒，文采斐然，颇有大家之风。

现著有《琴石书屋医余吟草》、《暮村吟草》、《琴石书屋文集》等，在报刊及诗集中录用者约数百首。

二、音乐、歌曲。张灿玾读完小时，即已识简谱，常得先生赏识，有一次上音乐课，先生不在教室，他竟按谱而歌，被先生发现，便让他教了一堂，足证其在音乐方面独有所好。他曾任村剧团导演兼司乐队，为了工作需要，学奏过诸多民族乐器，如笙、管、笛、箫、唢呐、二胡等，后经其友人李祝三指点，习西洋乐器小提琴，并自学五线谱。为剧团演出，增效许多，这在当时一个农村剧团，亦属难能可贵。那时他还搜集到数十首民间乐曲，如笙管曲之"大朝元"、"罗江怨"等，唢呐曲之"关西腔"、"得胜歌"等，现已几成绝响。到了晚年又习古琴，领略我国数千年雅乐风韵，为晚年生活复增更多乐趣。

张灿玾喜爱歌曲，搜集抄录昔年名曲成册，又尝思杏林春风，惠及苍生，然古今作曲者，无人顾此，于是自度多曲，以颂岐黄大业。如"杏林习业歌"、"医圣赞"、"杏林颂歌"、"杏林春"、"医学经典赞"等，以示其对祖国医学之热爱。又谱"江山多娇"、"可爱的故乡"、"山东是个好地方"等歌曲，悠扬婉转，充分体现了爱国、爱乡之情。2008年"七七事变"纪念日，特谱"战歌"、"战斗的号角"两曲，以示不忘国耻。

三、戏剧。张灿玾因受家庭影响，自幼喜爱京剧，少年时期见同学有一京剧歌谱，用简谱记录，始学唱段。又购得《京剧歌谱三百首》，附有京胡曲谱，时正学习京剧，得此本益增兴味。后与地方票友及县京剧团友朋相互学习交流，技艺日进，对文武场活，均可操作，尤擅京胡（包括琴师应工之大笛、横笛等）。若逢节假日或纪念活动组织演出时，每邀其参加，足以反映观众对其戏曲才华的认可。来济南后，由于业务工作繁忙，仅曾参与两次演出，亦或偶为票友清唱伴奏。时有学院老师沈梦周，为京剧票友，擅生行，宗谭派，嗓音甜润脆亮，有时星期六晚上无事，每为之伴奏，惬意之极。晚年兴至时，则偶或操琴自娱。

四、书法篆刻。张灿玾上完小时，曾跟同学于本明学刻印章，跟刘玉生先生学刻版画，青年时期，稍习书法。盖彼时中医处方，皆用毛笔。学界亦常云，字者，文人之门面，故时习笔墨。来济南后，执教于杏林。张灿玾认为作为一名高校老师，在各方面均应为学生师表，然自知在书写艺术方面，还远远不够，虽欲作书法家，绝非易事，但只要努力学习，写得好一些，在规范的基础上加以美化，还是可以做得到的。于是自1960年至1966年夏，张灿玾无论是备课、临诊或办公时，尽用毛笔。暇时或操管临仿，或倚案读帖。他自己常云，做书家一要靠才气，二要靠工夫，我们哪有许多的时间去练字，只求写得好些罢了。这也反映了张灿玾无论做什么事都追求认真的良好学风。在练习书法的同时，亦及于篆刻。篆刻不仅是书法的另一种美化艺术，亦可借助于此，自言其志。所以暇时读些篆刻技法书籍及印谱，并自学操刀，亦可体现出张灿玾的文情艺兴。已集80余方自治印谱，题名《篆刻学步》，其内容除名章外，大量为闲章及藏书章。

五、赏石抒怀。张灿玾自少年起，便喜欢游山玩水，他的家乡虽无名山大川，但登上村周的丘峦岭岗，他都有一种说不出的快感。14岁那年夏天，和几位同学去看望已调至崂山村的老师，有缘登上崂山（这是他家乡最高的一座山），见山上怪石嶙峋，奇峰叠嶂，蔚为壮观，从而激起了爱石之灵根。但在壮年之时，工作繁忙，无暇顾此，迨至晚年，偶有闲情，喜自制山石盆景，以小见大，聊寄情怀。后渐及于对奇石之观赏。张灿玾尝谓，古代文人及近代名人，爱石者颇多，极尽大自然之功力，鬼斧神凿，浑然天成。或似物，或寓意，或出景，或寄情，不一而足。张灿玾晚年有藏石百余件，俱为题名，且赋诗自赏，故别号"百石翁"。又别撰"石论"一篇，曾被多家报刊转载。后同道路志正读后云："古之学者，多以琴棋书画并优，而老兄尤于诗石……而'石论'已具人性，顽石知音，'琴说'焦桐，古今辉映。"亦可谓深解其义。而张灿玾之爱石，意在以石喻人，遣兴抒怀也。

养生之道，亦人生大事，古今论者，代不乏人。张灿玾认为，养生包括养形与养神两个方面，而养神尤为重要。神虽寄于形，然形常随神而动，而神伤者，形难健。故必寓养生于生活、工作、学习之中，凡事顺其自然，衣食温饱亦足矣。适寒暑，节哀乐，劳逸适度，动静结合，再辅之以必要的锻炼身体的方法，则长生虽不可及，而长寿亦能有望。

张灿玾的一生，是工作的一生，是学习的一生，是奋斗的一生。他经历过乱世风云，也承受过艰难困苦，然而他挺过来了，他赢得了成功。他曾自治一印"穷莫坠青云志，老当怀骐骥心"，作为自己的座右铭。他追求的是知识，他热爱的是事业。八十初度的老人，又完成了他《琴石书屋·文集》和《张灿玾医论医案纂要》（该书颇能体现作者对中医典籍、中医理论和诊疗技术等方面的研究水平与特色）之作。他还在不懈地工作，不断地学习。

在他自撰的《八十春秋回首往事》一文中，自述其体会云：我首先是一个共产党员，在政治上是党培养了我，使我懂得了人生的价值；我是只有读过六年小学的文化水平，我必须不停顿地努力奋斗，去克服困难，完成自己的历史使命；我从事的是"救死扶伤"的职业，这不是一种生财致富之道；公私难以兼顾，忠孝不能两全。这也是张灿玾对自己走过的八十余载人生道路的总结。

（撰稿人　张　昕　李玉清　张增敏）

周仲瑛 卷

周仲瑛（1928—　）

振兴中医後继有责

自强不息发展可望

庆祝建院三十周年

乙五年正月周仲瑛

周仲瑛手迹

古为今用，根深则叶茂。

西为中用，老干发新芽。

知常达变，法外求法臻化境，

学以致用，实践创新绽奇葩。

——周仲瑛

周仲瑛，1928 年出生，江苏如皋人。著名中医学家，主任医师，南京中医药大学教授、博士研究生导师，中华中医药学会终身理事，首批享受国务院政府特殊津贴，首批全国老中医药专家学术经验继承工作指导老师，第一批国家级非物质文化遗产项目"中医诊法"代表性传承人之一，国家级名老中医。2009 年由人力资源和社会保障部、卫生部、国家中医药管理局评选为国医大师。

周仲瑛曾任江苏省中医院副院长、南京中医学院（现南京中医药大学）院长等职，是国务院学位委员会学科评议组（中医）成员、中国中医科学院学术委员、国家中医药管理局中医药工作专家咨询委员会委员、国家教委科技委员会医药卫生学科组组员、卫生部药品审评委员会委员；第七届全国人大代表。

周仲瑛从事中医临床工作 60 余年，具有丰富的理论和实践经验。临床强调病机分析，重视病理因素的辨识；善于复合立法，治疗多种急重症和疑难症效果显著。勇于在实践中继承创新，先后提出"审证求机"、"辨证五性"、"知常达变"、"复合施治"等新观点，创立"内生六淫"、"第二病因"等理论。曾深入疫区十余年，研究流行性出血热，提出"病理中心在气营，重点为营血"和"三毒"致病新说，显著降低了出血热的病死率；在对病毒感染性疾病的研究中，研制出"清气凉营注射液"，并列入国家科委引导项目；针对急性休克所研制的三种辨证系列中药制剂，被列入 21 世纪全国中医院急诊室必备制剂名录；系统研究了瘀热相搏证，形成了"瘀热"病机学说。迄今为止，主持国家、部省级课题 36 项，其中 4 项列为世界卫生组织传统医学合作项目，获得科研成果 24 项，创制新药 5 种，发明专利 6 项，发表学术论文 216篇。

作为我国中医教育事业和中医内科学科的领军人物之一，周仲瑛为中医高等教育事业的发展作出了重大贡献。他编写或参与编写了《中医内科学》、《中医急症学》教材及教学参考书共 29部，培养了一大批中医精英人才，其中许多人已成为各大医院、科研单位和院校的业务骨干。

除了教材和教学参考书之外，周仲瑛的学术思想和临床经验体现在他的诸多著作中，如《周仲瑛临床经验辑要》、《中国百年百名中医临床家丛书·周仲瑛》、《瘀热论——瘀热相搏证的系列研究》、《中医内科急症学精要》、《中医内科临证备要》和《周仲瑛医论选》等。

遭变故绝地奋起　　周筱斋重振家声

风景旖旎的东海之滨，距宁波百余里的地方，有一个历史悠久、物产丰富的江南小镇——慈溪。慈溪境内的车轮桥，住着一户周姓人家，几代以医为业。在当地虽不算富裕，但也过得平平稳稳。

1853 年，太平军进入浙江，遭到清军的血腥镇压。慈溪人为避战火，纷纷背井离乡。周家的后人，也就是周仲瑛的太爷周敬庵也在此时流落到江苏一带。当他来到南通如皋的东马塘时，发现这里紧邻黄海，交通不便，可免受外界影响，比较太平；并且，此地民风纯朴，人们热情好客，物产比较丰富——像是个"世外桃源"，周敬庵决定在这里定居。

在东马塘安家后，周敬庵继续开业行医。他擅长内科、外科，由于他勤学精研，视病人如亲人，得乡人信赖，就诊者日众，业遂大旺。刚开始，周敬庵只诊脉看病，并不售药。但后来发现，治疗效果有赖药良，炮制修治，悉尊法则，方显厥功，因此又设"松寿堂"中药铺，从中药质量的鉴别和购进，到中药饮片的炮制和加工，都精细周到，严格把关，以保证临床效果。

转眼间几十年过去了。1899 年 10 月，周家喜添一个男孩，取名倜生，字筱斋，这就是周仲瑛的父亲。周筱斋聪敏好学，深得家人喜爱，周敬庵更是喜不自禁。周筱斋自幼看到先辈济世活人，耳濡目染，对中医产生了浓厚兴趣。6 岁时，他进邓承武私塾读书，学文的同时兼读医籍。

天有不测风云！周筱斋 13 岁那年，奶奶、爷爷相继去世，接二连三的重大变故使周家元气大伤，家境日渐萧条。原来的"松寿堂"中药铺也由于经营不善而关闭。周筱斋失学了，母亲也弃他而逝，贫困的他此时已没有立锥之地。但是，周筱斋并没有屈服。他通过严氏堂姑母的介绍，到堂叔所设的"大德堂"药号半工半读，自谋生路。他抓住来之不易的学习机会，白天干活，晚上攻读医书，常常到深夜才上床休息。

艰苦的生活磨炼着周筱斋的意志，也更加坚定了他的志向："唯有从医，继承祖业，庶可服务桑梓，借为生计。"周筱斋是个有心人，他一面把小时候看过的医书重新拿来，精研细读，一面默默积累着自己的经验体会。他对日间诊治的危重病人特别上心，常在一天的工作结束之后，把某些医生的处理方案默记理解；有疑难病例之时，正是其学习进步的最佳时机。此时，许多医生在一起会诊，各抒己见，讨论病因病机，商定诊治方案。周筱斋便悄悄旁听，在心里分析病情，拟定自己的诊治方案；之后再默默观察众医会诊的结果，并一一记住。

漫长的八年过去了，周筱斋研读了许多医书。经过历练，其中医功底日渐深厚。1921 年，23 岁的周筱斋受聘于马塘济生会，正式设案应诊。三年后，他在马塘镇的王家院自设诊所行医，这一干就是 23 年。其间，疫痢、伤寒、登革热、霍乱等疾病相继在当地流行。凭借深厚的中医功底和丰富的临床经验，周筱斋治愈了许多病人。众病家颔首称道，口口相传，以至于诊所门庭若市，一天至少要看四五十位病人。诊所面积虽然不大，但异常整洁干净，还有茶水免费供应。夏天，诊所用新鲜的藿香、荷叶泡茶，给病人防暑降温。周到的服务，高超的医术，使周家的诊所声名远扬。

1947 年，频繁的战事使小小的马塘镇动荡不安。为避战乱，周筱斋迁居到南通市，在寺街二号设诊所行医。其时正遇到麻疹、天花流行。在当时的医疗条件下，这两种传染病死亡率都很高，但经周筱斋诊治的百余例天花病人，除一人外皆得痊愈，堪称奇迹。

1954 年，周筱斋应邀到南京参加省中医院和中医学（校）院的创建工作，后留在新成立的江苏省中医进修学校任教。他全身心投入到中医教育事业之中，先后独立开设祖国医学史、方药、各家学说等多门课程。他自编的教材《祖国医学史讲义》，是中华人民共和国成立后全国第一部较为完整的中医学史讲义。

1959~1965 年，周筱斋先后担任南京中医学院医史、各家学说、中药、方剂、金匮等教研组组长和药物研究室主任，同时作为教材编写组成员，负责全校教材的编写和教学大纲的制订。他主持编写了全国中医院校第一版《方剂学》教材，主编了厦门大学的函授教材《方剂学讲义》，还参加了《中医学概论》等教材的编写和审定工作。

1970年，年逾古稀的周筱斋出任江苏新医学院中西医结合教研室中医顾问，同时在江苏省中医院和双闸医院应诊。自1978年开始，周筱斋在南京中医学院文献研究所任副教授、教授，直到1988年正式退休。

1989年10月，周筱斋因病在南京逝世，享年91岁。这位为中医事业奋斗了一生的老人，弥留之际还在念叨着，要为提高中医的教育质量献计献策。

周筱斋的一生，艰难坎坷而又充满传奇色彩。他出生于家道殷实的中医世家，少年时却家境萧条，小小年纪便寄人篱下，自谋生路。但经过发奋努力，勤学苦研，反而逆境成才，练就了济世活人的真本事，终于重振家业。回顾成长的经历，周筱斋常以"不经一番寒彻骨，哪得梅花扑鼻香"自勉。

周筱斋习医，虽始于家传，但更多的却是自学。自学的路是艰辛坎坷的，但那苦思冥想的过程，如饥似渴的感觉，顿悟之后的喜悦，只有亲历过的人才能体会得到。"始于约，进于博，终于由博返约"，这是周筱斋悟到的治学秘诀。

周筱斋多次经历疫病流行，对急危重症的抢救有丰富经验，善治时病大证。他十分重视中药和方剂的研究，认为两者是联系理论和实践的枢纽。他治病不泥于成方，能够根据需要有所创新，如青蒿白薇汤、清血解疫汤、温脾饮、谷玫四陈煎、四物二母丸等，都是他自创的有效方剂。

周筱斋酷爱读书，善于思考，不囿于成说，很有创新意识。即使到耄耋之年，仍然手不释卷，"每遇一事未爽于怀，必沉思穷追，期得事理明白为止"。学术上，他既能坚持中医的优势和特色，又能接受新事物，不断学习新知识。

　　周筱斋素以敬业、乐群为怀；恪守医德，对病者热情负责，不分亲疏，一视同仁，悉心治疗；遇有急重病症，必定随时出诊，不使久待。出诊次序以邀诊先后、病情轻重为依据，绝不以诊金高低、贫富尊卑为区别，因而深得病家赞许。

　　周筱斋情趣高雅。他除了钻研医术，还爱好文学、书法和绘画。他的好友中，就有书法家顾鼎和、画家邓怀农等。兴致所至，有感而发，他也常赋诗以言心志。

　　1981年10月6日，是九九重阳节。83岁的周筱斋在寒气微露的秋夜，遥望星月，回顾一生的坎坷，慨然写下《秋夜·辛酉重九》这样一首诗：

　　　　　　几点寒星霜露重，一轮明月清晖生。
　　　　　　长夜能补白昼短，难偿浩劫一炬焚。

　　周筱斋一生治病救人，医术高超，为世人所公认。他的学术经验，集中反映在《中国百年百名中医临床家丛书·周筱斋》一书中。更使人高兴的是，他的儿子周仲瑛在其言传身教和精心培育下，也已成为德艺双馨、著作等身的一代名医！

受濡染志在岐黄　承庭训寻求真知

　　周仲瑛出生于1928年10月。其时，马塘一带疫病流行，严重威胁着当地人民的生命。父亲周筱斋热心救助患者，治愈了很多人，受到乡亲们的交口称赞。看到众多的患者经父亲治疗摆脱病痛，恢复健康，小小年纪的周仲瑛被神奇的中医药深深地吸引住了。乡邻的感激，同道的尊重，无形中成为一种动力，使周仲瑛从小就对中医产生了感情。"每睹急症之转安，沉疴之复起，未尝不慨然有感于不为良相，当为良医之训也！"

　　1941年，周仲瑛13岁时，侵华日军占领了马塘。学校关闭，周仲瑛因此失学，于是他开始随父亲研习中医。童年时代的耳濡目染、潜移默化，使他对中医已经有了感性认识。他希望研习医书，迅速入门。但父亲的要求是严格的，认为"业医必先精文"，首先要熟背四书，然后再系统学习《黄帝内经》、《伤寒论》、《神农本草经》等医学典籍。所以，他学习的内容，既包括四书、《古文观止》、唐诗、宋词，也包括历代中医典籍的医论、序言以及名医小传等。之后，才正式涉猎中医专著。"我学文最主要的就是《古文观止》，其中能背得滚瓜烂熟的就有100多篇。这些文章的背诵确实有好处。中医本身就属于中国传统文化范畴，如果没有传统文化基础，就不易搞懂中医理论的内在含义。"

周仲瑛虽深受传统文化的熏陶，但在学医之初，也依然感到枯燥、茫然，难以领悟医理奥义，不能联系实际消化吸收。回忆往事，周仲瑛把自己的学医门径归纳为"死读"："我通宵达旦刻苦攻读，劲头十足，却读得糊里糊涂。尤其在背医经、脉经等典籍时，就像小和尚念经，真是苦啊！"对于学习的效果，老师是要考察的。"一两百篇古文篇目拧成一个一个纸卷，老师让你摸一个，你就要背出来……需要背诵的《药性赋》、《汤头歌诀》也是这样办的。这是一种非常好的基本功训练，虽很原始，但也很有效。"几十年后，周仲瑛对《伤寒论》和《备急千金要方》的序言等，仍然烂熟于心，倒背如流。

1945年，17岁的周仲瑛开始跟随父亲出诊。他白天随父亲诊脉看病，晚上听父亲传授医道。他采取的是"从源到流"的学习方法。第一年，从学习汪讱庵编著的《素灵类纂》开始，再研读《伤寒论》、《金匮要略》、《神农本草经》等经典著作；然后是《汤头歌诀》、《药性赋》、《医学三字经》、《濒湖脉学》。第二年，研读《医学心悟》、《医宗金鉴·杂病心法要诀》、《杂病广要》、《类证治裁》、《医门法律》等典籍。第三年，学习金元四大家和温病学派的代表著作。这些著作都是周筱斋先生根据自己多年的临证经验，在汗牛充栋的中医书籍中精心挑选出来的。周筱斋的讲解更是由浅及深，生动形象，实用性很强。他要求周仲瑛不但要听懂、理解，还要能够背诵，并且在临床上反复揣摩。"学医无取巧之门。"周仲瑛总结经验说，"主要篇章条目烂熟于心，到临床后就能触类旁通"。

在学医的后期，周仲瑛已经开始随父亲看病。1946 年，南通地区天花流行。在当时，天花发病率高，传染迅速，死者众多，西医尚没有理想的治疗方法，而中医的治疗却很有特色。"天花病程、病机不同，证候就不同，治疗也不同，辨证论治的优势体现得很明显。有清有解，有下有温。记得当时我已经协助我的父亲看病了。印象较深的是，一般天花灌浆，多数是如象牙色的；但有一种是血痘，很危险！全部是紫色的，要清热凉血解毒，用大黄、赤芍之类，有能抢救成功的。有的天花灌浆不出来，塌陷，要用温补透托，药用黄芪、鹿角之类就能透出来了。这些活生生的例子印象很深。"

"1946 年我父亲在老家抢救霍乱，当时没有输液条件，只有用中医治疗。中医在治疗抢救过程中得出了一条很好的经验，霍乱容易伤阴亡阳，所以必须通阳。通阳化气，气化功能正常，小便就来了，病人得尿后就有生的希望了……这些急症的实践增长了我的见识。"

1947 年，已经有一定临床实践经验的周仲瑛考入上海新中国医学院中医师进修班学习。这是一所由现代名医丁济万、朱鹤皋主办的中医院校，举办进修班的目的，就是要研究中国历代的医学理论和技术，融会新知，培养国医专门人才；经过进修，能够在上海办证开业。当时上海的著名老中医章次公、朱鹤皋、蒋文芳、盛心如、黄文东等，都亲自授课并临床带教。所开设的课程包括内科、妇科、儿科、方剂、中药等。没有教材，老先生们就用自编的油印教材。经过系统学习，周仲瑛的中医功底更加扎实，也熟悉了不同医派的特点，思路更加开阔。

1948 年，周仲瑛在父亲设在南通的诊所襄诊，一年后回家乡马塘，独立开业行诊，一直到 1955 年。其间，他曾和王观民一起合开"瑛民诊所"，后来又把周围有名望的医生集中起来，共同开设了"马塘镇联合诊所"。

年轻的周仲瑛开业不久就在当地名声大振。有一次，他遇到一位农村病人，高烧不退，神志昏迷，频繁抽搐，已经濒临死亡。许多医生都不敢接手治疗，家里也已经在准备后事。周仲瑛仔细诊查，认为此证已非单予白虎汤、清营汤等可救，须急用紫雪丹以清热开窍，息风止痉。按照他的处方，病人服药后果然热退神清，转危为安！一时间，在当地医界引起了很大反响。

1955 年 1 月，江苏省卫生厅发出通知，让各地选送学员到江苏省中医进修学校学习。周仲瑛看准了这次难得的机会，尽管在当地继续行医能够名利双收，但 27 岁的他还是毫不迟疑地参加了选拔考试，并顺利入选。那年的 3 月 13 日，他来到省城南京，找到朱雀路四象桥附近的邀贵井 14 号，到进修学校报到。入学后，周仲瑛惊喜地发现，这里的任课教师都是很有名望的老中医，如卫生厅厅长吕炳奎，名老中医邹云翔、曹鸣皋等。而他的父亲周筱斋此时亦在学校任教。两人既是父子，又是师生，一时间传为佳话。

基于多年的学习和实践经历，周仲瑛深知，唯有"勤以治学，学以致用"，才能学有所成。因此，在进修学校学习期间，他利用课余时间，重新温读了《丹溪心法》、《脾胃论》、《医林改错》、《血证论》等有代表性的中医专著；同时也接受了西医学及其他自然学科的先进知识，开拓了思路，增长了见识，为其后的著述和科学研究奠定了扎实的基础。

半年后，学校选拔周仲瑛、陆莲舫等 7 人进入附属医院工作。周仲瑛一边继续随老中医学习，一边参加内科临床，同时还担任了教学工作。1959 年，医院由原址石婆婆庵搬到了现在的汉中路。周仲瑛在这时晋升为讲师、主治医师。随着医院规模的逐渐扩大，运行机制的日渐成熟，周仲瑛与大家一道，开始进行一些临床科研，同时还开设了重点专病门诊，诊治高血压、肾炎、肿瘤等病症。

在江苏省中医院的临床第一线，周仲瑛从住院医师、助教干起，一步一个脚印，辛勤耕耘。他曾经日夜守候在病房、门诊，治愈了许多急难重症患者。在伤寒、乙脑、麻疹等疫病流行期间，周仲瑛常常值班通宵达旦，废寝忘食；为攻克流行性出血热，他北至徐州、连云港的贫困乡村，南至常州、高淳的乡间小道，足迹踏遍了大江南北。

周仲瑛认为，临床医学必须以提高疗效为首要目标。没有临床效果，中医的生命力便不复存在。从医 60 余年，他始终不曾脱离临床工作，即使在担任省中医院副院长和中医学院院长期间，依旧按时坐诊，接待患者。行政职务卸任后，他把更多的精力放在了临床。70 岁后，每周仍坚持六次门诊，偶因外出公干，也必争取连夜赶回，不顾疲劳，准时到达诊室。由于求医者过多，每每误了午餐时间，但他对病人从不敷衍了事，而是耐心收集四诊资料，认真看好每一个病人，雨雪寒暑从不间断。

经过长期的临床实践，周仲瑛在中医内科急难症的诊治方面，积累了极为丰富的经验。

冒风险深入疫区　　出血热不再肆虐

20 世纪 70 年代末，欧亚大陆曾流行过一种致命的传染病。一旦感染了这种病，患者先后出现发热、出血及肾脏损害，病情的发展非常迅速，常在短时间内致人死亡。这种可怕的瘟疫就是流行性出血热。

当时，中国是流行性出血热发病最多、流行最严重的国家之一。除青海省和台湾地区之外，全国其他省市无一幸免，江浙一带成为疫病流行的重灾区。由于没有可靠的控制办法，出血热的流行一度造成恐慌，人人谈之色变！

周仲瑛临危受命，开始了流行性出血热的临床研究。早些年，他曾救治过伤寒、乙脑、麻疹等时疫，但对如此凶险的出血热，还没有多大的把握。当时通行的治疗思路比较简单，发热期就统用清解四号，搞成一病一方的模式，结果死亡率仍居高不下。为攻克流行性出血热，周仲瑛先和大家一起查房，逐渐积累了感性认识。之后，他身先士卒，带领治疗研究团队深入疫区，到疾病流行最为猖獗的高淳、东海等地，建立了临床基地。当地的生活条件非常艰苦，医护人员随时可能被感染，但周仲瑛和他的同事们不惧困难和危险，在防护设施极为有限的情况下，设门诊、管病床，在临床第一线救治患者。

根据传染性、流行性和临床症状，流行性出血热属于中医学"瘟疫"、"疫斑"、"疫疹"范畴，周仲瑛首次将其命名为"疫斑热"。这一病名后来得到中医界的广泛认可。而在当时，病名的确立实际上是指明了辨治的方向。本病的临床表现主要是发热、出血、低血压休克和肾脏损害，临床医生总结出这样的顺口溜："高烧脸红酒醉貌，头痛腰痛像感冒，皮肤黏膜出血点，恶心呕吐蛋白尿。"在掌握第一手临床资料之后，周仲瑛综合运用卫气营血、三焦和六经辨证的方法，对本病的病机和治法进行了分析。本病的演变一般都经过发热期、低血压休克期、少尿期、多尿期和恢复期五期。中医的治疗同样应当立足疾病的全过程，根据各期的病症特点进行辨证用药。一开始，他们遵照先贤叶天士的论述，按"卫之后方言气，营之后方言血，在卫汗之可也，到气才可清气，入营犹可透热转气……入血就恐耗血动血，直须凉血散血"的思路，针对疾病各期拟订了治疗方药，满怀希望地在临床进行验证，却失望地发现，效果仍然不能令人满意！

　　周仲瑛陷入了巨大的困惑之中。病人痛苦的表情，渴望生存的目光，深深地震撼着他。在一整天的忙碌之后，周仲瑛拖着疲惫的身躯缓缓地走在高淳的田间小道上，满脑子都是出血热的问题。这是一种进展迅速、极为凶险的疾病：发病初在卫分，转眼间就出现了气分的症状，紧接着便传到了营血，短期内就会引起急性肾功能衰竭。思考着这些临床特点，周仲瑛突然悟到，对于这种传变迅速的疫病，如果死搬卫气营血分期而治的方法，就有可能滞后半拍，延误病情。以前的教训就在于此！

　　凝滞的思路一下子打开了！周仲瑛兴奋地赶回医院，在医生值班室昏暗的灯光下，一边思考，一边写下了这样一段话："本病卫气营血传变过程极为迅速，在气分甚至卫分阶段，邪热多已波及营分，往往重叠兼夹，两证兼见，而气营两燔基本贯穿于发热、低血压休克、少尿三期，气营就是其病理中心！针对这一病机特点，到气就可气营两清，只要见到身热而面红目赤、肌肤黏膜隐有出血疹点、舌红等热传营分的先兆，就应该在清气的同时，加入凉营之品，以防止热毒进一步内陷营血。"

　　之后，周仲瑛和同道们一起，经过无数个日日夜夜，通过分析病史、观察病程、研究病征、拟订治法、总结疗效，最终摸清了流行性出血热的病机规律，找到了行之有效的诊治方法！

　　这一系列新的辨治方药的应用，使上千例流行性出血热患者获得了新生。后来的统计分析表明，周仲瑛他们治疗了 1127 例流行性出血热患者，病死率是 1.11%；而按照当时的医疗水平，该病的病死率在 7.66% 左右。特别是对死亡率最高的少尿期急性肾衰病人，周仲瑛应用泻下通瘀、滋阴利水的方药治疗，使病死率下降到 4%，明显优于对照组的 22%。

　　出血热的流行势态终于被控制住，不再那么狰狞可怕了。国家对周仲瑛的这一研究成果给予了高度重视。1988 年，"中医药治疗流行性出血热的临床及实验研究"获得卫生部科技进步一等奖，并代表我国出血热治疗的最高水平，到前苏联进行国际交流。
这一研究还被国家科委和经贸部选入 1979～1989 年中华人民共和
国重大科技成果项目。

　　此后，周仲瑛围绕传染性疾病进行了多项研究，充分展示了
中医在该领域的优势和特色。他对乙脑、病毒性腮腺炎和重症感
冒等病毒感染性高热的研究，被列入国家"七五"攻关课题，研
究成果于 1994 年获得国家教委科技进步三等奖。他所研制的新药
"清瘟合剂"、"清气凉营注射液"等，被列入国家科委引导项目。
研究项目"清化瘀毒、调养肝脾法治疗乙型肝炎的研究"于 1998
年获得国家中医药管理局科技进步三等奖。

　　2003 年春天的一个晚上，周仲瑛刚要上床休息，家里的电话
铃声急促地响起来。那是他远在广州的学生、广东省中医院呼吸
内科主任林琳打来的。林主任说，他们那里遇到了几个病程症状
极为相似的肺炎患者，病情重且变化很快，按常规处理效果不佳，
因此来电请教老师。以多年来应对传染性疾病的丰富经验，周仲
瑛敏感地意识到，这可能是另一种类型的疫病。他让林琳详细记
录患者的病情，严密观察病情的变化，认真分析脉症特征，并提
醒她这可能是某种类型的"温疫"，须按照卫气营血和三焦辨证的
方法进行辨治；同时应注意察舌按脉，分析湿邪是否存在。后来
的事实证明，这些不同寻常的肺炎就是曾经引起全国恐慌的"传
染性非典型肺炎"。那一年，周仲瑛应邀参加了广东省中医院的远
程咨询会诊，参与"非典"救治方案的制订。在抗击"非典"的
战役中，周仲瑛的两个学生——中国中医科学院北京广安门医院
的仝小林博士和广东的林琳主任，都作出了突出贡献。

　　2008 年 5 月 12 日，四川汶川发生了 8.0 级的强烈地震，全
国人民立即投入到支持灾区的运动中。已经 80 高龄的周仲瑛以其
丰富的阅历，意识到震后疫病流行的可能。经过深思熟虑，周仲
瑛提笔写下了这样两个处方：

处方一：蚤休 10g，贯众 10g，淡豆豉 10g，青蒿 12g，连翘 10g，一枝黄花 15g，前胡 10g，光杏仁 10g，桔梗 5g。水煎服，每日 2 次。

周仲瑛将这个方子命名为"防疫清解方"，主要用于防治疫毒犯肺所引起的呼吸道感染性疾病，表现为发热、浑身酸痛、咽痛、咳嗽等症状者。

处方二：炒苍术 10g，白芷 10g，苏叶 10g，藿香 10g，陈香薷 5g，清水豆卷 10g，厚朴 5g，法半夏 10g，陈皮 6g，石菖蒲 9g。水煎服，每日 2 次。

周仲瑛将这个方子命名为"防疫化浊方"，主要用于防治秽浊伤中所引起的消化系统感染，表现为头目昏沉、胸闷呕恶、腹泻等症状者。

根据这两个处方，南京中医药大学迅速配制了 6000 剂颗粒冲服剂，由校医疗队紧急送往灾区。

防疫推荐方的发布会吸引了众多媒体。当有人问及为何要将这么珍贵的配方公开时，周仲瑛坦诚地说："这两个方子说珍贵也珍贵，因为这是我 60 年从医经验积累而成；说不珍贵也不珍贵，因为中医原本就是要为人民服务的！"

攻急症彰显神奇　析疑难复法组方

一般民众往往认为，"中医是慢郎中，治不了急症救不了命"。加上近年来中医急症人才缺乏，大部分中医不能治急症、不敢治急症，也不愿治急症，明哲保身，怕担风险。如此一来，中医几乎完全退出了急症领域。

中医真的不能治疗急症吗？周仲瑛大量的临床病例给了我们明确的答案。

一位 20 岁的女大学生，因"发热 4 天，加重伴咳嗽、胸痛

1天"，于1998年8月26日住入医院。本以为是一般的肺部细菌感染，但先后用青霉素、立克菌星、万古霉素、欣复欢、君刻单等，高热仍持续不退，且发生多处气胸及胸腔积液，培养提示多种致病菌生长。之后出现呼吸、心跳骤停，经心肺复苏后虽然暂时保住了性命，但患者一直处于浅昏迷状态，经治疗无明显效果，遂请周仲瑛会诊。当时患者神志不清，身热面赤，四肢拘挛，时有抽搐，大汗淋漓，咳嗽痰多，需经常用吸痰器吸出。测体温在38℃～39℃，心率140次/分钟，呼吸30次/分钟。周仲瑛品脉辨证，认为证属痰热闭肺，逆传心包，肝风内动，邪闭正脱。处方：西洋参10g（另煎兑服），大麦冬12g，生石膏30g（先煎），生龙骨20g（先煎），生牡蛎25g（先煎），知母10g，天竺黄10g，鱼腥草25g，黄芩15g，葶苈子12g，天花粉15g，全瓜蒌15g，石菖蒲10g，炙远志6g，炙甘草3g。水煎服。另外，冲服以下药物：鲜竹沥水20ml，1日2次；羚羊角粉0.6g，1日2次；安宫牛黄丸1粒，1日2次；紫雪丹1g，1日3次；猴枣散1支，1日2次。如此用药加减治疗，至10月13日，患者身热渐退，咳嗽咯痰明显减少，神志缓慢苏醒。经治一月之后，患者身热彻底平息，呼吸平稳，神志清楚，眼神灵活，问答能正确反应。几年后，该患者除行动稍显迟缓外，生活基本自理，并结婚成家，为此还专门送喜糖到周仲瑛的诊室，感谢再生之恩。

有位50岁的妇女，患原发性血小板减少症，使用大剂量激素和免疫抑制剂，病情未能好转，血小板持续下降。后因感冒发烧，引发肺部感染继发呼吸衰竭，已经昏迷，虽经全力抢救，仍不能控制病情，于是请中医会诊。周仲瑛诊察患者，见其皮肤有大块的出血瘀斑，神志不清，呼吸急促，喉中痰鸣辘辘。认为此证属于络热血瘀，阴络受损，迫血妄行，痰热壅肺，肺失清肃。处方：水牛角片15g，赤芍12g，丹皮10g，大生地15g，茜草根15g，黑山栀10g，制大黄5g，全瓜蒌15g，葶苈子12g，炙桑皮

15g，知母 10g，炙远志 6g，石菖蒲 10g。服药 3 剂，病人神志清醒，出血停止。

有位 12 岁的小学生，突然发高烧，体温 39.2℃，头痛、呕吐，继则抽搐，呼吸急促，神志不清。西医诊断是重型流行性乙型脑炎极期。周仲瑛见其面部发紫，脖颈僵硬，舌鲜红而苔黄腻，辨证为暑温，气营两燔。用其研制的清气凉营注射液，每次 10ml，加入 250ml 生理盐水注射液中，静脉点滴，每日 2 次。同时配合补液、纠正呼吸衰竭、脱水等对症治疗，两小时后患者额头开始微微出汗，体温逐渐下降。36 小时后体温降到正常，神志清醒；5 天后症状基本消失，1 周后康复出院。

有位 65 岁的退休干部，突然中风，恶心呕吐。住神经内科后病情仍继续进展，迅速进入嗜睡、昏迷状态，并发生癫痫抽搐。先请脑外科会诊，认为其血肿位于丘脑，部位深，血肿大，手术风险太大，只宜保守治疗。后应家属要求，请中医会诊。周仲瑛辨其为瘀热阻窍，用凉血通瘀口服液鼻饲。两天后患者神志好转，第 18 天完全清醒。住院 1 个月，出院时患肢肌力恢复到 Ⅱ 级。

有位 82 岁的老太太，患慢性支气管炎 20 多年，经常咳嗽，咯吐黏痰，秋冬季节天气变化时就会发病。一次慢支急性发作住院抗感染治疗后，身热虽退，但咳嗽不止，喘粗气急，不能平卧，吐出的痰如泡沫一样，且下肢浮肿，小便量少，手脚冰凉，神志不清。西医诊断是"肺心病，心衰"。周仲瑛分析她的病情，属于"高年之人，咳喘宿疾，痰浊蕴肺，病及心肾"。遂用温阳活血、泻肺化痰的方药进行治疗。服药 10 剂，老太太的咳嗽气急症状显著减轻，神志也清醒了。继用中药巩固疗效，最后转危为安。

有位 50 多岁的男士，因车祸昏迷 40 分钟，醒来后头昏目眩，核磁共振检查，见"两额颞部慢性硬膜下积液及血肿"，外科认为只有通过手术清除治疗。但患者因畏惧不愿手术，于是求助于中医。诊病时，患者诉说头昏头胀，左下肢发麻。当时的舌脉

是"舌质紫，边有齿痕，苔淡黄薄腻，脉细"。周仲瑛分析他的病
情，属于"外伤脑络，痰瘀痹阻，清阳失用"。用通窍活血汤和当
归补血汤加减进行治疗，另用三七粉、人参粉、麝香冲服，苏合
香丸每日 1 粒口服。一个月后复查，脑部血肿明显吸收。继续调
治一个多月，临床症状消失，复查核磁共振，脑部血肿全部吸收。

　　类似的个案比比皆是，充分证明中医是能够治疗急危重
症的。

　　从大量的个案可以看出，周仲瑛给许多急危重症病人治疗
时，使用的是成熟的辨治方法，灵活的经验方药，疗效令人非常
满意。据统计，他用泻下通瘀合剂治疗流行性出血热肾功能衰竭
少尿期 202 例，总有效率达到 96.5%。该方由大黄、枳实、芒硝、
桃仁、怀牛膝、生地黄、麦冬、猪苓、白茅根等组成，能通利二
便，疏通下焦瘀热壅结的病理状态，改善肾和膀胱的气化功能。
从西医角度来看，泻下的中药能使有毒物质排出体外，稳定机体
内环境；可引起反射性利尿，减轻肾间质水肿，增加肾血流量，
从而促进肾功能的恢复。

　　他用清气凉营法治疗病毒感染性高热 361 例，病种包括出血
热、乙脑、流行性腮腺炎等，99.17% 的患者都获得治愈，病死率
仅为 0.83%，显著优于西药对照组的 5.91%。

　　他对肺系急症的诊治更有心得。几十年来，治愈了许多暴
喘、肺炎和肺脓肿患者。治疗暴喘，他总结的辨治要领是："热毒
闭肺，表邪未解，当解表清里；脏病传腑，又当清下并施。上盛
下虚者，当权衡虚实主次，注意寒热错杂。热毒痰瘀阻肺，心脑
受邪，当肺心同治。"对于肺脓肿（肺痈），他总结出清肺解毒、
化瘀散结、排毒泄浊和清养补肺四大治法。

　　重症肝炎也是他擅长治疗的疾病。他指出："血分瘀热是重
症肝炎的重要病机，凉血、化瘀、解毒是其基本治法。"他选用犀
角地黄汤（犀角现已代用）与茵陈蒿汤合方作为基本方，研制成

静脉注射液，治疗重症肝炎38例，存活率为63.16%，而同期不用本法治疗的对照组35例患者，存活率仅为40%。

丰富的经验积累使周仲瑛对中医治疗急症充满了信心。继流行性出血热的研究取得成果之后，他陆续进行了一系列急症研究，包括出血、休克、昏迷、急性肾功能衰竭、病毒感染性高热、重症肝炎和脑出血，等等。

他从事厥脱论治休克的研究，是国家"七五"攻关项目。他在研究中提出，休克的病机特点为"气滞络瘀、内闭外脱"，治法为"行气活血、开闭固脱"，临床用抗厥注射液（主要成分为枳实、川牛膝）和救脱Ⅰ号注射液（主要成分为人参、枳实、麦冬、丹参）治疗休克136例，存活率达96.86%，显著优于对照组的74%。

对于中风，周仲瑛系统地总结出12种治法，即祛风化痰法、息风潜阳法、通腑泄热法、清火化痰法、凉血通瘀法、辛凉开闭法、辛温开闭法、救阴回阳益气固脱法、搜风化痰祛瘀法、益气化瘀法、滋阴息风法、滋养肝肾法。其中，他对出血性中风急性期的治疗更为深入，拟订凉血通瘀的治法，以犀角地黄汤（犀角现已代用）为基础，加大黄、山栀子、泽兰、三七、地龙、冰片等，分别研制成凉血通瘀口服液和凉血通瘀注射液，临床应用效果良好。相关项目于2001年获得江苏省科技进步二等奖。

有学生问道："我们在临床上一遇到急重的患者就心里发慌，不知道该如何下手处理。有时候干脆介绍到西医那里，让病人住进CCU、ICU，输上氧气、挂上点滴才觉得放心。您为什么就能够有把握呢？您的急症经验是怎样积累并提高的？"

周仲瑛回答："实践出真知。如果你只在书本上研究急症，或者钻在实验室里研究急症，根本没有接触过危重病人，当然会心中无底。治疗急症既要有胆量，也要有学识、有经验的积累。过去中医看危重病很多，有实践锻炼机会，经验累积多了胆子也就大了。"

"中医抢救急症要遵照中医的理论和辨证论治原则。如果你想单纯用中成药，想中药西用，想让中药抗菌消炎的作用比西药还强，那你是走错路了！中医不像想象的那样简单，要取效还是很难的，这就要看你的学识了。既要按照中医理论，又要灵活应用。其中的灵活就显现出理论的深厚和经验的丰富。"

周仲瑛认为，急症是最能彰显中医优势特色的领域，"继承发展中医急症医学是振兴中医药学的关键，中医内科急症学应在继承中求发展，在实践中再创新；以证带病，病证结合；扬我所长，化短为长；医药结合，多剂型并举，多途径给药，多疗法配套"。

除了救治急症，诊治疑难病症也是周仲瑛擅长的领域。他重视病机分析，长于复法组方，以此治愈了许多患者。

1998 年 8 月，30 岁的奚先生因"反复乏力、纳差、尿黄七个月，加重一月余"，住进了江苏省人民医院。经检查，他的肝功明显异常，全身皮肤高度黄染。西医诊断为"病毒性肝炎，乙戊重叠型，慢性重型"，经治疗月余不能改善病情。后来邀请周仲瑛会诊。

周仲瑛诊察后，在会诊单上写道："患者面色晦暗，色黄不鲜，目睛深黄，一身黄染；口干苦，脘痞腹胀，恶心；大便溏烂，尿黄；右上腹时有隐痛，无明显触痛叩击痛，腹部膨满，肌肤未见明显瘀点瘀斑。舌淡，苔薄腻，质紫，脉右濡，左小弦滑。病机分析：慢肝久病，肝脾两伤，湿遏热郁，久病络瘀，湿甚于热；病情深重，当防其变。治当理气化湿，清热解毒，祛瘀退黄。"开出处方如下：

藿香、佩兰各 10g，茵陈 10g，炒苍术 10g，厚朴 6g，法半夏 10g，广郁金 10g，陈皮 10g，竹茹 10g，炒黄芩 10g，白豆蔻 3g（后下），白茅根 20g，赤芍 15g，鸡骨草 15g，田基黄 15g，车前草 15g，炒六曲 10g。

一周后再次会诊，患者病情已有所改善，复查肝功、黄疸指数均有好转。又守原方加减出入，调理两周，黄疸稳步下降，肝功继续改善，症状明显减轻，体重增加，腹胀不显，食纳知味。

周仲瑛对随行的学生讲解说："病毒性肝炎病位主要在肝脾，病久可以及肾；病理因素主要有湿浊、热毒、瘀滞诸端；病机为肝脾失调，湿热瘀毒郁结；病理性质为邪实不虚，以邪实为主；正虚者，肝虚多在阴血，脾虚多在气阳；邪实者，湿热毒邪相互交结，血瘀重于气滞。临证应根据患者的症状体征，辨析湿热瘀毒的轻重主次，肝脾失调的根源，气血阴阳的状况。本例患者症状复杂，病情危重。分析其临床表现，中焦气滞之征非常明显，故当重用健脾化湿泄浊之品；又有湿遏热郁之征，故清热解毒亦当兼顾；瘀血之征虽不明显，但从其病情迁延、舌有紫气分析，久病络瘀之机暗藏。综合考虑，治法以理气化湿为主，清热解毒为辅，佐祛瘀通络之品。方以藿香、佩兰、白豆蔻，芳香化浊除湿，使湿浊之气宣化；以苍术、厚朴、法半夏、陈皮、竹茹，燥湿健脾，理气平胃，以杜生湿之源；以白茅根、车前草，利小便而除湿，使湿邪从小便而出。可谓兵分三路，上下分消，共制湿邪。清热解毒用茵陈、黄芩、鸡骨草、田基黄；化瘀通络用郁金、赤芍、炒六曲。这样，就能照顾到病机的各个方面。"

老曹是一位 65 岁的公安干部，身患胰腺癌，经住院进行动脉灌注化疗，腹部疼痛一度减轻、消失。但在一个月后，疼痛又逐渐严重起来，由开始时的隐痛，变为阵发性的剧痛，并且整个背部、腰部都疼痛不适。虽多方诊治，也没有明显的效果，且发现癌症已经向肝脏转移。人已经极度虚弱，腹部胀痛一阵阵加剧，瘦得皮包骨头。周仲瑛仔细倾听了老曹的诉说，看过病历资料，诊脉看舌，发现其舌质偏红，舌头右边有块状的黄腻苔，脉象又弦又滑。沉思良久，周仲瑛在病历上作了这样的分析，"此乃肝胃

湿热郁毒，久病结瘀而然"，治疗当"清化热毒，祛瘀散结，苦辛
酸复合并用"。老曹服用中药仅仅两周，腰背疼痛基本控制，腹痛
显著减轻，发作次数也明显减少了。坚持门诊治疗半年，症状完
全消失。老曹精神振作，生活自理，已无任何不适。到医院再次
复查 CT，显示病灶已获得稳定控制。

一个女学生，9 岁时曾患血小板减少性紫癜，15 岁时突发
血尿，下肢布满暗紫瘀斑，医院诊断为紫癜性肾炎，用激素治疗
后控制。但随后血尿再次发作，两下肢紫斑密集，腰酸腰痛，小
便红赤，神疲乏力，食欲不振。查尿常规红细胞（+++），白蛋
白（++）。周仲瑛为其诊治，见其面色苍黄，舌质红而舌苔黄，
脉细。综合分析属于"肾虚阴伤，络热血瘀，瘀热动血，血不归
经"，因此用"滋肾养阴、凉血化瘀止血"的方药治疗。两周后
复诊，两下肢紫斑基本消退，所有症状都得以改善，尿检除蛋
白（+）外，其余均正常。之后调理 5 个月，除尿检偶有少量蛋白
外，没有其他异常。

这些都是周仲瑛用复法组方治疗疑难病的典型案例。周仲瑛
说，在临床实践中，较单一的病机病证固然存在，但病证交叉相
兼的情况更为多见。外感六淫、内伤七情、饮食劳倦等多种病因
可同时或先后侵袭人体，致使气血失调，多脏受损；患病者往往
多病丛生，病因复合，证候复杂，机制多途，病理因素相兼。对
于这一类疑难病症，常法小方便难以取效，而复法组方则可以主
次兼顾，各个击破，在疑难病症的治疗中有着不可替代的作用。
即使是对于单一的病症，也可以通过复合立法，组方配药，使其
相互为用，形成新的功用，进一步增强疗效。

复法是针对临床复杂多变的证候特征而拟定的一种诊治方法
和辨证思路，特别适应于证候交叉复合，表里寒热虚实错杂，多
脏传变并病的复杂情况。此时若以常法处方，难免顾此失彼，或
病重药轻，或病众药寡，难以逆转病势。而复合立法则可以集数

法于一方，熔攻补于一炉，能适应具体病情，取得较好的疗效。可以说，证之间的交叉、相兼、转化及动态变化是复法应用的实践基础。在应用复法时，有时会不可避免地形成大方多药。但在具体应用时，必须做到组方有序，主辅分明，选药应各有所属，或一药可兼数功者，尽量组合好药物之间的相须、相使、相畏、相杀的关系，避免降低或丧失原有药效，切忌方不合法，主次不清，药多而杂乱无章。尤要注意辨证时做到主次有别，在针对主病主症，采取某一主法的同时，又要把握其整体情况，注意兼病兼症，复合立法，兼顾并治。

周仲瑛特别指出，复法大方与方精药简是并行不悖的关系。复方是一种组方思路，要求临证时要分析全面，精细选药，有机配伍，主次兼顾，因势利导，各个击破。因此，在精选方药的前提下，也可形成配伍精当的复法小方。用好复法的关键在于病理因素和病理基础的辨析，而悟通医理、审机论治则可以提高复法应用的层次。应用复法组方之时，注重整体观念、双向思维是一个便捷方法。

应用复法诊治疑难病症，首先要仔细询问病史病程，全面收集四诊信息；然后根据症状体征、舌脉特点，辨析风、火、痰、湿、瘀、郁等病理因素的有无与轻重，作为复合立法的重要依据；同时分析病理基础，确定阴阳气血的虚实；确立主法主方之后，再根据升降结合、补泻兼施、寒热并用、敛散相伍、阴阳互求、表里相合、气血互调、多脏兼顾等配伍规律，选择对药，拟订处方。最后根据服药后的反应，进一步予以调整，使方药恰合病机。

复法组方治疗疑难病症是周仲瑛最具特色的学术经验之一。这种方法，适用于恶性肿瘤、病毒性肝炎、中风、哮喘、慢性肾炎等，有着良好的应用前景。周仲瑛的学生分别从病证、病机、组方、用药等各个环节，对这一学术经验进行了整理和继承，发表了多篇论文。

急症和疑难病都是周仲瑛长期致力研究的领域。"急性病和疑难病是互相联系的。许多急症就是疑难病，不少疑难病的某个阶段也可以转化为急症。我搞急难症就是基于其相关性和临床实际的需要。"

当然，急重症和疑难病的治疗是不相同的，"急症重在治标，阻断病势，逆转险变"；疑难病则须条分缕析，抓住主次，复法组方用药。周仲瑛曾总结自己的经验："轻灵不是隔靴搔痒，重剂不可诛伐太过；复法大方必须组合有序，独行必须药证合拍！"

厚积薄发瘀热论　四诊精髓赖传承

中医学把常见病因概括为外感和内伤。外感包括疠气和风寒暑湿燥火六淫，内伤主要指喜怒忧思悲恐惊七情。此外还有饮食、劳逸、烧伤、冻伤、虫兽伤，等等。这些因素作为引发疾病的初始动因，能够影响人体的气血运行，导致体内阴阳的失衡。一旦人体内环境受到干扰而发生紊乱，脏腑功能就会失调，进而产生一系列病理因子。病理因子积存体内，成为疾病过程的重要中间环节，甚至决定着疾病的性质、演变和预后转归。

周仲瑛将这些病理产物概称"第二病因"，具体包括风、火、瘀、郁、寒、痰、湿、浊、水饮、毒等病理因素。各种病理因素都有一定的特点，可根据临床表现进行辨析。一旦明确了病理因素，病机的分析就容易得多了。对于那些病程漫长、证候复杂的疾病，初始动因往往难以追溯，但病理因素却有证可辨。针对病理因素治疗，就能解开疾病现阶段的关键症结。其实，中医常说的"审证求因"，多数情况下"求"到的就是"第二病因"。

病理因素之间，又多交互相兼。如中风昏迷患者，风、火、痰、瘀皆备；疫斑热病程中，热毒、瘀毒、水毒三者常错杂并见；慢性肝病则湿热、瘀毒交结。临床必须善于抓主要矛盾，如痰瘀相兼者，应分析因痰致瘀，还是因瘀停痰，以确定治痰治瘀的主次；或调整脏腑阴阳，通过解除导致痰瘀的根源，达到化痰祛瘀的目的。

周仲瑛认为，分析第二病因中各个病理因素的特点，对于研究中医内科急难症有重要意义。一般而言，病理因素以风、火、寒为主者，多导致急症重症；以痰、湿、瘀、郁为主者，多导致慢性杂病；病理因素单纯者，多是常见病，治疗容易取效；多种因素交结相兼者，则形成疑难病。此外，周仲瑛还总结了"怪病多痰、久病多瘀、难病多毒、疑病多郁"等病机规律。

周仲瑛对病理因素的复合致病现象有深入研究，其中历时最久、范围最广、成果最著者，当属"瘀热"。

早在20世纪70年代后期，周仲瑛就曾对瘀血学说及活血化瘀治则进行了较为系统深入的思考。他指出，只有"根据中医理论，遵循辨证论治原则，针对形成瘀血的病理因素和血瘀的病变部位，采用具体的治法，才能显示中医活血化瘀这一治则的优势，提高疗效"。研究流行性出血热时，他发现在瘟邪化火酿毒过程中，热与血搏，可形成血热血瘀；"瘀热里结"几乎贯穿流行性出血热的全过程，特别是发热期、低血压休克期和肾功能衰竭少尿期。由此提出了"瘀热水结证"这一特定证型，用"泻下通瘀法"治疗获得了满意效果。之后，研究重症肝炎时，发现"瘀"和"热"这两种病理因素也往往相兼并见，并且是导致黄疸发生的机制之一，由此又提出"瘀热发黄证"；研究出血性疾病时，他又发现并命名了"瘀热血溢证"；在对以高脂血症为代表的慢性病、疑难病症的研究中，"络热血瘀证"渐渐浮出水面；1997年以后，周仲瑛在研究出血性中风急性期时，又发现并确立了"瘀热阻窍证"。

从对瘀热相搏证的留意、构思，朝夕揣摩，到一项项科研课题的相继鉴定，岁月无情，转眼间25年已经过去！周仲瑛在长期临床实践中发现，在急性外感热病及某些内伤杂病，尤其是疑难病症发展的一定阶段，许多患者同时兼具血热血瘀见证，单纯运用清热凉血法或活血化瘀法治疗，往往疗效欠佳。为探求其内在规律，周仲瑛通过查阅有关文献，推求病机，并经临床验证和实验研究，明确提出瘀热相搏这一临床常见证候。指出，它是在急性外感热病或内伤杂病病变发展的一定阶段，火热毒邪或兼夹痰湿塞于血分，搏血为瘀，致血热、血瘀两种病理因素互为搏结、相合为患而形成的一种特殊的证候类型。病因为火热毒邪，病位深在营血、脉络，病理变化为瘀热搏结，脏腑受损，治疗大法为凉血化瘀。

临床实践证明，以此理论指导处方用药，治疗多种疾病中的瘀热相搏证，如流行性出血热、伤寒、支气管扩张、系统性红斑狼疮、重症肝炎、慢性乙型肝炎、高脂血症、糖尿病、过敏性紫癜、真性红细胞增多症等，临床疗效显著。

周仲瑛带领团队从理论、临床和实验三方面对"瘀热"之中的五大常见证型——瘀热阻窍证、瘀热血溢证、瘀热发黄证、瘀热水结证和络热血瘀证进行了系列研究，取得多项科研成果，显示了中医以"证候"为中心的研究特色。

2006年，周仲瑛的学生、南京中医药大学校长吴勉华教授，牵头申报并主持国家"九七三"计划项目"中医病因病机的理论继承与创新研究"之中的专项课题"瘀热病因在内科难治病发病中的机制及其分子基础研究"，重点就是研究"瘀热"学说。2007年3月，周仲瑛的研究专著《瘀热论——瘀热相搏证的系列研究》由人民卫生出版社出版。

老百姓把那些不看舌头不诊脉的中医医生戏称为"问先生"，言下之意是说，其道行不深，全靠问诊让患者说出病情。对于初出茅庐的医生，在脉诊未能掌握、望诊不得要领、闻诊又被忽视的情况下，详细问诊是弥补不足、获得辨证信息的一种方法。但遗憾的是，有些中医医生终其一生都停留在这一层次，不肯在四诊上下工夫，致使中医诊法这一颇具特色的传统技艺，面临着失传的危险。诊法所获取的信息是中医辨证的基础。初始信息不全不准，必然导致辨证的失误，无法保证治法方药的正确。

周仲瑛精于诊法，望、闻、问、切纯熟。因此，当国家确定中医诊法这一国家级非物质文化遗产代表性传承人时，中国中医科学院自然想到了他。

2007 年 11 月 8 日，南京中医药大学对周仲瑛在中医诊法方面的学术思想及临证经验进行了专题研讨。周仲瑛学术思想的传承人郭立中博士，系统总结了老师的经验：

四诊之中，望诊为首。周仲瑛指出："古人称'望而知之谓之神'，将其置于四诊之首，实际上是寓有深意的。病情的轻重缓急，病性的虚实寒热，病位的表里上下……有经验的医生一眼望去便知其八九。"望诊收集到的信息是病情最真实的反映，历代中医以望诊闻名者，很受同道推崇。周仲瑛说，望诊是中医诊法中最难以示人的技巧。但随着临证经验的不断积累，当功夫达到一定程度时，就能逐渐从重问轻望，到先望后问，以至于最后完全有把握以望为主，达到炉火纯青的境界。

"以神会神"，直透深心。周仲瑛认为，医患之间，除了语言交流，还要有心灵的沟通。所以，中医望诊之中，首重望神。望神的秘诀，即在于接触病人的瞬间，有意无意之间明察秋毫，透过患者的眼神探测其内心，掌握内在病症信息。周仲瑛告诫学生，望神一定要用神专一，善于用己之神去察病人之神。这种"一会即觉"、"以神会神"的能力，是中医望诊的重要技巧，需要在实践中不断训练才能获得。

察色按脉，先别阴阳。尽管疾病的证候复杂多样，临床表现千差万别，但只要把握阴阳这一纲领，就可以执简驭繁。辨析阴阳关键在于判断寒热。而寒热的征象多种多样，只要医者留意，不难捕捉。如好言者为热，懒言者为寒；喜热饮为寒，喜凉饮为热；怕热喜凉属热，怕冷喜热属寒；数脉主热，迟脉主寒，等等。

　　问有技巧，突出重点。许多人问诊虽全面仔细，但常常不得要领，枝节末梢，茫然无绪。周仲瑛则强调，问诊最重要的是突出重点，抓住要害，力争句句问在点子上。他说，问诊要围绕辨证有目的地问。如果考虑热证，就要问口渴与否，喜冷喜热，小便是否黄赤，大便是否干结；为进一步确定火热所在病位，还要继续问是否心烦易怒，有则是肝火偏旺；是否夜寐难眠，有则属心火上扰；是否易饥多食，有则为胃火炽盛等。问诊需要紧扣主症。主症是病人就诊时的主要痛苦，也是我们临证需要首先解决的主要矛盾，因此也是问诊的重点。如发烧病人，要问怕不怕冷、有汗无汗、发热的时间及规律等。

　　掌握主动，意在机先。根据病机发展、演变规律，推测可能出现的兼夹证候，从而有目的地深入探问，这是周仲瑛在多年临床实践中摸索出来的问诊技巧。如遇到两胁胀痛、胸闷腹胀、喜欢叹气的病人，要想到肝郁化火的可能，应进一步问是否有心烦易怒、口干口苦、溲黄便秘等症状；也要想到肝火引动肝风的可能，因此询问是否有头晕目眩、肢体麻木拘挛等症；还要注意肝火旺盛有可能克犯脾土，出现纳差食少、脘腹胀满等；也可能伤耗肾阴，甚至肝阳化风，出现头晕目眩，甚或中风等。如此问有向导，探查蛛丝马迹，则自有先见之明。

　　脉不能轻，也不可玄。如今，有少数中医大夫临床不再诊脉。他们认为，科学的发展为我们提供了实验室检查及 X 线、B 超、心电图、CT、核磁共振等先进而准确的诊病方法，作为诊断疾病的一种原始手段，桡动脉的搏动提供的疾病信息有限且不可靠。有人甚至认为中医诊脉不过是一个形式而已。周仲瑛指出，脉诊绝不可轻视。虽然，切脉为"神圣工巧"之末，但大多数病人是需要参考诊脉来进行辨证的。浮脉是表证，沉脉是里证，数脉考虑热证，迟脉多是虚寒证，最能体现辨证的特征。临床上，可凭脉辨证或舍症从脉，考虑脉证是否相符，但脉诊必不可少。"中医诊脉的目的究竟是什么？这是需要弄清楚的重要问题。以为诊脉能诊出各种疾病，这是认识上的最大误区。其实，中医诊脉原本是为辨证服务的。比如在临床上，诊到一个弦、滑、数的脉象，你首先想到的应该是肝火旺、肝阳上亢，你可以判断他是中医的肝阳亢盛证，很大程度与高血压、动脉硬化有关。但有的高血压病患者，脉象很细，就说明他不是肝阳上亢的实证高血压，而是虚证。这时你就不能用平肝潜阳的方药，而应当用滋养肝肾的方法治疗。"

外感重舌，杂病重脉。舌诊和脉诊都是中医诊法最有特色的部分，二者需合参互用。周仲瑛体会到，对于外感急症的辨析，尤应重视验舌；而对内伤杂病的诊治，则首当重视诊脉。外感六淫及疫疠之气，虽脉也为之应，但舌质与舌苔的变化更快、更早、更明显，临床意义也更大。如温热初起，仅舌边尖红。热邪进入气分，则整体舌红。由气入营，则舌绛。由营入血，则舌质深绛。舌苔由白变黄、由黄变灰、由灰变黑，提示热轻、热重和热极的变化。另外，以手扪舌能够审气之寒温、津液之荣枯。胃阴不足者，舌白而干；肾阴不足者，舌红而干。外感初起，舌面涎多苔厚而舌质起裂纹，舌尖红者，属内有伏热而兼新感。但对于杂病患者而言，舌象有时只能参考。如消渴病人见腻苔，并不妨碍养阴润燥药的运用，只是要注意轻灵一些，不能过于滋腻；或者在清养之剂中稍加一些藿香、佩兰、白蔻、苍术、陈皮等，以资调理。如果因见腻苔，而大量应用半夏、厚朴、草果、草蔻等苦温燥湿药，就有可能加重病情。肿瘤病人放化疗之后，虽见腻苔，也要注意阴伤的可能。

内伤杂病患者，脉诊的意义更大。浮、中、沉三候中，沉候更能反映机体内部的真实情况。如久病之人，面红、心烦、口渴喜饮，汗多，脉象却细弱无力，证似阴虚火旺，实属气阴两虚；既不能单纯作阴虚论治，更不能用一派苦寒泻火之剂。而应重用甘温益气之品，使气阴渐复。

疑难重症，莫忘诊腹。对于疑难、危重病人，诊腹特别重要。这是周仲瑛的经验之谈。病证难决之时，及时诊腹往往能拨云见日。比如寒证，证据不足时，若腹诊发现皮肤发凉，则可断为寒证无疑。发凉而拒按者为寒实，暖手按压舒适者为虚寒。脐下寒多为肾阳不足，脐周凉多为脾胃虚冷，脐上凉多为心肺阳虚，两胁腹部发凉则为肝胆生发之气不足。同样，疑似热证者，也可通过腹诊明确诊断：腹部皮肤热或灼手，为热证无疑，喜冷而拒按者为实热。若脉有热象而腹不热，或自感手足热但按胸腹不热，或初按觉热久按则减者，则为表热。重按腹部其热灼手者为伏热，初按不热久按灼手为湿遏热伏。腹诊对危急重症的辨证更有意义。危重病人少腹冰冷者为阳气欲绝。治疗后脐下转温为阳气回复。高热昏迷患者迭用清热泻火、凉血解毒、化痰开窍之剂不效，诊腹胀满硬痛者，即可以大承气汤峻下，热毒下泄之后神志立刻清醒。

编教材呕心沥血　抓管理特色办学

1959 年，江苏省中医院搬迁到汉中路，医疗条件有了很大改观。周仲瑛在临证之余，承担了中医的教学工作，自此开始了长达 40 余年的中医教育生涯。

当时，周仲瑛同姚九江、龚丽娟、徐景藩等人共同组成了一支中医内科教学团队。他们白天上课，晚上备课，同时还管病房、值夜班，常常工作到深夜。没有现成的教材，他们就自己编写，积累了第一手系统的教学资料。在编写全国中医院校第二版《中医内科学》教材时，他们无私地提供了全部讲稿，这些讲稿实际上形成了第二版教材的基本构架。

　　1972 年，江苏新医学院中医内科教研组重新组建，周仲瑛担任组长，承担了中医系、医疗系和新药系的中医内科教学任务。1979 年，周仲瑛晋升为副教授、副主任医师，担任中医内科教研室主任。其间，周仲瑛建构了中医内科学总论的辨证论治纲要，提出脏腑辨证是内科疾病系统分类的基础，由此确立了脏腑辨证在内科疾病中的核心地位。这就结束了以往中医内科辨治繁杂无序、众说纷纭的状况，统一了中医内科学的分证体系，也为中医临床专业的细化和发展开辟了道路。

　　周仲瑛非常重视教材建设。他认为，教材是传道授业、传承文化的重要载体。一部好的教材影响是深远的，甚至可能惠泽百代。编写教材不是为了个人名利，而是为了传承中医。几十年来，周仲瑛呕心沥血，无私地将自己的宝贵经验总结出来，融入一部部教材、专著之中。

　　1984 年，周仲瑛担任全国高等中医药院校统编教材《中医内科学》的副主编。这部教科书颇具中医特色，深受学生欢迎，以至于一版再版，供不应求，影响极大。同年，他主编的《中医内科临证备要》出版。该书立足临床，方便而实用。1988 年，周仲瑛在全国率先开设中医内科急症学课程，并主编《中医内科急症学》教材。这套教材倾注了周仲瑛几十年的心血，充分体现了中医特色，简明而实用。他还参与编写了高等中医药院校教学参考丛书《中医内科学》，1992 年该书获国家教委优秀教材特等奖。2001 年，针对《中医内科学》五版教材应用多年亟须修订、完善等客观情况，全国高等中医药教材建设研究会邀请周仲瑛担任主编，组织国内八所中医院校著名的专家教授共同编写了新世纪全国高等中医药院校《中医内科学》本科规划教材（七版教材）。

　　除了教材，周仲瑛的学术思想还反映在他的论文论著中。如《周仲瑛临床经验辑要》，汇集了他"临证诊治经验，集教学科研心得，列奇难验案实录，注重理论联系实际"；《中国百年百名中医临床家丛书·周仲瑛》，则将他从医 60 多个春秋的临床、治学和科研成果，精心汇集成册；《周仲瑛医论选》于 2008 年 7 月出版，该书由治学、教育、新论、急症、疑难病、方药、科研及附录 8 个部分构成，内容广泛，尤以中医内科急难症为全书的核心。周仲瑛在本书前言中说："余家世代业医，先父周筱斋教授多年积累的医案、医论等手稿不幸毁坏，每忆及此，不胜惋惜！由是常于临证、读书、科研之余，如有所感所思、所得所悟，辄为笔录集存，以免散失！从医转眼 60 余年，朝夕揣摩，集腋成裘，并有赖于诸多学生的襄助，医论选集终得成书。"从这本书，基本可以看到周仲瑛治学经验的全貌。

1980 年 12 月，通过医院提名，民主推选，周仲瑛被选为江苏省中医院学术委员会委员，1982 年升任江苏省中医院副院长。此时的周仲瑛对中医事业的发展有了较为成熟的看法，认为振兴中医的根本途径在于进一步提高临床疗效。于是，他尝试在这个全国知名、江苏最大的中医医院进行医疗、教学和科研的全面改革。改革遇到了不少阻力，也取得了显著成就，周仲瑛的管理才能也进一步展示出来。1983 年，江苏省委任命周仲瑛为南京中医学院院长，期望他为江苏的中医药事业作出更大贡献。

56 岁的周仲瑛走马上任了。在此后近 9 年的时间里，他始终以发展中医为己任，坚持走中医特色的办学道路。他认为，中医高等教育一定要走自我发展的道路，不能照搬西医院校或者综合性大学的办学模式。在以他为核心的领导班子努力下，南京中医学院成为当时最具中医特色的中医院校之一，取得了一系列引人瞩目的成就：率先完成了中医研究生教育制度的建设；倡办各种中医研修班、进修班，强化了中医继续教育；促成对一批老教授、老专家学术经验的传承，组织老专家编写《中华本草》、《中医方剂大辞典》等医药学巨著；探索中医国际化办学模式；编写了一大批具有影响力的全国统编教材，等等。通过编写教材，全国的中医学子熟悉了一个个著名的中医学家，如丁光迪、孟澍江、邱茂良、江育仁、许济群、周仲瑛、陈亦人、王灿辉，等等，而他们都来自南京中医学院！

1988 年，周仲瑛当选为第七届全国人大代表，到北京出席会议。他不忘以振兴中医为己任，诚恳地向国家建言献策，提交了《关于从更深层次引导中医药事业持续稳定协调地发展》的议案。1992 年 5 月，国家中医药管理局对这项议案作了答复。此后，各省陆续出台了《中医发展条例》，有力地促进了中医事业的发展。

1992 年 5 月，周仲瑛不再担任行政职务。在担任行政职务的近 30 年时间里，他廉洁奉公，积极开展院校的各项工作，较好地完成了党和国家交给的各项任务。他为南京中医学院及江苏省中医院所作的贡献，已载入史册。

慈严有度塑英才　桃李不言自成蹊

在柔细轻绵的江南春雨中，古城南京迎来了 2009 年新的一天。车水马龙的汉中门北侧，南京中医药大学老校区在绿树掩映中显得格外静谧。正对学校大门，是由原来的办公楼改造而成的国医堂。走进国医堂，满眼都是候诊的病人，熙熙攘攘，好不热闹。

推开一间诊室的门，外面的喧嚣立即远去。诊室十分整洁而安静。诊室中间，几张桌子拼在一起，上面铺了一张白色的桌布。一群年轻的医生正围着一位白衣老者团桌而坐。老者身材魁梧，面色红润，前额宽阔，头顶短发直立，显得格外精神，一双炯炯有神的眼睛流露出不同凡俗的睿智与神采。桌子靠门的一侧，一位患者正向老者诉说病情。老人仔细地听着，时而若有所思，时而插几句话询问病情，语调轻缓，宛如拉家常一般；同时将捕捉到的疾病信息概括凝练，口述给年轻的医生。把脉看舌之后，老人凝思片刻，讲述疾病的机理和欲采用的治疗方法，然后一味一味地报出药名。学生们分工有序，飞快地记录着：一位书写病历，一位将病案录入电脑，还有一位专门抄写药方。处方开好之后，老人拿过来认真地审阅一遍，盖上印章，递给病人；再让学生向病人交待服药方法、注意事项和复诊的日期。

这就是周仲瑛临床带教学生的生动场面。毕业十几年的学生重回母校拜见老师时，看到这样的情境，都会油然想起当年跟师求学的情景……

"刘菊妍！周老师通知今天晚上7点到研究所开会。"顾勤、周学平等富有磁性的声音，给20世纪90年代后期居住在银杏楼的中医学子留下了深刻印象。那时，南京中医药大学的银杏楼是研究生宿舍，周仲瑛的研究所就在旁边的实验楼四层。每隔一段时间，周仲瑛都要把学生召集起来，了解每个人的学习、科研和生活情况，给予及时指导，并布置新的任务。

周仲瑛在学术上对学生要求十分严格。第一，他非常重视中医经典的学习。研究生一入学，他就会推荐一些必须研读的中医典籍，并要求学生写出读书心得，鼓励大家在会议上交流。第二，他把锻炼临床功夫作为培养学生的重点。3年期间，他要求学生每周必须随其上门诊抄方2~3次，每个学期要上交5~10篇完整的医案总结。对于假期能够独立应诊看病的学生，他总是褒奖有加。第三，他重视写作和科研能力的培养。对学生交上来的作业，他都要认真审阅，仔细点评。对于论文和科研课题，要求更为严格。第四，他强调务实的学风。要求临床病历必须详细记录病人的真实情况，复诊时如实记录服药后的临床效果，好亦录之，不好亦录之，绝不虚假，歪曲事实。所撰写的论文、心得体会、个案小结等，必须是临床的真实病案，有体会则写，无体会绝不要勉强凑数。"臆造杜撰，不但浪费精力、时间，不能提高自己的学识水平，而且还误导他人，其过大矣。"

　　"当时觉得做周老的学生太难、太累，不如别人轻松。但回过头来，发现那几年的工夫绝对没有白下。读了不少医书，整理了许多医案，对中医的感悟和临证的水平有了很大提高，甚至连论文的写作技能也是那时候练出来的！"周仲瑛的学生们都有这样的感受。他们都养成了记录病历必定概括分析基本病机、详细拟订基本治法的良好习惯，不少人都发表过十几甚至几十篇有一定深度的中医论文。2008 年，陈四清牵头众弟子编著《周仲瑛医案赏析》，顾勤主编《跟周仲瑛抄方》时，大家在极短的时间内就高质量地完成了任务。"大家手头都有大量的医案，整理这些医案时，当年随师侍诊的情形历历在目，老师的讲解点评曾让人茅塞顿开。甚至在临床上遇到了疑难问题时，还会突然想起老师当年的某一句话，因而启发出全新的思路。"

　　周仲瑛带教学生从不保守。他常说，医学本来就是为人服务的，多一个人掌握了医术，就会有一批人因此受益。在他的诊室，除了自己的硕士研究生、博士研究生，经常还有慕名的本科生、进修生、留学生前来学习、抄方。门诊时，一有机会，他就会讲解辨证思路，分析病机治法，讲解具体方药。特别是对那些几代传下来的、既符合医理又行之有效的单验方，他都会重点说明，甚至还会提问，检验学生是否已经掌握。

　　周仲瑛悉心传授，点拨释疑，使许多学生登堂入室，领悟了中医学术的神奇魅力。邓伟说出了众弟子的共同感觉："周老师对人对事大度宽容，简朴的语言里透出对生活的感悟及对中医的执著与热爱，往往在专注地听你发表完见解后，轻轻地点拨几句，就能使你茅塞顿开。"

　　生活中的周仲瑛非常谦和。和他一起进餐或闲聊，是学生们最开心的时候。此时，他总是和善地望着大家，谈天说地，还时不时幽它一默。胆子大的学生这时就会跟他开玩笑，说他是"长生果"、"开心果"。师生在一起，完全没有拘束，就像一家人一样，气氛和谐，其乐融融。

"谦光照人"。郭立中是众弟子中学识渊博、悟性极好，却低调含蓄、言辞不多的一位，他用以上四个字概括自己敬重的老师。王旭说："我心目中的周老慈祥如父，和蔼可亲，待人谦和，气度非凡。"叶丽红以"敬业，刻苦，善思，执著"概括自己对老师的印象。顾勤更认为自己的老师"睿智，率直，从容，博学而通达"。

周仲瑛从 1979 年开始招收硕士研究生，1983 年开始指导博士研究生。几十年来，他以独特的方式，培养了一大批献身中医事业的栋梁之才。其中博士研究生 26 名，硕士研究生 11 名，博士后 2 名，访问学者 1 名，学术继承人 10 名。此外，还在临床第一线带教慕名前来学习的留学生、再传弟子和江苏省中医院的优秀青年中医等总计 60 余名。

桃李不言，下自成蹊。周仲瑛培养的这些学生，如今均已成为中医学科领域的骨干力量，他们在各自不同的岗位上，不断将老师的学术思想和临证经验发扬光大，服务于更多的群众。

2006 年 10 月，中国中医药出版社的肖培新编辑为编写医学人生丛书《走近中医大家——周仲瑛》，专程从北京赶来，采访周仲瑛及其学生。在谈到天南海北的学生时，周仲瑛如数家珍，喜爱之情溢于言表。肖编辑听着那些已经颇有名气的名字，禁不住问道："周老，您是用什么样的魔法，将这么多的学生点石成金的？"周仲瑛呵呵一笑说："其实不是因为我有什么妙法，他们的成长与自身的努力是分不开的。要说我的秘诀，就是我的眼光好，发现了一大批可塑之才，把他们团结到了我的身边！"

养生秘诀读书乐　　老骥伏枥尚追风

显著的临床效果吸引了越来越多的病人，周仲瑛每周看 6 次门诊，每次都要诊治 40 余位患者。无论是平民百姓，还是政界要人、学术名流，他都一视同仁，绝不敷衍，也不阿谀。遇有农村患者，述症用方言土语，听不明白时，他都耐心询问，引导患者慢慢讲述；遇到远程赶来而挂不上号的外地患者，不管时间多晚，多忙多累，他也都给予加号，认真诊治。这让周仲瑛的学生们深切地领会了大医精诚的真实含义。

见过周仲瑛的人，都会惊羡他的形象和气质。特别是他越到老年，越给人一种仙风道骨的感觉。红润的脸庞没有一点老年斑，花白的头发，宽大的额头，炯炯的目光，机敏的谈吐，真的是鹤发童颜！

许多人都猜测：周仲瑛肯定有什么养生秘诀。在一次师生座谈会上，学生过伟峰说他已经悟出了老师养生的秘诀，那就是："吃得好，睡得香，想得开。"

说"吃得好"，并不是指吃什么山珍海味、滋补保健品。其实，周仲瑛的一日三餐就是老伴亲手做的平常饭菜，但他都能吃得津津有味，从来不挑食，更不暴饮暴食。"心中有美味，自然能嚼得菜根香。"至于穿着，更是非常随意，不讲究名贵时尚，只要求合身得体。"美其食，任其服"，就是最利于健康的养生之道。

说"睡得香"，众弟子都有同感。不管是忙碌紧张还是相对空闲，也不论环境安静还是喧嚣吵闹，周仲瑛倒头便能睡得着。有一次，王长松随老师到建湖诊治肿瘤病人，正赶上修路，路途异常颠簸。就在大家心烦气躁、怨天尤人时，却发现老师已经在前排的座位上呼呼大睡了。晚上洗漱之后，师生倚枕而坐，交谈了好久。之后，王长松辗转反侧，难以入眠。可是一边的老师已经酣然入梦。

说周仲瑛"想得开"，更能得到家人和众弟子的认可。80 多年的风风雨雨，周仲瑛历经磨难，有过困扰，受过屈辱，经历过失败，赢得过荣誉，但他都能心态淡定，做到宠辱不惊。局外人也许会疑惑：周仲瑛要处理那么多的繁杂事务，每日要诊治那么多的疑难病症，还要研读医书，总结临床经验，凝练科研思路，还要为中医的前途担忧呼吁，为培养中医后继人才竭尽全力……他有那么大精力吗？但老师的秘诀在于，分析解决问题时，精力集中，思维活跃，能够拿得起。闲暇休息时，则心境平和，杂念全无，能够放得下。他勤于思考，善于领悟，但绝不冥思苦想，殚精竭虑。用现代的话说，就是能够科学而合理地用脑！

　　周仲瑛生活俭朴，不追求物质享受，唯以读书为平生最好。其实，研读医书也是他的养生秘诀。沉浸于充满墨香的古籍之中，与先贤智者沟通心灵、交流思想，灵感的火花时时被激发出来，岂不乐哉。更重要的是，周仲瑛品读医书非常重视实用性，对于书中那些"精辟的警句，实用的论点"，往往能过目不忘。在浩如烟海的古籍中，他更重视经典，常以"旧书不厌百回读，熟读深思子自知"作为读书的秘诀。品读经典时，周仲瑛常能结合临床，悟出实用的辨治方法，顿悟之后的喜悦油然而生。"学而时习之，不亦乐乎"，体现在周仲瑛身上，就是他将读书悟到的知识不断应用于临床，又不断得到效果的验证，怎能不让人喜上心头。这就是他独特的"学乐养生真法"。

　　闲暇时，周仲瑛会和家人一道散散步，聊聊天。而出道的弟子登门拜访，也往往是他最高兴的时候，常常一聊就是半天。

　　周仲瑛生活有规律，一般不过度熬夜。尤其在退休以后，养成了按时就寝的习惯。"食饮有节，起居有常，不妄作劳"，其实就是他最简单有效的养生之道。

　　1992 年 5 月起，65 岁的周仲瑛不再担任行政职务。年过花甲，对于多数人而言，应该是颐养天年、含饴弄孙的时候，但周仲瑛却变得更加忙碌了。临床上，他以其卓著的治疗效果赢得了患者的信赖；学术上，他以其深厚的中医功底和不断创新的理论逐渐被同行认可和推崇，最终成为著名的中医药学家。他的许多博士研究生，也是在 1992 年之后培养的。正像同行们所说的："他是一个退而不休的可敬老人。"

2004 年 6 月，77 岁的周仲瑛正式退休。是真的退休了吗？没有！周仲瑛是一个奋斗不息的人。

在国家"十五"、"十一五"科技攻关计划中，"名老中医学术思想、经验传承研究"一直是研究的重点，"周仲瑛学术思想、临证经验的研究"也在计划之列。他指导课题组整理以往脉案，搜集前瞻性病例，对数百例典型病案进行了逐字逐句的点校。几乎每个月，课题组都要围绕其学术思想进行专题研讨，每次他都积极参加，给以精彩点评。他的学术思想也在这一过程中得到进一步的升华。

2006 年起，周仲瑛出任国家重点基础研究计划学术顾问。该课题由其学生吴勉华主持，研究的重点就是周仲瑛的"瘀热"病机创新学说。为避开大家的上班时间，课题组的研讨会往往在晚上和周末进行，但周仲瑛不辞辛劳，每一次都积极参加，提出一系列建设性意见。

2007 年 6 月 5 日，经中国中医科学院提名、文化部确定、国务院批准，周仲瑛和邓铁涛一起成为第一批国家级非物质文化遗产项目"中医诊法"的代表性传承人。中医诊法是中医学独具特色的组成部分，有着潜在的科技与人文文化内涵。随着医学科学的发展和中外文化的广泛交流，中医诊法越来越受国家重视。为了保护和继承这一非物质文化遗产，国务院于 2006 年 5 月 20 日将其列入第一批国家级非物质文化遗产名录。

2008 年，南京中医药大学"内科难治病瘀热病机重点研究室"获得国家中医药管理局第一批重点研究室称号，周仲瑛出任研究室学术委员会组长。研究室针对中医内科难治病病机复杂多样的特点，以对周仲瑛瘀热病机学说的传承和创新研究为切入点，重点揭示瘀热病机在内科难治病过程中的机制，确立有效的治法方药。在此基础上，进一步扩大到其他病机的研究，最终建立起能够切实指导临床实践的、以"审证求机"为核心的内科辨治新体系。

2008年4月15日，周仲瑛获得"王定一杯"中医临床国际贡献奖。这一奖项由世界中医药学会联合会主持评选，旨在表彰热爱中医药事业，积极宣传、推动中医药学进入各国医疗保健体系，为中医药事业的国际化发展，为人类健康作出突出贡献的中医药工作者和中医药团体组织。周仲瑛与邓铁涛、路志正、任继学等名老中医，共获这一大奖。

2008年9月24日，"周仲瑛教授学术思想研讨会暨八十华诞庆典"在风景优美的中山陵南京国际会议大酒店举行。邓铁涛、路志正、何任、李今庸、颜德馨、张灿玾、张学文、张琪、程莘农、郭振球、王永炎、陈可冀、彭司勋、李纯球、李振华、徐景藩、林树森、周学文、马有度等中医药名家送来了字画墨宝；年逾九十的朱良春亲致贺词，江苏省政协副主席、省委统战部部长周珉，江苏省教育厅、卫生厅、中医药管理局的负责人，以及周仲瑛的家人、学生等250多人参加了会议。那一天风和日丽，大家欢聚一堂，共同祝愿周仲瑛教授健康长寿，探讨岐黄复兴大业。身着唐装的周仲瑛步履矫健，谈笑从容。回忆走过的道路，展望中医美好的未来，周仲瑛欣然命笔，题诗一首：

> 岐黄仁术，博大精深。
> 中华瑰宝，世界先声。
> 泽惠华夏，昌我民生。
> 传统绝学，实效为凭。
> 承前启后，赖我同仁。
> 与时俱进，业贵专精。
> 求同存异，和中悟真。
> 青胜于蓝，春满杏林。

老骥追风，宿志永存。

目前，周仲瑛正在构建"中医内科病机证素体系"。这一体系将"审证求机"的理念融入证候的辨析过程，既有规范又圆通灵便，因而有别于那种简单地将症状分级打分，再根据合计分数确定证候类型的所谓"辨证客观化"的做法。

为了挚爱一生的中医事业，周仲瑛还在不断地思考着，探索着！

（撰稿人　王长松）

强巴赤列 卷

强巴赤列（1928—2011）

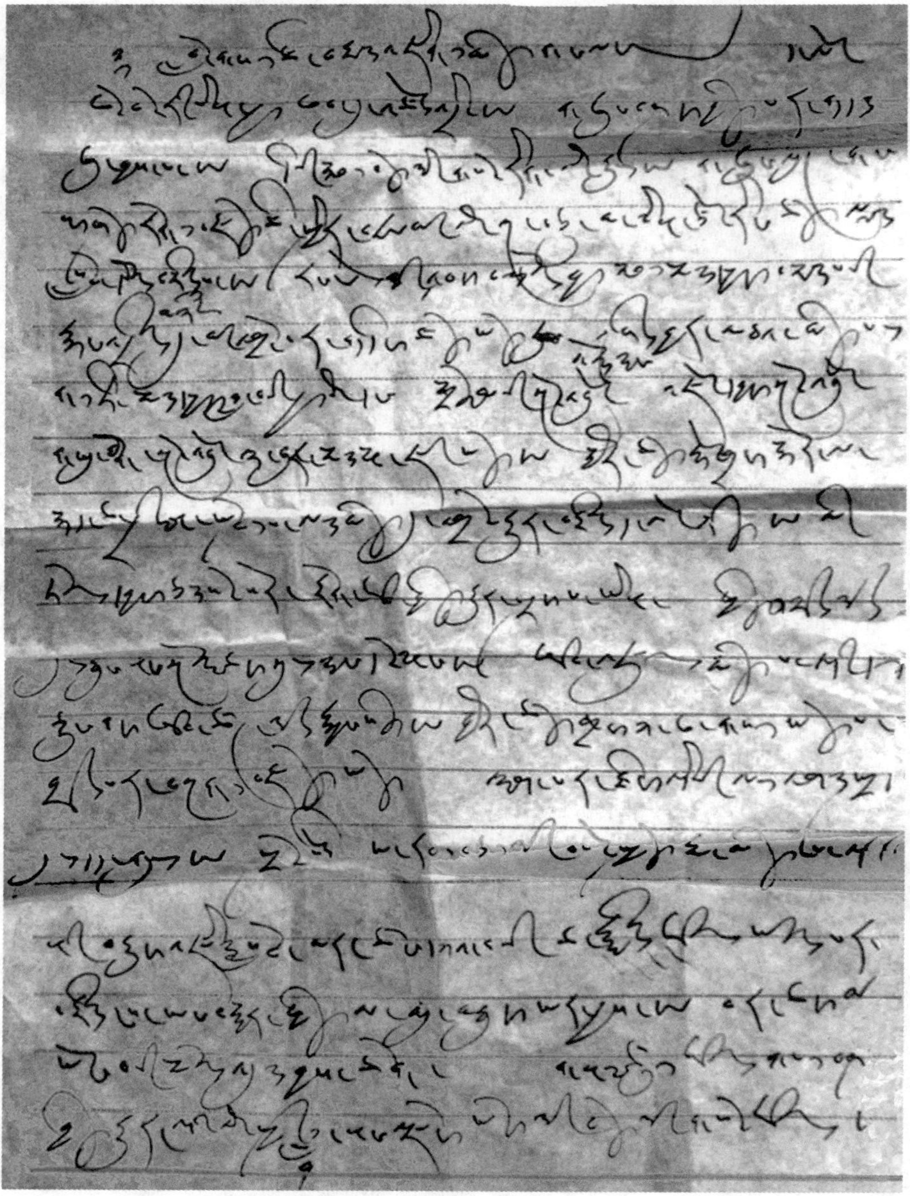

强巴赤列手迹

　　无一病不深究其因，无一方不洞悉其理，无
一药不精通其性。

——强巴赤列

　　强巴赤列，1928 年出生，著名藏医学家和天文历算学家。6
岁习文，8 岁习医，拜师于著名藏医学家、藏医天文历算学家钦
绕诺布，遂成精通藏医和天文历算学理论与实践的权威专家。先
后担任拉萨市南城区区长、西藏自治区藏医学校校长、中国高级
藏医研究班班主任、西藏自治区藏医院院长、中国科协副主席、
西藏自治区科协主席、西藏藏医学院院长、西藏卫生厅副厅长、
第六、七届全国人大代表、第八届全国政协委员、西藏科协名誉
主席、西藏藏医学院和西藏自治区藏医院名誉院长、民族藏药学
会名誉会长、中国香港国际中医交流协会名誉主席、西藏天文历
算学会会长、国家级非物质文化遗产藏医传承人、藏医学院研究
生导师。从 1979 年起先后被评为藏医主任医师、国家级专家、人
事部有特别贡献的中青年专家、全国医院优秀院长、全国民族团
结先进个人，被西藏科协授予"有突出贡献的西藏科技工作者"
称号，享受国务院政府特殊津贴，获得西藏十佳新闻人物称号，
2009 年由人力资源和社会保障部、卫生部、国家中医药管理局评
为首届国医大师。
　　强巴赤列在 60 多年医学研究与临床实践过程中不断总结经
验，发现新问题，研究新问题，取得了一系列的科学研究成果。

在临床方面，他对高原性红细胞增多症和黄疸症等，从病因、辨证到治疗都有所突破；在藏医学发展史方面，他通过考证和调查，确认藏医的发展已有 2300 多年的历史，不仅把藏医的出现提前了 800 多年，也否定了藏医随印度佛教而传入的说法。参与编著的《中国医学百科全书·藏医分卷》、《四部医典八十幅彩色挂图》、《四部医典形象论集·如意宝藏》、《历代藏医学家名人传》、《强巴赤列论文选集》、《西藏天文历算总汇》、《藏医胚胎学研究》等论文论著，获得科学技术进步一、二、三等奖和相关国际金奖和金杯奖。

1916 年，西藏自治区藏医院的前身"门孜康"在拉萨诞生，当时工作条件十分简陋，人员很少，到中华人民共和国成立后的民主改革时，藏医药人员也不足 80 人，没有一张病床，医院总建筑面积仅 1000 余平方米；如今建筑面积 50000 平方米，年门诊量达 30 万人次，年住院量 4300 余人次。现已成为西藏全区乃至全国规模最大的集医疗、科研、预防、保健、教学、藏药生产为一体的"三级甲等"藏医医院。这一切成绩的取得，主要归功于党和国家的关怀与支持，其中也凝聚着强巴赤列的心血，以及藏医院全体职工的辛劳。

强巴赤列始终重视和支持科学研究工作，自担任领导职务以来，对一些国家级科研项目和区级科研项目亲自进行指导，提出意见。

他不仅是藏医研究事业的组织者、领导者和实施者，而且在国际国内的学术交流中也建立了广泛有效的学术联系，曾先后赴尼泊尔、日本、美国及台湾、香港等地进行学术交流和讲学，并与其中一些部门建立了密切的学术协作关系。

在他的领导下，创建了藏医院图书馆，该图书馆收集和整理了一批非常珍贵的藏医、藏药、天文历算的古籍，并建立了藏医天文历算等方面的古籍抢救、翻印工作的较完整的组织机构。还创设了 180 余名历代著名藏医、天文历算学家的藏医名医塑像馆。他十分注重培养新一代藏医药人才，培养了 500 多名藏医学生，其中有的已是有关单位的领军人物和中坚力量。

　　强巴赤列在西藏卫生事业发展、藏医药学、天文历算学研究、国内外学术交流等方面作出了卓著贡献，还为其他省区的藏医药事业发展给予了大力支持和援助。

少年立志　承传医业

　　1928 年 12 月 25 日，强巴赤列生于拉萨八廓街北街一个藏医世家，他的名字由十三世达赖土登加措的太师普觉·强滚活佛所取。米如寺常住甘登寺喜卸赤巴，为其取名索郎达杰。扎什伦布寺的大咒师活佛从内地返回拉萨时，强巴赤列的父母专门带他请求晋谒，该活佛为强巴赤列取名旦增赤列。强巴赤列少年时得以在许多活佛尊前取名并获得数不清的加持。他回忆说："不想提起幼年无知时的情况，但是每当回忆我幼年时，都感到父母、保姆及亲属对我的抚育和爱护备至，仍十分感动，倍感庆幸。"在他记忆中，三四岁时，夏天保姆带着他，在拉萨的乡加林卡、朵让林穷嬉戏，冬天在吉邦岗、策门林等地玩耍。在父亲的指导下，他开始背诵"文殊菩萨"和"妙音佛母"的颂词等，每天早上冲服智慧开通药丸。这些对他的智慧和智力都起着良好的启发作用。他 5 岁时开始学习藏文和书写，6 岁时根据活佛的教言，到哲蚌寺入寺为僧，取僧名坚赞赤列，正式成为哲蚌寺的小僧人。但由于年幼，没有常住寺庙。

　　强巴赤列的母亲格桑措姆出生于贩卖草药和盐巴的小商人家庭。父亲贡觉维色为多吉坚赞之子。多吉坚赞藏文化学识渊博，公元 1858 年出生于拉萨尼木县。他幼年聪明好学，拜了许多名师，尤其是师从西藏著名学者达玛森嘎。达玛森嘎称多吉坚赞是他一生中藏医和天文历算的众多学徒之中最优秀者。他将毕生学识与实践经验全部传授给多吉坚赞。达玛森嘎将用过的药囊和100多种配方经典《配方未衰之宝串》亦赠送给了多吉坚赞。强巴赤列的父母特别珍惜这两样珍品，将其视为家里的"传家宝"。多吉坚赞最大成就是钦绕诺布老院长第十五绕迥周土马年时轮历精要历元转代为第十六绕迥生周火兔年时，多吉坚赞帮助研究并编写了结论。强巴赤列的祖父多吉坚赞是著名的藏医、天文历算专家钦绕诺布的恩师，他传给钦绕诺布一个治疗伤寒的秘方，在他去世多年以后的1945年，拉萨瘟疫流行，钦绕诺布曾用这个秘方救治患者，疗效甚好。多吉坚赞曾应邀到不丹王国给王后治愈了疑难病症。十三世达赖时期，重新刻板《四部医典》并校对，多吉坚赞为此作出了巨大的贡献。强巴赤列的父亲贡觉维色从小跟随父亲系统地学习藏医和天文历算，后来成为拉萨较有名望的私人医生。

父母将年仅6岁的强巴赤列送到当时拉萨有名的吉日（地名）私塾学习，按惯例从藏文第一个字母"嘎"开始，逐步学习30个字母和上下加字，元音符号、藏文的短脚和长脚书法等。经过5年的刻苦学习，强巴赤列奠定了很好的藏语文和相关文化基础，并以优异的成绩毕业。毕业不久，母亲将其带到拉萨"门孜康"恳求藏医大师钦绕诺布收为徒弟，钦绕诺布爽快答应并讲起缘分："多吉坚赞老师是我的三恩上师（佛教显乘中指授戒传经和讲经的上师，密乘中指灌顶，讲密法和传授秘诀的上师）的活佛，这孩子的父亲与我也是师兄弟，我一定要收贵子为徒。"从此，强巴赤列开始了长达9年的苦读医学经典及相关学科知识的艰辛学生生活。

他按老师钦绕诺布的要求，从学习天文历算入门，又学习《藏文语法三十颂》等注解，注重学习理论并参加实践。

通过两年的学习，在全院统一考试中，强巴赤列荣获藏文文法考试第三名。根据传统教育规定，藏医理论背诵及授课完成之后，两个学生要轮流跟从老师见习，在背诵《草药本草奇异金穗》期间，要参加每年两次交叉外出采药实践。强巴赤列在 1949 年举行的第二次藏药识别考试中获得第一名。

强巴赤列完成了"门孜康"规定的关于藏医和天文历算方面的全部课程考试，获得了优异的成绩。钦绕诺布院长给予高度称赞。他勉励强巴赤列说："强巴赤列，你的成绩很突出，为师很高兴，但你须切记不要骄傲自大，也不能满足于现状，更不能当一天和尚撞一天钟。藏医药学博大精深，要继续努力学习，注重学理与实践相结合。"

钦绕诺布为了鼓励学生互相竞争，毕业证书分三个档次：优、良、差；藏医学科和天文历算学科也各分为三个等级。值得一提的是 1947 年初，钦绕诺布院长亲自设计了一顶帽子，在长寿金丝缎帽子上绣上花纹，所绣莲花上尊永生诃子为医生之标志，绣莲花智慧剑象征天文历算。师生之中藏医和历算两门学科成绩优异者也有特殊的标志：帽子前面有诃子，后面则绣有慧剑标志。采药期间必须戴此帽（相当于现在的博士帽子），没有帽子的学生羡慕获准戴该帽子的学生，因此为获得此帽，学习上产生竞争。这种方法对提高学生学习的积极性产生了促进作用。在校外，人们看到戴该帽子的学生就知道是优等学子。当时，藏医和天文历算两门皆修的学生较少，强巴赤列回忆说："在我的记忆中，著名藏医学家贡嘎平措副院长，落桑旦巴副院长，以及我自己戴过此帽。那年夏天采药期间，戴两科皆修标志帽子的只有我们三个人。此帽不同于佛教学者所戴的帽子，在藏医历史上集藏医和天文历算两种学科于一体的徽章的，这是第一次。"这是强巴赤列前半生最自豪的事情。

恩师钦绕诺布对他的学习成绩和天资聪颖感到满意，他将全部祖传秘方均传授给了强巴赤列。在钦绕诺布的众多徒弟中，强巴赤列额头大、耳垂长，特别英俊。他平易近人，性情温和，蕴含无量心，善于识别是非善恶。他的记忆力和思辨能力强，藏文、天文历算、藏医等十几万字的口诀背诵有如泉涌，钦绕诺布确认强巴赤列是其祖父多吉坚赞活佛的转世灵童。他对强巴赤列说："你的祖父多吉坚赞恩师将天文历算的清零算法传授于我，我要给你传授清零算法的全部诀窍。"随后，他在自己的寓所内，讲授了许多此法的诀窍，并将其祖父多吉坚赞给他的手抄清零算法的大卷纸，赠予强巴赤列。

此后强巴赤列又在恩师及其心传弟子土登伦珠门下，深入学习和实践了三年，以藏医、天文历算为主，兼及重点药方、技术窍门、秘诀要点等内容。他得到门诊看病、出外巡诊、实践训练的好机会，提高很大，因此在社会上有了名气，而且越来越大，人们称赞强巴赤列是当之无愧的子承父业的良医。

1949 年 5 月，强巴赤列以优异的成绩毕业，获藏医和天文历算双学科特等毕业证。他接受的是藏医正规的 9 年制教育，此时已是精通藏医、天文历算理论，能够独立采制药材，背起药箱为病人解忧的医生了。

紧跟时代　才华展现

1951 年 5 月 23 日，西藏地方政府与中央人民政府签订了和平解放西藏的《十七条协议》。秋天，解放军进驻圣城拉萨，西藏历史上一场最深刻的变革开始了。从上层达官贵人到社会最底层的农奴，每个人面临的是一种对个人和民族命运的重大抉择。强巴赤列的母亲决定留在拉萨，强巴赤列的妹妹继续上私塾学校读书，小商店由强巴赤列的夫人经营。

1952 年，在拉萨设立了解放军医院，许多群众参观新医院，患者逐步接受该医院的医治。强巴赤列参观后，特别羡慕妇儿科疾病诊治、接生等技术，决心先学习汉语，然后逐步学习西医。

1953 年，强巴赤列在西藏军区干部学校所属社会学校开始学汉语，并担任解放军的藏文和社会学校《藏文语法三十颂》和《音势论》的老师，因工作突出，1954 年被该校评为优秀教师。

1955 年 9 月，一次难忘的经历彻底改变了强巴赤列的人生观和政治命运。他有幸成为第二次西藏青年赴京参观团成员，并担任秘书。他看到了天安门，在怀仁堂受到毛泽东主席和周恩来总理等中央领导的接见，他把一串祖传的紫红色佛珠献给了毛主席。1956 年 10 月，西藏青年干部培训学校成立，强巴赤列担任常务副校长，并加入了中国共产党。1957 年，他担任西藏爱国青联团办公室主任，主要从事文艺、体育、娱乐等社会工作。1958 年 4 月，他参加全国青联代表大会第一次会议，并在长春、沈阳等地参观了工厂、农村、矿山、学校和军营。

1959 年 3 月，他被委派到拉萨市藏医院，帮助钦绕诺布院长处理医院和社会上的一些行政事务。

1961 年 5 月，钦绕诺布向上级有关部门多次请求安排强巴赤列担任他的助手。得到批准后，强巴赤列及时到拉萨藏医院报到。院长告诉强巴赤列："我早就希望你返回藏医院。"由于钦绕诺布院长的侄儿、著名藏医学家土登伦珠副院长和落桑旦巴副院长均英年早逝，能够继承他事业的人选像白天的星星一样罕见，而强巴赤列是最理想的人选。老院长说："我一生为了藏医和天文历算学做了大量的工作，特别是为广大患者一心一意解除病痛，对自己过去做的事不后悔，但是由于不了解政策，对将来藏医院怎样发展和继承等方面十分担心。"强巴赤列向他尽己所知地讲解了党的民族政策和宗教政策。钦绕诺布院长感到很满意，他说："你到医院工作我很放心，但西藏实行民主改革，开展政治运动。因此，到医院以后的工作，诊断治疗，职工资格认证等管理、运行体系不同以往，而新的管理体制尚未健全，原有的许多方面都不符合党的民族政策。最可怕的是，社会上有些人认为藏医院是旧社会噶厦政府遗留下的单位，不配合、不支持医院的工作。"

强巴赤列向拉萨市军事管理委员会和文教局反映了这些情况，不久医院亟待解决的粮食和柴火供应得到了解决。

当年9月，拉萨召开了"第一次藏医药工作会议"，市委领导出席并作了讲话，指出藏医藏药是藏族人民长期与各种疾病作斗争的结晶，是我国医药宝库中的珍宝，需要继承发展和提高完善。卫生工作对服务群众、服务生产有着重要意义，藏医界是党的团结对象。会议还决定，军管会第二医院（即原拉萨藏医院）改名为拉萨市藏医院。与会代表精神振奋，从此，无人再轻视藏医院，并迅速形成了拉萨市属的卫生队伍，拉萨市藏医院的名声地位也逐年提高。钦绕诺布被任命为院长，弟子强巴赤列被任命为副院长。师徒俩乘着西藏民主改革的热潮，决心重振藏医药事业。以前藏医院只有一个门诊部，不能满足病人的需要，1962年初，重新设立了藏医院门诊部内科、外科、妇儿科、药房、挂号室等科室。除了门诊工作外，还组织医务人员接受培训，由老院长亲自讲授医学理论和实践经验。

1962年3月，根据卫生部关于编写藏医药历史读物的通知，强巴赤列组织力量集中翻阅了大量有关藏医的历史资料，并进行整理研究，编写完成了藏医学与历史读本。20世纪80年代后，经反复修改和补充之后记载于《中国医学百科全书·藏医分卷》历史部分。

1962年，原来研制的七十味珍珠丸（然纳桑培）将用完，年老体弱的钦绕诺布院长在完成然纳桑培的配方与配制方法的传授之后，于同年12月25日因患心脏病而辞世。

1963年1月，强巴赤列按照已故老院长传授的然纳桑培配方和加工炮制法，积极准备药材。从拉萨旅游贸易公司收购了贵重药材：祖母绿、琥珀、松石、珊瑚等。药物齐全后，他委派药剂师进行炮制，并亲自参与和监办。此次然纳桑培的配制获得成功，弥补了此药的缺空，也解除了人们对此药失传的怀疑。同年2月，强巴赤列任藏医院院长，著名藏医学家阿旺曲扎和贡嘎平措任副院长。

钦绕诺布院长在世时十分重视藏医的继承和后代的培养。为此，强巴赤列院长在自治区政府的支持下在自治区和拉萨市有关部门招收了一批具有一定文化基础的拉萨中学毕业生和爱国进步人士的子女，以及三大寺的年轻僧人，共40人。藏医院安排授课经验丰富的老师管理和授课，学生们早晚背诵《四部医典》，白天开设基本理论、解剖、生理、药理等课程。

1965年3月，西藏自治区人民政府正式成立后，政府特拨专款，新建藏医门诊大楼及拥有33张病床的病房，这是藏医历史上的第一所分科门诊医院和第一个住院病房。为了向自治区成立大庆献礼，医院组成藏医、中医、西医三方合作编辑组，编写了藏汉文对照的《初探藏医药》一书，得到了前来视察的中央代表团领导和卫生部以及其他省市领导的高度评价。

1971年，强巴赤列被安排从事气象历书的编辑工作。他借工作之便深入基层，访问经验丰富的农牧民和散布各地的咒师、历算者前辈，广泛征求意见，充实气象历书的内容，尤其是关于耕种时节和气象预报准确性的内容。

1975年，他受命到市卫生学校编写教材，想尽一切办法找回自己家里的剩余三部医典（总则本、论述本、后续本）和不完整的《注释本蓝琉璃》，还从藏医研究所借了《月王药诊》和《十八支》两本书。在资料缺乏的情况下，他凭着惊人的记忆力，根据《四部医典》，又得到其他藏医院著名藏医学家的大力支持和帮助，通过两年多的努力，终于编成了《藏医基础学》、《藏医诊断学》、《藏医内科学》、《藏医妇科学》、《藏医外科学》、《藏医病理学》、《藏医儿科学》、《藏医五官科学》、《藏医方剂学》等一整套共13

本教科书，100 余万字。针对藏医药学当时仍处于抢救时期和学生的文化层次也较低的情况，强巴赤列把这套教材写得深入浅出，通俗易懂。这套教材是首次按照先进的医学分科方法写出的藏医学教材。卫生学校先后开办了四个藏医班，毕业生 100 多人，大部分在基层从事藏医工作。全套教材后来由昌都地区卫生局出版，不仅成为西藏区内的藏医教材，而且成为青海、甘肃、四川、云南、内蒙古等省和自治区通用的藏医、蒙医教材，为民族医学人才的培养发挥了重要作用，成为经典教材。

1976 年初，卫生部派遣藏医调查小组进藏，主要调查研究曼唐的历史和内容。随后，强巴赤列与中国中医研究院中国医史文献研究所的蔡景峰和赵璞珊合作，整理出了有关曼唐研究的两本专著。

1977 年 7 月，卫生部先后两次委派专家赴藏继续藏医曼唐的调查研究和整理工作，强巴赤列参加了这项工作，主要任务是《四部医典》、《八十幅彩色曼唐》藏文翻译以及曼唐形成的历史研究。曼唐研究之中，除了研究在藏医院所藏的曼唐，还参考了罗布林卡格桑宫馆藏的八十幅全套曼唐。

1978 年 3 月，强巴赤列赴成都参加整理及翻译曼唐的主要参考资料、整理目录、详细注释等工作，同年 7 月初，完成了《四部医典八十幅彩色曼唐》的名目版号，装订藏汉文合璧的四本画册，上呈卫生部。由于该画册成为集藏医科学性和艺术性为一体的珍品，得到许多专家学者的好评。与此同时，王镭对西藏藏医历史很感兴趣，他恳请强巴赤列介绍有关弟司·桑杰加措所著《西藏藏医史》的主要内容。强巴赤列爽快地答应了他的恳求。

同年 9 月，青海西宁召开第二次五省和自治区（西藏、青海、甘肃、云南、四川）"藏药标准会议"，拉萨市藏医院决定委派著名药剂师塔克平措，主治医师次旺旦增，翻译郎杰拉措和强巴赤列参加了会议。研讨会议期间，就有关藏药标准问题，交流经验，深入探讨。各省和自治区代表都竞相争取评选自己地区的藏成药和藏药材作为标准。可是水来源于雪山，藏医药来源于西藏，最后大家公认藏药标准最具有参考价值的理应源自西藏。尽管当时强巴赤列不是正式代表，但是与会代表都知道他曾经任拉萨藏医院的院长，而且是著名藏医学家钦绕诺布老院长的徒弟，于是，代表们推荐他为藏药标准领导小组组长。与此同时，青海省医学协会召开了"藏医学术经验交流会"，强巴赤列得到了介绍西藏藏医药历史发展情况的发言机会，与会不少代表高度评价强巴赤列的发言内容。这次会议对单科药174种和方剂290种制订了藏药标准，为今后藏药的生产、使用、审查等方面提供了依据。

呕心沥血 硕果累累

党的十一届三中全会后，藏医药事业得到恢复和发展，强巴赤列恢复了名誉和职务，投资130多万元的藏医院门诊大楼新建起来。

1979年4月，北京召开了编写《中国医学百科全书·藏医分卷》的会议。该卷由原药王山医学利众学院总教师土登次仁任主编，强巴赤列任副主编。选聘了包括青海、甘肃、云南、四川等地的藏医专家共16位组成编委会。同年冬季在拉萨召开会议，讨论布置了各部门的任务。7月，西藏中藏医学会正式成立。10月，在拉萨召开了"第一届藏医经验学术交流会"。会上，强巴赤列发表了《论藏医的五脏六腑》一文，与会代表认为专门论述脏腑的论文比较罕见，对年轻医生益处多，一致给予充分肯定。该论文刊登于1983年《藏医论文选集》第一期。不久，强巴赤列晋升为藏医主任医师。随后，强巴赤列在恩师钦绕诺布编写的《藏医总则本的形象论集》之后又编写了《论述本形象论集和基本根词相结合》和《密诀本形象论集》，先后发表于《西藏研究》1982年第四期和1983年第一期。1980年3月，他参加了在北京召开的第二次"中国医学百科全书"会议后，回到拉萨编写《中国医学百科全书·藏医分卷》中藏医历史部分时，翻阅许多藏医历史方面的资料，发现早在吐蕃时期之前藏族人民就有了自己的医学。他在古书《大臣语录》中看到，吐蕃第一位藏王聂赤赞布在与大臣的对话中提到"毒之有药"。经过深入的调查研究，强巴赤列得出更多的论据。例如，聂赤赞布时代把人分为十二个阶层，医生就是其中的一个阶层，也就是说，当时就有了以医疗为职业的人。另外，与此相近的笨教（古代西藏原始宗教名，创始人辛绕）象雄文明时代，一位名叫常松·杰普赤西的笨教徒也以医术驰名。他能从马、孔雀等动物内脏中提取结石用以治毒，并认为孔雀结石疗效最佳。当时藏医的采药技术已从植物、矿物进入到动物内脏。于是强巴赤列得出结论，即在大约2300年前，藏医学就已形成，并且有了自己的名医。这一论断，把藏医学的发展历史向前推进了800余年，受到国内外学者的广泛赞同。6月底，遵照中央关于西藏工作的第三十一号文件中关于大力发展藏医及天文历算的精神，强巴赤列刚刚恢复藏医院院长职务时，就有关发展藏医、天文历算的问题向自治区党委和政府提出八点建议。内容包括抢救人才、继承藏医药、有效开展天文历算工作，扩大生产藏医药，派遣中西医专门人员从事藏医药研究，建议西藏综合大学设立藏医药、天文历算等专业以及加强藏医理论研究和资料收集整理工作等问题，并建议市属藏医院改由自治区直接领导，以便于推动各项工作。

仅在十多年的时间里，这些设想和建议都已先后变成了现实。强巴赤列高兴地说："我的建议，项项都得以实现，而且是超规格地完成。中央十分关心藏医学这门民族科学的发展，国家为实现我所提出的建议，投入资金将近一亿元。"

1980年9月1日，西藏自治区人民政府批准"拉萨市藏医院"更名为"西藏自治区藏医院"后，藏医院加快了发展步伐，成为全区的医疗、科研、教育、藏药生产的中心。

1981年10月开始，强巴赤列集中时间和精力阅读历史文献，搜集各方面资料，遍查布达拉宫、罗布林卡以及北京、青海、甘肃等地的一些书库，历时近10年为西藏及其他藏区的150多名历代藏医学家立传，终于完成《雪域历代藏医学家传记》的编撰。他说："写这部书，一方面是要让这些曾福及一方的名医集于一册，流芳千古；另一方面，更是以通俗易懂的语言给不懂古藏文和看不到更多历史文献资料的广大青少年提供一本教科书，让他们从祖先身上汲取勤奋进取的力量。"这部著作和他的另一部著作《四部医典形象论集》一样，是填补藏医学空白之作。该书于1990年11月由民族出版社出版。1998年再版时，他加以修订，并增加了30多位当代藏医名家。

1983年8月，为了藏医药事业的继承和发展，在哲蚌寺举办了全区第一届藏医进修深造班，从各地招收了45名学生。藏医院主任医师和副主任医师担任授课老师。强巴赤列为了培养尊师重教的美德，从《西藏医学史》及有关史籍中选编了《医德师生行为入门》，并亲自向进修班学生讲授。学生们懂得了要做诚实有信、待人温和的有很好素养的人。

1984年5月，自治区在拉萨北郊划拨5万余平方米土地，投入2400多万元人民币建设藏医院住院部，强巴赤列参与组织实施工作。

强巴赤列对发展藏医教育事业不遗余力，1983年8月，正式成立西藏自治区藏医学校，招收了具有高中文化水平的38名区内新生和10名青海省的新生。1989年9月，西藏大学藏医系与西藏自治区藏医学校正式合并，升格为西藏藏医学院，强巴赤列担任院长。他所写的教材，是藏医学院的教材之一，每年开学之际，他还要讲授《藏医传统医德规范》和《藏医师承学》，注重未来藏医的医德医风建设。

现在，西藏藏医学院作为我国最大的藏医人才培养基地，设有藏医系、藏药系、基础部、成人教育部、研究生部，来自西藏、青海、甘肃、四川、云南、内蒙古的学生接受着严格的培训，藏医学可谓后继有人。

1986 年 8 月，为了向全体藏医医务人员传授"药王山利众藏医学院"和"拉萨藏医天文历算学院"独特的授课、灌顶的有关知识，举办了"中国高级藏医研讨班"。参加研讨班的 30 多名学员都是几个省、自治区藏医院的骨干医生，强巴赤列为研讨班讲授人体解剖学和医德医风方面的内容。西藏自治区藏医院的老医生和已被评为高级职称的 15 名医生，根据自己的特长，讲授相关课程，得到了全体学员的充分肯定。之后，编辑出版了《中国高级藏医研讨班论文选集》一书。

1991 年西藏落实人事部、卫生部、国家中医药管理局关于全国老中医药专家学术经验继承工作与抢救师带徒传承制，强巴赤列首选现任藏医院副院长的次仁巴珠为第一传承人。在师带徒期间，强巴赤列精心栽培，次仁巴珠通过 10 多年的师承教育和不懈的努力，已成为藏医药科研领域的学科带头人和组织管理者。次仁巴珠在科学研究中与科研人员并肩战斗，求真务实地工作，起到了表率作用，先后承担了 12 项重大科研项目，承担了 30 多项科研项目的组织设计申报资料的起草工作，承担了《中华本草·藏医卷》汉藏版审改与通审工作和《藏药成方之剂现代化研究与临床应用》的审改与撰写总论的工作，还承担了多部专著及古籍文献整理出版的审稿工作。他编撰、起草、改写、审稿的著述累计已达 3000 多万字，科研考察调研、深入基层行程 11 万多公里，出色完成国家级项目答辩八次，多次参加省级立项、论证、验收、鉴定、咨询等会议，审评藏药品种达 450 种之多，可谓不遗余力，成果丰硕。

强巴赤列对第二批传承人次旦久美也同样精心培养，数年间在他的指导下，次旦久美博览群书，研读藏医经典，同时积极参加临床实践和课堂教学，科研工作与学业大有长进，并同导师一道撰写了多篇有关藏医药学的学术论文，发表于国际国内各类重要学术期刊上。次旦久美还担任了《中国高级藏医研讨班论文选集》系列丛书的主编，《藏医四部医典八十幅曼唐释难·蓝琉璃之光》副主编，《西藏藏医药》常务编委，《藏医大词典》常务编委，国家科技支撑计划课题的"名老藏医强巴赤列的学术思想与诊疗经验的传承研究"课题负责人等职。次仁巴珠和次旦久美等徒弟的这些成绩都离不开强巴赤列导师的精心栽培。

1995年，经国家教委批准，在西藏藏医学院设立藏医硕士研究生站，强巴赤列带病耐心深入地讲授藏医历史、理论、临床实践、祖传秘方等诸多内容，尤其是严格指导和筛选毕业论文。研究生的毕业论文，他几乎都要亲自过目，每看到确有见地之处，他都眉批，圈点，爱才之心跃然纸上。共四批硕士研究生写出优秀论文，获得藏医界广泛赞许，他们都成为自治区内外藏医学院和藏医科研机构的学科带头人。

2005年10月，在自治区藏医院举行了免费藏医培训班结业典礼。此培训班于1993年由强巴赤列倡导举办，初建时他亲自授课，1996年他担任名誉院长后，时间相对宽松，教学的目标更广泛地面向基层，增添了教学内容，除西藏之外，还有青海、甘肃、四川、内蒙古等地前来求学的学生都可以参加，采取全免费授课，在自治区卫生厅和西藏自治区藏医院领导的大力支持和帮助下，培养力度逐年加大。强巴赤列主要讲授《藏医诊治学》、《藏药配方甘露宝瓶》等藏医药经典医籍。受训学生包括来自自治区藏医院的医生，藏医学院的硕士研究生、实习生，基层农牧区的医生以及部分日本和美国留学生等。先后有500余人参加培训。

　　强巴赤列的徒弟遍布全国，成为各地医疗机构的中坚力量，其中佼佼者已成为今天藏医学界的栋梁。如今，藏医有了自己的学院，有了统一的教材，也有了藏医研究院，有了博学多才的研究人员，藏医药事业更加蓬勃发展。

开拓进取　举世瞩目

　　1983 年 10 月下旬，为了扩大制药车间，提高制药技术水平，藏医院制药厂的搬迁和改造工程在浙江省援藏项目中得以立项，由杭州市第二中药制药厂和具有悠久历史文化的胡庆余堂具体实施，强巴赤列率队到杭州参观洽谈。他们对两家制药厂参观、学习，就藏医院制药厂进行技术改造、现代机械配置使用及藏药剂型改良进行了磋商，浙江省有关方面同意派遣专业技术员对藏药糖浆制造人员提供岗位培训援助。1984 年 7 月，援助工程圆满完成，召开了隆重的庆祝大会。这为藏医药事业的进步壮大和发展，打下了坚实的基础。

　　1986 年 5 月，西藏社科院召开成立"藏学研究协会"暨"西藏自治区第一届藏学研讨会"。强巴赤列在会上发表了论文《浅探藏医学史上最早出现的专职藏医杰布赤西之历史》和《胚胎学简史及藏医对胚胎学的贡献》，并被推选为协会副会长。

　　1987 年 7 月，在具有悠久历史和重要实践意义的甘露藏药加持法严重衰退、面临中断的情况下，得到了上级有力的支持，在药王山利众医学院的土登次仁大师的指导下，以历史遗轨，举行了八天的加持仪式。这种"加持法"一直延续至今，已有 20 多年之久。其中，强巴赤列发挥了独特的作用。

　　从 20 世纪 80 年代后期以来，强巴赤列还主持了对遭到毁坏的八大药师如来彩缎唐卡等进行修复工作，聘请专家编纂了"藏医藏药和天文历算及文物目录"，主持藏药红景天的深入开发和研究工作，向中央和地方有关部门争取和落实了近千名基层医务人员的编制和待遇问题等等。

总之，凡是有关藏医药事业的发展问题，他都竭力争取加以解决。

1990年4月，"西藏藏医、中医学术交流会"召开，强巴赤列发表了《介绍历史上的二十多名藏医学家认"论"的观点》一文，详细介绍了藏医学家的姓名、出生地、典籍名称以及他们的观点。千百年来，藏医学起源、形成的历史，一直是藏医界争论的焦点。由于宗教意识的影响，以往有学者认为，藏医学产生于佛教传入吐蕃的四世纪，由印度传入西藏。认为《四部医典》由释迦牟尼的化身"药王菩萨"神授，把它作为一部"佛经"看待，认为它是一部"经"（甘珠儿）。国内外也有许多专家学者认为，藏医学来自印度吠陀医学，与几千年一直生活在这块土地上的劳动人民无关。这个"经"、"论"争论的命题持续了1000多年，但主流认识还是"佛经"。强巴赤列在采纳苏卡·落珠杰布等20多名藏医专家观点的基础上，经过对古象雄文化的考证研究，以实事求是的科学态度，翔实可信的史料分析，大量历史文献的求证研究，得出结论，认为吐蕃以前的藏族人民就有自己的医学，古象雄时期（公元前5世纪），笨教的创始人辛绕·米沃齐著有《三十万集》，其儿子常松·杰布赤西继承其父的事业，著有《毒药疗法》一书，一直保存至今。有确凿的文字史料记载充分说明藏医药的历史至少应该在2300年以上。这个结论不仅将"经"、"论"之争有了让世人满意、信服的答案，并且将藏医学历史渊源推上至少800年以上。这一理论上的重大贡献，不仅在学术研究领域有重要价值，在西藏民族文化的认识"论"上也是一次飞跃。他认为《四部医典》是在8世纪，吐蕃赤松德赞时期，藏医学家宇妥宁玛·元丹贡布在吸收和总结本民族千百年来经过无数先贤的不懈探索、创造，并批判地吸收周边其他民族医药发展成果的基础上，最终形成具有本民族特色、系统、完整的藏医学理论体系的著作。它是藏医学典籍的奠基，万经之首。强巴赤列该文发表之后，与会专家学者一致给予高度评价。他的这一独特见解，已成为西藏学术界的定论，结束了长期以来的历史悬案之争。

《四部医典》人科分支中的第二是儿科。被誉为药王化身的是斋康·基巧勘布强巴土旺。斋康·强巴土旺是 19 世纪末、20 世纪初活跃在西藏医药界和宗教界的一位显赫人物，曾经担任拉萨藏医天文历算学院"门孜康"的第一任总管，布达拉宫的基巧勘布系达赖在宫内的侍从僧官，三品，管理宫内一切事宜。他还是十三世达赖喇嘛的保健医生，曾随十三世达赖喇嘛到过北京和印度。他的渊博学识和精湛医术使他成为藏医一代宗师，培养了包括藏医天文历算学家钦绕诺布院长在内很多优秀的藏医天文历算人才。他曾著有《儿科知识利益众生之宝》一书。后来钦绕诺布也撰写了《儿科病类治法新补遗》等著作。但在一段时间内有关儿科的治疗，出现了走向衰落的迹象。1990 年，自治区藏医院妇科和儿科两科分开后，单独设立了藏医儿科门诊，患者比以前增多。儿科门诊尤其对小儿麻痹症、肝下垂、小儿过敏性紫癜等疾病的疗效显著。

1992 年 10 月，西藏自治区藏医院和自治区第一人民医院合作研究肝炎。利用现代医学先进设备进行诊断，药物方面大部分使用藏药，经过一年时间的临床研究没有取得显著疗效。因此，人民医院的医务人员对藏药的药效产生了怀疑。强巴赤列知道此事后，想起了 1961~1962 年期间，拉萨地区大规模流行肝炎传染病的时候，应有关部门的请求，钦绕诺布院长在治肝效果好的几种藏药中筛选给古迴那、乌白尼阿、古贡巧顿三种藏成药重新配制，肝病患者服用此药后，疗效显著。强巴赤列遂用此方，疗效很好，直至现在也有很多患者使用以上几种藏药。

1996 年，强巴赤列一行参观了藏医鼻祖宇妥宁玛·元丹贡布的出生地堆龙杰那，他们到了已变成废墟的宇妥宁玛的故居，决定在废墟附近比较平坦的空地上再建其故居，并建立宇妥宁玛纪念馆，此议得到有关部门支持，随后工程得到落实，并完成了钦绕诺布最初出家寺院山南加萨拉康的修建工程和建造钦绕诺布塑像的工作。

如今，8世纪的宇妥宁玛·元丹贡布和11世纪的宇妥萨玛·元丹贡布、钦绕诺布纪念馆成为许多游客参观游览的旅游景点，众多藏族信教群众和藏医从业人员也不断前往朝拜。

20世纪80年代初，由强巴赤列和王镭教授主持，将西藏自治区藏医院珍藏的《曼唐》编辑成册并将说明文字译成汉文。后又由强巴赤列和蔡景峰主持将其翻译成英文，前后由西藏人民出版社影印出版，发行了藏汉文对照、藏英文对照两个版本。两个版本的《曼唐》出版后，受到国内外传统医药学界的重视和好评。但影印本《曼唐》中的文字说明与拉萨药王山利众医学院珍藏的《曼唐》、十三世达赖喇嘛时期流传到蒙古地区的《曼唐》以及中华人民共和国成立后复制的《曼唐》相对照，发现有些分图名称存在张冠李戴和错别字迭出的现象。为了弥补《曼唐》分图没有注释文字或太简略，画图与说明文字不相符及个别错字等瑕疵，2000年由强巴赤列担任主编，开始研究编写《藏医四部医典八十幅曼唐释难·蓝琉璃之光》一书。

该项目是国际藏医药界的"曼唐"研究之一。研究范围广泛、内涵深刻，图片及文字数量最多。藏医的"曼唐"是世界古老的传统医学体系中难得的文化瑰宝，非常珍贵。它有以下特点：其一是历史悠久，它已有一千多年历史；其二是内容丰富，几乎包括了藏医药这门古老传统医学的全部内容，这在世界其他传统医学中绝无仅有；其三是它具有鲜明的民族特色，"曼唐"的内容全部是以藏民族的特点来体现，不管是人物、生活习俗、语言文字、建筑设施、绘制技术、表现形式等全部都体现了藏民族的优秀传统文化。所有这些，使这套"曼唐"成为我国古代医学体系中独树一帜的医学教学工具，在世界传统医学体系中也是罕见的。"八十幅曼唐"完成于 1703 年，它的总设计师是杰出的藏医药学大师、著名的藏医天文历算学家第司·桑吉加措。他在完成这部稀世巨著之后，由于种种原因，未能来得及校对和审核，许多地方存在疏漏、错讹等缺憾。如分图和小标题颠倒，有错别字、缺字、图下文字注解过于简单等，经过近 400 年的漫长历史过程，国际、国内再没有对这部"曼唐"进行过系统、全面、深入的整修、厘定和补充工作。2000 年初，由强巴赤列主持，根据他几十年对藏医学"曼唐"的研究和探索，结合他丰富的经验和渊博的学识，对整套"曼唐"进行了开拓性的开发研究，编撰了《藏医四部医典八十幅曼唐释难·蓝琉璃之光》，使"曼唐"的内容更系统完整、更深入翔实、更丰富多彩。全套"曼唐"共计 80 幅，全部用彩色绘成。除少数几幅外，每一幅都由若干小图圈构成，少则几幅图，多则几十幅，甚至 100 多个小图圈。全套"曼唐"反映了藏医理论和实践的各个方面，能够表现藏医的基本轮廓和概貌。

2003 年，强巴赤列抓紧一切时间，回忆以前先师钦绕诺布传授如何运用藏医理念的临床实践，编著了《先师直传后学的藏医学理论和有关临床实践》一书，并由西藏人民出版社出版发行。同时为了满足初学者和年轻医生的需要，在西藏太医曲扎嘉措编写的《病人服药之经》和先师钦绕诺布的传统实践基础上，以自己的经验作为补充，编著了《藏医对症下药利益众医的常识》一书，两书皆由西藏人民出版社出版发行，他将其中一批书籍捐献给了各地区藏医院、农牧区医生。

强巴赤列自 20 世纪 80 年代以来，参加了一系列国际学术交流活动。

1986 年 11 月 24 日，应尼泊尔王国的邀请，全国人大派有关人员参加世界佛教协会的大会。代表团团长为第十世班禅额尔德尼·确吉坚赞副委员长，随行五名代表中有强巴赤列。1989 年 10 月 25 日至 30 日，应尼泊尔王国卫生部的邀请，强巴赤列与有关人员，在尼泊尔加德满都考察基层卫生保健方面的状况，同时考察了与藏医药史有关的尼泊尔民族医学情况，感慨良多，回国后他说："在藏医历史上，吐蕃王朝松赞干布和赤松德赞，先后从尼泊尔邀请医学家入藏进一步完善藏医学。西藏的医学鼻祖宇妥宁玛·元丹贡布和宇妥萨玛·元丹贡布，也先后专程到尼泊尔和印度进行医学学术交流，并吸收两国医学精华。本人问尼泊尔的医生是否有人知道这些情况时，没有一个人知道这些事情和有关历史。当时我在心里想，尼泊尔民族医学的发展状况和我们藏医学的发展状况相比较，我们的藏医学不仅有成熟完备的条件，而且每年有发展和进步，国内外也有一定的影响，想起这些觉得很自豪。"

1990 年 3 月，应日本自治医科大学和中日藏医友好团伊东红一教授的邀请，强巴赤列和藏医学院的副院长措如·次朗教授，赴日本参观访问、讲学和交流，获益匪浅。1992 年 10 月 12 日，应美国科罗拉多大学的邀请，西藏自治区卫生厅厅长土登和藏医院院长强巴赤列、副院长次仁巴珠 3 人，赴美进行学术交流，这是第一次从西藏藏医学的角度向西方介绍藏医知识。

他们在美国赢得了美方与会人员的高度关注，还参观了新墨西哥州的印第安民族的居住区等，感受颇深。此外，1998 年 9 月，中央统战部还组织包括强巴赤列在内的藏医专家赴我国台湾参加海峡两岸中医、藏医学术交流活动，期间他多次作学术讲座，受到与会者欢迎。2000 年 7 月，在拉萨召开的"国际藏医药学术会议"上，强巴赤列发表了《藏医四部医典八十幅曼唐释难·蓝琉璃之光》摘要，赢得了与会专家极高的评价，组织者中国民族医学会等单位对该文颁发了"特别金奖"，强巴赤列荣获"国际藏医专家"的称号。

2001 年 8 月，在美国、日本、意大利等国和中国香港、澳门特别行政区联合组织和举办的"世界传统医学大会"上，经专家评审，强巴赤列的论文《藏医八十幅唐卡的历史及内容简介》获得了"国际千喜名医论文金杯奖"和"国际千喜名医金杯奖"。据悉，这是藏医在国际传统医学大会上首次获得"金奖"。为此，自治区党委、政府在区藏医院召开表彰大会，自治区科协授予强巴赤列"有突出贡献的西藏科技工作者"称号。

医术高明　治病独到

强巴赤列不仅通晓藏医药学和天文历算学，而且在临床医学方面也有很深的造诣，尤其在高原病和某些疑难杂症分析和诊治方面有自己独特的见解和方法，并作了较深入的研究。

高原红细胞增多症（简称高红症）为慢性高原病的一种临床类型，是指人体长期在高原低氧环境下生活，由慢性低氧所引起的红细胞增生过度。从藏医理论分析"高原红细胞增多症"是由血液本身的性质发生改变而形成。血液在各自的黑脉（静脉）及其分支的途径运行时，受其性质发生改变而影响行气不能发挥正常的作用，血液得不到有效地推动而降低了位于胃内消化赤巴等阳气的功能，同时也降低了各种精华成熟的部分阳气功能；因此，未曾得到正常分解的饮食糟粕行至于肝脏，致使变色赤巴因失去了其正常的作用而不能成为正常的血液而形成了多血症。临床表现红细胞数、血红蛋白、红细胞容积显著增高；常见症状依次为：头晕、头痛、气短、胸闷、乏力、关节痛、厌食、消瘦、记忆力减退、耳鸣、食欲差、发绀、结膜毛细血管充血扩张、肌肉和（或）关节痛、杵状指（趾）、手指脚趾麻木、感觉异常。此外，女性月经不调、男性阳痿、性欲减退等。病理改变为各脏器及组织充血、血流淤滞及缺氧性损害。

强巴赤列认为高原血症大多是由于食用了紊乱血液本身的食物或者有碍于血液分解的高脂、高热量、高营养食物而引起血液黏滞度增高、血流缓慢所致的全身各脏器缺氧性损伤，因各脏器受损程度的不同，其临床症状轻重不一，变化十分复杂。如：过量食饮肉类、酥油、脂肪、酒等辛辣食品或者过度劳累、高温作业、过度脑力劳动等均可引起此症；特别是从异地搬迁到高原并长期居住者，因不适应高原环境和水土不服等更易引起此症。本病多呈慢性经过，无明确的发病时间，一般发生在移居高原一年，或原有急性高原病迁延不愈而致。

强巴赤列注重藏医诊断，同时也参用现代医学诊断方法。

谓之"高原红细胞增多症"的人，其巩膜和肤色均呈红色，颜面部和手掌、指甲、舌、嘴唇及局部皮肤多呈紫红色；尿诊时，可见尿色淡红、气体多而臭味浓、尿液沉淀物厚等。

根据《四部医典》"血症脉象搏动洪又滑"和《实践明解》中"血症的脉象在发病早期脉管充盈而搏动洪大、力足及数"的记载，血症的脉搏搏动均呈充实、洪大，个别可出现细而沉的现象，但数（快）为其不变的特征。

问诊以了解患者（所居住的环境和条件及性别、工种、饮食习惯等）的基本情况为主，符合高原红细胞增多症的头痛、头晕、心慌等基本症状和某些特定体征来予以鉴别，特别是在晚期、恶化时可有《四部医典》中所描述的丹毒、核疮（痞瘤）、脾病等并发症的出现。

结合现代医学诊断：生活在海拔 3000 米以上高原的移居者，或少数世居者。具备以上头痛、头晕、气短、疲乏、睡眠障碍、发绀、眼球结膜充血等，血红蛋白 $> 200g/L$，红细胞压积 $> 65\%$ 和红细胞数 $> 6.5 \times 10^{12}/L$。脱离低氧环境后症状及体征消失，再返高原时又复发。排除其他疾病引起的红细胞增多。红细胞数男

性 $\geq 6.5 \times 10^{12}$/L，女性 $\geq 6.0 \times 10^{12}$/L；血红蛋白量男性 ≥ 200g/L，女性 ≥ 180g/L；红细胞比容男性 $\geq 65\%$，女性 $\geq 60\%$。

高原红细胞增多症的藏医治疗原则：以控制油腻饮食，利用药物降低血液的黏稠度，分解血液成分，预防其他脏器的病变，呼吸功能锻炼和减少劳动强度。重症患者应予休息，但不宜绝对卧床。头痛等症状给予对症治疗，但应避免过多使用镇静剂。

在具体治疗方面，强巴赤列认为，患者可食用米粥、新鲜牛肉、牛奶及其奶渣和各种水果等，禁止食用牦牛肉和陈酥油、血块、酒类等高热、高脂、高营养以及辛辣的食物。患者适宜居住于低海拔或温差较小的地区；应适当进行运动，避免情绪激动，防止以上病因中描述的诱发因素。早期病人可服用姜汤或婆婆纳汤或余甘子汤以及二十五味余甘子丸和十八味檀香丸、七味血病丸、谷吉久松、嘎罗、唑姆阿汤、玉妥红汤等交替进行治疗，合并有肝脏的病证时服用秘诀清凉丸、七味红花殊胜丸、九味牛黄丸等。此外，根据病情可服用十五味沉香丸、二十味沉香丸以及果渣、十味乳香丸等敏感、显效的药物，发现并发症时应进行对症治疗。从《四部医典》"血症外治放血优"和《验方百篇》"炎症和血症均以热性所产生，治疗时药治不如放血疗"的记载，临床上首先内服特定的（三果）汤剂来分解血液成分后，在特定的穴位中进行放血治疗，最后以控制血容量的增加为重要的措施进行治疗。

强巴赤列强调，既然高原性红细胞增多症是高原地区的一种病症，最适宜的治疗措施是，能够居住到低海拔地区可避免进行复杂的治疗，短暂离开后的返回病情可复发。为此，对症用药应慎重，治疗以采取饮食疗法、起居疗法及药物等综合治疗为宜。

饮食疗法和起居疗法如上文所述。

药物疗法：早上服用二十五味余甘子丸4粒，中午服用十八味檀香丸，晚上服用十五味沉香丸，间隔服用余甘子汤。15天的疗程后复查发现患者头晕、气短、胸闷、乏力、厌食、耳鸣等症状明显缓解，食欲和睡眠基本正常，血象检查红细胞各项指标均有所改善。要求患者继续吃药并对内服药品作细微调整，早、中午同前，晚上服用二十味沉香丸，间隔服用婆婆纳汤和三果汤。约定在5天后实施放血疗法。在整个治疗的过程中，强巴赤列让徒弟和学生进行诊治记录，观察病情变化和转归情况，并对他们阐述该病的发生原理、发病特点、症状体征、诊断、治疗原则和具体治疗以及预后方面的措施。治疗20天后进行放血疗法。持续治疗35天后复查发现患者的症状和体征基本消失，血象红细胞数5.6×10^{12}/L，血红蛋白量180g/L，红细胞比容45%。预后：一年后随访本病未曾复发。

对黄疸症理论的系统整理和治法的创新，是强巴赤列对藏医临床的又一大贡献。

强巴赤列对黄疸症的病名做了梳理和归类：

黄疸症在藏医学多部著作中有较详细的论述，它作为一种疾病发展变化中的外在表现，藏医学根据其病程变化和其他症状的类别，将黄疸症分为目黄症、肤黄症、赤巴窜脉症、赤巴恰亚症四种基本类型。赤巴窜脉症在一些藏医著作中又称黄目大病或三黑桡症，这是根据本症发病来源和发病特点而起名的。《四部医典》及其《秘诀补遗》中将肤黄症、目黄症放在赤巴取治法章节内论述，而赤巴窜脉症放在瘟疫症治法章节中论述、赤巴恰亚症作为黄疸症发展变化的最后最严重的表现形式，在有关于赤巴病、肝胆病、痞症、瘟疫等章节内均有论述。强巴赤列认为黄疸是赤巴病的最基本特征，《四部医典系列挂图》用形象来描述医学内容时，凡是赤巴特征及赤巴疾病均用黄色点化。藏医所称赤巴病既是一切热病的总称，又包括肝胆等脏腑疾病及其相关的疾病。目黄症作为疾病发展阶段的最初病势较轻的表现，既可出现肤黄症，又可出现于赤巴窜脉症或肝胆痞瘤，肤黄症也是如此。藏医传统的病症分类时将目黄症、肤黄症、赤巴窜脉症、赤巴恰亚症均作为独立疾病来认识，本质上相互联系，是病程和病势发展转归某阶段的外在表现。

强巴赤列在论文中指出：黄疸是多种疾病引起的症状。它包括现代医学病毒性肝炎（黄疸型）；肝胆系统结石、痞瘤所引起的梗阻、某些药物性损伤和酒精中毒等引起的黄疸。

在病因和病原学上，强巴赤列以多因多缘的理论阐述了黄疸症的发病。

由于黄疸症属赤巴病，其各症的共同病因《四部医典》云："饮食不当，偏咸偏酸，饮食不洁，消化不良，患怒等影响胆腑并延及全身，因而产生了难治的四十七种赤巴病"。"病缘为胆汁过量失调，龙和未消化的培根夺位，侵入主消化的赤巴觉久部位，迫使胆汁外溢而致病；胃与肝脏的痞块挤压胆腑，或者胆腑本身生长痞块，迫使胆汁外溢，蔓延致病；通常胆腑主消化的胆汁失调或者消化赤巴导致血热紊乱，或者瘟疫引起胆汁扩散，或者饮食起居不当引起胆汁扩散，顺脉逃逸，肌肉和眼睛出现黄色"。另外，赤巴窜脉症属瘟疫之一种，其瘟疫症之病因《四部医典瘟疫症时疫治法》中云："疾病之气，弥漫天空；结成云雾，笼罩大地，于是时疫、肠痧、喉蛾疔毒、黑天花等疾病接踵而来。"又云"四时亏盈，劳损、恶臭、忿怒、恐惧、愁苦等折磨，饮食失调变生疫疠。由于这类病缘诱发了赤巴之热，降于汗腺，又诱发了龙与赤巴，通过发病的六处途径依次进入。或者是被气味击中，疫疠逐步传染开来。"

强巴赤列根据《四部医典》对黄疸症分为四类症型：

（一）目黄症：眼球与指甲皆呈黄色，身体多汗、气力弱、烦热、眼睛疼痛，食欲不振，欲吐而不能，干呕，眼前只显青红光。

（二）肤黄症：体力衰弱、失眠、身体沉重，进食奶酪或饮水多发苦味，皮肤呈金黄色，同时眼睛将白色的器物看成金黄色，清晨凉爽时感觉舒适，中午时疼痛难言。

（三）赤巴窜脉症：初期寒栗，行动无力，脉象虚而数，尿色黄浊，头部与关节皆疼痛，昏晕不清。中期病势发展，大便状如菜油，眼、舌下、颞颥及全身皮肤皆呈黄色，口苦，纳差，身热少眠，指甲与牙龈以及舌唇皆呈白黄色，头部刺痛，舌唇裂纹，牙表结垢，肝胆结块，按之刺痛难忍，病气恶臭，体力与容光皆消失，无暇成型。如赤巴热上逆于头时，脑部刺痛，鼻衄；赤巴热入于肺则上身刺痛，吐痰黄色；赤巴热入于肾则腰部疼痛，小便不利；赤巴热入于胃则口苦，呕吐胆汁；赤巴热入于小肠则剧烈腹痛，大量泄泻。

（四）赤巴恰亚症：身体发痒，肤色呈黑青色，头发、眉毛脱落，身体干瘦无力，指甲呈现黑斑纹。

在辨证论治方面：强巴赤列早在 20 世纪就对黄疸进行过深入的研究，筛选了许多有效药方，他既遵古又创新，对治疗本症积累了丰富的经验。他对学术没有偏见，临证时他主张必须辨证辨病相结合，即藏医辨证西医辨病。

强巴赤列认为目黄症及肤黄症为黄疸病症的初级或轻症阶段，包含甲乙型肝炎和其他梗阻性黄疸，临证必须辨别是否兼有旁系病症，黄疸症多数情况下出现身热、口渴、口苦、睡眠轻、大便色黄、脉象紧，小便黄赤、冒气大、沉淀物厚，舌黄燥等赤巴热象，单一型（不含合并症）甲型、乙型黄疸型肝炎因赤巴挤夺培根之部位，培根窜居主消化之赤巴部位，故出现热能和消化力均弱、怕凉喜暖、身体沉重、嗜睡、大便色白、脉象松缓、舌质淡、白苔厚、小便冒气小、搅拌之无"察"声等培根寒象，因培根窜入主消化之赤巴之位，故在《贡追札记》等许多著作中将本症称之为寒疸症。

强巴赤列认为治疗目黄症和肤黄症，如属热象，采取清热解毒、泻胆疏肝法。他主张主消化之赤巴功能无明显减弱（无明显纳差）时，可先用诃子、獐牙菜共煎，待凉内服。或用獐牙菜、波棱瓜子、麻花艽花、西伯利亚紫堇、船形乌头，上药共煎，待凉内服。如有腹胀、恶心者可加用藏木香或广木香、甘草。并有胃脘疼痛、脉细数按之即空，可交替使用九味渣驯散。如便干则加用大黄或獐牙菜、生大黄、唐古特青兰、黄连，上药共煎，待凉内服，日两次亦能取得良效。上述药物中獐牙菜性寒味苦，具有良好的清热解毒、消炎利胆功能，但药性较粗糙而猛烈，如老年龙型人使用过频，则易于生风。诃子味涩，消化后变成苦味、药性寒而锐利，具有良好的降腑热、赤巴热的功效。甘草可调理药味，降气火，对呕逆有较好功效。其他诸药对清热解毒、消炎止痛有良好的功效。本症亦可辨证选用下述诸方：八味獐牙菜散、九味牛黄加味散、秘诀寒方散。老年龙型人宜选用赤来朗杰散。对于脉紧、季胁部或胃脘灼热感、背满者可选用十八味沉香散；还可选用郎庆类、余甘子轮幻散、七味红花散。对表面抗原阳性、转氨酶较高而黄疸指数较低者选用玉宁尼阿、七味红花散、欧百尼阿散屡屡获效。

　　属寒象者采取升养胃火、泻胆养肝法。强巴赤列主张选用药物性味温和，寒热适中的药方。《四部医典》云："主消化之赤巴主要在胃，部分遍及全身。"寒象者因龙、培根或血挤夺主消化之赤巴部位，强夺赤巴之门户，使胆汁挤入脉道所致主消化之赤巴功能减弱。经常选用下方：石榴、黑冰片、豆蔻、诃子、肉桂、波棱瓜子、荜茇、蔷薇花。本方能升养主消化之赤巴火，助于消食，疏通胆脉。对胃火亏损引起的积食不化、赤巴瘀积有良好的功效。对胃脘疼痛明显、肠鸣泄泻、口苦、纳差者配以色妥阿巴散或便干腹胀者配以色西卡追交替服用；腹痛、便溏而色黄者可配以赤柒顿巴或札寻古巴散，对肝胆区隐痛或不适者选用嘎纳久巴散，对于黄疸程度较重、选用上述药物较难奏效时，可在嘎纳久巴散中加用熊胆、牛黄、藏红花，此法泻胆疏肝之功效可靠。

对于赤巴窜脉症的治疗，他擅用两种方剂：（一）牛黄青鹏散。处方：红花、婆婆纳、毛边绿绒蒿、渣驯膏、石菖蒲、雪上一枝蒿、结血蒿膏、麝香、獐牙菜、波棱瓜子、诃子、安息香、黑冰片、广木香、牛黄。本方清热解毒，消炎利胆，对清肝胆热、解赤巴热毒、疏通胆脉、止痛、平衡龙、赤巴、培根之紊乱，有良好的功效。本方如加用熊胆，其疗效更佳；（二）欧百尼阿方。处方：绿绒蒿、石灰华、丁香、桂皮、木香、沉香、渣驯膏、朱砂、红花、莲座虎耳草、巴夏嘎、波棱瓜子、荜茇、余甘子、甘草、寒水石（乳剂）、藏红花、唐古物青蓝、熊胆、牛黄、麝香。本方对清赤巴热降于胆腑、肝热、肝肿大引起的肝胃区疼痛具有良好的疗效。

临床辨证时，又常依据具体情况而使用佐药：本症初期寒栗，行动无力，脉象虚而数，尿色黄浊，不熟热象显现时，可在内服任一上方的同时用结血蒿煎汤加入微量麝香（一般能闻及麝香味为限）待温热后，日多次内服。或用土木香、宽筋藤、岩白菜、止泻木子煎汤分多次内服。或熊胆、大叶獐牙菜、船形乌头、红耳鼠兔粪、姜黄共研细末，温开水送服。中期症象显现时，用结血蒿煎汤加入麝香和石菖蒲粉，拌入酥油，混匀后反复涂擦而取效。中期病势难于控制者，可在结血蒿煎汤中加入麝香、牛黄，日多次内服，往往获得起死回生之功效。肝热山源界或引起鼻衄者可选用秘诀部七味红花散，用麻黄汤送服。如胆热入于胃，选用黑冰片、塞嘎尔炭、黄连炭、秦皮炭，共研细末内服，本方有清肝利胆、清胃热之效，亦不败胃。胆热入于小肠，用其他方药无效时，强巴赤列选用下述方药：草乌绒、朱砂、止泻木子、霹雳骨、大叶獐牙菜、麝香、船形乌头、熊胆、黄连，共研细末，开水送服，可获效。

强巴赤列认为，治疗黄疸症在历代医学著作中记载的方法和方药繁多，后世对其方药亦有筛选和发挥，但还未形成或未筛选出方法简单、疗效确切、众所公认的方剂。对某方药的疗效往往众说纷纭，医家们习用的治疗肝热症、胆热症、黄疸症的药物玉宁尼阿丸，虽对病势发展慢者疗效缓慢而持久，但对病势发展快、病情重危者，药性不够猛烈，起效不够迅速，退黄作用较弱，故不适用于赤巴窜脉症等赤巴瘟疫症的治疗。牛黄青鹏散最初为强巴赤列先师钦绕诺布习用方剂，后于 20 世纪 60 年代在拉萨甲肝流行时，他专门配制此方，专用于防治甲肝，体会到此方药效猛烈，起效迅速，临床症状消失快，退黄作用强，作用广，凡瘟疫症引起的所有临床症状均有疗效，且不败胃，无需更多加减，遂感本方为治疗赤巴窜脉症较理想方药。

　　20 世纪 90 年代初，自治区藏医院与自治区第一人民医院协作，又进行了藏药防治病毒性肝炎的临床研究工作。虽然经过多次筛选，证明许多既往使用的方药只能作为佐药，而不能作为主药或首选药物。当对疗效不满意、研究工作陷入困境时，强巴赤列根据历代医家"赤巴其性热毒应按毒诊治"的思路，提出肝胆热症其本质为赤巴热毒，治疗本病应以清肝热，解赤巴之毒邪，又提出治疗赤巴病重在泻胆的治疗原则。按他提出的药方，及时调整了药味，注重清热解毒、泻胆疏肝，果然其疗效显著提高，治疗不少重度黄疸、重症肝炎屡屡获效。

　　西藏是病毒性肝炎相对高发区，筛选其有效的治疗药品，对其防治工作具有重要的意义。根据强巴赤列提出的辨证论治法则和方药，设计了牛黄青鹏散防治病毒性肝炎的临床科研课题，经对 65 例甲肝患者观察，平均在 13 天内能使症状消失。又对 105 例乙肝患者观察，平均在 23 天内能使症状消失，退黄及降低转氨酶作用更为迅速，每日 1~2 次，每次 1~2g，连续服 3 个月均无明显毒性反应。本方又根据强巴赤列提出"赤巴为毒，以毒攻毒"的治则，又根据历代医家"既是毒物，用之得当，谓之良药也"

的思路，配有微量的有毒性之药物，以加强消炎止痛之功效。

强巴赤列为当今藏医界之冠，不仅理论研究、教学造诣极深，且诊治内科、儿科疑难杂症亦有丰富的经验。临床上除擅治黄疸症及其属症外，还运用升养胃火、通气火运行之通道法治疗萎缩性胃炎，运用降气调血安神法治疗查龙病，运用活血通脉治疗半身不遂，运用保护腑津，熄灭赤巴火、泻腐清肠法治疗肠痧疫疠，用色妥久吉治疗慢性阑尾炎，用当滚杰巴治疗心动过速，用阿嘎杰巴治疗心动过缓，用红景天抗高山缺氧，用唐庆尼阿、阿嘎尼修、阿嘎索阿、母地尼阿等治疗高原性头痛等。强巴赤列积累的丰富的经验与理论知识，对提高藏医临床疗效具有重要影响。

天文历算　重放光彩

强巴赤列不但在藏医学方面成果累累，在天文历算方面同样造诣很深，藏医药与天文历算有着非常紧密的关系。五世达赖时期，第司·桑吉加措对藏医药和天文历算学有特殊贡献，著有《白琉璃》。钦绕诺布大师也有重大贡献，他发明了"不共空入法笔"计算，成功运用到十七绕迥至火兔年的"历首易"。该法仅传给强巴赤列一人。强巴赤列全面继承了大师的科学方法，这为他日后成为该领域学术权威奠定了基础。西藏和平解放后，由于各种历史原因和人为因素，大量历史资料遗失、毁坏、破损。专业研究人员稀少，不能开展正常工作，天文历算工作曾一度处于停滞状态。强巴赤列一直未中断对天文历算学的研究，他任藏医院院长期间，积极组织人员，重新开始抢救出版、发行、修复藏医药、天文历算学典籍。积极组织该项业务的恢复工作，恢复了西藏拉萨地区乃至全藏区一度被停刊的藏历天文历算历书的编写和藏历历书的编写出版工作。他和学生一道深入农牧区实地调查研究，观察气候变化，掌握了大量的与农业生产、人民生活、疾病的产生有着密切关系的第一手资料，在深入细致研究的基础上，对原历书进行了大胆的修改完善，丰富和发展了传统历书，使其真正为各族群众的生产生活服务。同时，他指导西藏各地区历书的编写修订。他和慈成坚赞大师一道，观察四时节气，万物生长变化的规律。广泛研究古象雄、吐蕃时期、古代印度和汉地的天文历算文献，结合西藏今天的四季气候变化特点，探讨气候变化与人们生活和生产活动之间的紧密关系。并根据星体运行规律，预测各种自然灾害、预报天气、预防疾病发生。进一步深化"有算必有医药，有药必有历算"的藏医药和天文历学的密切联系。人类社会进入到当今世纪，科学技术有了日新月异的飞速发展，现代天文、天体物理、气象科学领域取得了前所未有的辉煌成就，而他所领导的西藏自治区藏医院天文历算研究所，仍然有所作为。依据古老、传统的天文历算知识，借用沙盘推演，每年编写历书。藏医天文历算制定的历书，在青藏高原仍然是指导人们日常生活生产活动不可或缺的工具，每年的发行量在几十万册以上，成为当地人民群众的"百科全书"。它不仅在农牧区有其广阔的市场，城镇居民的衣、食、住、行也离不开历书，甚至在应用现代化手段作业的气象部门也经常将历书作为借鉴和参考的依据。在原有基础上，强巴赤列编写的《天文历算简史及气象经验》深受人们的喜爱，如将"罗喉盘"应用于日、月食预报和气象预报，其准确性、及时性、操作性较之传统的预报更加完善。这种独特的天文历算学推算方法，其科学价值在世界各国的历法中独树一帜。1986 年 4 月 24 日，西藏自治区藏医院天文历算研究所，对当日发生的日食推算的结论与南京紫金山天文台发布的预测结果，相差仅有两秒之微；1992～1993 年西藏日喀则发生地震，他们做了准确的预报，各级政府采纳了他们的预报信息，及时采取积极措施，没有造成任何人员伤亡和财产损失。以后发生的雪灾、洪涝灾害，都有准确的预报。这些事实充分说明，东方科学文化同样是世界科学文化不可或缺的部分。

天文历算不仅能够做到对自然灾害的预报，对人体与时令、季节变化、疾病流行、疾病发生也能提供预报信息。在藏医诊疗疾病过程中，脉象变化靠天文历算推算，疾病发生的时间、部位，都可预测，甚至使用药物治疗病人，也会根据时令节气来对症下药。这和现代医学"药物时效学"的理论有许多相似之处。如服用激素药物，早晨八时服用效果最佳，用量最小；高血压病、糖尿病等疾病的治疗，用药也讲究时辰；精神病发作，一年之中以2～5月发病率最高，3～4月达到高峰；冠心病、心绞痛发作、心肌梗死、猝死等急性病发生的"魔鬼时间"大都在5～11点钟，等等。还有许多疾病的发生与环境气候、季节时令变化有密切关系。这些说明古代藏族劳动人民早已注意到气候变化与疾病发生之间的关系。强巴赤列在继承前人经验的基础上对此有新的发展和贡献。他主编的《西藏天文历算学总汇》，约600万字，1995年由四川民族出版社出版。该"总汇"具有重要的文献、学术和实用价值。

医德高尚 世人敬仰

强巴赤列在60多年的医学事业中，不仅深入研究藏医古代医德医风，并且撰写了不少传统医德医风的文章，在藏医界有着广泛的影响，并发挥了极其重要的作用，藏医的传统医德医风已成为藏医药学文化传承的重要组成部分。

医学是以治病救人、预防疾病、争取长寿为最终目标的科学。很自然，它具有鲜明的道德属性。藏医对医德医风历来十分强调，在藏医典籍中，从佛学的普度众生、慈悲为怀的道德思想出发，对医生的职业性质、知识技能、品德修养、言行举止、是非取舍等各方面都提出了很高的要求。医生在社会上也享有很高的声誉和地位。

藏医《四部医典》中医德思想的内容包括：为众生造福，视众生为母；冤亲平等，热情治疗；怜悯病人，不嫌其脏；语言悦耳，礼貌待人；勤奋学习，精通理论；勤奋工作，不可偷懒；用心治疗，专心致志；详察明辨，不可拖延；博采众长，孜孜不倦；尊敬师长，衷心虔诚；爱护同仁，亲如兄弟；对待贫困，慈心相助；对待成绩，不可骄傲；一切知足，不能贪婪；以救死扶伤为己任，决不贪图钱财；无私利众积善德，尽心尽职为病人。藏医医德医风为藏医学发展奠定了良好的职业道德基础，在长期历史发展过程中逐步形成的藏医医患关系、师生关系、同道关系都是比较和谐融洽的。

强巴赤列行医 60 多年，接诊过数以万计来自四面八方的不同患者，其中不乏名声显赫高官达贵一掷千金之人，也有贫困交加身无分文之人。他几十年来如一日，严守医典信条，谨记上师教诲，待人接物从无亲疏爱憎之念，无贫富贵贱之分，也无男女老少之别。特别是遇到年老体残、智障疯癫者，他更是充满悲悯和恻隐之心，除了想方设法为他们解除病痛，恢复健康，精神上不断加以开导和鼓励，还常常在自己并不宽裕的条件下从经济和物质上给予无私援助。西藏经济相对落后，农牧区群众生活水平较低，医疗设施条件较差，医疗资源严重不足，群众医疗预防保健得不到有效保障。他利用业余时间，分文不取地为农牧区来的学生讲授藏医知识，指导藏医实践，培养了众多地道的民间藏医，为发展藏医药事业，为培养藏医药人才辛勤操劳，不遗余力。为此，他在社会上受到了民众的拥护和爱戴，无数康复后的患者和接受过他教育以及资助的人，都把他视为活菩萨和再生父母。

"无德不成医，行医德为先"是强巴赤列一生推崇的职业理念和恪守的职业操守，也是他遴选弟子的先决条件和教育门徒的首要内容。他时刻强调医乃仁术，行医者必须具备仁爱、同情、耐心、细心、谦虚、谨慎、无私、无畏、诚实、正派等美德，实践"四无量"（即仁慈、悲悯、热爱、中庸），必须要有掌握医典的智慧、辨别病情的智慧、灵活救治的智慧，要具备菩提的慈悲之心，正视世间的痛苦，虔诚地敬信"三宝"（即身行、誓语、诚意），要有为众生造福的热情，要有为病人服务的誓言，要把"为他"奉为唯一的宗旨，要在身、语、意三方面作出榜样，在行医过程中不论时间、数量、分量都要执行不偏不倚的公平的态度，热爱赞美医疗事业。只有成为"求真、行善、臻美、博爱、至圣"的人，才会顺理成章诚心诚意地去做"关爱生命、关注现实、关心苦难、关怀平民"的事，也才能称得上"拉杰"（神尊）、"门巴"（益于众生之人）、"措杰"（人生安泰之师）的美誉。

在实践中，强巴赤列一贯倡导医学在本质上不是人与医疗机械、人与药物、人与生物检测数据等的问题，而是人与人的问题。医学不仅要解除病痛，还要给人以良好的生命质量和生活质量。在任何时间，任何阶段，医学科学技术的发展，医学治疗手段的进步，医学效果评价的建立，医学政策制度的形成，都必须要以人的身心健康和生命质量的考虑为出发点和最终目的。这正符合当下"生物－心理－社会学模式"的转变观念。

强巴赤列十分重视医务人员和医学生的思想道德及行为举止方面的修养。他主动义务地亲自编写有关医德方面的教材，亲自授课。他时常不厌其烦地教育大家，医学是以人的生命、人的健康为服务对象，从业者要具备关心人、尊重人、理解人和服务人的思想观念，要懂得将心比心，换位思考。他始终把医患之间信息的充分沟通，情感的交流以及对患者精神的慰藉、情绪的稳定、人格的尊重、相关权利的确保等放在重要的地位。对这些需求的满足，有时甚至重于躯体的康寿。特别是藏医的望问切三诊法，虽然传统，但却是医患之间最原始、最直接、最亲切的交流。态度和蔼、语言文明、举止得体能够减轻患者的压力，取得患者的信任，这也是实施有效医疗的前提条件。对此强巴赤列制订了严格的规章制度，采取了赏罚分明的奖惩措施，医务人员通过强巴赤列的以身作则和言传身教，增强了医德责任感、是非感和正义感，从而指导、规范和纠正自己的行为与医疗实践活动。几十年来，通过强巴赤列潜移默化的影响，藏医院良好的医德风貌在社会上赢得了良好的口碑，尤其是和谐的医患关系、优质的医疗资源、合理的医疗费用、高尚的医师人格，都深受群众的好评。这也是医院又一大特色优势，并对区外所有藏医行业产生了深远的影响。

　　藏医典籍中医德思想除规范了医生的道德操守外，还强调了钻研医疗技术的重要性，把医术的好坏作为医德规范的重要内容。为此，强巴赤列白天临床夜晚读书，一生博采众长，勤求古训，广泛涉猎，潜心钻研，不断创新，努力做到"无一病不深究其因，无一方不洞悉其理，无一药不精通其性"，以渊博的知识和精湛的医术闻名遐迩。他在这些方面的成就，不仅给学生树立了严谨治学的圭臬，也为医界同行树立了治病救人的榜样。

　　我国医疗机构管理条例第三条规定："医疗机构以救死扶伤，防病治病，为公民的健康服务为宗旨。"从立法主旨上来分析，医疗机构的设置不是以盈利为目的。其设置的主要目的是为公众提供"救死扶伤，防病治病"的福利措施。为此，强巴赤列强调医疗机构应突出强调"慈善"、"博爱"的人文精神，而不应该是商业利益的最大化，不应该将医疗行为等同于商品交换。几十年来，医院在强巴赤列院长的治理下，院子里栽满了钻天杨、高山松、翠柏、杉树，绿意盎然。住院部整个走廊环境幽雅，空气清新，药香味扑鼻，这在很大程度上消除了病人的恐惧感和压抑感。

　　长年来，医院本着"治病救人高于一切，一切为了人民健康"的原则，每年拿出相当部分资金作为救助贫困病人的免费医疗资金。每年为拉萨三大寺院的僧侣和近郊的五保户、市区的居委会进行定期或不定期的免费诊疗送药活动。每年为两个定点扶贫乡提供各种医疗器械、药品、办公设施等，从而极大地改善了两乡农牧民群众的就医条件。同时为了满足国内外患者的需求，设立专门机构开展信诊和邮药服务。这一切收到了良好的社会效益，赢得了"人民信赖的医院"、"慈善医院"等社会赞誉。医院先后获得卫生部授予的"全国卫生文化建设先进单位"、"全国绿化造林先进单位"，五次荣获卫生部"全国卫生文明先进单位"，三次荣获自治区人民政府授予的"文明单位"等荣誉称号。强巴赤列也于1988年被卫生部评为全国医院优秀院长。

　　强巴赤列接受记者采访时曾说："老一辈为发展藏医所做的一切，是不计任何代价的！像《四部医典》里要求的菩提心，与全心全意为人民服务、一切为了人民健康的思想可以说是一致的。我们也应该向老祖宗学习。"

　　1990年5月下旬，中国科学技术协会召开了"第四届代表大会"，有7名西藏代表参加这次会议，会议选举强巴赤列为常委，并推选为副主席，他成为全国科学技术协会的第一任少数民族副主席。这是对他组织领导才能、埋头苦干的作风、实事求是的精神和在藏医药、藏天文历算方面取得卓著贡献的充分肯定。

　　同年10月13日，钱学森被授予"国家杰出贡献科学家"荣誉称号，当时强巴赤列正好也在北京开会，产生了去拜见这位科学家的强烈愿望。他觉得登门恭贺是一项很重要的礼节，经中国科协与钱学森协商，他高兴地接受了强巴赤列的请求。22日上午10时，钱学森在国防科工委专门抽出时间接见强巴赤列。强巴赤列以西藏传统礼节向钱学森敬献了哈达，呈献了一幅布达拉宫的彩绘唐卡，并代表西藏全体科技人员致以祝贺。钱学森非常喜悦地说："今天见到你，我非常高兴。西藏医学有数千年的历史，从藏医具有的非常丰富的经验来看，能证实过去西藏医学非常发达，但后来受到了高原气候变化等条件的影响发展减缓。我认为，现代科学技术没有解决不了的问题，西藏的高原气候问题完全可以克服。我坚信，我们一定能把西藏发展成为 21 世纪的人间乐土。中国科学技术委员会第四届会议上，你当选为副主席，是唯一当选的少数民族副主席，中国科协新设立的发展少数民族科学技术专门委员会，主任应该是你来担任，今后发展少数民族科技方面要多关心支持，这项工作要取得突飞猛进的发展。"钱学森还说："你是藏医学的专家，认识和研究有关气脉以及人体结构是非常重要的。1956 年，我从美国回归祖国的时候，开始关注有关中医的知识。现在我国不仅中医取得了长足的发展，藏蒙医等民族医学也有很大发展。但科技和医学方面的研究是无边的。举例说，人体学是非常复杂的一门学科，这方面我们还真有很多不懂的地方，加强这方面的研究是非常重要的。"钱老的一席话使强巴赤列受到了很大的启发和鼓励。

西藏自治区成立 40 周年之际，中央电视台以及部分兄弟省市广电媒体，向国内外大力宣传 40 年来西藏翻天覆地的变化和成就。8 月 30 日九点半，中央电视台《东方之子》栏目播出了《雪域高原藏医学家强巴赤列》，向全国观众介绍强巴赤列的生平事迹，介绍他为弘扬民族优秀文化、继承和发扬藏医学和天文历算事业所作出的重大贡献。节目播出后，强巴赤列收到了来自全国各地许多患者的来信。针对患者来信来电提出的希望，他专门组织一批藏医专家根据患者提供的病状和西医、中医的诊断结果，进行综合分析。确诊之后，通过邮局向患者邮递药物和藏医的独特治疗方法等，为广大患者做了自己力所能及的事。

2007 年，强巴赤列等 8 位医学药学界的专家荣获何梁何利基金"科学与技术进步奖"。强巴赤列将所获 20 万港币奖金兑现成人民币，捐赠给了西藏自治区内的孤儿院、盲人院和养老院。何梁何利基金是用于奖励在各学科作出贡献的中国学者。强巴赤列是西藏自治区第一位获得此项基金奖励的专家，也是第一位在传统医学领域获得该项奖的少数民族科技工作者。

强巴赤列对藏医学卓越的贡献，赢得了党和各级政府的信任，赢得了同行的赞扬和肯定，赢得了广大人民群众的爱戴和尊重。

强巴赤列在回顾他 60 多年的从医历程时，无限感慨地说："如果我是一只飞翔在高原上的小鸟，那么我有一对强劲的翅膀。这翅膀一只是恩师钦绕诺布赐给我的知识和教我的做人品格，另一只则是党和国家重用我，使我学有所用，充分发挥自己的特长。"他就是这样一个普通的人，对中国共产党、对恩师充满感激之情。他就是这样一位学者，对藏医学怀着执著的信仰和追求。他就是这样一名名医，在藏医学发展的历史上留下了他深深的足迹。

2011 年 2 月 21 日，国医大师强巴赤列因病医治无效，在拉萨逝世，享年 83 岁。

（撰稿人　次仁巴珠　次旦久美）

张代钊 卷

张代钊（1929— ）

积极开展以预防为主防治结合和合理的有计划的病人体质能承受得了的中西医结合综合治疗是提高癌症病人生存率和降低发病率的有效途径

张代钊

2009年11月

张代钊手迹

　　我从事中医及中西医结合防治研究常见肿瘤的临床实践已有五十个春秋了。我感到：中医长于扶正培本，西医长于抑瘤抗癌，走中西医结合的道路是提高中晚期癌症患者生存质量的主要途径。

——张代钊

2008 年 6 月 29 日，在北京东方文化酒店的宴会厅，人们簇拥在一位慈祥的老人身边。一位中年女士走到台前致辞道：

　　我们是您的学生，您是我们的恩师，

　　您的徒子徒孙提前一年给您庆祝 80 岁大寿。

　　您是大树的根，我们就是树枝、树叶；

　　您教给我们中西医治疗肿瘤的理念、医术；

　　您馈赠给我们的是思想的财富……

　　这位女士是中日友好医院肿瘤科副主任、主任医师郝迎旭。她这番发自肺腑的话是献给谁的？

　　是张代钊，我国当代著名肿瘤学家，北京中日友好医院肿瘤科首任主任，北京中医药大学教授、博士研究生导师，全国首批老中医药专家学术经验继承工作指导老师，享受国务院政府特殊津贴。他曾任国务院学位委员会学科评议组第三届成员，中国中西医结合学会第二、三、四、五届理事会理事及肿瘤专业委员会副主任委员，中国癌症研究基金会常务理事兼中医药肿瘤专业委员会主任委员，中国抗癌协会传统医学委员会副主任委员，全国著名中西医结合专家经验继承导师，中华医学会医疗事故技术鉴定专家。

他是我国中西医结合治疗肿瘤的倡导者之一，是应用中医药防治放疗化疗毒副反应的开创者之一。他擅长以中西医药结合之法综合治疗各种肿瘤，利用中医药提高癌症患者的生存质量和延长他们的生存期，并取得了很好的临床疗效。他集中西医之长，精于辨证施治，结合辨病治疗，注重合理的综合治疗，强调全身调节，常能取得良好的治疗效果，深受患者的尊重和信赖。

他德高望重、医术精湛，虽然平日诊务工作十分繁忙，但仍然积极参加全国各地肿瘤患者会诊和防治肿瘤义诊。他的足迹遍及大江南北。他曾到菲律宾、泰国、新加坡、印度尼西亚、马来西亚、意大利、韩国、美国、日本、荷兰等国家和我国的香港地区参加国际肿瘤会议，并为国际友人和华侨诊治疾病，赢得了很高的荣誉。50 年来，他治疗过大量的肿瘤患者，是我国当之无愧的著名中西医结合临床家、肿瘤学家。他还担任国家领导人的保健会诊工作，曾为许多中央领导治疗疾病。

在毕生致力于肿瘤的临床医疗及科研的同时，他还取得了多项骄人的学术成果。他是国家"六五"攻关课题"扶正冲剂"的主要负责人之一，国家"七五"攻关课题"扶正解毒冲剂"的负责人，国家"八五"攻关课题"扶正增效冲剂"的主要负责人。他发表过 80 余篇学术论文，主编和参编了 20 余部学术专著。

蜀地少年　内地学医

张代钊，1929 年 6 月 2 日出生于四川省自贡市。祖父很喜欢这个小孙子，给他取了一个小名叫永端，意思是让他永远端正成长。父亲按家庭的谱系，给他取名代钊。

张代钊家附近有一条弯弯曲曲的小河，叫釜溪河，河水非常清澈。他总想跳到清澈的河水里去游泳。可是，母亲怕他出危险，不让他去游泳。张代钊既不想伤母亲的心又不想放弃学游泳，于是，他就和小伙伴偷偷地去河里游泳。那时，谁家也没有游泳圈，他就和小伙伴发明了一种自制游泳圈。他们将裤子脱下来，把裤脚用绳索捆住，然后，抓着裤腰向釜溪河里跳下去。空气灌入裤腿后膨胀起来，形成了一个能浮起人的"游泳圈"。就这样，靠自制的"游泳圈"，张代钊学会了游泳。

自贡市盛产井盐，有"千年盐都"之称。在自贡有许多白手起家的盐商，张代钊家就是其中之一。依靠父亲、母亲的勤苦劳作，张家经营的盐场日渐兴隆。一家人能过上小康的生活，可以不用为吃喝发愁。不过，父亲却常常教育儿子，即使有钱，也不能乱花费，花费一定要根据自己的需要，超过需要的花费就是浪费。这些教诲在张代钊的心灵里留下深刻印象。后来，他为病人治病、开药从不超过病人的治病需要，这样的美德就是对父亲教诲的发扬光大。张代钊的母亲善良慈祥，她曾对儿子说："你长大了要做一个普普通通但对别人有用的人。"母亲的话，也是激励他后来走上学医治病行善道路的主要动力之一。

1943 年，张代钊考进蜀光中学读初中。蜀光中学初创于1924 年，由自贡市的盐商集资兴办。当时的四川盐务管理局局长缪秋杰非常支持蜀光中学的发展，他曾在 1937 年 7 月函请天津的著名教育家张伯苓先生游览自贡市。张伯苓非常喜欢人杰地灵的自贡市，在他的指导下，经过专家多处勘测，确定了"地处市外，隔绝尘寰，四处空旷，依山傍水"的伍家坝为新校址。蜀光中学的各类建筑均采用重庆南开中学的图纸。新校舍竣工后，张伯苓专请国民党元老、著名书法家于右任题写了"私立蜀光中学"校名。校长喻传鉴是张伯苓最得力的副手，他既是重庆南开中学的校务主任，也是蜀光中学的校长，他按照张伯苓的教育理念认真管理蜀光中学。张代钊在蜀光中学一直读到高中一年级，学识进步很快。

1947年，已经是蜀光中学高中一年级学生的张代钊自作主张，决定去重庆南开中学读书。重庆南开中学是张伯苓于1936年以天津南开中学为样本在重庆创办的，也是一所好学校。张伯苓特别强调校风建设，他曾说："校风为学校之灵魂，亦即命脉。学校无优良之校风，如人身之无灵魂……"所以，重庆南开中学的校风非常严格，无论什么人，成绩不好就降年级。平时学校对纪律管得很严，教学楼门口有一面大镜子，上面写着学生的容止格言：面必净、发必理、衣必整、纽必结、头容正、肩容平、胸容宽、背容直……重庆南开中学的校训也与天津南开中学完全一样："尽心为公，努力增能。"这句校训的意思就是要求学生眼光放远，胸襟扩大，注意团体利益，增进国家观念，以期养成为公牺牲之精神。

尽管张代钊一心只想把书读好，但那时的中国并不平静，国民党当局大规模地贪污舞弊，很快失去了民心。在进步同学和共产党员的影响下，1948年张代钊参加了当时的进步学生组织"学习社"。

1949年夏天，张代钊因为积极参加学生运动被重庆南开中学开除。于是，张代钊又回到自贡市的蜀光中学。不过，他并不感到后悔。他坚信，做人要坚持真理，不能怕暂时的挫折。后来，张代钊在寻找治疗癌症的良方中，就是依靠这种坚持真理不怕挫折的精神，才取得了骄人的医学成绩。

1949年底，重庆解放。凡因参加学生运动被学校开除的学生，都可以恢复原学籍。1950年初，张代钊又回到了重庆南开中学。

1950年夏天，张代钊高中毕业了。许多亲戚朋友都劝他留在家里跟父亲学做盐业生意。可他不喜欢做生意，他想看一看外面的大千世界。他辞别了父母，带够了路费，与另外 20 几位同学一道去北京考大学。

当时，全国大学招生还没有实行统一考试制度，所以，考生要去各大学参加考试。河北农业学院首先录取了张代钊。他在河北农业学院只待了一个星期，第二份大学录取通知书就到了，是山西大学医学院发出的。于是，他坐上火车，直奔太原的山西大学医学院。

山西大学医学院历史悠久，其前身是时任山西省督军兼省长的阎锡山于 1919 年创办的山西医学传习所，后经几次更名、迁址，1940 年 3 月，又更名为山西大学医学专修科。1946 年 8 月，升格为国立山西大学医学院。中华人民共和国成立后，于 1953 年 9 月更名为山西医学院。

在山西医学院（现为山西医科大学）医疗系学习的 5 年里，张代钊认认真真地学习医学知识。大学的最后一年，张代钊在北京市第六医院做实习医生。第六医院过去是一所教会医院，跟协和医院有业务关系。别看第六医院很小，但常有协和医院的教授来查病房，所以张代钊收获不小。

协和医院的教授对年轻的实习医生非常严格，要求他们每天必须认真书写病历。在某些人看来，写病历是最枯燥无趣的工作，可是，张代钊却写得非常认真，他写每个字都跟写字帖一样，每个句子都准确无误。他在每份病历之后，都要加上自己对病历的分析。在众多年轻的实习医生中，张代钊虽然显得比较沉默寡言，但认真的工作态度让他很快崭露头角。看过张代钊写的病历，一些有名望的老医生都很赏识这个年轻人，认为这个年轻人日后一定能有所作为。

由于刻苦努力，张代钊的医术进步很快。北京第六医院指导他的主治医师决定让他主刀给病人做阑尾手术。就这样，还是实习生的张代钊已经成为能主刀的外科医生了。

顺势转折　中西汇通

　　人的一生，很像是一条大河。在大河的源头，涓涓细流不断汇集成小溪，小溪集聚成小河。在经历几个转折点后，又与其他几条小河合并，遂成一条大河，然后向大海奔腾而去。对张代钊来说，参加全国第一期西医学习中医研究班就是他人生的一次转折和知识的汇集点。

　　1955年夏天，张代钊从山西医学院毕业了。他与另外5个学习成绩优异的同学先被分配到卫生部，后又被分配到卫生部直属的中医研究院。卫生部委托中医研究院举办全国第一期西医学习中医研究班。开班那天，李济深、张澜都来了。周恩来总理还题了词。张代钊在这个研究班整整学习了3年，这是他人生的第一次转折。

　　这个研究班总共有80多人，他们都是从全国各地抽调来的，个个都是医科精英。张代钊在这个学习班中遇到了自己未来的妻子——徐承秋女士。他俩事业上携手并进，生活上相互关心，夫妻二人后来皆成为学术界权威，中西医结合的专家。

　　研究班首先学习了毛泽东主席有关发展中医及西医学习中医的指示精神。虽然有毛泽东主席的指示，但是，学员们因为都是学西医出身，猛然被要求学习中医，思想还是比较复杂的。所以，大家分成几个小组，展开大讨论。在讨论中，大家争论得面红耳赤，不过最终还是达成了共识。

　　比如，一开始有学员问："中医科学吗？"通过学习讨论，大家认识到，一门学科是不是科学，主要看这门学科是不是符合科学精神，看它是否经得起实践的检验。科学精神有几个要素，第一就是必须观察自然现象。对中医来说，孤立的人体不是科学观察的对象，而身处自然环境中的人体才是科学观察的对象。所以，中医不仅考察人体的病状，而且还考察病状发生的时间和自然环境。为了观察人的疾病现象，就需要使用人的感知力，中医特有的"望"、"闻"、"问"、"切"就是感知手段。尽管这些观察感知手段到了近代落后于西医的化验手段，但是，各种先进的仪器仪表，实际上只是为了扩展人的感知能力。所以，中医是一门以人的感知力为基础的科学。科学的第二个要素就是建立解释现象的理论。中医有许多理论，比如阴阳五行学说、藏象学说、经络学说……尽管这些理论中有许多目前不能直接观察到的概念（例如经络、气等），但是科学理论并不绝对排斥引入抽象概念解释自然现象。例如，物理学中有许多抽象的概念：量子物理中的粒子波动方程、热力学中的熵……一个抽象概念是否有科学价值，主要看它是否能解释观察到的现象。譬如中国民间最通俗的抽象概念"火"，恐怕从来没有人见过人体内的"火"，但是，无论谁一旦有了大便秘结、口舌生疮、目赤发热等症状，吃一些祛火的药，他的"火"的症状就逐渐消失了。所以，"火"这个抽象概念有科学价值，是因为吃清热祛火药的效果能被直接感觉到。科学的第三个要素是不断通过新观察来验证理论。中医几千年来从没有停止过对自身理论的验证。中医验证理论的关键就是考察中药的临床疗效。综合上述，大家认为，中医的发展过程就是科学发展的过程。

再比如，另有一些学员问："中西医是两门不同体系的医学，中西医怎么能结合？"通过学习，大家认识到，中医和西医虽然属于不同的体系，但是中医和西医又都是为病人治病的。在为病人治病这个目的上，中医和西医达成了高度统一。对病人来说，接受西医治疗是治病，接受中医治疗也是治病。如果持续地服用西医的抗生素既没有疗效又产生了很大的副反应，那么病人就会很自然地挑选虽说疗效较慢但副反应较小的中医进行治疗。所以，中医和西医都是为病人服务的科学体系。真正的好医生是不应该拒绝中医的。

学中医的思想障碍消除了，大家的研究方向变得清晰了，对前途也更有信心了。于是，大家自然而然地有了学习中医知识的动力。

为了迅速提高西医学习中医研究班学员的中医水平，全国许多有名的老中医被请来讲课。这些名师不但给学员们讲授了中医的基础知识，而且使学员们对中医产生了浓厚的兴趣，掀起了学习的高潮。张代钊从这些老中医名师那里学到了许多东西。

于道济老师讲《伤寒论》时，原文倒背如流。他是辽宁省沈阳市人，1927 年就读于沈阳同善堂。1931 年起到北平行医。最善于治疗妇科病。由于他治病的疗效显著，所以许多人慕名来找他看病。他是历史上有名的"五老上书"中的一老（其他四老是秦伯未、任应秋、陈慎吾、李重人）。当时，他们五位著名老中医联名给中共中央、国务院写信，建议大力发展中医药事业，引起了党中央的重视。于道济老师的学识和教诲使张代钊更加坚定了学习中医的决心。

杨树千老师讲中草药课时，把药物的归经、作用、鉴别讲得深入细致。他是湖北省武汉市人，1912 年考入上海中医专门学校就读。后来，拜名医丁甘仁为师，出师后任上海广益中医院医师。杨树千的辨证论治特别强调以主症主脉找出症结所在，使之牵一动百，一解百解。他给人治病，必根据季之冬夏、地之高下、气之燥湿、人之老幼、病之表里、病之新久而改变治法，从不以一方一药治多变之疾。张代钊从杨树千老师那里学到了灵活辨证的精华。

蒲辅周老师，四川省梓潼县人。18 岁即悬壶开业，后迁成都行医，对温病、妇科病证很有研究。1955 年，中医研究院成立，蒲辅周被调到该院任职，曾任副院长。他以高超的医术挽救了许多温病包括乙型脑炎等传染病患者。张代钊从蒲辅周老师那里学到了不少的知识。

赵锡武老师，河南省夏邑县人，自幼刻苦钻研中医。1949年，他在华北国医学院任教，并积极发起和组织成立了中医学术团体——中国医学会，开展中医学术活动。1955年，他到中医研究院工作，任教授、副院长，并被选为中华全国中医学会副会长。赵锡武行医50余年，在治疗各种内科杂症方面积累了许多经验方。比较典型的经验方有治眩晕方、治三叉神经痛方、治糖尿病方。张代钊从赵锡武老师那里学到了许多临床经验。

冉雪峰老师，四川省巫山县人，出身于医药世家，自幼学习中医。1917年，他在武昌行医。有一段时间，武昌鼠疫流行，他研制出"太素清燥救肺汤"和"急救通窍活血汤"等方药，疗效良好。他撰写的《温病鼠疫问题解决》、《霍乱症与痧症鉴别及治疗方法》和《麻疹商榷正续篇》等文，享誉医林。张代钊也非常钦佩冉雪峰老师。

张代钊一边认真聆听名老中医的讲解，一边通过认真的揣摩，逐渐领会了中医的真谛。首先，对张代钊触动最大的是中医的整体治疗观。一个人腿上生疮流脓，却不只是腿上有问题，也不是只治疗其疮脓。《黄帝内经》有"虚邪贼风，避之有时"的说法，这就是提醒人们要及时注意四季气候的变化，以免反常的气候侵害人体。另一方面，中医认为，人体之所以生病，是因为人体内部各组织之间失去平衡和协调。所以，中医的治疗总是以整体治疗为原则。比如，中医说："治病必求其本，必伏其所主，而先其所因。"就是要求医生不能光看表面，而要分析本质病因，抓住疾病的主要矛盾。

其次，中医的治疗法则也给张代钊很大的启发。中医的治疗法则体现在八个字中：表里、寒热、虚实、阴阳。表里是指病变的部位，病在外为表，病在内为里。表病病势轻，里病病势重。

寒热是指病变的盛衰和患者机体的抵抗力而言。机体衰退者为寒，元气亢盛者为热；贫血者为寒，充血者为热；气不足者为寒，气有余者为热。虚实是指邪正消长的情况而言。邪气盛则实，正气夺而虚。邪正相搏，使机体失去平衡，就显示出虚实了。阴阳是指疾病的属性。阴盛则阳病，阳盛则阴病；阳盛则热，阴盛则寒；阳虚则外寒，阴虚则内热；阳盛则内热，阴盛则内寒。中医的这八纲，就是要求医生不仅要像西医那样在三维物理空间里探求疾病现象，而且还要在一个由四对辨证对立面组成的八维抽象空间里去探求疾病现象，从而找到最佳的治疗方案。

再次，张代钊在众多的中医治则中发现了自己最钟爱的精华部分：

近者奇之，远者偶之。汗者不可以偶，下者不可以奇。补上治上制以缓，补下治下制以急。急则气味厚，缓则气味薄。适其至所，此之谓也。病所远而中道气味之者，食而过之，无越其制度也。

奇之不去，则偶之，是谓重方。偶之不去，则反佐以取之，所谓寒热温凉，反从其病也。

逆者正治，从者反治。从少从多，观其事也。

夫五味入胃，各归所喜攻。

必先岁气，毋伐天和。

张代钊认为，上述治则是中医经过与疾病长期斗争之后总结出来的，句句真理，条条法则，直到今日仍然有很高的实用价值。

在这些名老中医的教诲下，张代钊的进步很快。经过三年的努力，张代钊和他的夫人徐承秋均以优异的成绩毕业了，并被留在中医研究院工作。中医研究院领导号召"一师多徒，一徒多师"。于是，张代钊重点拜段馥亭为老师。段馥亭是北京的名老中医，是与施今墨同时代的人，曾在施今墨开办的华北国医学院任教授。为了更好地向段馥亭学习，张代钊干脆把自己的桌子搬进段馥亭的办公室，坐在段馥亭对面。他认真观察段馥亭如何辨证论治，然后认真做笔记。一段时间以后，段馥亭就不再给病人看病，而是看张代钊如何给病人治病。病人走后，段馥亭再耐心加以点评。就这样，张代钊在段馥亭的点拨下进步很快，他的中医知识更加丰富、牢固，还学到了更多的实际治疗经验。

段馥亭长于中医外科，最善于治疗诸如骨关节结核、淋巴结核、乳腺炎、皮肤病等疑难病症。张代钊记得，一个患有十几年右锁骨骨结核病的妇女来找段馥亭看病，她的右锁骨骨结核病很严重，右臂基本失去劳动能力，就连自己的衣服都不能洗。段馥亭用一种带有异香的黄色药粉，以水调匀，敷于那位妇女的右锁骨处。敷上后，那位妇女觉得药帖把皮肤抓得很紧，好像药力在往里钻，很舒服。一周后去换药，摘下来的药帖颜色全变黑了。段馥亭说，这是把毒往出"拔"呢。继续用药。连续用了四五周，那位妇女感到病况有明显减轻，换下的药帖颜色也由全黑而逐渐变浅，恢复了一点黄色。再往后，经过半年左右的治疗，那位妇女的症状完全消失，她又抱起大盆拆洗被子了。

张代钊还记得，一位年龄仅有 20 岁的小伙子来找段馥亭看病，他的右手腕肿胀得很厉害，疼痛难忍，腕关节不能活动，并在腕部掌侧有一处面积达 $9cm^2$ 大小的溃疡，已经半年有余。X 线片检查表明，他患了右腕关节结核。段馥亭先给病人用化腐生肌丹治疗，3 个月后溃疡愈合。然后，再用前面说到过的黄色药粉外敷患处治疗。半年后，再做 X 线片检查，结果显示："骨质清晰，并已经形成修复现象。"段馥亭用的黄色药粉就是他独创的名叫"骨痨散"的外用药。段馥亭不仅把配方告诉了张代钊，而且还耐心讲解了药的作用机理。

段馥亭认为，骨关节结核的发病原因主要是外感风邪、寒湿内侵、脾胃失调、肝肾亏损、七情不舒造成的人体之抵抗力虚弱，这种虚弱使外来之结核杆菌侵入骨中，从而引发骨关节结核。基于这样的辨证，段馥亭在"骨痨散"中加入藤黄，藤黄酸涩有毒，具有解毒止痛的作用；还有生川乌和生草乌，这两味药均味辛性热，能祛风散寒和定痛；还有麝香，麝香能通经活络，消肿止痛；还有狗宝，狗宝是狗胃内的结石，长于健骨解毒止痛。后来，张代钊总结"骨痨散"的特点是：温通散寒，化阴为阳，解毒止痛。

就这样，张代钊在博采众师之长的基础上，又通过跟段馥亭学习中医的临床实践，对中医的理解有了质的提高，完成了从书本到实践、从理论到应用的跨越。

治癌奠基　白纸绘图

肿瘤是一种古老的疾病，早在殷墟出土的甲骨文中就有"瘤"的病名记载。两千多年前的《周礼》中也有记载。中医认为，肿瘤的病因病理为正气先虚、邪毒炽盛、气滞血瘀、痰饮集聚所致。

西医也早就注意到肿瘤。希腊的希波克拉底（公元前460~公元前370）已经对肿瘤有了初步认识。此后，西医一直把肿瘤看作是"黑胆汁"凝聚、瘀滞而成。直到19世纪，西医开始用细胞病理学解释肿瘤形成的原因。按照西医的观点，组成肿瘤的细胞与正常细胞不同，它们的体积偏大，以较高的密度聚集在一起，而且功能也没有正常细胞完整。恶性肿瘤就是癌。癌细胞能没有节制地疯狂增长，它们侵袭周边组织，并且能沿着淋巴道和血液转移。西医认为，癌症是细胞遗传变异引发的。癌细胞的遗传变异影响两类遗传基因：一是致癌基因，这种基因使细胞具有疯狂增长的性质；二是肿瘤抑制基因，这种基因可使癌细胞受到抑制而不起作用。

虽然中医和西医都有相关理论解释肿瘤，但是，无论是西医还是中医，都没有揭开肿瘤的全部奥秘，特别是恶性肿瘤——癌症，更是当今世界性的疑难病。

1960 年，一个偶然的机会，张代钊接触了肿瘤治疗，从此踏上征服肿瘤的征程。中医研究院广安门医院派张代钊去中国医学科学院肿瘤医院（那时叫日坛医院）搞协作。肿瘤医院用西医办法治疗肿瘤。西医治疗肿瘤的方法基本上有 3 种：一是手术，二是化疗，三是放疗。手术可以完整地切除肿瘤，但是对中晚期癌瘤（即恶性肿瘤）的治疗效果不太理想。手术切除癌瘤后，癌瘤很容易复发扩散。此外，能做手术的病人，只占病人总数的 10%~15% 左右，大部分病人都需要进行化疗和放疗。

化疗和放疗对病人的身体损害较大。化疗是指应用药物治疗癌症。这些特殊的药物有时称为细胞毒药物，可杀灭肿瘤细胞。许多化疗药物来源于自然，如植物，其他是人工合成。目前已有超过 50 种的化疗药物，常用的有阿霉素、表阿霉素、环磷酰胺、丝裂霉素、5-氟脲嘧啶、紫杉醇、健泽、DDP、NVB 等。这些药物经常以不同的强度联合应用。

放射疗法是用 X 线、γ 线等放射线照射癌组织。由于放射线的生物学作用，能大量地杀伤癌组织，破坏癌组织，使癌瘤缩小。这种疗法，是利用放射线杀死癌细胞的疗法，由于足够的放射剂量仅对被照射部位有治疗效果，所以此法和外科手术疗法同为局部疗法。虽然放疗和化疗有很多优点，但副反应也不少。张代钊观察到病人经过化疗、放疗后出现的毒副反应都比较严重，比如病人感到极度恶心，呕吐很厉害，食欲迅速减退，腹痛，腹泻，白细胞减少，血小板下降。不少病人在放化疗 1~2 周后多感觉全身疲乏，四肢无力，精神不振，心慌气短，失眠，出虚汗，咽干，口干舌燥及脱发等，许多病人因不能耐受这些毒副反应而放弃化疗、放疗。从这个角度看，癌症难治的原因之一就是病人难以忍受化疗和放疗的毒副反应。

为了减轻肿瘤病人的痛苦，帮助他们继续接受化疗和放疗，张代钊开始试着给病人吃中药。刚开始时，他也不知道应该给病人吃什么中药。一是他那时还没有治疗癌症的临床经验，二是翻遍了中医书籍也没有找到有关治疗癌症放化疗毒副反应的记载。但是，困难并没有阻止他。他开始认真观察病人，仔细琢磨病情，最终确定用中医的辨证论治做突破口。经过长时间的思考和无数次的临床实践，他终于形成了自己独到的减轻癌症化疗和放疗后毒副反应的治疗方法。

张代钊运用中医药治疗癌症的效果逐渐获得了中国医学科学院肿瘤医院的认同。那时，肿瘤医院每周都用一个上午召集全院有关科室的医师共同讨论全院各科提出的疑难病例，以期进一步明确诊断和制订合理的综合治疗方案。张代钊负责提供中医治疗方案，尽可能减轻放疗和化疗的副反应。经过综合治疗，患者的生存质量都较好，复发及转移率亦较低。西医肿瘤专家也看到了中医药的作用，愿意让患者配合服中药。年轻的张代钊不但得到了患者的尊重，也得到了同行的赞许，在肿瘤医院留下很好的口碑，至今仍经常被请去会诊。

在与肿瘤医院协作期间，张代钊的人品和医术获得了肿瘤医院广大同行的好评。特别是李冰副院长，非常赏识他的才华。张代钊来肿瘤医院坐诊的时候，李冰常在百忙之中抽出时间在旁边观看。观看张代钊治病时，她从不插话。其实，这是她考察年轻人的一种特殊方式。慢慢地，李冰开始喜欢并且赏识张代钊的过人才能了。有了李冰的大力支持，张代钊更是如鱼得水，快速进步。

1970 年，张代钊遇到另一个在实践中学习治疗癌症的重要机会，这次机会使他治疗癌症的医术更趋成熟。事情是这样的：1970 年在天津召开了第一届全国肿瘤会议，会上，中国医学科学院和中医研究院研究决定，组织精兵强将去河南林县搞治疗癌症试点。林县是食管癌的高发区，发病率高达 20‰，几乎每家都有人患食管癌。中医研究院非常重视这次活动，派出张代钊和周文琼、刘美兰、姜凤梧等人加入到医科院肿瘤医院的医疗队。参加该医疗队的还有河南安阳地区医院派出的以武志文副院长领头的四位大夫。医疗队定名为北京医疗队，队长是罗贤懋，指导员是渠川琰，同时任命武志文和张代钊为副队长。成员有来自医科院肿瘤医院、肿瘤研究所、实验研究所、药物研究所等单位的谷铣之、杨简、李铭新、孙建衡、陈迪华等教授和医务人员，共40余人。1971年，医科院党委书记、副院长白希清也来医疗队所在的姚村蹲点考察，和大家一起下到村里参加防治研究工作。

张代钊在林县一待就是两年多。林县的生活非常艰苦，医疗队成员都住在老乡家里，天天轮流到各家吃饭。当地老百姓的生活很苦，每顿饭吃的粮食就是糠饼，菜就是盐腌的白菜。糠饼极其难以下咽，只能就着一碗白开水送下。张代钊和医疗队成员就是在这样艰苦的生活条件下为病人看病。为了接触更多的病人，张代钊放弃比较舒适的坐诊，坚持天天骑着自行车到老乡家里巡诊。林县的道路很不好走，有一次，路上的大坑使他从自行车上重重地摔到地上，但他很快挣扎着爬起来，继续赶路。

张代钊与医疗队的其他成员一道在村里建立了家庭病房，送医送药上门，全面观察病人。医疗队共采用了50多种抗癌中草药和单验方给病人治病，疗程最长者有一年多，短者亦达数月。使用抗癌乙片（夏枯草、重楼、白鲜皮、败酱草、山豆根等）治疗的25例经X线片及细胞学检查确诊为食管癌的病人，其总有效率（指病情及X线片检查均有好转者）为50%，尤其对贲门癌的疗效较明显。医疗队还在农村建立了小药厂，土法上马，自力更生，针对病人病情的需要及时地创制了各种新药，制成散剂、糖浆、针剂等剂型，供病人使用，极大地方便了病人，深受农民的欢迎。

在临床治疗中，谷铣之教授和张代钊协作，对102例食管癌病人开展了中西医结合的腔内放射治疗。治疗时采用有效长度为5~7cm的线形钴放射源，每次照射时间为 6 小时，每周 1 次，全部疗程为 3~4 次。这种疗法在治疗中或治疗后会有不少病人发生食管局部疼痛，严重者不能进食，需靠输液来维持营养。在单纯放射治疗组的 48 例病人中，有 9 例病人发生了严重的局部疼痛，而在中西医结合治疗组的 54 例病人中，因使用了清热解毒、生津润燥、凉补气血和健脾和胃等药物，经中医药治疗后无一例因严重的副反应而需要靠输液来维持营养的病例。通过本组 102 例中西医结合防治食管癌放疗副反应的临床观察，谷铣之教授相信采用中医药对减轻放疗毒副反应是有疗效的。从此以后，张代钊倡导的中西医结合防治癌症的研究工作，得到了不少西医专家的认同和支持。

张代钊与医疗队的其他成员意识到，要想有效地抑制林县的癌症高发病率，必须从预防入手。经过大家共同观察和研究，他们发现林县人常吃的酸菜不是用盐腌制的，而是用开水浸泡成的，用这种方法腌制的酸菜、干萝卜条中含有大量的亚硝胺类化合物、黄曲霉菌、白地霉菌等致癌物。在林县浅水井中提取出来的苦水中也测出亚硝胺类化合物。调查证明，林县食管癌高发区的日常食物中往往缺乏多种维生素；土壤中钡、硒、铜、铁等元素的含量也较低；同时还发现，食管癌病人多为营养不良、免疫力低下人群，有些人还有不良的生活习惯及饮食习惯。这些都是该地区癌症多发的原因。

针对这些现象，医疗队提出了群防群治的"三、五、七"要求。所谓"三"，就是三早，即对食管癌要早期发现、早期诊断和早期治疗；"五"是指防霉（防止食物发霉）、去胺（不吃含有亚硝胺类化合物的食物）、施钼肥、积极治疗食管上皮重度增生（约有 25% 的食管上皮重度增生症状可变成食管癌）及改变不良的生活习惯五种措施；"七"是让群众了解早期食管癌的七大症状，即吞咽食物时多有哽噎感、疼痛感、异物感、滞留感、咽部干燥感、紧缩及胸背疼痛感七个症状，以提醒病人及早去找医生诊断和治疗。

在林县 3 年的经历，使张代钊极大地丰富了用中医治疗癌症的理论和实践经验，为他日后进一步形成中医治疗癌症思路打下了坚实的基础。

转移阵地　协同创优

1983 年，中日友好医院建成。卫生部非常重视中日友好医院的建设，决定从北京各大医院抽调精兵强将支援中日友好医院。张代钊也接到了调令。

当时，张代钊已经是中西医治疗肿瘤的专家，在全国的知名度很高。肿瘤医院李冰副院长一直想把张代钊从广安门医院调过来。然而，广安门医院哪里肯放走张代钊。这次，上级把张代钊调往中日友好医院，广安门医院不得不放。聪明的李冰副院长认为机会来了，她想把张代钊调进肿瘤医院。于是，她找到中日友好医院人事处长于梅萍。

"我拿一个好大夫与你换张代钊吧。"李冰诚恳地说。

"不行！"于梅萍摇头道。

"我拿两个好大夫跟你换一个张代钊。"一看这一招不灵，李冰只好加大砝码。

"不行！"

"我拿三个好大夫与你换张代钊。"

"不行！"

……

就这样，张代钊最终还是走进了中日友好医院的大门。这是他人生的又一次大转折，大挑战。

　　在中日友好医院上班的第一天，一位院领导告诉张代钊，肿瘤科不能独立建科，需要附属于老年疾病科之下。张代钊对这个安排感到很吃惊，但没有生气，他耐心地讲解了自己与肿瘤疾病打了 25 年交道的心得。这位院领导终于理解了建立肿瘤科的重要性。最终，院领导同意了张代钊的主张——建立独立的中日友好医院肿瘤科。

　　如何打造中医肿瘤科呢？经过长时间思考，张代钊确立了几条策略。

　　第一是人才策略。张代钊认为，要想把肿瘤科打造成全国一流的肿瘤科室，就必须有一流的医生。于是，他逐步网罗人才。李佩文、董秀荣、郝迎旭、崔慧娟、贾力群等一批医师来了，有了一流的团队，肿瘤科就有了大发展的基础。

　　人才来了之后，张代钊又把重点放在培养人才的素质上。他自 1978 年指导研究生以来，已经培养了 10 多位硕士研究生、博士研究生、学术经验继承人。从数目上看，他培养的研究生并不算多，但是，他培养出来的学生的能力和水平确实是一流的。如今，他的研究生均成为主任医师或学科带头人、科室负责人。开门弟子李佩文已经是中西医治疗癌症的领军人物、全国政协委员。学术继承人郝迎旭是中日友好医院的主任医师、成绩斐然的中西医治癌专家。他还培养了大批的进修生、留学生，真可谓桃李满天下。

　　张代钊非常重视对年轻医生的医学再教育。当时，大多数分配来肿瘤科工作的医科大学毕业生都没有系统地学习过肿瘤知识。张代钊就经常组织大家学习肿瘤的基本知识，了解世界上治癌的最新进展。于是，大学生们很快就能诊治病人了。

　　张代钊认为，中医也应该是一门开放的科学，学中医的人要与全世界的医学同仁们交流。所以，他要求肿瘤科的青年医生要学好英语。为了帮助大家尽快提高英语能力，他组织大家每天早晨 7 点半 ~8 点集体学英语。那时，他已经 50 多岁了，但他还与大家一道坚持每天学习英语。肿瘤科青年医生的英语水平迅速提高。

张代钊非常关心学生们的未来。他除了亲自为自己的硕士研究生和博士研究生找工作外，还热心帮助中医学术经验继承人发展事业。他指导过的中医学术经验继承人大多已有 20 多年的临床治疗经历，论临床经验，这些人一般都超过经验较少的博士研究生。但是，由于中医学术经验继承人的培训制度并未被纳入教育部的计划，所以，中医学术经验继承人没有任何学历，仅有一纸空文。张代钊认为这种安排很不公平。所以，他利用所有可能的渠道把自己的意见向卫生部领导反映。经过他多次的努力，中医学术经验继承人终于被纳入教育部的计划，成为有学位文凭的学者。所有的中医学术继承人都非常感谢张代钊的努力。

张代钊十分重视学生的学术自由。他常说："你们毕业后，就要按照自己的思路去作研究。我是师傅，师傅把你们引进门，未来就看你们自己的努力了。"由于张代钊具有这种宽广的胸怀，学生们都同他结下了深深的师生情谊。

第二是中西医结合策略。张代钊认为，西医治疗早期癌瘤效果很好，所以西医治疗癌瘤有不可取代的地位。但是，没有中医的帮助，西医治疗晚、中期癌症的疗效不佳。所以，张代钊倾力走一条中西医结合治疗癌瘤的路子。

第三是文化策略，就是要培植一种以患者为中心的文化。张代钊给学生们定的医疗准则是"五心加微笑"——关心，对病人要像对家人一样关心；耐心，耐心地给病人做思想工作；细心，管理病人一定要细心；信心，首先自己要对治疗有信心；放心，前面四心都做到了，才能让病人放心。外加一点：管理病人要面带发自内心的微笑。张代钊要求学生做到这些，他自己更是以身作则。他家住广安门，20 多年来，每天都是早晨 7 点之前到医院。

这就意味着他每天凌晨 5 点必须出发。在他的带动下，学生们工作勤奋，经常加班加点。

第四是创新策略，就是要大力提倡科学，不断研究新药。张代钊认为，好的疗效来自好的药方。但是，如果仅仅是依赖古人提供的药方，总有一天会出现无方可用的局面。于是，他在肿瘤科内大力提倡科学研究。他安排足够的人力从事中西医结合治疗癌症对照组的研究，还亲自指导研究工作。科学研究可以为肿瘤科的发展提供强劲的动力。

第五是营造团结氛围。张代钊认为，不团结协作的团队是没有希望的。所以，他进入中日友好医院 20 多年来，一直注意搞好科室团结。他要求肿瘤科全体医务人员都要搞好团结，只有团结才能发展；为人要坦诚，有意见要当面提出来，不搞小动作，更不搞小帮派。

20 多年来，在张代钊的领导下，中日友好医院肿瘤科一直是院内先进科室。1989 年，肿瘤科被评为北京市劳动模范班组。

理论阐释　综合治疗

有了第一流的团队，再加上中日友好医院有全国最好的放疗治癌的条件，张代钊就有了进一步研究中西医结合治疗癌症的绝佳的平台。

为了更有效地治疗肿瘤，特别是恶性肿瘤——癌症，张代钊开始进一步寻找肿瘤发病的内因和外因。他根据多年治疗肿瘤的临床实践经验，并综合中医和西医的特长，提出了独到的理论来解释肿瘤产生的内因和外因。

张代钊认为，人体产生肿瘤最主要的内因包括：七情不舒，饮食不节，过度劳倦，年老体衰等。

七情不舒，指喜、怒、忧、思、悲、恐、惊等情绪方面的非正常变化。人的正常情绪活动是以脏腑气血作为物质基础的，反过来，不健康的情绪活动也可引起脏腑功能的紊乱，如气血失调、痰湿不化等，日久积聚，发为肿瘤。如《外科正宗》指出："忧郁伤肝，思虑伤脾，积想在心，所愿不得达者，致经络痞涩，聚结成痰核。"又云："失荣者，或因六欲不遂，损伤中气，郁火相凝，隧痰失道，停结而成。"以上论述说明七情不舒可致癌。现代医学也认为长期或过度的精神或情绪刺激，可以影响神经系统的兴奋性增高或受抑制，内分泌系统中某些激素增多或减少，体液平衡紊乱，代谢产物积聚，便可破坏内环境，从而使正常细胞癌变或使癌细胞增殖发展。此外情志异常又可抑制免疫功能，增强癌症易感性。如实验用条件反射的方法使小鼠中枢神经过度紧张紊乱，能促进由甲基胆蒽诱发的肉瘤和皮下移植肉瘤的生长。在宫颈癌的病因调查中，不少患者有精神创伤史；食管癌患者多性情暴躁；乳腺癌患者多有情志不畅等精神因素。

饮食不节，导致脾胃有问题。脾胃为后天之本，若纵情口腹之欲、饥饱无常，必伤脾胃。脾胃既伤，气血生化之源不足，正气下降，邪气乃入。《医门法律》说："过饮滚酒，多成膈症，人皆知之。"《医学统旨》亦说："酒米面炙焙、黏滑难化之物，滞于中宫（即胃肠道），损伤脾胃，日久不治，渐成痞满吞酸，甚则成为噎膈反胃，得斯疾患者，不可轻视，必须早治。"以上均说明过量饮酒、嗜食生冷、炙煿、膏粱可损伤脾胃，蓄毒体内，郁热津伤凝痰，从而导致各种肿瘤发生。现代医学认为，饮食因素在肿瘤的成因中占很重要的位置。它包括食物本身存在的致癌物，如亚硝胺类及细菌、病毒和真菌类物质，还包括一些慢性机械和炎性刺激以及消化功能紊乱所造成的诱癌条件。另外，过食肥甘厚味或营养失调，均可成为导致肿瘤形成的因素。高脂肪饮食是诱发乳腺癌、大肠癌的因素之一。此外，不良的饮食习惯，如进食过快、蹲食，使食管受到刺激和食物潴留过久，容易发生炎症和上皮增生而导致食管癌变。

过度劳倦，可以耗损人体正气或使脏腑虚损，从而引发多种疾病。《内经》云："劳者气耗。"说明过度劳累之后宜适当休息，否则易于损伤精气，使脏腑虚损。此外，房事不节，妇女多胎多产等，也与肿瘤发病有一定的关系。

年老体衰，容易引发肿瘤，特别是癌症。人到中年以后，元气衰败，脾肾不足，脏腑阴阳气血亏虚，为疾病的滋生创造了条件。如申斗垣论癌发时说："癌发四十岁以上，血亏气损，厚味过多，所生者，十痊一二……"朱丹溪亦说："噎膈反胃，名虽不同，病出一体，多由气血衰弱而成。"现代医学认为，人到了中老年时期，体内各个脏器的生理功能下降，内分泌系统失调，免疫功能减退，对肿瘤细胞的抑制作用减弱，肿瘤更易于形成和生长。

张代钊认为，产生肿瘤的外因就是外感六淫不正之气。风、寒、暑、湿、燥、火本是自然界六种正常变化的气候现象，称之为"六气"。一旦"六气"发生异常变化（太过或不及）、人体抵抗力下降时，"六气"就成了人体的致病因素，变为"六淫"，损伤机体，致脏腑虚损。中医很早就认识到癌瘤的发生与外邪侵袭有关，认为人体为外邪所侵，即能积久成病，如《灵枢·九针论》曰："四时八风之客于经络之中，为瘤病者也。"《灵枢·刺节真邪》说："虚邪之入于身也深，寒与热相搏，久留而内著……邪气居其间而不反，发于筋溜……肠溜。"《诸病源候论》云："恶核者，内里忽有核累累如梅李，小如豆粒……此风邪挟毒所成。"以上论述均说明外感六淫是癌瘤形成的主要原因。这种致癌的外感因素，包括生物、物理及化学等方面的环境因素。生物因素指病毒（约150余种）、霉菌、寄生虫等。物理因素是指电力辐射、紫外线照射、热辐射、创伤及纤维性物质等。化学因素主要指氮芥、3,4-苯并芘、亚硝胺及某些激素、农药等。外感六淫致病，即这些因素直接作用于机体，产生一系列病理变化；另一方面，气候的异常变化，又是细菌、病毒等生物致病因子繁殖、传播、流行的条件之一。

张代钊在分析了肿瘤的内因和外因之后，又提出了中医肿瘤形成及发展的病机理论。这个理论可简要概括为：气血不和，痰湿不化，毒邪为患和脏腑虚损。

气血不和，即气血失调，气滞血瘀，进而凝结成块，日久形成肿瘤。如《医学十二种》讲："噎之症也，有瘀血，顽痰逆气，阻膈胃气。"《外科医宗汇编》亦称："忧愁则气闭而不行，失荣等症成矣。"气滞血瘀是肿瘤形成的重要病因病机，常见于肺积、肝积、乳岩、噎膈、反胃、肠蕈、女子带下病等。现代医学对血瘀研究比较多，已经证实绝大多数恶性肿瘤患者的血液处于高凝状态，血瘀是形成肿瘤的主要病理机制之一。

痰湿，是体内病理性的液体，如果痰湿长久不化也必凝结成块，形成肿物。在临床中诊断的"痰核"（如脂肪瘤）等症就是由于痰湿不化形成的肿物。《医学入门》曰："盖瘿瘤本共一种，皆痰气结成。"《订补明医指掌》论噎膈称："忧郁则气结于胸，臆而生痰，久则痰结成块，胶于上焦，道路窄狭……而病已成矣。"说明癌瘤的形成与痰湿不化有关。药理研究结果也表明：许多祛湿药和化痰散结药均具有抗肿瘤活性，如猪苓中提取的猪苓多糖、从薏苡仁中提取的薏仁酯，从山慈菇中提取的生物碱秋水仙碱等，都有较明显的抑瘤作用。

毒邪为患，是指某些癌瘤的发生与毒邪内侵及体内蓄有癌毒有密切的关系。华佗的《中藏经》曰："夫痈疽疮肿之所作也，皆五脏六腑蓄毒不流则生矣，非独因荣卫壅塞而发者也。"认为肿瘤的起因由脏腑的"蓄毒"所生。中医将宫颈癌病人从阴道里流出秽臭白带、晚期乳腺癌患处溃烂流出的脓血、部分晚期食管癌病人从食管中吐出的脱落癌块组织等称为癌毒。故肿瘤有以"癌毒"为内因的发病机制，这与现代医学的肿瘤发病学观点相一致。现代药理研究结果表明：以毒攻毒药物均具有较强的抗肿瘤活性，如华蟾素注射液对肉瘤、肝癌等都有较强的抑制肿瘤生长的作用。

　　脏腑虚损，为肿瘤发生的主要病因病机，即"邪之所凑，其气必虚"之理也。脏腑虚损可由以上内、外因素所致。脏腑虚损，则其生理功能失调、紊乱，瘀血、痰湿等病理产物就因此而产生，造成肿瘤发病的病理基础。同时，脏腑虚损，正气虚弱，机体抗邪无力，不能制止邪气的致癌作用，机体不断受到病理性的损害，癌肿就发生、发展。如《外证类编》指出："正气虚则成岩（即癌）。"《诸病源候论》曰："症者，由寒温失节，致脏腑之气虚弱，而饮食不消，聚结在内……"明代张景岳说："脾肾不足及虚弱失调之人，皆有积聚之病。"大量的研究结果和临床实践也证实：大多数癌瘤患者的机体免疫功能均较正常人低。而通过中药扶正培本，可以提高机体的免疫力，增强抗癌能力，提高生活质量，延长生存期，甚至可以使肿瘤缩小，使病人康复。此外，脏腑亏虚实际也包括现代医学中的先天缺陷、遗传因素、年幼易感等先天性致癌因素。

　　有了肿瘤的病机理论，张代钊与师兄余桂清教授、段凤舞教授紧密协作，先后研制出三种有效的治癌方剂：扶正冲剂、扶正解毒冲剂、扶正增效冲剂。在这三者中，扶正冲剂和扶正解毒冲剂，以制服化疗、放疗的副反应为主要目标，而扶正增效冲剂则增加了提高治疗癌症疗效的目标。

　　扶正冲剂，又名健脾益肾冲剂，主要针对接受肿瘤化疗的病人。化疗后，病人常常出现多种副反应。最常见的副反应是消化障碍。多数病人在化疗1~2周后出现胃部饱胀，食欲减退，恶心，干呕，腹胀，腹泻等反应。其次，是骨髓抑制。这个副反应主要表现为白细胞下降、血小板减少等贫血症状。第三，机体衰弱。病人感到全身疲乏，四肢无力，精神不振，心慌气短，失眠，出虚汗，脱发。第四，炎性反应。病人发热，患部疼痛，发生口腔溃疡。第五，苔脉表现。病人舌苔多见薄黄苔、黄苔、黄腻苔、灰腻苔。舌质多呈淡红或红绛。脉象多见沉细、弦细、弦数。

按照中医辨证，这些副反应所表现出的证候，主要是由于化学药物的毒性刺激，引起病人机体的心、脾、肝、肾四经之亏损所致。中医认为，脾主运化，脾虚则运化失司，常可发生一系列的消化功能障碍。肾主骨，骨生髓，肾虚之后必致髓空血少使血象下降，出现机体衰弱、全身无力等证候。因此，治疗化疗病人的原则应以扶正为主，主要治疗原则有三条：补气养血，健脾和胃，滋补肝肾。基于上述中医辨证，扶正冲剂中加入党参，党参有健脾以益气生血的功用。扶正冲剂中还有枸杞子、菟丝子，这两味药可滋补肝肾。此外，扶正冲剂中的女贞子，有益肾以填精生髓的功用。把这几味药加在一起，又产生了一种合力作用，以减轻化疗所致的气血损伤、脾胃失调、肝肾亏损。

扶正解毒冲剂，不仅针对化疗病人，还增加了针对放疗病人的特殊要求。放疗中，放射线进入病人体内，将能量集中在癌变组织上，癌变组织被放射线的能量摧毁。可见，放射治疗实际上就是把中医说的"热"传入人体。所以，癌症病人在放射治疗中所出现的副反应证候群以热象较重、热毒伤阴的证候较多。为此，扶正解毒冲剂的主要治疗原则有六条，即清热解毒，生津润燥，凉补气血，健脾和胃，滋补肝肾，活血化瘀。扶正解毒冲剂中包括：生黄芪、生地、金银花、麦冬、石斛、陈皮、鸡内金、枸杞子、女贞子等。通过大量的临床观察，张代钊发现扶正解毒冲剂有保护骨髓的造血功能，能促进正常细胞的生长和活力，对抗化疗药物对骨髓抑制的副反应的功能。此外，他还发现，癌症患者的细胞免疫能力一般处于低下水平，特别是在放疗中受到进一步的抑制，造成癌（即邪气）与宿主抵抗力（即正气）之间的势力对比发生恶化。扶正解毒冲剂对提升正气有明显的辅助作用。扶正解毒冲剂的药理是建立在益气养血、滋补肝肾、调理脾胃、清热生津等治则基础上的。临床疗效表明，辨证地扶正培本可以作为治疗癌症的基本治则。

扶正增效冲剂，有两个目标。第一个目标是针对放疗的毒副反应采用药物扶正祛邪，以生黄芪、太子参、茯苓、白术健脾益气，北沙参、石斛、枸杞子滋阴润燥，金银花清热解毒，鸡内金健脾和胃。诸药合用扶正不敛邪，祛邪不伤正，以达健脾和胃、生津润燥、清热解毒之功。第二个目标是通过活血化瘀药增加肿瘤细胞的放射敏感性，鸡血藤、红花、苏木活血化瘀，改善血液黏稠度及血流状况，增加氧弥散以减少乏氧细胞，同时可以直接作用于乏氧细胞，以达到放射增敏之效。因此该方既能减轻放疗对机体的毒副反应，又能增加放射线对肿瘤的杀伤作用。

有些人提出疑问："说中药能减轻化疗放疗副反应，有什么科学根据？"张代钊把这些质疑当作继续研究的动力，他感觉到需要改变一下中医评估疗效的办法。传统的中医讲疗效，总是例举个案，比如，某年某月某日治好了某人的疑难病症。他认为，这样讲中医的疗效并没有错，但是不够好。真正好的办法是：既要讲个案，也要按科学研究的办法统计疗效。好比说，治好了100个病人中的1个，与治好了100个病人中的80个，具有完全不同的科学意义。于是，他采用科学的对照组法研究中医治癌疗效。所谓的对照组法，就是组织两组患同样病的人，在病人同意的情况下，一组用中西医结合法治疗，另一组用纯西医方法治疗，然后用各种先进的科学观察手段研究两组的差异，从而总结出中西医结合的客观疗效。

张代钊带领自己的同事和学生，观察两组之间的差异。与传统的西医不同，他没有把比较两组病人差异的指标固定在肿瘤的大小上，而是放在反映病人生存质量的一组指标上，比如：体重的升降、乏力感觉的轻重、口干舌燥的程度、吞咽的痛苦度……张代钊这样做有着深远的意义。首先，人总是要死的，医学的最高愿望不是为了简单地延长生命，而是帮助人们减少病痛，过上更好、更幸福的生活。特别是对那些身患绝症的癌症病人，他们生存在世上的时间已经不多了，他们更希望像普通人一样幸福地走完最后一段人生历程。张代钊强调治癌要提高病人的生存质量，就是强调医学的最高愿望。其次，在目前还无法有效治愈癌症的情况下，简单追求缩小肿瘤的尺寸，并不科学。

通过对 20 000 多例癌症病人的中医治疗效果研究，张代钊和同事们一起证明了一个事实：用中医药治癌能使放疗、化疗的完成率提高 20%，而且毒副反应轻，病人生存质量好，一些患有常见肿瘤的病人生存率也有明显提高。现在，西医界和中医界都有一个共同的认识——中医药能减轻化疗和放疗的毒副反应；病人在肿瘤手术前、手术后吃中药常能提高抵抗力；中西医结合治疗，能减轻症状，减少痛苦。凭着这些努力和成就，张代钊成为中国医学界公认的中西医结合治疗肿瘤的专家。

治癌戒急　分类辨证

有人曾问张代钊："有了扶正冲剂、扶正解毒冲剂、扶正增效冲剂，治疗癌症是不是就不用辨证论治了？"张代钊回答说："癌症是非常复杂的，癌症患者切不可有急躁心理，希望像治感冒一样，吃一种药或接受一种治疗就能痊愈。急躁会带来痛苦，痛苦的癌症患者更加难以治愈。"的确，癌症很复杂，即使有了扶正冲剂、扶正解毒冲剂、扶正增效冲剂，治疗癌症也难以一蹴而就，还是需要辨证论治。为了更有效地治疗癌症，张代钊研究了治疗中所遇到的大量病例，提出了针对胃癌、肝癌、肺癌、肠癌、乳腺癌的分类辨证疗法。分类辨证首先要分析证型，然后根据具体症状有所加减。

比如，胃癌辨证分型及方药主要有以下几种：肝胃不和型，宜舒肝和胃、降逆止痛，以逍遥散、旋覆代赭汤及舒肝丸等加减；脾胃虚寒型，宜温中散寒、健脾和胃，以理中丸合六君子汤等加减；瘀毒内阻型，宜活血祛瘀、解毒止痛，以桃红四物汤、失笑汤或膈下逐瘀汤等加减；胃热阴虚型，宜益胃养阴、清热解毒，以益胃汤合麦门冬汤等加减；痰湿凝结型，宜健脾燥湿、化痰散结，以开郁二陈汤合海藻玉壶汤等加减；气血双亏型，宜补气养血、健脾益肾，以十全大补汤等加减。

随症加减治疗：

（一）呕吐：清半夏、竹茹、代赭石、柿蒂、旋覆花、丁香、生姜、威灵仙、伏龙肝。

（二）多涎者：茯苓、干姜、海浮石、半夏、沉香等。

（三）口干：石斛、花粉、芦根、麦冬、知母、玉竹、沙参、乌梅、五味子。

（四）疼痛：延胡索、木香、香附、杭白芍、白屈菜、降香、五灵脂、乌头。

（五）腹胀：大腹皮、厚朴、枳壳、焦槟榔、莱菔子、木香、砂仁。

（六）便干：火麻仁、郁李仁、大黄、芒硝、瓜蒌、肉苁蓉、土大黄、生首乌。

（七）便溏：炒薏米、苍术、白术、儿茶、山药、扁豆、诃子、罂粟壳、肉豆蔻。

（八）吐血：三七粉、仙鹤草、乌贼骨、白及、血余炭、藕节、旱莲草、云南白药。

（九）便血：地榆、槐花、仙鹤草、三七粉、棕榈炭、白及、云南白药。

（十）贫血：当归、鸡血藤、阿胶珠、龟板胶、丹参、紫河车、三七、黄芪、鹿角胶。

根据病期的早晚、病理类型等制订合理的治疗原则，手术后多以调理脾胃为主，益气养阴，佐以祛邪解毒。针对化疗引起的各种证候，除对症治疗外，多以辨证施治为主，肝脾不和型多以逍遥散加减，脾胃不和型以保和丸加减，心脾两虚型以归脾汤加减，脾肾亏虚型以健脾益肾方加减。

胃癌病变大多由慢性胃炎至胃黏膜萎缩，再至肠上皮化生，再至异型增生等演变而成。张代钊认为积极治疗癌前病变，发挥中医"治未病"的优势，对预防胃癌的发生非常重要。在根据临床症状辨证施治时，增加一些软坚散结类、解毒抗癌类的药物，如山慈菇、莪术、海藻、夏枯草、土茯苓等，对逆转癌前病变有一定的治疗作用。

再比如，肝癌的辨证分型及方药主要有以下几种：肝郁脾虚型，宜舒肝理气、健脾和胃，以柴胡舒肝散、逍遥丸等加减；气滞血瘀型，宜活血化瘀、行气散结，以桃红四物汤合大黄䗪虫丸等加减；湿热瘀毒型，宜清热利湿、解毒散结，以茵陈蒿汤合四苓汤等加减；肝肾阴虚型，宜滋补肝肾、养血柔肝、利水解毒，以滋水清肝饮合麦味地黄丸等加减。

随症治疗：

（一）肝区疼痛：延胡索、川楝子、郁金、徐长卿、丹参、白屈菜、杭白芍、乳香等。

（二）腹胀：轻者加陈皮、木香、茯苓、焦三仙、苏梗、佛手，重者加川朴、枳实、莱菔子、大腹皮、焦槟榔、青皮等。

（三）恶心呕吐：加清半夏、竹茹、旋覆花、代赭石、丁香、柿蒂、生姜等。

（四）低热：加地骨皮、银柴胡、青蒿、丹皮、鳖甲、知母、生地、黄连等。

（五）高热：加生石膏、寒水石、滑石、羚羊角粉、人工牛黄，或加清开灵、牛黄清热散、紫雪散、绿雪、醒脑静等。

（六）腹水：加车前子、车前草、猪苓、茯苓、龙葵、泽泻、赤小豆、商陆、二丑、牛膝、半边莲、水红花子等。

（七）黄疸：加茵陈、龙胆草、黄柏、金钱草、炒栀子、赤小豆、滑石、姜黄、大黄等。

（八）腹泻便溏：脾虚气弱型加炒扁豆、山药、薏米、肉豆蔻、赤石脂、白术、茯苓、党参、苍术、炮姜；湿热下注型加木香、黄连、秦皮、白头翁、黄柏。

（九）便秘：加熟大黄、枳壳、厚朴、芒硝、玄明粉、火麻仁、郁李仁、莱菔子、番泻叶、生山楂等。

（十）吐血、便血：加仙鹤草、白茅根、生地炭、三七粉、大小蓟、白及、地榆、旱莲草、槐花等。

张代钊治疗肝癌的原则是：Ⅰ期尽可能手术切除，手术前后可中药调理，术后酌情辅助化疗及中药治疗。因故不能切除者，可行放疗、化疗、免疫治疗及与中医药治疗结合。Ⅱ期可行姑息性手术、放疗、小剂量化疗、介入治疗、无水酒精注射治疗、免疫治疗，中医药治疗应贯彻始终。Ⅲ期以中药治疗及免疫治疗为主，加强支持及对症治疗，可酌情小剂量化疗等。注意中药配合放疗期间，不宜并用活血化瘀药如三棱、莪术、桃仁、红花等攻癌药，经验证明使用过多这类药，病人的生存期反而缩短了。

上策预防　下策治疗

有人问张代钊最大的愿望是什么？张代钊说："我盼望世界上癌症发病率逐年减少。"确实，癌症发生的原因比较复杂，但并不是不可预知的。据临床医学统计，1/3 的癌瘤是可以预防的，80% 的癌瘤发生与生活习惯及环境因素有关，30% 的癌瘤发生与饮食有关，30% 的癌瘤与吸烟有关。张代钊根据 50 年来治疗癌症的临床经验，提出了预防癌瘤需要从四个主要方面做起。

第一是要饮食规律，荤素搭配，素食为主。目前我们生活的自然环境中存在着常见的三大致癌物，即亚硝胺类化合物；3,4-苯并芘及黄曲霉菌。经腌制的腊肉、腊肠、咸鱼、酸菜，尤其是未腌透的酸菜和咸菜中，含有大量的亚硝胺类化合物，这些化合物最易于诱发胃肠道癌瘤。烟熏和烧烤的牛、羊肉，烧烤的香肠，炭火烤的羊肉串，因烤制的温度较高，其中的有机物受热分解后生成致癌作用很强的 3,4-苯并芘，在烟草中也含有 3,4-苯并芘。每天吸烟 20 支，连续吸烟 20 年以上者，其发生肺癌的机会要比不吸烟者高 20 倍。霉变了的大米、小米、高粱米、玉米、花生、豆类及豆制品等，会产生黄曲霉菌，这种霉菌在新陈代谢过程产生的毒素即黄曲霉毒素，人们吃了易患上肝癌。因此，人们最好做到：

一、不吃或少吃腌制食品。如腊肠、腊肉、酸菜、咸鱼等，尤其是未腌透的一定不要吃。

二、不吃或尽量少吃烧烤食品。如烟熏和烧烤的牛、羊肉，烧烤的香肠，炭火烤的羊肉串。

三、不吃发霉粮食。如霉变了的大米、小米、高粱米、玉米、花生、豆类及油制品。尽量不吃或少吃陈饭剩菜。

四、主食宜米面搭配，多吃五谷杂粮。如小米、玉米、高粱米、黄豆、豌豆、绿豆、花生等。副食品应多吃各类新鲜蔬菜和水果（蔬菜煎炒前需多泡洗，以免农药残留）。在副食品中大蒜、大葱、洋葱、胡萝卜、西红柿、绿菜花、苦瓜、南瓜、洋白菜、辣椒、生姜、豆制品等都具有一定的防癌作用。这些食品主要是有抑制各类致癌因素诱导基因突变作用，进而防止癌症的发生。

五、在饮食调理中还应注意多进食低糖、低盐、低脂肪的食物，以防止肥胖、胆固醇增多、心脑血管疾病、糖尿病、肠癌、乳腺癌等病的发生率增加的危险。

六、养成良好的饮食习惯，不偏食及暴饮暴食，要饮食有节，定时进餐。餐后漱口刷牙，讲究口腔卫生。

七、常服保健食品。

（一）枸杞子二三十粒，小火，水煎成 500ml，全部服下，每日 1 次；或枸杞子三四十粒与粥同煮后服下，每日 1 次。此方适宜于中老年人服用。

（二）西洋参 3g，冬虫夏草两三支，枸杞子三四十粒，红枣七枚，水煎成 500~1000ml 茶饮，此方对身体较虚弱者为宜，可常服。

（三）常食核桃、蜂蜜、蜂王浆、维生素 B、维生素 C、维生素 E 等。

（四）患有贫血的老年人，可用老母鸡 1 只，三七 9g，清蒸或清炖后食用，每周或 10 天吃 1 次。

（五）注意保持正常体重。保持正常体重可以预防心脑血管疾病、高血压病、糖尿病、结肠癌、乳腺癌、胰腺癌、前列腺癌等常见的老年性疾病。

第二是要增强体质，坚持天天运动。癌症病人尤其是中晚期病人一般体质都比较虚弱。据临床统计，约 85% 的癌症病人的细胞免疫功能均低于正常范围。人人皆知生命在于运动，运动可以促进健康，增强体质，有益于预防疾病和治疗疾病，但贵在坚持，要天天运动，常年不断，持之以恒。要结合每个人的年龄、体质、健康状况等进行适合于自己的体育活动。日常生活中常见的运动有：

（一）走路。步行是最简单的健身运动形式，老少皆宜。步行时可以加快全身血液循环，促进新陈代谢，使人容光焕发，精神倍增。古人云：饭后百步走，活到九十九。晚饭后散步三四十分钟可改善睡眠。

（二）慢跑。晨起后慢跑二三十分钟，使全身发热或微微汗出，可使人感到全身舒畅。

（三）根据每个人的不同爱好参加绘画、唱歌、跳舞以及游泳、骑自行车、爬山、旅游、打球、健身操、太极拳等活动，以提高身体的摄氧量，促进心肺功能。运动学上所称的有氧运动，都是有益于健康的。

第三是要心胸开阔，淡泊名利，保持心情舒畅。不少肿瘤学家愈来愈认识到精神因素与肿瘤发生有着十分密切的关系，过重的精神压力能减弱身体的免疫功能和对疾病的抵抗能力，在宫颈癌的病因调查中，不少患者在患病之前多有精神创伤史，食管癌患者多有性情暴躁史，乳腺癌患者多有七情不舒、肝郁气滞、忧思郁结、积想在心、所愿不遂等情志不畅的精神因素。两千多年前的《黄帝内经》说："恬淡虚无，真气从之。""阴平阳秘，精神乃治。"说明一个人要想身体健康就得心胸开阔，淡泊名利。据美国医学家统计，心胸狭窄者，其免疫功能大多低下，易患癌症。一个乐于助人者，与人相处融洽者，其寿命都显著延长。助人可以激发人们对他人的友爱和感激之情，从而激发内心的温暖，进而缓解自己在日常生活中的焦急和烦恼，而有益于提高身体的免疫力，减少肿瘤发生几率。

第四是要生活规律。据有关资料表明，在某市因患癌瘤的死亡率统计中，35岁~55岁的中年人占死亡人数的46.9%，其中近70%是因肝癌而死。医学家分析，其原因多是由于生活不规律，工作压力大，不运动，不注意体育锻炼，经常饮酒，大量吸烟，大吃大喝，晚不睡，早不起等不良生活习惯所致。预防癌症增强体质，一定要养成良好的生活习惯，早睡早起，不熬夜，不睡懒觉，不吸烟，不喝酒或少饮酒，讲究卫生，勤洗澡，看电视时距离电视机不宜太近（两米以外最好）。家庭装修时要注意选择环保材料；要搞好环境卫生，注意绿化，房前庭后种植花草可美化环境，清洁空气。做到既不闲散又不过于劳累，劳逸结合。

思路清晰　中西合璧

中国有句老话：纲举目张。经过长时间的治癌医疗实践活动，张代钊已经积累了大量的实际经验和具体药方。但是，这些经验和具体药方，还只是"目"，张代钊需要建立一个"纲"。这个"纲"，就是他提出的中西医结合治疗癌症的思路。这个"纲"，其实也就是中西医结合治疗癌症的原则。各种具体治癌方法都要以这个原则作为出发点，并自觉接受这个原则的指导。

张代钊治癌思路的出发点是对中国的肿瘤病客观现状的总体判断。中国现在每年大约有 220 万名新增癌症患者，癌症已经是中国的常见病，治癌疗效的好坏直接关系到患者个人及家庭的幸福，甚至关系到社会的安定与和谐。不难想象，如果一个癌症病人在花费了几十万元后还是痛苦地死去了，他的家庭将会遭受多么大的打击。更严重的是，这 220 万名新增癌症患者中的 80% 都是中晚期病人，做手术已经没有疗效，只能用化疗和放疗手段治疗。因此，要想提高治疗癌症的疗效，就必须提高化疗和放疗的疗效，而影响化疗和放疗疗效的最大障碍就是化疗和放疗的毒副反应。以这个总体判断作为出发点，张代钊的中西医结合治疗癌症的思路体现在三个原则上。

张代钊治癌思路的第一个原则是整体观。肿瘤病是一个全身性疾病的局部表现。细胞病理学虽然为肿瘤的组织发生学奠定了基础，但在病因认知上也有一定的局限性。随着生物化学、免疫学和分子生物学等生命科学的发展，人们对肿瘤的认知越来越深入。很可能在癌变的初期已经有了基因的一系列改变，如癌基因的突变、重排、扩增，抑癌基因的丢失、失活。总之，中西医都强调肿瘤是一个全身性疾病，因此对癌症的治疗就要作整体的考虑。

张代钊治癌思路的第二个原则是抗瘤解毒要适应病人的状态。根据中医理论和张代钊的临证经验，癌症发生的病因病机主要是由气、血、痰、毒、虚所致，即是气血不和，痰湿不化，毒邪为患和脏腑虚损。气血不和是指气血失调，气滞血瘀，进而凝结成块；痰湿是指体内的病理性液体，如果这些病理性液体长久不化，也必凝结成块形成肿物；毒邪为患是指某些癌瘤的发生与毒邪内侵有着密切的关系，按照中医辨证，此类毒邪归属阴寒之毒；脏腑虚损是癌症发生的主要内因，即古人所说的"邪之所凑，其气必虚"。

根据以上病因病机之理，张代钊治癌有以下八大治疗原则，即：补气养血、健脾和胃、滋补肝肾、活血化瘀、通经活络、化痰利湿、软坚散结、解毒止痛。

同时根据肿瘤病人病情之轻重，病期之早晚等因素，可将病人分为早、中、晚三期而确定治疗原则。

早期：病人一般全身情况和体质都较好，病情较轻，肿瘤无转移。此期治疗原则宜以祛邪解毒（抗癌）为主，扶正培本为辅。

中期：病人全身一般情况尚佳，但其病情较早期为重，肿瘤较大或已有局部浸润扩散。中期病人之治疗原则宜采用攻补兼施、扶正祛邪并举的原则。

晚期：病人一般比较虚弱，肿瘤已有转移，多有气血双亏或有恶液质者。此期宜采用扶正培本为主、祛邪解毒为辅的治疗原则，切忌攻伐，勿伤正气。

目前我国现症癌症病人中多数病人已属中晚期。这些病人的体质都较虚弱，据统计约有 85% 的癌症病人的细胞免疫功能低于正常值。这些病人"体虚邪实"，也就是说病人的免疫力和抗癌能力都下降了，而肿瘤的毒素却在体内上升和进一步扩散。中晚期特别是晚期癌症病人的治疗目的，不是消灭肿瘤，根治肿瘤，而应是以减轻症状、减少痛苦和提高生存质量为主，治疗应以扶正培本为主，即支持治疗为主、祛邪解毒为辅，并尽力做到扶正之中不留邪，祛邪之中不伤正（正气）。从而达到减轻症状，减轻痛苦，稳定病情，提高生存质量，延长生存期和带瘤生存的目的。

肿瘤是全身性疾病的局部表现，目前治疗肿瘤的各种方法都有一定适应证和局限性。中医长于扶正培本，可增强患者免疫力，但在临床上其抗癌作用不如扶正作用强；西医治疗肿瘤多以手术、放疗及化疗为主，这些疗法长于抑瘤抗癌，但对机体的免疫力常带来一定的损伤和打击。因此应将中西医之长有机地结合起来，充分发挥两者之长，去其所短。对各期肿瘤病人的治疗应在全面分析病情后，制订出一个中西医结合的、有计划的、科学的（既规范又适合个体）、病人体质及经济能力能承受得了的综合治疗方案。事实证明，经过如此综合治疗的病人，其生存质量都较好，复发及转移率亦较低，生存率也得到明显提高。

康复治疗是治疗中晚期癌症病人的重要组成部分。康复治疗在临床上的重要意义在于使病人经过合理的综合治疗后，身心都能得到康复。张代钊的口号是："治身在于动，治心在于静。"中晚期病人体质一般都较虚弱，医生要求病人活动时要根据每个病人的不同情况量力而行，不可硬性强求。进行适度的活动，常可使病人经脉舒畅，气血流通，食欲增加，睡眠充足。所谓"治心"，即心理康复之意，就是要求病人保持思想开阔，心情开朗愉快，去掉"癌症等于死亡"的沉重思想包袱。医生要多与病人谈心，安慰病人，或定期召开"抗癌明星"座谈会，交流治疗及康复经验，使病人心静神佳，树立起战胜癌瘤的信心。多年来，我国北京、天津、上海三市曾评选出"抗癌明星"（是对勇于与死神抗争并取得胜利的癌症病人的赞誉）数百人。

张代钊治癌思路的第三个原则是强调要适应病人经济承受能力。现在治癌的药都很贵，治疗费少则上万，多则几十万。为治癌，病人家庭常常人财两空。所以，张代钊提出要搞经济上承受得了的综合治疗，走因地制宜的综合治疗之路。要考虑当地的医疗条件、物质条件等方方面面。总体说来，设计的治疗方案应是符合当地条件的最佳方案。比如，北京有北京的最佳方案，甘肃有甘肃的最佳方案。什么时候放疗，什么时候化疗，什么时候吃中药，要根据病人所处的环境和病人的实际状况仔细计划。这个计划的核心，就是让病人在自己的经济承受能力范围内，经过治疗后，症状减轻，病痛减少，生命质量提高。

杏林四海　众口称誉

　　有人曾经问张代钊从事用中医治疗癌症50年来的感受，他想了一想，说："就是感到病人多。"张代钊的学生为他算了一笔粗账：从1958年到2008年，他在广安门医院从事治疗肿瘤工作25年，后又在中日友好医院从事治疗肿瘤工作25年，一共50年，他每天大约要给20个病人看病，1周5天就是100人，1年合计约5000人次，50年算下来大约近30万人次。每个病人的治疗过程都是一个故事，每个故事都反映着张代钊高尚的医德和高明的医术。由于篇幅有限，我们只能挑选几个故事来说明。

　　1985年，一位年龄38岁的董姓男病人找到张代钊看病。他从6月起出现呕吐，吃饭噎得非常厉害。西医给他做了食管镜检查后诊断为食管癌。9月，他在外科进行了食管癌手术。手术后，情况很不好，出现乏力、大汗、胸闷、胸痛、纳少等症状。11月，张代钊开始给他服用补气养血、健脾和胃、宽胸理气、化瘀解毒的中药。经过3年多治疗，他的病症基本消失。1989年2月复查，他的胸片、上消化道造影、肝功、肾功、血沉、癌胚抗原、免疫球蛋白、补体、血清蛋白电泳均正常。他后来回到了正常工作岗位。

　　1973年11月的一天，医院肿瘤科来了父女两人。父亲谭先生向张代钊叙述了女儿患脑瘤偏瘫的病情。原来，小梅（化名）在 1967 年 10 岁时就被发现脑瘤隐患。谭先生带着女儿去天津最好的医院治疗。医生在给小梅做了全面检查后，确诊为脑肿瘤。于是，天津这家医院给小梅做了脑肿瘤切除手术。手术很成功，小梅恢复了正常。但是，小梅的脑瘤在 1973 年春天复发，这次病情更为严重，她偏瘫了。谭先生带着偏瘫的女儿跑遍了北京大大小小的医院，各医院都说，既然手术已经做过，而且手术也很成功，现在又复发，这说明已经无药可治。来找张代钊，是他绝望之时燃起的最后一线希望。张代钊在仔细研究了病情后，开出几副特殊的中药。回家后，父亲便给女儿煎药服下。5 天后，奇迹出现了，小梅的右手能动了，右腿也能动了。半年后，小梅竟恢复了正常。张代钊在得知谭先生父女俩经济较困难之后，决定不要求父女俩定期从老家唐山来北京，而是用书信的方式对小梅进行复查。张代钊在接下来的 3 年里采用这种特殊的治疗方式为小梅免费看病。后来，小梅完全康复了，而且已有了孩子。

张代钊德高望重、医术精湛的美名也一传十、十传百地传到海外。许多国家的癌症病人及家属通过各种渠道邀请张代钊去国外给病人诊治。

1985 年，一位姓于的菲律宾华人领袖通过国务院华侨事务办公室请张代钊去给他身患胃癌的妻子会诊。张代钊赴菲律宾用中药有效地缓解了于夫人的化疗反应。于先生和他的夫人对张代钊的治疗非常满意。

1989 年，泰国副总理顾问蔡明祥请张代钊去泰国会诊。蔡明祥是泰国知名华侨，热爱祖国。拥有数十亿元资产的他不幸患上了晚期肝癌，曾在中日友好医院住院治疗，由于身有政务不便久留。为了在泰国继续治病，他点名要张代钊、郁仁存等医生去泰国给他治病。当时，蔡明祥的西医主治医是一位日本医生，他总是给蔡明祥打干扰素。干扰素进入蔡明祥体内，引起 39℃ 高热。

张代钊只好用中药给蔡明祥退热。待蔡明祥热退后，那位日本医生又给蔡明祥注射干扰素，蔡明祥马上又高热 39℃。就这样，张代钊用中药及时化解了蔡明祥的三次高热。虽然张代钊最终没能用中药挽救身患晚期肝癌的蔡明祥的生命，但是他用中药提高了蔡明祥生命最后一个时期的生活质量。

1991 年，80 岁的印度尼西亚华侨廖先生被查出身患肝癌，他在新加坡伊丽莎白医院做化疗时副反应很严重，听人说张代钊能用中药缓解病情，便请张代钊去新加坡会诊。张代钊用中药为病痛中的廖先生治疗。廖先生感到疗效明显。次年，廖先生再次邀请张代钊去印度尼西亚为他治疗。后来，为了感谢张代钊的精心治疗，廖先生向张代钊所在的中日友好医院捐赠了 2 万美元。

张代钊从事中西医结合治疗癌症 50 年，他高明的医术和崇高的医德得到了病人的好评。然而，病人的好评仅仅是他获得的口碑的一部分。听一听与张代钊共事多年的专家学者的称赞，更能彰显出他的医德与医术。

我国肿瘤防治事业的主要奠基人、中国癌症研究基金会主席、中国医学科学院肿瘤医院原副院长李冰曾说："我本人非常欣赏和由衷支持张代钊教授等中西医专家们的这项工作，中西医结合防治肿瘤的研究，结合中国特点，走自己的路，对研究防治肿瘤将会有更大的促进。"

中国科学院院士、中国中西医结合学会名誉会长陈可冀教授说："张代钊教授是我国著名肿瘤学家，毕生致力于肿瘤的临床医疗和研究工作，挽救了许多垂危病人，在中医药治疗恶性肿瘤作用原理研究方面，也多有建树。代钊教授在恶性肿瘤病人放化疗反应的中西医结合治疗方面，尤其积累有丰富经验，处方遣药，每起沉疴。"

著名放射学家、中国医学科学院肿瘤医院谷铣之教授说："张代钊教授从事中西医结合治疗肿瘤数十年，积累了丰富的经验，不但从临床上证实其治则的正确性，在实验研究中也取得了证实。"

中国中西医结合学会肿瘤专业委员会首任主任委员、我国著名中西医结合肿瘤专家余桂清教授，在为张代钊所著的《中西结合治疗放化疗毒副反应》一书所写的序言中说："张代钊教授是中西医结合学会肿瘤专业委员会的老专家，他和他的同事们研究'防治放化疗毒副反应'这个专题已经40余年了，现在毫无保留地系统地公开介绍了以中医为主，中西医结合防治癌症病人放化疗毒副反应的证治经验，我能在本书出版前，一睹全书风貌，甚感欣悦。它丰富的内容，精辟的论述和作者的医疗实践经验使我受益匪浅。深信本书的出版，将对广大中医、西医、中西医结合工作者有所裨益，将为医林增辉。"

中日友好医院院长许树强说："我们永远不会忘记中西医结合历程中的代表人物张代钊教授，他也是我们医务工作者的杰出代表。无论认识或不认识，无论是农民病人或是有钱的病人，只要找张老看病，你都会看到一个场景：张老非常耐心地给病人和家属解释药的吃法、用法，他从来没有过不耐烦的情况，他从来不耍态度。这是张老一个很高的品质。张老不仅在学术方面达到了高峰，在做人方面也达到了高峰。"

是啊，张代钊走过的几十年，是不断攀登医学高峰的历程，也是不断攀登道德高峰的历程。

（撰稿人　何卫宁）

李经纬 卷

李经纬（1929—　）

八十自銘

李经纬手迹

　　我一生热爱中医史研究、教学与国内外学术
交流，在医史领域可以说倾尽全力，但在名利地
位上从没有超越自己能力的追求。

——李经纬

　　李经纬，1929 年出生，陕西咸阳人，著名中医史学家。1955
年毕业于西安医学院，同年参加卫生部主办的第一届全国西医学
习中医研究班学习，1958 年分配到中医研究院医史研究室。1976
年奉命组建中国医史文献研究室（所），任主任（所长），并任中
华医学会医史学分会主任委员、《中华医史杂志》总编辑。1980
年，先后被聘为国家科委预防医学专业组组员、卫生部科委委员、
卫生事业管理与医学史专业组副组长。1982 年创办中国医史博物
馆并任馆长。1992 年开始享受国务院政府特殊津贴。先后培养中
外医史学硕士研究生 14 名、博士研究生和博士后 16 名。在古代
中国医学发明创造的发掘、隋唐医学史、外科学史、疾病史、医
学政策、医史理论的研究、中医及医史工具书的编撰等方面取得
突出成就。1987 年主持卫生部下达的《中国医学通史》四巨册之
编撰工作，任该书常务副总编；1991 年主持国家自然科学基金会
课题"中医学名词术语译释"研究。代表性著作有：《中医史》、
《中国古代医学史略》、《中国古代医史图录》、《中国医学百科全
书·医学史》、《中医大辞典》、《中医人物辞典》等 20 余种。发
表论文 100 余篇，主要有《中国古代外科成就》、《中国古代医学

科学技术发明举隅》、《中国古代免疫思想、技术与影响》、《传统
医学发展与政策因素》、《关于评价医学家学术思想的几个问题》、
《中国医学史研究的方法论问题》等。

实现理想　踏上医学道路

在历史文化名城陕西咸阳北部，有一个小秩村。1929 年 7 月
16 日，农历六月初十，李经纬出生在村子里一户普通的农民家
庭。他有一个哥哥和一个姐姐，哥哥已经夭折。当时适遇关中三
年大旱的第一年，庄稼颗粒无收。他的出生对于家里来说真是悲
喜交集，喜的是又添新丁，悲的是庄稼没有收成，母亲吃不上饭
没有奶水，这个孩子怎么活下去？没过几天小生命似乎就走到了
尽头。家人准备好了一张草席，等待着小生命的离去。母亲伤心
地哭泣着，充满绝望。也许是母爱感动了苍天，顽强的小生命在
母亲的泪水中活了过来。度过这场灾难，母亲更加珍惜这个小生
命，给他取了个小名叫"宝娃儿"。靠乡邻们的帮助，宝娃儿平安
地成长起来。

宝娃儿五六岁的时候，右手腕关节周围长了一个脓包，引发
了淋巴结炎，沿着前臂向上出现了一条红线，患处疼痛，浑身无
力、发烧。家里请来一个名叫侯十一的大夫，诊断为"走黄"，于
是取出手术刀具，在肘窝处挑断"红线"，并在原发病灶处敷上膏
药，干净利索地完成了治疗，五六天后病就好了。这件事给宝娃
儿印象很深，他自此就在心中许下"长大要当医生"的愿望。

宝娃儿的父母都是农民。母亲没念过书，一个字也不认识。
父亲在私塾念过一两年书，勉强会写自己的名字，会写家里的堂
名——"积善堂"。父亲本来不愿意让宝娃儿上学，但在亲戚邻里
的劝说下，父亲勉强同意让宝娃儿念书。这时宝娃儿已经 8 岁。

学校是由村里关帝庙改建的，教育方式也是私塾式的。学

校的老师一见到聪明淘气的宝娃儿就很喜欢，知道这个虽然淘气却天庭饱满、地廓方圆的孩子还没有学名后，便说："就叫经纬吧，经天纬地，将来要干一番大事业。你说好不好，李经纬？""好！"小宝娃儿连声说好。他当时并不明白这个名字的意思，只是感觉自己有了正式的名字是一件很值得自豪的事情。后来的学习中，老师一直激励他好好读书，将来干一番大事业。而李经纬也酷爱读书，学习成绩一直优异，顺利地读完初中。

因为家贫，初中毕业后李经纬不得不放弃自己想报考高中继而读医学院的志向，而报考了可以免费就读的西安师范学校。师范毕业后，恰逢中华人民共和国成立，师范毕业生幸运地被破例允许直接报考大学。李经纬做梦也没有想到，自己早已破灭的理想终于有了实现的机会，他如愿考上了西北大学医学院。

西北大学医学院，前身是国立北平大学医学院，抗战时期曾相继易名为西安临时大学医学院、西北联合大学医学院。1946年5月，改名为国立西北大学医学院。在李经纬入学第二年改名为西北医学院，1956年改成西安医学院，1985年该校又更名为西安医科大学。2000年西安医科大学与西安交通大学、陕西财经学院实现三校合并，成为新组建的西安交通大学医学院。

李经纬终于向自己的理想迈出关键性的一步。入学后的每一天，他的脸上都洋溢着满意的微笑。对他来说，医学院的条件太好了，是他从小到大唯一一所不用担心吃不饱饭、交不起学费的学堂。学校设置的每门功课他都非常喜爱。他感觉太顺利了，太幸福了。五〇级入学时只有两个专业，一个是外科，一个是妇产科。李经纬被分在外科专业。外科教研室主任陈向志，是当时西北地区最好的胸外科医生。李经纬对他非常崇拜，决心以他为榜样，毕业后当一名好的外科医生。五年的学习生活不知不觉就飞快地过去了。毕业分配时，学习成绩优异的李经纬被分配到卫生部直属的、正在筹建中的北京阜外医院。由于阜外医院还没建成，卫生部安排李经纬等几位同学暂时留在西安继续深造。

深造期间，学习勤奋又喜欢动脑筋的李经纬很快显示出外科的天赋。因为是为卫生部代培，学校安排李经纬在附属医院外科教研室管理病房。一天，医院来了一个求医的十四五岁的小男孩，男孩患处脓肿很大，体质又很虚弱。经过拍片确诊为慢性骨髓炎脓肿。外科采用常规的切开引流，但窦道很深，引流不畅，必须抽取脓液。脓液抽出后，患者症状很快好转，体温很快下降，但是第二天脓液又蓄积起来，体温又升高了。限于当时的条件，主任、主治医师等都没有好办法，病人也用不起昂贵的青霉素。李经纬想，这个病例的关键问题是引流不畅，经过思考，他设计出一种"土引流器"，接上两根橡皮管子，一根在上面，吊着一个盐水瓶，盐水流到脓腔处冲洗，另一根管子通到下面，把脓液和废盐水排出。设备虽然简陋，但解决了问题。陈向志老师很高兴，表扬李经纬说："很不错，很有科学头脑。"

还有一次，一个患者得了一种奇怪的病，冬天有尿血现象，夏天就好了，来就诊的时候却正是夏天，检查不出来。主管医师和上级医师都没法确诊。李经纬钻进图书馆翻阅资料，在《希氏内科学》中发现，果然有一种病叫"寒冷性血尿"，于是向老师建议："现在是夏天，不是检查不出血尿来吗？我们可以找两块冰，让患者双手握住，经寒冷刺激，他可能会有血尿。《希氏内科学》就是这样写的。"上级医师认为可行，于是他们如法炮制，让患者两手握冰再去尿检，果然查出血尿，从而作出了诊断。

大多数学医者都曾有过当外科医生的梦想，外科干脆利索，解决问题快，也最能体现个人技术的好坏。通过这些事情，李经纬更加热爱外科了，他坚信自己完全有能力当一名优秀的外科医生，将来可以成为像陈向志老师那么优秀、甚至更好的胸外科专家。陈向志老师也发现李经纬在外科方面的才能，认为他勤于动脑，巧于动手，爱读书，善写文章，打心眼里喜欢上了这个学生，想把他培养成胸外科的出色专家。

服从组织 转行中医学史

命运并不全是依照人们的意愿转移的。1955 年底，李经纬突然接到卫生部的紧急调令，要求他到北京刚成立的中医研究院报到。到中医研究院（当时院部在广安门）报到后，第二天赶到西苑，进入西医学习中医研究班学习。

中医研究院西医学习中医研究班是卫生部主办的。现在看来，这个研究班在中国当代医学史上占有重要地位。

1954 年 6 月，毛泽东主席指示："即时成立中医研究机构，罗致好的中医进行研究，派好的西医学习中医，共同参加研究工作。"中央文化委员会遵照中央领导的指示，提出《关于改进中医工作问题的报告》，其中措施之一是"建立和办好中医研究院"。1954 年 11 月 23 日，党中央批转了这个报告，1955 年 12 月 19 日，中医研究院正式成立，同时西医学习中医研究班开学。

《人民日报》为此发表社论《加强中医研究工作的重要步骤》，以庆祝中医研究院的成立和西医学习中医研究班的开学。社论说："这是加强中医研究工作的重要步骤，今后我国医学界学习、整理和提高祖国医学遗产的工作，将会在专门机构的统一指导下有组织地进行。"《健康报》也发表了社论《发扬祖国医学遗产的重要措施——祝中医研究院成立》，文中说："中医研究院第一批已从全国各省、市调来 120 名高级西医学习中医。他们都掌握了现代医学知识和一定临床经验，学习中医是不难的，只要苦心钻研一定能够学好。同时，又从全国聘请 30 余名著名老中医来院授课，他们大都是年迈长者，为了人民的事业不避辛劳来京热情地参加教学与研究工作，定能将全部知识和经验传授给好学的新生一代，在党的领导下不断地提高政治觉悟与教学相长的业务水平，以集体的智慧，定能不断培养出新生的研究力量和中医师资来。"

来自全国各地的西医师聚集在一起学习中医，这是中华人民共和国卫生系统的一个创举。此后这个班上出现了众多享誉全国甚至蜚声海外的中西医结合专家。

学习班的十二字方针是"系统学习，全面掌握，整理提高"。因为学员都是西医出身，对中医缺乏了解，开始时许多学员对于学习中医还存抵触情绪。李经纬也是这样。他回想自己的成长道路，脑中好像过电影一样，从小秩村开始，走进马庄、咸阳、西安、北京，一步步走得那么不轻松，几经波折，好不容易才实现了学医的理想，大学毕业以后马上就要做胸外科医生了，有这么光明平坦的前途，却突然毫无思想准备地被派来学中医，他不理解，内心很矛盾，但他能够迅速地排解不良情绪。尽管他思想上一时不理解，但行动上没有迟疑，坚决服从组织安排。

在西学中班上，为了不荒废自己的外科学业，还盘算着毕业后重操手术刀的李经纬，开始阅读起中医的外科古籍。这一阅读不要紧，竟改变了李经纬一生的道路。通过学习，李经纬逐渐安下心来，他认为学习中医也没有什么不好。从思想深处他并不反感中医，但又有些不明白，为什么有的西医总认为中医落后呢？如果真是这样，为什么党中央又一再强调学习中医呢？其实许多反对中医的人根本就不知道什么是中医，他想：我倒要看看中医究竟是怎么回事。

在西学中班上发生的一件事情令李经纬至今难忘。事情是这样的：实习时李经纬被安排在南京市中医院，带教的老中医是阎老师。有一次接到南京市人民医院（西医医院）会诊的请求，阎老师带上李经纬同去。患者被确诊为胆汁淤积性肝硬化，李经纬看到病人已经面色黧黑，骨瘦如柴。之前患者已采用西医方法治疗，但效果不理想。阎老师在望闻问切之后让李经纬也照做了一遍。阎老师问道："你认为这是什么病证，如何治疗？"有点儿考查学生的意思。李经纬对病情进行了分析：病人身体还不算太衰弱，但黄疸已经变成黑疸，面色晦暗，有点浮肿，睡眠不好，食欲不好，全身非常疲乏，认为应辨证为湿重于热的黄疸。于是他大胆地说："是黄疸已经发展到黑疸阶段了。是不是湿重于热？好像还有点肝胃不和……"阎老师问："治疗应该立什么法呢？"李经纬根据掌握的中医知识说："应该清热去湿，疏肝利胆。"阎老师接着说："好啊，那你处方吧。"李经纬根据所立治法，选用了一些疏肝、利胆、去湿的药，还加了一些安神的药物如茯神，消食的药物如神曲等。阎老师看了以后说："可以！就按你的处方吧。"李经纬把会诊过程写在病历上，并开出处方，阎老师在处方上签了字。

　　这个诊治过程完全是按照中医的思维方式进行的，处方也是遵循中医辨证而设的。对于这样的诊治，有着系统西医知识背景的李经纬是完全没有把握的，他本来以为阎老师会在他的诊治环节中提出指导性的意见，但是老师没有这样做，他有些忐忑不安。这个病人已经采用西医方法治疗，且效果不理想，中医方法就能奏效吗？他有点将信将疑。第三天，李经纬跟老师如约到南京市人民医院复诊，病人吃了3剂中药后，自我感觉很舒坦，主症见轻，兼症睡眠和饮食有明显改善。李经纬又想，这个处方既采用了辨证施治，又结合病人具体情况对症治疗，症状有了好转，不足为奇。但不知道中药对于肝功能的改善有没有效果，也就是说对于实质脏器是否有作用。因为现象好转，并不代表本质的好转。于是，按照中医"效不更方"的原则，对原方略作加减，让病人又吃了两个多星期的药，再次检查病人的肝功能，发现各项指标居然真的好转了。这件事对李经纬的教育很大，表面上看，采用的中药并没有直接针对肝功能，但是按照中医理论指导临床，不仅使症状好转，同时又可以解决疾病的实质性问题。这段经历对李经纬后来坚定地学习、研究中医的影响很大。

回到北京，研究班做总结的时候，李经纬把这件事和自己的体会详详细细地进行了讲述。西学中班在毕业总结时把这个案例同其他同学的一些实例都写进了《中央卫生部党组关于西医学习中医离职班情况、成绩和经验给中央的报告》，这个报告受到了党中央的高度重视，毛泽东主席于1958年10月11日在这个报告上写下重要批语："中国医药学是一个伟大的宝库，应当努力发掘，加以提高。"中共中央遵照毛泽东主席指示，发出《对卫生部党组关于组织西医离职学习中医班总结报告的批示》，并于1958年11月18日附以卫生部的报告转发给各省、市、自治区党委。这个指示连同卫生部党组的总结报告于1958年11月20日在《人民日报》发表，很快在全国引起了巨大反响。

由于自己本来想干西医外科，所以李经纬对中医外科非常感兴趣，希望了解中医外科到底有没有什么值得西医学习的。研究班有一个图书馆，李经纬利用课余时间把图书馆中的所有中医外科书籍几乎从头到尾细读一遍，读着读着，兴趣越来越浓。他惊奇地发现，中国古代早已在外科方面有很了不起的成就。他如获至宝地逐条记录下来，包括历代医学家对外科疾病的认识、医疗技术、外科手术、医疗与手术器械、麻醉术、清洁消毒，以及历代医疗体制、外科设施等等，就这样越记越多。中医外科书籍读完了，又把综合书籍中的外科部分也都读了；研究班图书馆的书读完了，再到中医研究院图书馆去读。当时研究院图书馆在广安门院部，离研究班的住地西苑很远，他就托到城里办事的同事代借，若星期天进城，他也会去图书馆看书借书。约用了一年多的时间，他记录了一千多张卡片，然后对卡片进行分类整理，写出一篇五六万字的论文《中国古代外科伟大成就》。

论文写完后，李经纬把它交给西学中研究班的班主任曲严敏，由曲严敏转交给鲁之俊院长，鲁院长看后觉得不错，又转交给著名医史学专家陈邦贤。陈邦贤是现代中国医学史界的大师级人物，他于 1914 四年在上海倡导并成立了中国历史上第一个医史研究会，1919 年编撰完成第一部《中国医学史》。中华人民共和国成立以后，陈邦贤奉命调到北京，在中央卫生研究院中国医药研究所医史研究室从事中国医学史研究工作，1955 年中医研究院成立后调到医史研究室任副主任，中医研究院的领导都很倚重他。陈邦贤是我国第一代中国医史学家，在中华人民共和国成立前的 30 年，医史研究几乎总是踽踽独行，但他情有独钟，一直执著于自己热爱的事业。即使在抗战时期的重庆，日本飞机在天上狂轰滥炸，他在防空洞中仍然借着微弱的光线读书；他总是背着一个小包袱，包袱中装着书籍和笔记本，随时随地取出来摘抄。在这样艰苦的环境中，他竟然完成了二十六史中的医学史料汇编。

陈老看了李经纬的论文后十分赞赏，对鲁院长说："这个学生我们要了。"于是西学中班毕业后，李经纬被分到中医研究院医史研究室，从事中国医学史的研究，从此以后，在医学史的"喜马拉雅山"上他越攀越高。

医学史研究室主任是著名中医临床家赵金铎，陈邦贤任副主任，主管业务。李经纬到了医史室以后，跟陈邦贤学习的机会多了，就更佩服这位老师。陈老当时已经年逾古稀，每天仍坚持上班，而且总是早上第一个来，很晚才走。李经纬看在眼里，记在心上，他又有了新的学习榜样，决心以陈老为榜样，继承和发扬刻苦钻研精神、严谨治学态度、科学研究方法。

陈邦贤对李经纬的成长十分关心。有一次陈邦贤参加《科学史集刊》编委会会议时，把李经纬介绍给时任中国科学院第一副院长的竺可桢先生，并把李经纬的医史学处女作《中国古代外科伟大成就》呈递给竺可桢审阅。竺可桢在百忙之中审阅了李经纬这位初出茅庐的青年人的论文后，给予了很高的评价，同时提出修改意见，然后在他创办的《科学史集刊》上刊载。这对李经纬是极大的鼓舞，使他坚定了从事医学史研究的信心和决心。

与第一代中国医史学家相比，李经纬有了更高的起点，他更广泛、全面地掌握中西医学专门知识，同时国家也为他提供了更好的工作条件和研究环境，他可以专心致志地从事医学史研究。作为一个医学史研究工作者，李经纬深知自己必须要有广博的知识储备，要有敏锐的史学目光。李经纬和同学蔡景峰同时被分到医史研究室，他们都在朝着成为一名医史学家的方向不懈地努力着。

意气风发　　深入广泛探索

李经纬对医学史的研究是全方位的。他全面继承了老师陈邦贤的研究领域，但并不满足于此，还在不断拓展新的研究范围，使医史研究空前活跃，引导医学史研究向医史学迈进。

一、中医专史的研究

科学史研究的发展规律总是从粗线条的轮廓勾画到深化细致描绘，在其进程中分科会越来越细，研究的内容也会越来越多。医史学也是这样，随着研究的进展，它对研究者知识和能力的要求也越来越高。现代医学学科的高度分化与综合趋势，不仅需要高屋建瓴的宏观俯瞰，还需要深入内部的微观透视、扫描。医学史研究的深入，亦即"内史"的深入，医学史也有了通史和专史之分，并向更深入的专史研究发展。

从某种意义上讲，李经纬的专科史研究是从该学科起步时就开始的。1956年，他的第一篇医史学论文，就是有关外科专科史的研究。他当时的动机非常单纯，主要是想了解中医外科有无科学内容。在通过大量调研发现的诸多成就面前，作为一位西医外科青年医师，李经纬改变了过去对中医的看法，由此步入了中医史学研究，并勤奋耕耘40余年而不改初衷。李经纬的这篇《中国古代外科伟大成就》论文，分为若干小节，分述了中国古代外科的设立、外科著作和医家学术思想、外科抗菌药物的发明和制造、消毒、麻醉、损伤与出血、骨折与脱臼、外科感染、异物、整形、肿瘤、先天性畸形、其他常见外科疾病、外科医疗手术之创造。文章中的案例都是李经纬首次发掘并报道的。论文全面系统地梳理了历代中医的外科成就，既有力地驳斥了那些完全否定中医的观点，又使那些持"西医外科好，中医内科好"观点的人能够全面地了解中医。在这一时期，李经纬还先后发表了《古代杰出的外科医生华佗》、《中国古代外科学思想史略》等论文，开拓了外科专科史研究这个新领域。他的研究方法为后人提供了可资借鉴的思路。

1976年毛泽东主席去世，遗体保护成为一个急迫的问题。党中央为此成立了遗体保护领导小组，吴阶平是医学方面的组长，中医方面由中医研究院院长鲁之俊负责。鲁之俊把任务下达给李经纬时说："马王堆女尸为什么能保存两千年不变，你们要立即调查研究。"李经纬立刻行动，查阅了历代很多资料，甚至包括盗墓的资料，最后发现一些中药在尸体防腐方面具有一定作用。听了李经纬的汇报，鲁之俊马上组织北京中医学院（现北京中医药大学）细菌、病理、生化几个教研室的科研人员进行实验，发现这些药物确实有良好的抑菌作用。这项工作结束后，李经纬受到了嘉奖。

20世纪八九十年代，李经纬比较集中地发表了一些中医外科史研究方面的论文，如《唐代骨伤科专家——蔺道人》、《发展外科学的杰出医家——陈实功》、《中医急救技术的历史成就》、《〈五十二病方·肠〉之研究》、《中国古代麻醉与外科手术成就》等等。

李经纬对外科史的研究情有独钟，青年时期的抱负使他不但系统学习过西医外科，也几乎浏览过全部中医外科的历代著作，因此做这方面的研究总是得心应手，其成就也得到学术界的赞誉。

他一直希望能编撰一部中医外科史专著，遗憾的是，由于工作繁忙，经常要领导、组织和参与完成上级下达的科研任务，有些课题又是急需的、重大的，他不得不暂时搁置自己的研究计划。

二、隋唐医学史的研究

李经纬在主持中国医史文献研究所工作期间，曾对中国医学通史室的每个科研人员进行过大致分工，他本人主攻隋唐医学史和外科史。因此李经纬对隋唐医学史的研究也卓有成效，除著作外，他还就隋唐医学的发展和贡献、隋唐中外医学的交流，以及著名医家巢元方、孙思邈等的医著《诸病源候论》、《备急千金要方》等都发表过论文，阐述自己的学术研究成果。

孙思邈是我国历史上著名的医药学家，因医术高超而受到后人的崇敬，被尊为药王。药王庙至今仍香火不断。李经纬在从事医史研究的开始就注意到这位伟大的医药学家。1959 年和 1962 年他先后两次发表全面介绍孙思邈的论文，对孙思邈在医学上的贡献进行系统的整理，阐述了孙思邈在营养学、药物学、卫生学、妇产科和儿科、针灸、炼丹术等方面的贡献以及对后世医药发展的影响。

1959 年，医史研究室陈邦贤先生在几天里先后接到两封分别从卫生部和中华医学会转来的信件，都是陕西耀县文教卫生局寄来的，内容也是一样。事情的原委是这样的：陕西耀县是孙思邈的故乡，当地人民要为这位给他们带来荣耀的祖先修一座纪念馆，可是关于孙思邈的生卒年历代记载莫衷一是，这可难坏了当地的有关部门，他们希望卫生部和中华医学会能请专家学者对孙思邈的生卒年作出确切的考证。陈邦贤非常信任地把这个任务交给了已经对孙思邈颇有研究的李经纬，说道："正好你是陕西人，老家离耀县也不远，你就大胆地假设，小心地论证吧。"起初还有些担心的李经纬在陈邦贤的鼓励下接受了这副重担。他先查阅了各种史书，将有关记载按可信程度进行排列，根据对这些记载的梳理，他发现有关孙思邈卒年和年龄的记载要比有关其生年的记载可靠。然后他对新旧《唐书》等各种史料的记载进行分析、考证、研究，提出孙思邈的生年以公元 581 年（隋开皇元年）为最可靠，卒年是公元 682 年（唐永淳元年）。1984 年，李经纬与研究生胡乃长对孙思邈的生年又进一步作了考证，提供了大量有说服力的论据，证明其生年应为公元 581 年。这一成果直至今日仍被学界公认。

三、中外医学交流史的研究

历史上我国医学同国外医学有过频繁交流，不仅促进了彼此间医学水平的提高，同时也加强了中外人民的友谊。随着"丝绸之路"的开通，西域和东南亚各国的医药开始陆续传入我国。唐代以后，由于内外交通和航海日益发达，为中外文化交流创造了更为有利的条件，中医学与周边国家的交流日益频繁。古人不但把中医学传播到外国，而且吸收域外的医学成果，并融入中医药体系之中，成为中医学中不可或缺的组成部分。

1992 年，季羡林先生主持编撰一部大型丛书《中外文化交流史》，邀请李经纬承担其中《中外医学交流史》部分。湖南教育出版社来人商谈此事时，李经纬担心以往这方面的研究较少，唯恐影响出版质量，但同时也感到此项研究意义很大，作为医史学研究者责无旁贷，经过反复斟酌，终于承担下来。之后他组织研究所中一批年轻学者协同工作，广泛搜集史料，严谨考证，经过约5 年的努力，书稿终于完成，于 1998 年正式出版。李经纬在序言中写道："我们所以重视中外医学交流之研究与编撰，或可视之为从业动力之一，希望前人发展医学科学并从学术交流中获益的历史经验，能在现实中发挥一些有益的促进作用。我们相信，重视中外医学交流史的历史经验，借鉴其启示，在扩大自身的知识领域、设计自己的研究课题、教育学生和年轻一代、发挥学术交流史知识之作用方面，一定会有莫大的效益。因此，我们是将中外医学交流作为一个学科来看待的。"

四、医学思想史的研究

医学思想是什么，这本身就是一个仁者见仁、智者见智的问题。编写中医学思想史更是一个棘手的课题。从医学思想角度上讲，自古至今中医学思想有没有发展，是如何发展的，学者都各有自己的见解和主张。

《中医学思想史》就是这样一个需要长时间研究，但又没有足够时间研究的课题。中国科学院中国自然科学史研究所王渝生所长再三恳请李经纬主编此书，李经纬一再辞谢，王渝生则以时代的重托、社会的责任等等难以推卸的理由将担子加到李经纬的肩上，他终于同意了。

包括《中医学思想史》在内的《学科思想史文库》，是一部大型丛书，按设计分自然科学与社会科学两类。社会科学史文库由中国社会科学院汝信副院长任总编；自然科学史文库由中国科学院路甬祥院长任总编，《中医学思想史》是该丛书的组成部分。李经纬之所以最后接受担任《中医学思想史》主编的任务，还有一个主要的原因，他多年来从事医史学的研究，深知医学思想是一个既富有启迪作用又有挑战性的研究项目，医学思想问题一直在困扰着他，同时也吸引着他。多年前他曾与湖南中医学院（现湖南中医药大学）的著名老中医、医学史专家欧阳锜教授一起讨论过此课题，一致认为这项研究十分重要，同时也预料到这将是非常辛苦艰难的历程。其实李经纬也写过一些医学思想史的论文，如《孙思邈的养生学思想和贡献》、《中国古代外科学思想史略》、《中国古代免疫学思想、技术与影响》、《对刘完素学术思想的研究》、《关于评价医学学术思想的几个问题》等等，正是因为了解，他才知道个中深浅。接受了这项艰巨任务后，李经纬不敢懈怠，他组织在这方面有研究的学者共同参与，反复研讨、修订，才告竣工。其间还得到陈可冀院士、程莘农院士、王永炎院士的指导、支持与鼓励；一些著名医学史专家如张文教授、孟庆云教授、顾植山教授等都参与了撰稿工作。《中医学思想史》于 2006 年面世。这样一部约 70 万字的著作，近 20 位学者用了整整 10 年的时间，单是编写大纲，前后就八易其稿。成就这部大书是李经纬从事医史学研究以来的一大贡献。

五、疾病史研究

疾病史研究，是医史学领域尤为重要的一个方面。将中国疾病史作为专史研究最早可推陈邦贤所著《中国医学史》中的"疾病史"篇，而余云岫所著《中国古代疾病名候疏义》是古代病名研究之早期著作。较有深度的研究是范行准所撰的《中国病史新义》和台湾地区陈胜昆的《中国疾病史》。李经纬对疾病史的研究可以上推至 20 世纪 60 年代初，当时国家颁布《农业发展纲要》，提出控制、消灭若干传染病、常见病、多发病的要求。其时，李经纬从事医史学研究刚刚起步，但对于国家交给卫生部门的任务，作为医学史学者当然责无旁贷，医史室的同事迅速投入到传染性肝炎、疟疾、痢疾、麻疹、天花、流行性感冒、营养不良性水肿等疾病史的调查研究工作，对每种疾病的病因、病理、证候、症状、诊断、治疗、预防、预后等均作出总结，在对两千年历史的探讨中，积累了大量史料，从中发现了许多历代医学家作出的创造性贡献与技术发明，令人感到十分兴奋。与当代一些社会史学者进行的疾病史研究不同的是，李经纬等人着眼于"内史"的研究，强调服务于当前社会的实际应用。

在疾病史的研究中，有一个非常困难的地方就是古代病症名与西医疾病名的对应。古代所称的"感冒"与今天所说的不同，今天的糖尿病也不完全等同于古代的消渴症。如果不能解决好这一问题，研究的结果就毫无意义。李经纬也遇到这样的问题，如传染性肝炎、疟疾、天花等在古代史料鉴别中就遇到过这种困惑。为力求给予清晰的定义，以供现代临床与基础研究第一线学者参考，李经纬先后发表了《传染性肝炎史述要》、《疟疾史述要》、《记载天花最早文献的辨证》等论文。通过实践，李经纬始终认为，疾病史研究若要取得成功，研究者必须具备中、西两种医学知识修养，该项工作最好能由医史学者与相关疾病临床专家合作进行，这将能够取得更大的成效。多年后，李经纬曾鼓励有中西两种临床经验的学生，选择以疾病史研究作为自己的学位论文题目。

六、医史学理论与方法论研究

作为医史学科的带头人，李经纬始终关注医史学理论与方法论的问题。近百年来，在医史学领域一直存在着关于"医学史"与"医史学"的争论。李经纬认为，二者的区别在于研究水平的阶段不同。医学史是初级阶段，可以用史料积累的方法介绍医学发展的历史知识；或进一步在此基础上有史、有论，但史论仍处于探索阶段，不必具有客观规律性认识。医史学则是比较成熟的阶段，这时史论紧密结合，医学发展的客观规律已被认知，形成了有价值的指导性理论，通过对历史人物、文献、医疗管理制度、医学发展规律以及医疗诸种事件的评估等等，给人以清晰而富有指导性的认知，形成理论与实际结合的学科体系。医史学科目前仍存在着指导理论与方法的不足，是医学史向医史学的过渡阶段。

多年来，李经纬在促进医史学科理论发展、史论结合等方面作了探索性研究，对医学史过渡到医史学作出了贡献。早在20世纪60年代初，刚刚步入医史研究领域的李经纬就曾参与"关于中医文献整理及理论研究的讨论"，他认为，古代医家的进步，无不以整理研究前人成就为基础。如何事半功倍地进行这一工作，亦即方法和途径的问题，是一个长期没有很好解决的问题。他大胆地提出文献的整理工作可以采用较详和较略两种方法，详的方法是通过对文献的科学价值进行介绍，略的方法则以书评式方法写提要；还提出理论研究如何结合实际的问题；指明在医史学刚刚起步的阶段，浮躁是大忌。他的这些见解直到今天仍有现实意义，写提要是基本的，也是很有效的读书方法，选择重点，不断总结，持之以恒，必将有所成就。

1982年，在北京中医学院举办的全国各家学说学习班上，李经纬作了题为《关于评价医家学术思想的几个问题》的报告，就医史学研究的一些方法论上的具体问题展开了讨论。由于这些问题都是他多年从事医史研究的切身体会，所以他的报告既生动具体，又有理论高度，使参加会议的学者耳目一新，引起了广泛关注。他首先指出，研究医学家的学说和学术思想，必须符合实际，而要做到这些必须了解以下三点：（一）医家的学说或学术思想是活的，往往随着医家学识的增长、思想意识的变化等而变化，甚至出现后半生对前半生的自我否定或修正。（二）医家的学说和学术思想，与医家的意识形态、世界观、思想方法等密切相关，与时代的政治、经济、科学文化的发展状况也互相关联。（三）史料有限，不能仅凭借医家在个别问题上的看法或一两种疾病的处理特点而以偏概全。然后他以一桩桩一件件具体的研究实例，来说明研究方法对于作出正确评价的重要意义。

培根说过："读史使人明智，哲理使人深刻。"历史是世界的昨天，而今天是昨天的延续，识多使人智广，读史之人会站在历史的高峰俯瞰社会。李经纬通过对医学史的研究，往往能从战略的高度，发现当今医学发展中存在的问题，并坚持在历史唯物主义思想指导下，公正准确地评价中医、西医两种不同医学体系在保护人类健康方面已经和正在作出的贡献。近年来，社会上出现了一种全盘否定中医的思潮，遭到了很多有识之士的批评。但批评者中有些人存在着对中医盲目地迷信。李经纬敏锐地发现，在这场争论中潜在着一种更大的危险，即有些人不是直接否定中医的论点，而是把中医恶捧到不适当的地位。他和他的博士后王振瑞及时撰写了《两种错误的中国医学史观——评"中医超科学论"和"中医伪科学论"》，发表在《中华医史杂志》上，批评了"中医超科学论"和"中医伪科学论"两种错误医史观，并指出它们对社会的不良影响。该文被其他报刊转载，起到了良好的社会效果。

　　数十年间，李经纬多次撰文、作学术报告，或指导学生研究，就医学起源、医疗政策、医家评价、医学发展分期、医史研究方法论，以及医史研究趋势、医学发展趋势等问题阐述观点，反复探讨，在促进医史学科的深入发展方面作着不懈的努力。

七、民族医学史研究

　　中国是一个统一的多民族的国家，尽管汉族人口占绝大多数，但必须融合众多的少数民族文化，才能构成华夏文化的整体。历史上，中华民族是经过各民族不断的迁徙、分离、融合而逐渐发展起来的。在医学史上各兄弟民族都有自己特色的医疗保健知识体系。医史学研究的前辈在起步阶段，没有条件对少数民族医史进行调研，造成了中国医史中民族医学史研究薄弱的状况。民族医学史是李经纬心中一种难以割舍的情结，他不希望民族医学史在当代还是一个空白。他认为一部中国医学通史，再也不能容许缺少对少数民族医学贡献的记载。

　　1974 年的一天，李经纬收到一封辗转寄来的信件。信是李永年先生寄来的。李永年的经历很曲折，曾在雍和宫当过喇嘛，在中央人民广播电台、西藏人民广播电台当过播音员。他一直有一个愿望，就是要把藏医经典《四部医典》翻译成汉语。20 世纪 70 年代初，李永年从拉萨退休后被安排到山西代县，在困难环境

中，他没有放弃把《四部医典》译成汉语的信念。《四部医典》是
八世纪西藏医学家宇妥宁玛·元丹贡布的著作。宇妥宁玛·元丹
贡布出生在拉萨一个藏医世家，自幼随父习医，后来从师于入藏
的汉医东松嘎瓦，成为一代名医。他游历各地，学习各种医学知
识，回藏后，花费 10 年时间，于四五十岁时撰写完成了藏族医药
学经典著作《四部医典》。这部医药学名著的问世，标志着藏医药
学体系的形成。这样一部重要的藏医学著作没有汉译本，一直是
学术界、医史界的遗憾。李永年的愿望也是李经纬的夙愿。他马
上向中医研究院院长作了汇报，经同意，把李永年接到院里，并
为他提供各种翻译和生活的方便条件，大力支持他全力完成《四
部医典》的翻译工作。李永年以偈颂体翻译完成了第一部汉译本
的《四部医典》。

　　为了推进民族医学史的研究，李经纬不遗余力。中华医史学
会恢复活动时，在草拟的报告中把少数民族医学史作为一个薄弱
环节，被列入重点研究的项目。《中华医史杂志》复刊时，专门开
辟少数民族医学史专栏；在中医研究院医史所下设少数民族医学
史研究室；同时培养少数民族医史学硕士、博士研究生；鼓励支
持少数民族学者关注本民族医史研究；在参与《中国医学百科全
书》的筹备工作中，促成藏、蒙、维、朝鲜族医学分卷设定，以
加强民族学者对民族医史的研究；在《中国医学通史》的编撰中
加入少数民族医学史内容等等。此外，李经纬还亲自撰写了一些
有关少数民族医学史的论文。在其编著的《中医史》中独设一章，
用了大量篇幅撰写古代少数民族医学史，如契丹、回鹘、吐蕃、
女真、党项、回回、蒙古等民族医学史。李经纬为繁荣少数民族
医学史研究贡献了力量。

八、预防医学与养生学史研究

　　重视预防医学是中国医学的一大特点。中医经典《黄帝内经》

强调"圣人不治已病治未病"，"上工治未病，不治已病"。李经纬
对于古代的预防医学和卫生保健也很有研究，先后撰写了《中国古
代的疾病预防与卫生保健》、《我国古代的卫生保健》等论文，较系
统地论述了中国古代卫生保健的成就。在疾病预防中，他探讨了古
人关于预防狂犬病和预防天花的人痘接种术的历史，以及传染病的
各种预防方法、职业病的预防等。在卫生保健方面，他探讨了古人
的个人卫生、饮水卫生、食品卫生和城市卫生设施等。

　　中国人对于养生长寿有执著的渴望，从秦始皇、汉武帝等古
代帝王身上更能看到这种追求。在长期的实践中，古代人掌握了
一定的养生知识和方法。随着中国经济的快速发展，人们的生活
不断改善，人均期望寿命逐渐延长，古代延年益寿理论与技术，
正在日益被人们所关注。李经纬在读书中，强烈地感受到重视疾
病预防对古代养生益寿理论的深刻影响，并积累了丰富的养生延
年经验。他先后在国内外发表《中国古代养生学》、《中国古代的
老年保健》、《孙思邈论养性与老年医学》等十余篇论文，编写专
著《中国传统健身养生图说》，并鼓励三位博士研究生以养生保健
为博士论文选题进行研究。《中国传统健身养生图说》一书出版后
立即获得广泛的好评。不久，台湾元气斋出版社争取到此书的台
湾繁体汉字版出版发行权，将书名改为《图解养生治病功》，分为
上下两册出版，深受台湾读者的欢迎。外文出版社也将此书译为
多种文本向国外推广。2008 年 5 月 25 日，"首届北京中医药文化
宣传周暨中医养生日"在北京朝阳公园隆重举行，大会授予李经
纬"首都中医药养生首席指导专家"荣誉称号，以表彰他在预防
与养生学史研究方面作出的贡献。

九、方药学史研究

　　编写《赵燏黄先生年谱》，是李经纬对中医方药史研究的又
一贡献。赵燏黄是现代生药学家，江苏武进人。1905 年留学日本，

在东京与王焕文等药学生共同创建中华药学会。1911年回国参加
辛亥革命，此后致力于中国生药学的创建，从事生药学教学、科
研和制药生产等工作。他一生十分重视发展中国制药工业，重视
中药材资源的开发和研究。他和徐伯鋆教授编著出版的《现代本
草生药学》，除引用大量中外文献之外，还吸收了他的生药学研
究成果，是我国第一部收载中药材的生药学教科书，改变了过去
生药学只收载外国生药的现象。蔡元培作序评价此书："诚是一
新两千年来吾国本草学之壁垒，而其对于医药界之贡献将未可限
量。"赵燏黄长期从事中药实地考察、本草学文献整理研究、麻黄
素生产和工艺改进，发表了数以百计的科研论文和许多生药学专
著。赵燏黄一生经历了社会的大动荡，他的经历就是一部中国的
现代药物史，被誉为中国现代生药学的创始者。为了纪念赵燏黄
诞辰100周年，李经纬通过翻阅各种图书、档案资料和对其亲属、
后人的采访，编写了《赵燏黄先生年谱》，详细考察记述了赵燏黄
一生的奋斗历程。中国医学史的研究，以往有偏重古代史而轻视
近现代医史的倾向，人们普遍认为近现代史容易。其实这是误解，
近现代史虽然资料丰富，但因为不受重视，寻找起来反而很难；
另外，同样的事件、同样的人物，由于视角等原因，往往文献记
载不同，需要考察鉴别；有些当事人及其亲属后代还健在，可以
采访，这本是件好事，但有些人往往因情感因素，讲述有不同程
度的"失真"。作为学科带头人，李经纬知难而上，把年谱做得翔
实准确，备受同行称道，并经常被中药学史研究者所引用，也为
扭转医史研究者重古轻今的倾向做了示范。

在中药史上，李经纬还对我国历代本草学发展史进行过梳理，
写出《中国本草学发展述要》，在中泰联合举办的"中国今日中药
展览会"专刊上发布。他对李时珍和《本草纲目》等也进行过专题
研究考证，此外还著有《孙思邈在药学发展上的贡献》等著作。

南北朝时期有一部重要医方著作《小品方》，曾被当时及后

代医家广为重视，并被列为医学生和太医考试的科目之一，后来
传至日本，亦被列为教科书。可惜该书在我国宋代以前就已经亡
佚了。20 世纪 80 年代，日本学者小曽户洋等在日本前田育德会
尊经阁文库发现了《经方小品》（即《小品方》）残卷，在中日医
学界引起了轰动。李经纬与学生胡乃长迅速对《经方小品》进行
了系统详尽的研究，发表了极有分量的学术论文《〈经方小品〉研
究》。论文从该书的解题及存佚入手，丝丝入扣地将该书的内容、
学术渊源、学术影响以及东传日本的情况作了周密的考证，成为
研究魏晋南北朝医学史的重要论文。

远见卓识　倾心文物保护

　　1938 年建立于上海的中华医学会医史博物馆，是国内最早的
医史专科博物馆，是在王吉民等人积极搜集医学相关历史文物的
基础上建立的。中医研究院的医史博物馆则是在 1982 年才创立
的。这是因为博物馆的建立需要一定的物质基础。李经纬认为：
"就医史研究而言，医学文物的征集、鉴定、研究与建档是十分重
要的。医学文物不仅是医史研究最宝贵的第一手珍稀史料，更有
着珍贵、逼真的形象，使生疏的过去能够亲切地呈现在我们的眼
前，可以佐证医史研究的客观与真实。"

　　李经纬涉猎医学文物领域，是在 20 世纪 50 年代末开始的。
1959 年是中华人民共和国成立 10 周年，各单位都在兴高采烈地
筹备献礼。中医研究院筹办了庆祝建国 10 周年展览会，其中有
一个医史馆，李经纬参与了筹备工作。这时他刚步入医史研究领
域不久，对什么事情都感觉很新鲜，有使不完的劲儿。在筹备过
程中他对医药文物产生了浓厚的兴趣，参与了摹写绘制敦煌石窟
壁画《得医图》工作。《得医图》原本是盛唐时期的作品，绘于
二一七窟，画中描绘了一位年轻的母亲焦急担忧地注视着医者聚

精会神地抢救患儿的场景。这幅生动传神的绘画呈现出的视觉冲击力令人久久难忘，它不是文字所能代替的。尽管展板很粗糙，却得到了观众的好评。这件事给了李经纬很大的鼓励，使他深深地认识到文物在医史研究中的作用，也激起他对医药文物复制、研究的兴趣。其实早在上初中时，李经纬就曾一度迷上了美术。学校有一位姓杨的美术老师，指导他们画画。当时已临近抗日战争末期，李经纬与四个小伙伴一起，成立了一个"五友画社"，还将自绘的讽刺贪官污吏和抗日打鬼子的漫画以及花鸟、虫鱼、山水选在一起，集资出了一本石印的画集。李经纬没想到小时候的美术根底，竟然能用到现在的医史研究中。

　　自从李经纬到中医研究院医史研究室工作后，征集医史文物和组建中国医史博物馆成为他始终不能忘怀的一个心愿。在筹备组建医史文献研究所时，他感觉离这个心愿的实现越来越近了。他充分利用一切机会，积少成多地进行收集，从品质比较差的到上等级的文物都是他收集的对象。在收集的过程中，他自己也由一个门外汉、初级收藏者逐渐成长为内行、高级鉴赏家。他还发现并大胆启用了具有文物方面专长的人才丁鉴塘、孙学威等进入到他的医史文献研究中。丁鉴塘曾经在北京琉璃厂做过文物工作，耳濡目染，对文物有较深的了解；孙学威熟悉版本图书。李经纬经常向他们请教，带领他们共同为医史所收集文物与善本医书，一起为创建医史博物馆不辞辛苦地工作着。他尽己所能，广泛深入到文物大省的农村征集医药文物，也充分利用各种机会从外省调拨，还把注意力放在当时没有多少人关注的文物市场与废旧物回收站等地方，通过尽可能多的渠道征集、收购医药文物。在20世纪70年代后期，人们对文物的意识还比较淡薄，他除了以很少的钱收购，还采取用日用品交换等方式，换回数以百计的医药卫生文物。几年间经征集、收购、交换与调拨，发掘医药卫生文物近千件。随着国家法制的健全，国家对于文物保护有了相关的法律，不能再随便收购文物了，征集文物越来越困难。李经纬马上给主管国家图书馆、博物馆方面工作的领导打了报告，说明中医研究院中国医史文献研究所为建立国家医史博物馆，需要征集一些文物，请求给予支持。很快，该领导将李经纬的报告批给国家文物局，文物局也很重视他们的要求，函告：一不要下乡收购，可以对主动赠予者进行收购；二可以到废旧货收购站挑选购买等。在李经纬等人的积极努力下，又有相关文物部门的支持，严格遵照国家文物法制管理进行征集收购，又征集到少量文物。但遗憾的是，随着人们对收藏文物意识的加强，征集、收购、调拨医药卫生文物越来越困难。资金上的困难也是一时无法克服的。

中国医史博物馆的创建，完全是白手起家，经历了极大的艰难。最初，只有几个破旧书柜作为展台，将其置于办公楼走廊，并在此接待国内外参观者。有一次，中医研究院院长陪同外宾参观，客人对文物的浓厚兴趣和对展品布置条件的简陋表现出诧异态度，触动了院长。事后，院长同意对博物馆工作给予支持。李经纬感到，要想得到领导重视与支持，必须有足够的工作成绩作为后盾。为了搞好博物馆的建设，他把博物馆的文物都请专家鉴定，入账登记、分类；还专门引进了武汉大学一名考古与文物专业的毕业生郑志清。年轻的郑志清为博物馆带来了活力，在博物馆布展、设计等方面作出了不少成绩。为了培养和提高中青年医史工作者对于医学文物的兴趣和重视，李经纬组织第一届研究生和全国医史研究班学员到陕西药王山等地实地考察，并撰写调研论文。在古代医学文物征集困难时，他发现近代和少数民族医学文物还有很大的征集空间，于是制订了收集的计划。他时常利用一些外地同行、学生到北京访问他的机会，请他们帮助在当地征集还没有被列入文物级别的医学文物。对于医史博物馆，李经纬是亲力亲为、呕心沥血，无论大事小事都亲自抓，博物馆就像他的孩子，从无到有，从小到大，浸透了他的心血。

　　为了扩大中国医史博物馆的影响和知名度，李经纬组织馆内年轻的专业人员一起撰写有关博物馆及馆藏医史文物的介绍，登载在《中国中医药报》等报刊上，以使更多的人对医史博物馆有所了解，也使有关部门和领导了解并重视医史博物馆建设的意义。

　　为了使医药文物能为更多的人服务，李经纬还先后主编了《中国古代医史图录》等多部医药文物画册，供爱好中医学史的读者学习、欣赏和研究。特别是《中国医学通史》中的《文物图谱卷》，李经纬更是竭力组织动员全国各医史博物馆、陈列室，集各方之力编纂而成。

　　2000 年李经纬已年逾古稀，他依然不辞辛苦，写成《全国医史文物征集、调研、建档申请报告》，获得了科技部 60 万元资助。他用这笔经费支持各中医博物馆及综合博物馆，对所收藏之医药卫生文物，进行全面的调研，在数万件文物中，精选五千多件进行了整理研究，分类建档，各按其属性记述其价值、用途等。按原计划还要实施对流散国外的中国医史文物进行调研建档，但因课题滚动计划未能实现，没有了经费支持，只好暂时中断。对此，李经纬至今仍耿耿于怀。

共襄盛举　《通史》巨著付梓

　　从历史学的角度看，医学史属于专史范围。梁启超指出："治专门史者，不惟须有史学的素养，更须有各该专门学的素养……此种事业，与其责望诸史学家，毋宁责望各该专门学者。此绝非一般史学家所能办到，而必有待于各学之专门家分担责任，此吾对于专门史前途之希望也。"医学史也是如此，要求研究人员除具备历史学的一般学养之外，还需要医学专业的素养。

　　自 1919 年陈邦贤所著《中国医学史》问世后，中国才有真正意义上的医学通史出现。它是中国医史学创立的标志，是中国医史学上的重要里程碑。该书分为上古医学、中古医学、近世医学、现代医学、疾病史五篇，每篇分若干章，每章分若干节，采用章节体，仿照中国通史的写法，融合医学的内容。该部著作影响了医史界近 70 年。

20 世纪 70 年代后期，伴随着科学春天的到来，医学史的研究已显露繁荣，研究领域有了扩展，研究水平明显提高，出现了一批有深度的医史研究论文，同时还相继出版了以个人著述为主的中国医学通史类著作十余部。在这时国家和社会非常需要一部类似《中国通史》的、具有权威性、代表国内学术研究最高水平的中国医学通史著作。

经过几十年的历练，李经纬已经完全具备一位医学史方面战略家的学养，他敏锐地察觉到社会对于中国医学通史的需求，还从医史学专业的角度发现了当时个人著作的种种缺陷，因而开始酝酿如何站在历史高度处理医史研究中的种种难题，填补以往研究中的空白。李经纬不能忘记，有一次，一位少数民族朋友对以往的中国医学史著作提出了尖锐批评："你们所著的中国医学史根本不能称作中国医学史，我们这么多少数民族你们都没能写进去，怎么能说是中国医学史呢？顶多是汉族医学史！"这件事对他的触动不小，他比任何人都清楚，以往的各种医学史著作，不仅少数民族医学史留有种种空白，其他如军事医学史、台港澳地区的医学史、革命根据地的医学史等也都存在着空白；此外，还有医药卫生文物、近现代的医学史等等，与国内一些研究深入广泛的专史比较，中国医学史研究还有许多方面没有涉及，不仅是深度不够，而且广度上还有进一步扩展的空间。改革开放以来，科学技术发展迅速，全国的医史研究也空前活跃，如何利用这样的大好时机，发动全国的力量，把人才集中起来，解决医史领域中新发现且尚待解决的医史空白和难题，是当务之急，他等待并积极地争取着时机的到来。

从 20 世纪 70 年代末起，这个宏伟的计划就在李经纬的胸中反复酝酿着，不断调整着，积极准备着。他和一些志同道合的同事在其后的十余年中，对医学史理论进行了研究，他们在医学史分期问题上取得共识：医学史不能简单地采用朝代分段法，需要结合考虑医学本身的发展规律。他们对于医学起源的问题也作了探讨：不能把医学的起源简单地归结为单一的劳动因素，而与动物的本能、杰出人物的行为等也有着密切的关联。李经纬等还进行了中医名词大小辞典的编纂工作，并在卫生部原部长钱信忠主持编纂的《中国医学百科全书》中争取设立了《医学史》分卷，以李经纬、程之范为主编，马堪温、阮芳赋、张慰丰、姒元翼、蔡景峰为副主编，编写出版了《中国医学百科全书·医学史》（1987）。该分卷首次将医学史的篇幅扩大到 116 万字。大约同时，李经纬还编著了《中国古代医学史略》（1990）；与张厚墉等合作编撰了《中国古代医史（文物）图录》（1992）。这一切工作都在为大型著作——《中国医学通史》做着必要的准备。另外，全国医史专题研究也空前活跃，大量优秀医史论文不断发表，无论历代名医、名著的研究，还是医史理论、医事制度的探索，都为成功编撰一部大型《中国医学通史》创造了较好的条件。

除了磨炼内功之外，李经纬也积极与有关领导部门和出版系统进行沟通，希望得到支持，以便更好地实施《中国医学通史》的编纂计划。他最初将撰写计划交给一家专业出版社，没有得到支持。出版社追求经济效益，对于暂时不能取得经济效益的项目不甚感兴趣，提出如果写中国医学通史，古代部分可以考虑，近现代部分暂不考虑出版，也不愿意出版图谱。这使李经纬感到很为难，因为在计划中，中国医学通史是一个完整的有机的系统，缺少任何一部分都会影响全书的水平和质量。尤其是中国医学史的近代部分、现代部分和图谱卷正是本书的创新之处，怎么能舍弃呢？正在发愁的时候，卫生部李庆华、张冰浣来到中国中医研究院中国医史文献研究所，找到时任所长的李经纬，商量能否组织编写一部中国医学史。李经纬喜出望外，立刻满口答应。他们二人是卫生部办公厅主任欧阳竞派来的，是在卫生部任职的老红军、老干部，他们都对中国医学史的研究非常重视和支持。

卫生部领导与李经纬的想法不谋而合，商议的过程也很投契合拍。经过商议，他们立即分头行动：李庆华、张冰浣进一步请示部领导，争取立项；李经纬则负责书籍的整体规划、编撰人员的确定，以及全书的编写体例、字数等具体技术问题。李、张马上向欧阳竞主任作了汇报，并请示了时任卫生部副部长的胡熙明、刚刚卸任的部长崔月犁、刚刚上任的部长陈敏章。领导们对这件事都非常关注，认为这是一件很重要的事。

陈敏章部长听完汇报后，问李经纬："李教授，你说这件事可行不可行，能不能做好？"李经纬回答说："这件事情我们已经酝酿准备一二十年了。最近十几年来，我们有意识地发动全国医史界的朋友做了一些专题研究，医学史理论和古代医学史的研究做得比较系统。这些年全国很多卫生界老领导、老干部退居二线，他们也有时间参加近、现代史的回忆与研究。各方面的工作都已经准备好了，可谓万事俱备，只欠东风。"陈敏章部长听后对他们的前期工作很赞赏，表示支持，还指示："要反映目前我国医史界研究的最高水平，把全国所有进行医学史研究的人员尽可能地都召集到一起编写此书。"

根据工作需要，很快成立了《中国医学通史》编审委员会和编纂委员会两套班子。卫生部部长陈敏章担任编审委员会主任委员，副部长兼国家中医药管理局局长胡熙明，卫生部办公厅主任欧阳竞，著名中医学家、医学史专家邓铁涛，中国人民解放军总后卫生部部长韩光和李经纬担任副主任委员，李经纬任常务副主委。根据李经纬的建议，编撰大型医学通史需要三方面的力量：关注医史研究的军队、地方、少数民族地区卫生部门的领导；全国医史界中西医、各民族老中青学者，还要争取海外有关专家；
医学界关注医史的老前辈。卫生部领导很支持李经纬的建议，最
后编审委员会成员由中西医界著名专家、医学史界专家以及过去
从事卫生工作的老领导等三部分人员组成，参与的专家照顾到各
个方面，既有国家机关的，也有地方部门及部队所属部门的；既
有汉族的，也有少数民族的。下设办公室，主任由卫生部的李庆
华和张冰浣担任。这些专家、领导并不徒挂虚名，而是为《中国
医学通史》的编写作出了自己的贡献。有些领导还成为医史学界
的积极支持者。如1938年加入新四军的李庆华，长期从事医疗卫
生工作，曾参加《当代中国的卫生事业》、《新中国预防医学历史
经验》、《当代中国卫生事业大事记》等医学史著作的编写。编审
委员会通过会议，对编纂工作的一些原则问题进行把关，在编写
计划包括分册、分期、体例以及约请作者、分工落实等具体安排
上，达成共识，并通过了技术分工；决定全书设置四个分卷——
古代卷、近代卷、现代卷及图谱卷；李经纬负责古代卷，邓铁涛
和程之范负责近代卷，蔡景峰、李庆华、张冰浣负责现代卷，傅
维康负责文物图谱卷。后傅维康因为个人的原因，强烈要求李经
纬做图谱卷主编，李经纬推辞不过，最后当了第二主编，为文物
图谱卷做了很多具体和实际的工作。

全书初稿的完成比较顺利，但审稿、改稿及统稿等工作却进
行得比较艰难。经过无数次大小会议的研讨、磨合、修改、提高
才逐渐取得基本一致的意见，编撰者都对完成的定稿十分满意。
在卫生部、解放军总后卫生部、国家中医药管理局、社会各界的
关心与支持下，经过全国医史界近十年的共同努力，豪华精装的
巨著《中国医学通史》四卷终于由人民卫生出版社于2000年出版
了。其中由李经纬主编的《古代卷》143万字；由邓铁涛、程之
范主编的《近代卷》124万字；由蔡景峰、李庆华、张冰浣主编
的《现代卷》125万字；由傅维康、李经纬主编的《文物图谱卷》

收录历代医药卫生文物图照近千幅，并附有中、英、日文说明。此项巨大工程的圆满完成，国内外学者和同行的衷心赞许，使李经纬甚感欣慰。巨著《中国医学通史》的编撰和出版，展现了中国医学史研究的创新成果和特色：在分期问题上没有沿用传统的断代，而是以医学发展规律进行分期；对各少数民族医史的研究，对军事医学史的重视，对台、港、澳地区医史的关注，对历代医学家发明创造的肯定，等等，都有明显的进步。《中国医学通史》的问世在医史学研究领域是一个里程碑，标志着中国医学史研究已经迈向医史学研究的新阶段。

《中国医学通史》的问世，实现了几代中国医学史研究者的梦想。然而，《中国医学通史》煌煌四卷，定价 660 元，对读者而言是一个不小的经济负担。李经纬认为应该有一部适合普通读者阅读的《中国医学通史》普及本，加之通史为集体编写，要求观点平正公允，学术上没有争议，所以，李经纬觉得仍然有许多言犹未尽的地方。说也凑巧，2006 年，海南出版社的一个朋友找到李经纬，说要出一部中医史，问李经纬能不能做。李经纬与他进行了详细洽谈，很顺利地签订了合同。因为是个人著述，李经纬不但把以前集体编写没有发挥出来的观点尽情发挥，还将《中国医学通史》编写以后的新的研究成果也都收录进来。55 万字，用了 8 个月就完成了。书中还精选了医史文物图 330 幅（彩色图 73 幅、黑白图 257 幅），文图并茂，可以说是科普性中医史书籍之最了。海南出版社很快在 2007 年出版了这部普及版的《中医史》，第一次就印刷 5000 册，深受读者欢迎。

热忱为公　医史文献共进

李经纬热爱中国共产党，热爱祖国，服从国家的安排。他由西医转而学习中医、从事中医史研究工作等重要人生选择，都完全服从国家需要和组织的安排。他没有怨言，而且是干一行爱一行，爱一行精一行。

李经纬自从走上研究中国医学史的道路，就爱上了这一专业，迅速全身心地投入到这项事业之中。他在从事科研的过程中，有过多次提拔到更高一级行政职务的机会，都被他诚恳地推辞了。从初学者到学术大家，从个人著述到组织医学史的研究，他一步步脚踏实地把我国医学史的研究引向从未有过的辉煌，并从中国走向了世界。他不仅开拓了比以往更宽广的领域、更深的层次、更新的角度，而且团结全国的医史界同行，共同进行《中国医学通史》的课题研究与图书编撰，恢复了中华医学会医学史分会，复刊了《中华医史杂志》，给医史界开创了广阔的学术平台，还培养教育了一代代医学史研究的后继力量，为他们铺平研究的道路。特别是在中医研究院，医史研究室与文献研究室合并后，医史文献室升格为中国医史文献研究所，李经纬先后担任医史文献室主任和中国医史文献研究所第一任所长，为医史文献事业的发展发挥了关键性的作用。

如何加强研究人员之间的团结和联系，形成学术合力，充分发挥团队的集体智慧和力量，这是医史学、中医文献学发展的客观需要，同时也考验着组织者的领导智慧与才华。这种考验对于李经纬来说也是一个新的课题。他没有辜负领导和同事们的信任与期待。他对当时医史文献研究室、研究所的研究人员进行了公正的分析，然后按照学科发展的需要对不同研究专业和方向进行了合理的调配、培训，组成合理的研究梯队，充分调动大家的积极性，使每个人均能发挥专长与优势。中国医史文献研究所建所后筹建了基础医学文献、临床医学文献、通史、少数民族医史及东西方比较医史四个研究室，分别由马继兴、余瀛鳌、马堪温、蔡景峰、赵朴珊等主持，组成学术团队，在各自精通的领域率队进行学科研究。马继兴领导文献一室进行中医基础文献与古医书辑佚研究；余瀛鳌领导文献二室进行临床医学文献与单秘验方整理研究；马堪温领导进行东西方比较医史（现代医学发明创造）与明清医史研究；蔡景峰领导进行少数民族医史、两晋南北朝医史与内科学史研究；赵朴珊专攻宋金元医史与小儿科学史研究；李经纬专攻隋唐医史与外科学史研究，协调通史与医学文物征集与研究等。各科室在研究方向上既有分工，又有协作，充分发挥了研究专家各自的特长爱好，还给每位专家配备了中青年研究人员作为助手。对于中青年研究人员，李经纬尽可能按他们的志愿、特点进行培养，鼓励他们进修、参加课题研究，以适应全局的需要。李经纬既是领导，也是普通一员，他与大家精诚团结，密切合作，严戒不懂装懂，对自己不懂的，一定要谦虚地向同事请教，共同推动研究所的建设。可以说，室、所的每一重要成果，都是全所人员共同努力的结果。由于李经纬在科研上以身作则，对同事没有远近亲疏，分配工作尽量各取所长，医史文献科研在这一时期取得了长足的发展和辉煌的成绩。医史文献所逐渐成为名副其实的国家级研究机构，拥有一批著名的学者专家，是一支配合默契、团结合作、能承担国家重大研究项目的队伍。李经纬在担任行政领导期间，对事业、对同事、对人才培养的热忱和无私，至今为人称道。医史文献室包括医史和文献两个学科，其前身是两个部门，两个学科的科研人员彼此之间容易互相攀比。李经纬虽来自医史专业，但他作为所长，尽力做到"一碗水端平"，同样关注医史学科与文献学科的均衡发展，同等对待两个学科专家的意见建议，对于两个学科的人才培养同等重视；在办公用房及设备使用上不偏不倚，力求使两个学科得到同步发展，共同做课题，共同出成果、出人才。在李经纬看来，无论是医史专业，还是文献专业，所有成果都是医史文献所的骄傲，不应强分彼此。对待大课题研究，如中医大、中、小型辞典的编纂，《中国医学通史》的编撰等，李经纬均打破科室界限，倾全所之力，老、中、青齐上阵，联合全国相关专家，围绕出成果、出人才的目标展开工作，所取得的成果是全所、全院、全国大协作的结果。其中《中医名词术语选释》获全国科学大会奖，《中医大辞典》荣获国家三等奖等多项奖励；《中国医学通史》荣获部级一等奖等多项奖励。在出成果的同时，培养了一大批人才，在繁荣中国医学史、中医文献整理研究方面发挥了重要的作用。

　　医学史教育常被人忽视，这是一个严重的错误。医学史教育在医学院校中应该是不可或缺的。它不但是对学生进行爱国主义教育的重要课程，还是启发医学院校学生辩证思维的钥匙，既可以提高他们的思想道德水平，又能够增强他们的人文素质修养。

　　早在 1955 年中医研究院筹建时，卫生部曾组织中医专家编撰了 9 种中医教材，其中包括《中国医学史》，可见当时卫生领导部门对于中国医学史的教育是很重视的。1958 年，李经纬刚进入医史领域不久，有幸参加这部教材的修订工作，与师长们共同完成了《中国医学史简编》编撰任务。尽管这部书稿后来因为种种原因没能出版，但这是初出茅庐的李经纬在陈邦贤先生的指导下，在医学史的教育工作上开始走出的第一步。之后他还多次参加了医史教材的编写工作。如 1963 年 10 月，卫生部举办全国中医学院中医教材第二次第二批修审会议，修订《中国医学史讲义》。李经纬受中医研究院派遣，随耿鉴庭先生赴安徽合肥，参加讲义的修订工作。1973 年 11 月，中医研究院与北京中医学院合并（即一个领导班子，两块牌子，三项任务），医史研究室与医史教研室也同时合并，李经纬任负责人，在他主持下，接受卫生部委托，举办全国编写《中国医学史》教材学习班。参会代表都是医史学教育的专家，有傅维康、周敬平、姒元翼、张慰丰、蔡景峰、马堪温、赵朴珊、熊同俭、甄志亚等。李经纬第一次统领全局，全程参与《中国医学史》教材的编写与修订。限于当时社会大环境对中医教育的影响，教材的编写、修订过于强调精简、删节，留下了种种遗憾。

对这些遗憾，李经纬在后来的教材编写中作了弥补。1987年，应中国自然科学史研究所之邀，李经纬参与《古代科学史略丛书》的编撰，他把多年来在各种西医学习中医班、卫生部举办的厅局级领导学习班的讲义，以及在北京市中医进修提高班讲授中国医学史的全程录音，进行了整理，形成初稿，再经删节、补充、修订加工，在学生们的协助下撰写成《中国古代医学史略》一书，1989年由河北科学技术出版社出版。该书既是李经纬从事医学史教学的教科书，也是一部中国医学发展历史的科普著作。

除对普通医学生进行中国医学史教育之外，李经纬更重要的一项工作是培养医学史的专业人才，即对中国医学史专业研究生的培养。1978年，经国务院学位委员会批准，他首次在全国招收硕士研究生。当年报考医学史专业的考生就有28名之多，成绩均很优秀，原定3名的招生计划，最后扩招录取了5名，这是我国医学史上第一批医史学硕士生。至今回想起来，李经纬仍为那些未能录取的23名学生感到惋惜。之后多年间，李经纬先后培养医史学硕士14名。李经纬对研究生的培养坚持科学史研究基本功的教育，强调实地考察调研。对他们的选题，李经纬坚持以学生志趣、原有基础与学科发展需要相结合，强调自主学习与研究，为国家培养有用人才。李经纬培养研究生的特点是结合每个人的学习经历、背景和爱好特点，调动研究生的积极性和能动性，向医学史研究空白点引导，使研究生在学习阶段既能提高研究水平，增加知识储备，又能享受探索研究过程的乐趣。

1987年，李经纬被确定为博士研究生导师，同年招收了中国医学史上第一位医史学博士研究生。1993年，经国家教委批准，李经纬招收港、台地区及国外博士研究生。到21世纪初，他共培养国内外医史学博士、博士后16名（其中新加坡2名、日本1名、韩国1名、台湾地区2名）。对博士研究生的培养，在坚持上述方针的同时，李经纬非常强调疾病史及专科史的专题研究，使博士研究生的研究能力、学术水平明显提高，也使医史学研究领域进一步扩大，社会效益显著。如今，李经纬培养的学生分布于海内外，如傅芳、马伯英、郑金生、张志斌、张瑞贤、王振瑞、朱建平、梁峻、杨仕哲等，都在国内外不同的岗位上为中国医史学和中国医学的发展贡献着自己的力量，多数学生已经成为中国医学史专业的著名学者。李经纬老师的教诲使他们终身受益。

李经纬是跟随陈邦贤老师一步步走上医史学研究道路的，他知道研究医史学犹如攀登陡峭的山峰，每一步都很艰难，每当登上一个高峰时，攀登者内心都充满了喜悦，但是，一座更高的山峰在等待着继续攀登。因此医史学研究者往往是孤独的、寂寞的。对于走上医史学道路的后辈，李经纬都以过来人的经历及时告诫、鼓励和支持他们，将他们扶上马，送上一程。不只是对于自己的学生，对于所有前来咨询问题的人们，他也都是耐心地倾听，在关键问题上给予指导。他总是笑容可掬，使所有的问学者感到如沐春风，备受鼓舞。直到退休多年后的今天，他的周围也总少不了仰慕者，他的学生也常常向他请教各种各样的问题。

中国是一个有着悠久历史和灿烂文化的国家，她的历史和文化深深地吸引着众多热爱中国文化的外国人士，他们在各自国家创立了"汉学"研究。中国医学史是汉学者非常感兴趣的领域。有学者曾指出，几乎半数以上知名的汉学家都曾研究过中国的医学。

为了使国外科学史界的朋友对中国医学史有更多更准确的了解，李经纬先后与世界多个国家著名医学史和科技史学者有过交流。如李约瑟博士〔英〕、鲁桂珍博士〔英〕、席文教授〔美〕、薮内清教授〔日〕、矢数道明教授〔日〕、大冢恭男教授〔日〕、宫下三郎教授〔日〕、文树德教授〔德〕、满晰博教授〔德〕等。

20 世纪 60 年代，李经纬曾陪同陈邦贤老师接待李约瑟博士和鲁桂珍博士到访。在交谈中李约瑟问及李经纬的研究计划，李经纬告诉他正计划对隋代医家巢元方《诸病源候论》中的病因学进行研究。正巧李约瑟与陈邦贤讨论的问题也涉及中医病因学问题，李约瑟对他的计划很感兴趣，深表赞赏，希望早日见到他的研究论文。但由于某种原因，此项研究一度中断。直到20世纪90年代，李经纬应李约瑟博士之邀，赴剑桥参加中国科学史、医学史学术会议，在大会上宣读了《诸病源候论》病因学研究的论文，两人的愿望才得以实现。会议期间，李经纬还专程到李约瑟家中祝贺他的90岁寿诞和鲁桂珍的85岁寿诞，李约瑟博士很高兴，还谈起20多年前李经纬的研究计划。李约瑟倾毕生之力完成了巨著《中国科学技术史》，一个英国人能在西方中心主义思潮下，如此执著地从事中国科学技术史的研究，并为此作出了卓越的贡献，这种精神常常激励着李经纬。

李经纬在担任中国医史文献研究所所长期间，通过加强与国内外同行的学术切磋和科研协作，扩大了研究所在国内外的影响，奠定了研究所全国医史文献研究的学术中心地位。在年富力强、科研正该出成果的黄金季节，他将近三分之一的精力贡献给了医史文献研究室和中国医史文献研究所的管理工作，又将近三分之一的精力献给了学会学术活动与杂志编辑出版的组织和领导工作。

1978年全国科学大会后，李经纬函请中华医学会、卫生部与全国科协批准医史学分会复会、《中华医史杂志》复刊。经过积极筹备，1979年，在北京举办了全国医史学术会议，选举医史学分会新一届委员会。李经纬先后被推选为学会副主委兼秘书、主委、名誉主委；1980年《中华医史杂志》正式复刊，李经纬先后被聘为副总编、总编。在学会恢复活动和杂志复刊后，李经纬的工作更加繁忙，既有成功的欢欣，也有不为人知的艰辛与苦涩。在李经纬领导下，学会度过了一个又一个难关，终于成为医史界同道学习交流的平台并日益繁荣；杂志也克服重重困难，不断改进和提高。

自在无为 八旬老当益壮

按照"过九不过十"的民俗，2008年李经纬过了八十大寿。耄耋之年的李经纬仍然精神矍铄，耳聪目明，思维敏捷，兴趣广泛。他每天得空就到办公室读书写作，看上去像五六十岁的人。经常有学生或同事向他请教问题，也有陌生的客人慕名而来，他总是亲切接待，认真耐心地解答问题，脸上总是挂着和蔼的微笑。问起他的养生经验，他使劲想了想说：好像有"叩齿"、"青龙摆尾"、"鸣天鼓"等几种，可见他并不是一个刻意养生的人，而是以不养生为养生之道者。

叩齿就是空口咬牙，是一种较常见的牙齿保健方法。叩齿可以增加牙齿的自洁作用，发挥咀嚼运动所形成的刺激，增强牙体本身的抵抗力。李经纬的叩齿是从初中开始的，一直坚持；还有，大小便时要咬牙。他的牙齿保养得很好，四五十岁时还能用牙咬开核桃壳。"青龙摆尾"是一种类似体操的健身方法：两臂前平举，掌心朝下，两手掌向内外徐徐摆动。"鸣天鼓"即用中指和食指末端轻轻叩击后脑顶部，其力量可通过骨壁传向内耳，促进内耳的血液循环和液波震动及毛细胞的蠕动，这对预防听力衰老是有作用的。古人在听力保健方面总结出了"耳廓宜常弹，天鼓宜常叩"的经验。李经纬一般在早晨起床和晚上临睡时做，但不刻意，想起来就做。

平时的饮食起居，李经纬只吃七八成饱，再好吃的东西也不多吃；他很注意睡眠，尽量避免"开夜车"，不得已熬夜后则一定要补偿。在出行方面，大多数时间是骑自行车，原来他住广安门，到东直门上班，约12公里的路，他坚持骑车10多年。后来自行车丢了，他就步行上下班，路上差不多要走两个小时。这样坚持了1年。实际上他的身体健康强壮与他从小走路有关。上初中时，学校离家有10多里路，他每天都要步行一个来回。后来到西安上学，离家有80多里路，他每月回家1次，要背40斤面粉和一些日用品，从家里走30里到咸阳，在咸阳过渭河，渭河有一段用船渡，有一段要趟水过河，过河后坐马车到西安西稍门，那里离学校所在的南大街还有约10里路，需要步行到书院门才到学校。艰苦的生活锻炼了健康的体魄，为李经纬打好了身体的底子。

　　李经纬研究的热情遍及中国医学史的每个方面，这与他所处的地位有着重要的关系。一方面，他是本学科前沿的带头人，这个带头人是学科内公认的，所以他必须带头突破各种困难，开辟新的荒野，带领大家去耕耘播种；另一方面，这也是由学科地位决定的，上级领导下达的任务和兄弟院所的科研协作责无旁贷地会落到当时的中国医史文献研究所，落到他这个所长的肩上。作为第一代的医史学家，陈邦贤先生开辟出中国医学史这片天地；而李经纬作为当之无愧的继承者，则大范围地拓展了这一领域，闯出了更加广阔的新天地。在提倡学术创新的今天，回顾李经纬走过的路，就会发现他的步伐总是踩在创新的大道上。

　　无论是在科研还是在行政工作和社会活动中，李经纬的主要精力都集中在他所热爱的中医史研究上。他对医学史研究的贡献不仅仅体现在他的研究成果上，还体现在他组成的医史学科研团队、他力主恢复的医史同道交流的学术平台上，体现在他培养教育的学生上……现在，李经纬已经退休，但他仍然活跃在他所热爱的医史研究领域，他仍然笔耕不辍，撰写着论文、著作，指导着学生，关注着学科的每一步发展。

（撰稿人　张瑞贤）

《中华中医昆仑》丛书150卷总名录

（按生年排序）

第一集	张锡纯	丁甘仁	萧龙友	王朴诚	恽铁樵
	曹炳章	冉雪峰	谢　观	施今墨	汪逢春
第二集	孔伯华	黄竹斋	吴佩衡	蒲辅周	陈邦贤
	李翰卿	李斯炽	姚国美	陆渊雷	张泽生
第三集	时逸人	张梦侬	叶橘泉	王聘贤	陈慎吾
	邹云翔	赵炳南	承淡安	余无言	刘惠民
第四集	岳美中	沈仲圭	秦伯未	赵锡武	韦文贵
	程门雪	黄文东	赵心波	董廷瑶	吴考槃
第五集	章次公	石筱山	陆南山	张赞臣	李聪甫
	刘绍武	陈存仁	朱仁康	陆瘦燕	姜春华
第六集	韩百灵	高仲山	李克绍	王鹏飞	刘春圃
	金寿山	哈荔田	何世英	周凤梧	干祖望
第七集	关幼波	王为兰	任应秋	罗元恺	祝谌予
	杨医亚	郭士魁	何时希	耿鉴庭	俞慎初
第八集	裘沛然	顾伯华	江育仁	邓铁涛	门纯德
	刘渡舟	尚天裕	朱良春	李玉奇	程士德
第九集	尚志钧	赵绍琴	董建华	米伯让	李辅仁
	张珍玉	班秀文	颜正华	于己百	颜德馨
第十集	路志正	方药中	王乐匋	黄星垣	谢海洲
	余桂清	何　任	王子瑜	程莘农	陈彤云

第十一集	焦树德	张作舟	张 琪	李寿山	张镜人
	王绵之	方和谦	印会河	王玉川	蔡小荪
第十二集	李振华	马继兴	王嘉麟	宋祚民	刘弼臣
	王雪苔	刘志明	吴咸中	李今庸	任继学
第十三集	裴学义	王宝恩	周霭祥	贺普仁	唐由之
	赵冠英	许润三	金世元	陆广莘	刘柏龄
第十四集	徐景藩	吉良晨	吴定寰	沈自尹	王孝涛
	张灿玾	周仲瑛	强巴赤列	张代钊	李经纬
第十五集	郭维淮	柴松岩	苏荣扎布	陈可冀	李济仁
	夏桂成	郭子光	巴黑·玉素甫	张学文	陈介甫

特别鸣谢

《中华中医昆仑》的出版，得到了以下多家企业、多位社会知名人士和具有远见卓识的优秀企业家的大力支持。在此，向他们致以崇高的敬意和衷心的感谢！

姚振华	李功韬	杨 钊	杨 勋	胡小林	谢秉臻
梅 伟	何伟诚	刘彦龙	周建良	邓耀华	周汉智
香港浩伟国际投资有限公司			顺丰国际(控股)有限公司		
陈源池	李建军	苑 为	曹晓虹	苑牧鸽	兰 冰
崔晓浔	赵 兵	钟文心	薛蛮子	牧新明	李艾妮
张彩萍	吴力田	额尔敦	陶 莹	尹华胜	杨柳青
徐乃亮	陈经纬	伍 昕	孙 淼	王泽楷	万真扬
魏建辉	刘秀芳	魏振业	魏兴业	魏超业	魏俐娜
魏 倩	董栋华	郑仁瑞	周明海	石 岚	周天蕙
周天沁	周天洋	王汉智	汤苏云	王 娟	王 宇
郭 扬	王中华	赵 杨	王天开	王天其	李琪群
丁 健	范中杰	TCL集团	张 爽	王洪川	张平义
李少勤	翁 斌	徐建胜	柏 松	何倩明	柏景文
过以宏	张文颖	李作灵	陈 艳	邱维廉	夏秋阳
张 辉	陈广才	王凤成	贾俊飞	张国富